2019年度国家民委民族理论政策研究后期资助项目
2019年度云南师范大学音乐舞蹈学院出版资助项目
云南师范大学中国史博士点建设成果项目

清代云南释奠礼乐研究

——以大理、临安及丽江地区为例

洪 江 著

中华书局

图书在版编目(CIP)数据

清代云南释奠礼乐研究：以大理、临安及丽江地区为例/洪江
著. —北京：中华书局,2020.9
ISBN 978-7-101-14713-1

Ⅰ.清… Ⅱ.洪… Ⅲ.祭礼-礼乐-研究-云南-清代
Ⅳ.K892.98

中国版本图书馆 CIP 数据核字(2020)第 160534 号

书　　名	清代云南释奠礼乐研究——以大理、临安及丽江地区为例	
著　　者	洪　江	
责任编辑	吴爱兰	
出版发行	中华书局	
	(北京市丰台区太平桥西里 38 号　100073)	
	http://www.zhbc.com.cn	
	E-mail：zhbc@zhbc.com.cn	
印　　刷	北京市白帆印务有限公司	
版　　次	2020 年 9 月北京第 1 版	
	2020 年 9 月北京第 1 次印刷	
规　　格	开本/920×1250 毫米　1/32	
	印张 14½　插页 2　字数 335 千字	
国际书号	ISBN 978-7-101-14713-1	
定　　价	88.00 元	

目 录

中华音乐文化多元一体悠久发展的一项生动例证（代序）

秦　序

呈献给各位读者朋友的这本新著，是中央音乐学院博士洪江在其学位论文的基础上，又花费几年时间不断补充悉心修改完成的。书中凝聚了她调查、研究和苦苦思索多年的诸多心得，作为她论文的指导老师，我非常愿意向各位朋友推荐这本书，并和作者一样，热忱期待各位拨冗惠阅，并赐予宝贵的批评指正。

一

乍看新书全名《清代云南释奠礼乐研究——以大理、临安及丽江地区为例》（以下简称《释奠礼乐》），某些读者朋友恐有疑惑，或觉得有"障碍"。比如，什么是"释奠礼乐"？书名为什么不简短好懂，像山涧溪流那样清浅见底？又大理和丽江，是不是当下著名的少数民族地区旅游热点？它们与清代"释奠礼乐"有什么关系？另外，"临安"在哪儿？是南宋都城，还是今天杭州附近县级市临安？

这些疑惑或障碍，并不复杂，很容易清除。

例如，所谓"释奠礼乐"，就是一般所说的"祭孔礼乐"，孔庙

（文庙）祭祀孔子的礼乐。

《辞海》这样解释"释奠"：古代学校的一种典礼，陈设酒食以祭奠先圣先师。《礼记·文王世子》："凡学，春官释奠于其先师，秋冬亦如之；凡始立学者，必须释奠于先圣先师。"郑玄注："释奠者，设荐馔酌奠而已。"

显然，清代的"释奠礼乐"，是古已有之的历代官方正式命名；一般所说的祭孔典礼或祭孔乐舞，则是俗称，是一种习惯用语。

孔子是古代中国最伟大的思想家、教育家，第一个开办私学，主张"有教无类"。后来他所代表的儒家或儒术，又获历代朝廷的"独尊"，孔子的地位也被不断提升，甚至追封为"素王""大成至圣先师""大成至圣文宣王"等等。历代朝廷明文规定，各级种官方和民间学校，都要在固定的时节（如春、秋季），举行隆重祭祀仪式即释奠祭祀。那本书为什么不从俗，直称"祭孔仪式"或"祭孔乐舞"？其实，这里有作者的郑重考量。

第一，今天我们听说或亲见的祭孔仪式，比诸清代的释奠礼乐，既不规范，还有很多的发展变化。例如，2014年国内及海外隆重纪念孔子诞辰2565周年，在山东曲阜孔庙举行了极其盛大的祭典，除乐舞生执干戚、羽旄表演传统的八佾舞外，还有2565个小学生冒雨集体诵读《论语》等仪式。其他一些地区（包括台湾地区）举办的祭孔仪典，也各有不同，像台湾台北地区的祭孔仪式，据说表演的就是六佾舞，不是八佾舞。因此，将清代释奠礼乐简单说成祭孔礼乐，不够精准。

第二，今天的"释奠礼"，只祭孔子，简称"祭孔仪式""祭孔乐舞"。但明清的"释奠"礼乐，如上引《辞海》文字所说，对象是"先圣先师"，即除孔子外，至少还有"制礼作乐"的周公等"先圣"。按孔子一生的不懈追求，就是恢复周公之礼，重现"郁郁乎文哉"的西周礼乐文明。当他不再梦见周公时,就感叹自己来日无多了。依照著名的新儒家代表杜维明先生的意见,孔子并不是儒家创始者,也不是儒家的唯一代表,甚至不是儒家最高的人格体现。因为孔子之前几百年,就有儒者了,而且孔子是"述而不作"的,他之前已有很多圣人贤人了,比如尧、舜、禹等。王阳明曾以金子来比喻,说尧、舜、禹是万斤,文王、周公是九千斤,孔子则是七千斤。这样说,孔子并不是最高的体现。虽然孟子曾说孔子是圣人的最高体现,但孔子为什么没有做王? 所以汉代人推崇孔子是"素王",认为不是他背弃了时代,而是时代背弃了孔子①。

《释奠礼乐·绪论》,引用清代《阙里文献考》云:考释奠之礼,古有行于山川者,有行于庙、社者,有行于学者……至唐、宋而释奠之名,遂专施于学,其礼亦备举焉。

原来,"释奠"礼乐不只是祭祀先圣先师,原来运用极其广泛,曾用于祭祀山川、祖先、社稷等等。到唐、宋以后,才专门用于学校及孔庙祭祀先圣先师。

再细说,"释奠"还可分为"释菜"(也作"释采")和"奠礼",即"释"和"奠"略有区别。《辞海》"释菜"云:亦作"舍菜"。古代读书人入学时以苹蘩之属祭祀先圣先师的一种典礼。《礼记·月令》:"(仲春之月)命乐正习舞释菜。"《周礼·春官·大胥》:"春,入学,舍采合舞。"

苹,本指浮萍。蘩,一指白蒿,菊科草药,中药名茵陈;一指菟葵,即款冬,多年生菊科,其花蕾可入药,称为款冬花或冬花。因此,释菜礼是用这类植物来祭祀。

---

① 参阅杜维明:《儒家的心性之学》,载《孔子文化奖学术精粹·杜维明卷》,华夏出版社 2015 年版,第 52、53 页。

"奠"也指向鬼神献祭品,如奠酒,即以酒祭。《礼记·文王世子》说:"凡学,春官释奠于其先师,秋冬亦如之……凡释奠者必有合也,有国故则否。"杨天宇《礼记注》说:"官,谓学官。释奠,放置祭品于先师之神位前,以行祭祀先师之礼。"又说:"凡释奠者必有合也,有国故则否:合,谓合乐也。春释菜合舞,秋颁学合声,释奠则合之。又国故,谓如君死,或有灾荒、有战争等,则不合乐。"看来,"释"和"奠",即"释菜"和"奠酒",不全相同。"释菜",主要用"菜"礼祭祀,合舞;"奠礼"则"设酒酹祭祀,合声"。故"释奠"应是两者皆备,即陈设菜、酒等食品,既合舞,也合声(歌、乐)。

因此,本书统一沿用明清以来称谓,以"释奠"礼乐作为比较明确规范的学术用语,既是尊重历史,从历史实际出发,也希望加强实事求是地探索、保存这一文化遗产原貌的意识。

古代的文化教育机构,有各级官办的"正规"学校(也称官学、学庙),包括国家级的"国学"(国子学、国子监)及各级官府主办的"府学""县学"等等。此外,还有大量民间或官方、半官方兴办的书院、书屋、私塾等等。因为古代学校多设于各地孔庙内,故也称学庙、庙学。它们传授的主要是传统的儒家经典和儒家学说。

清代的大理和丽江,都是少数民族长期聚居的地区,历史上曾先后建立起"南诏国"和"大理国"两个地方政权,与唐、宋王朝相始终,又有往来。不过,中原文化(包括儒家文化等汉文化)很早就陆续传播到这里,其影响非常悠久深远。至于清代云南的"临安",当然不是南宋都城临安,也不是今天杭州市临安县,而是今天红河州的建水县,当时是清代"临安府"所在地。这里原是少数民族聚居地,随着汉族移民不断迁入,逐渐成为汉族为主的地区。以上三个地区,是汉文化(包括儒家礼乐文化)较早传来,并次第产生深浅有别影响的地区。因而,它们是中原儒家文化,与云南边疆和少数民族文化交流互动、有机融合的典型例证。

正如《释奠礼乐》所指出的,明代在京城设有国学,各省、府、州、县则设有书院和义学。清代庙学继承明代传统,又有发展。以云南为例,从清初顺治年间起,先后在昆明、大理府、临安府等地建立各级庙学,建立府卫教授、州学正、县教谕训导在内的教育体系。释奠礼乐作为实施礼乐教化的重要途径,广受重视,大有发展。书中指出,当时临安府治即建水,就有多达四家的书院,说明儒家文化的传授在当地非常受重视。

综上,《释奠礼乐》标题中的古代话语或地名可能引起的疑问疑惑,不难消解,书中也有更深入的说明。各位往下读,所产生的种种疑惑或小小的障碍,也都非常容易去除。我们花费一点点脑力和阅读时间,还可收获一些饶有兴味的古代文化史小知识,诸君不亦说乎?

二

朋友们往下阅读《释奠礼乐》,相信一定能觉得更多的"开卷有益"。

《释奠礼乐》不仅给我们带来了许多有趣的知识,给我们讲述了不少独特的涉及云南边疆的文化、历史故事,同时,作者的许多深入的思考和研究,不仅可以让我们分享,还可以启发我们进一步思考问题、提出问题。

比如,洪江博士的这一研究课题,可以让我们对清代儒家文化在云南汉族地区及少数民族聚集区的传播和影响,以及释奠礼乐与云南当地的洞经音乐和少数民族音乐的交融互动,有新的了解。比如,在大理地区的研究中,作者探讨了奠礼乐与大理洞经及"莲池会""辅国坛"间的相互关系;在临安即建水地区的研究中,分析了临安府学在当地释奠礼乐传承中的核心地位,也讨论了释奠礼乐对当地洞经音乐的深层影响,以及对当地少数民族音乐文化的间接影响。通过临安、大理和丽江三个地方洞经音乐的多样性变迁,作者从中分别概括出"释奠礼乐"连带的"儒化""俗化"和"少数民族化"等不同层次的变化。

整体而言,《释奠礼乐》还有助于对来自中原地区的儒家礼乐文化与边疆不同少数民族地区的传统音乐,如何交流融合和不断发展壮大,如何实现中华音乐文化多元一体的互动发展,有更深刻更直观的"体认"。即从感性到理性都能有进一步的了解和知悉,有更深刻的认知和掌握。进而,还可以帮助我们对中华民族多元一体发展格局的形成和发展加强、加深认识。

这里有一个很有意思的问题,需要稍稍讨论一下。

这本专著,如纯从音乐艺术的角度或仪式音乐的角度来研究,也许很多人会说,曲阜孔庙(祭孔礼乐的大本营),以及北京国子监和孔庙(祭孔乐舞的重镇)等儒家文化发达地区,那里的释奠礼乐,不仅历史悠久,规模、档次也远非边远偏僻的云南可比。不论是历史资料的丰厚,还是学者们相关研究成果的丰厚,学术文化发展历来滞后的云南边疆,岂能望其项背?所以,洪江博士这一研究,能给我们增添有关释奠礼乐的多少新知识?能有祭孔仪式音乐研究的多大新突破?

甚至,可能还有人会说,中国古代音乐史研究的前辈大家,无论是杨荫浏先生,还是黄翔鹏先生,都曾认为雅乐(包括祭孔礼乐)并不是中国音乐传统的主流,也不代表我国数千年积累的最为重要的音乐文化遗产。

比如,杨先生的大作《中国古代音乐史稿》指出,古代的宫廷雅乐(包括祭孔的释奠礼乐)的制定和演奏,尽管是历代统治者非常看重的一件大事,即所谓"王者功成作乐",但它们往往只是礼仪的附庸。不仅必然衰退,甚至被人讥讽为"雅乐虽雅,不成其为乐"。远的,如西周高度发达的宫廷礼乐文化和雅乐体系,到春秋战国时期则发生严重的"礼崩乐坏"。例如,《礼记·乐记》记载,就连贵族统治者魏文侯,也说自己"端冕而听古乐(雅乐)","则唯恐卧",而"听郑卫之音,则不知倦"。魏文侯还百思不解地问孔子弟子子夏:"敢问古乐之如彼,何也?新乐之如此,何也?"由此可见,周公制定的礼乐文化,到"礼崩乐坏"的春秋时期,即便在诸侯宫廷中,其艺术生命力和感染力都非常有限。尽管孔子"恶郑声之乱雅乐也"(《论语·阳货》),而身体力行"正乐",但古老的宫廷雅乐,仍然竞争不过流行的"郑卫之音"等"新乐"。到战国时代,齐国统治者齐宣王,干脆老实承认:"寡人非能好先王之乐也,直好世俗之乐耳。"(《孟子·梁惠王》)

又如,大唐王朝建立,原先产生于李世民军中的《秦王破阵乐》,经加工后上演于唐太宗登基的盛大宫廷朝会上,气势恢宏,"声振百里,动荡山谷",听的人则"凛然震悚"。李世民极其高兴地说,他当秦王领兵讨伐刘武周时的军中歌曲,"岂意今日登于雅乐!"该乐舞后来进一步修改为《七德舞》,不仅列为初唐宫廷著名的"三大舞"之首,唐太宗去世后,还改编为祭祀他的"庙乐"(标准的雅乐)。当时宫廷上演该乐时先是太宗皇帝,以及他死后继位的唐高宗,都站立起来观看,坐下的群臣也全体站立起来陪同,极其庄严肃穆,有如后世典礼之奏国歌。但到中唐,则如白居易《立部伎》诗所讽喻,因为当时"坐部贵""立部贱",若"堂上坐奏"的坐部伎演奏员,水平不行,则降级到"堂下立奏"的立部伎去演奏;若还是不行,被继续淘汰,则"立部又退何所任?始就乐悬操雅音!"

水平最差者,居然最后贬去演奏"雅乐"! 所以,白居易大为感叹:"雅音替坏一至此!"不仅让技艺最差者去演奏曾经无比庄严神圣的雅乐《破阵乐》,居然也被用在俗乐性的杂技表演上,当作伴奏乐曲使用。

黄翔鹏先生《雅乐不是中国音乐传统的主流》一文,更明确指出:有人以为雅乐是中国传统音乐的主流,并且把近代的孔庙乐当作雅乐的一种规范,以为中国的传统音乐就是如此。这是由于历代乐志偏于宫廷雅乐的记载,在国际、国内学术界造成了错觉。再者,孔庙乐更不是中国传统雅乐的典型。历史上,特别是宋代、清代都曾根据自己心目中一种"古雅"的模式,仿制过古董。艺术品的仿制、摹制,高手也可传神,也可乱真,但毕竟经不起鉴别……至于假古董的再仿制——孔庙乐(多出自末流文人之手,如果出自末流乐工,那倒也许会略好一点的),就更不足论了[1]。

黄先生说:"雅乐,仿佛确有经典规格。但从头到尾一查中国音乐史中的历朝雅乐,实则随代而异,流变万端。"他还说雅乐"不大称得起艺术品"。文章最后,黄先生指出:雅乐在封建社会中,名义上颇受统治阶级的重视;实则艺术水平甚低,从来只被当作"礼"的附庸,更谈不上是否可能成为中国音乐传统中的主流。至于现代残存的孔庙乐,是脱胎于假古董——拟古的雅乐的再度仿制品,实在不值一谈了[2]。

上世纪初叶伯和等人,撰写出多种新的《中国音乐史》,被学

———————————

① 黄翔鹏:《雅乐不是中国音乐传统的主流》,原载《人民音乐》1982 年第 12 期,收入黄先生《传统是一条河流》,人民音乐出版社 1990 年版,第 35 页。
② 黄翔鹏:《雅乐不是中国音乐传统的主流》,原载《人民音乐》1982 年第 12 期,收入黄先生《传统是一条河流》,人民音乐出版社 1990 年版,第 38 页。

界公认为近代科学的中国音乐史学研究之开端。为什么？一个重要原因，就是叶伯和在其《中国音乐史》中，明确指出过去的音乐史，都没有把音乐"当成一门艺术"！所以，他写的中国音乐史，就是作为一门艺术的中国音乐的历史。

既然如此，为什么《释奠礼乐》，还要下大力深入研究清代释奠礼乐在云南的传播和发展呢？

这是一个不容回避的问题。

三

其实，学术研究并没有禁区，也不依据研究对象是否重要或课题是否实用，来判断科学研究的意义和价值。即便古老的雅乐，包括孔庙礼乐都"不是中国音乐传统的主流"（对此，学界今天仍有一些学者持不同意见，这里按下不表），即使它们所体现的传统，也的确只是艺术性有限的"非主流"的传统，但它们仍然是一种历史悠久的音乐文化遗产，仍然体现着中华文化尤其是礼乐文化的一项重要传统。

不妨换一个角度看此问题，比如，从历史主义的角度实事求是地看雅乐和孔庙音乐，或从文化人类学的角度来看问题，则音乐艺术也当然是一种"文化"，一种离不开社会文化生态、文化发展大背景的"文化"，一种在既定历史环境中形成且负载着深厚历史内涵的"文化"。

美国学者梅里亚姆《音乐人类学》一书，清楚明白地提出了自己的民族音乐学（亦即音乐人类学）定义：在我看来，民族音乐学应当被界定为"对文化中的音乐的研究"（Merriam，1960）……这里包含了一种假定，即民族音乐学由音乐学部分和民族学部分共同组成,而音乐的声音是人类行为的产物,人类行为过程又是由创造某一文化的人们的价值观、态度和信仰决定的。音乐的声音只能由人为了他人而创造出来,而且虽然我们在概念上可以分清这两个方面,但是没有任何一方面都是不完整的。人类行为产生了音乐,而这是一个连续的过程:行为本身首先被定型然后才产生出音乐的声音,因此对于音乐两个方面的研究要相互渗透①。

在后文中梅里亚姆再次强调,民族音乐学的独特贡献,在于它融合了社会科学和人文学科的视角,使得二者互相补充并让我们更全面地了解这两方面:"它们中的任何一方面都不应当被视为完全的目标;这二者应当结合起来以求得更全面的知识。"②

其实,任何音乐都是一种文化,也都是"由创造某一文化的人们的价值观、态度和信仰决定的"。因而,研究任何一种音乐,都离不开文化的研究。中国音乐史研究应以音乐艺术为主要研究对象,但同时也是一种对中国文化中音乐的研究,一种对中国文化中生存发展的、由创造中国音乐的人们的"价值观、态度和信仰决定的"音乐和音乐文化的研究。

音乐是一种时间艺术,在时间中展开并随即消逝,在详尽周密的乐谱及保真的录音技术发明以前,音乐艺术作品除口耳相传外,极难完整保存并长期传留。因此,相关的音乐文化的研究,不能不成为音乐史研究,尤其是早期音乐史研究的重要内容、突出内容。

---

① [美]艾伦·帕·梅里亚姆:《音乐人类学》,穆谦译,陈铭道校,人民音乐出版社 2010 年版,第 6、7 页。
② [美]艾伦·帕·梅里亚姆:《音乐人类学》,穆谦译,陈铭道校,人民音乐出版社 2010 年版,第 7 页。

古代的宫廷音乐、舞蹈等等，乃至大量的民间乐舞，都是长期从属于并离不开社会的"礼乐"文化大背景的，是为"礼"文化（与严格的等级制度配套的礼治、礼制、礼仪、礼乐、礼俗等内容）服务的。礼乐文化（包括民间的礼俗文化），是我国古代音乐所生存、依托和长期服务的极其重要的文化背景和文化生存空间。

正如吴小如主编的《中国文化史纲要》所指出：中国古称"礼仪之邦"，而视其他化外民族为"蛮夷"，这固然是自我中心观的一种体现，但同时也反映出"礼"在中国古代政治社会生活中举足轻重的地位。如果从礼仪制度与风俗的悠久历史、丰富内涵和广泛影响考察，我们完全可以把中华文化看作是礼文化①。

相传西周初，周公在夏、商二代礼乐的基础上"制礼作乐"，把礼和礼制进一步推至鼎盛，逐渐形成一整套深远影响几千年中国历史的繁复礼仪制度。此即孔子所艳羡并作为自己毕生追求的理想目标。孔子指出"周监于二代，郁郁乎文哉"，宣称"吾从周"（《论语·八佾》），所以他提倡"克己复礼"，以重建西周礼乐制度为自己的毕生志业。

当时的"礼"，是"经国家、定社稷、序民人、利后嗣"（《左传·庄公二十三年》）的大事，是统领社会一切层面的政治、文化和思想举措和核心制度。高度发达并不断完善的周代礼乐制度，"实际是一个囊括了国家政治、经济、军事、文化一切典章制度以及个人的伦理道德修养、行为准则规范的庞大概念"②。

礼、礼仪，都离不开乐，所谓"礼乐相须以为用，礼非乐不行，乐非礼不举"（宋·郑樵《通志略·乐略·乐府总序》），所以"礼文

---

① 吴小如主编：《中国文化史纲要》，北京大学出版社2001年版，第29、30页。
② 吴小如主编：《中国文化史纲要》，北京大学出版社2001年版，第30—31页。

化"也称"礼乐文化","礼仪之邦"也称"礼乐之邦"。在中国古代，不仅"王者"上位，要"功成作乐"，孔子也主张培养人才要"兴于《诗》，立于礼，成于乐"（《论语·泰伯》）；儒家经典强调"移风易俗，莫善于乐"（《孝经·广要道》）；《礼记·乐记》强调"礼乐不可斯须去身"。孔子之教，也称"乐教"，说明儒家是将礼乐作为完善个人修养和改进世风民俗的最重要的内容和最高的追求。

在这样的大文化框架之中，在"礼乐相须以为用"的生存状态之下，音乐并没有自己独立的艺术身份与地位，也少有纯艺术的音乐存在。因此，不论是研究古代的"音乐"，还是研究"音乐文化"，都离不开当时笼罩一切音乐和艺术的礼乐文化，离不开文化的总生态和大背景，离不开中华文化是"礼文化""礼乐文化"这一基本特点。近人钱穆，也认为礼乐之道是中国的核心思想，认为要了解中国文化，就必须站到更高处来探讨中国之"心"①。

因此，中国古老的礼乐文化、礼仪文化，包括孔庙释奠礼乐，自然有其重要的文化遗产和文化传统价值，有研究价值。

若借用文化人类学"文化圈"学派的"文化传播主义"理论，我们还可以从"礼失求诸野"的角度，合理地进行比较，归纳研究。"文化圈"学派反对文化人类学中的"简单进化论"的观点，后者认为全人类的精神具有同一性，无论哪个民族都要经历相通的发展道路，即由简单文化向复杂文化逐渐发展、逐渐进步的道路。并且，这种发展方向是单向度的、直线的，所以，各民族之间不同的文化现象，往往被解释为代表先进或落后，将欧美以外各种文化统统视为原始、野蛮、落后的，视为"活化石""活的博物馆"。如果

---

① 参阅邓尔麟：《钱穆与七房桥世界》，社会科学文献出版社1995年版，第7页。

出现相类似的文化现象，则只是文化在平行发展的基础上达到同一水平的征兆，不是文化传播的结果。但主张文化传播主义的人类学家则认为，文化构成的最小单位是文化特色，若干特色进而构成文化复合，也称为文化要素。文化复合或文化要素，能像波纹一样从发源地扩散开来，发生空间性的传播。与这种文化要素的复合相联系的特定空间，就叫"文化圈"。除地理上的扩展外，还有时空上的传承传播的先后关系，从而构成"文化层"。"文化圈"学派，否定复杂的文化要素很少独立产生，否定重大发明无论在哪个地域都一再重复的观点，认为文化的发明一旦产生，就像石子投入水池中一样，以发源地为中心波纹，向四周扩散开来①。

即便今天全球化浪潮席卷世界，仍然有大量的文化成果文化特质，包括各种高科技成果，都是由创生之地向四周向全世界不断辐射、快速传播开来。可见，文化传播学派和"文化圈"的理论，并不完全过时。

"文化圈"学派还认为，文化圈的边缘地区，比起源地的中心区域，往往更能较完好地，甚至原样地保存从起源地传播而来的诸多文化要素、文化特质。中国古人所说的"礼失求诸野"，指的正是这种现象。

如果说，中原等礼乐文化的起源地、儒家文化圈的中心区域，宫廷礼乐文化，包括宫廷雅乐和孔庙祭祀礼乐，在漫长的历史进程中，必然会发生种种发展、变化，甚至可能出现仿制的"假古董"及"假古董"的再仿制，那么，影响深广的中原儒家文化以及中原其他重要文化，往往比较完整、持久地遗留保存在中华"文化圈"

---

① 参阅庄锡昌、孙志民编著：《文化人类学的理论构架》，浙江人民出版社1988年版，第15—26页。

的边缘地区,保存在所谓的"诸野"之地及云南这样的边疆地区。我们从中有可能寻求到积淀和遗存的某些古老的、更接近历史原貌的"礼乐"文化特质,可以据之进行"逆向考察"和"以今证古"的研究①。

再退一步说,清代云南传播的释奠礼乐,真是"脱胎于假古董——拟古的雅乐的再度仿制品",那也不是"不值一谈"。因为,历史上做假、造假的器物,经历数千年数百年历史岁月的积淀留存,本身也成为一种古老的文化遗物,具有一定的历史、文化厚度。例如,黄先生文中提到宋代赵彦肃所传《大唐开元风雅十二诗谱》,认为它们从宫调上"已经露出马脚","实为宋人伪作"。如果它们没有更多的历史来源或依据可考,至少也是宋代人所编创的作品,至今也有七八百年之久,仍多少反映了宋代拟古、仿古的思想和信息。

因此,从研究方法考虑,从选择独特入手点考虑,洪江博士这一探索,也有其合理性和必要性,有自身独特的价值和文化史意义。

---

① 笔者三十多年前在云南工作时,就曾撰写《试论笙属乐器的起源》一文,考证先秦到两汉时期,云南祥云大波那、江川李家山和晋宁石寨山滇王墓等地出土的青铜葫芦笙,不仅与中原楚国、曾侯乙墓和长沙马王堆汉墓等地出土的笙、竽,形制、机理高度相同,就连笙管透底、分前后两派排列,也都高度一致,楚国和曾侯乙墓出土的笙,也以葫芦为斗,与古老文献记载相符。说明它们之间虽然远隔数千里,仍存在非常亲密的渊源关系。先秦笙(葫芦为斗的笙)的古老形制,竟然一直保留在云南少数民族中,至今变化不大,真可谓"礼失求诸野"的典型例证。该文原载云南民族音乐工作室《民族音乐》1983年第2期,后收入笔者论文集《一苇凌波》(上海音乐学院出版社2004年版,第79—106页)。

四

其实，更值得我们关注的，也是《释奠礼乐》研究的重点，是释奠礼乐所具有和彰显的特殊"文化符号""历史符号"意义，是礼乐文化为标志的中原汉文化明清时期如何在云南边疆及少数民族地区传播、传承的实际情况。我们可以了解到释奠礼乐通过在边疆地区跨民族跨地域的交流、传播与互动融合，如何在更高层次更大规模上建构中华音乐文化多元一体发展的新格局新气象。

云南清代推行释奠礼乐，如前述，其实是中原汉文化的核心象征，负载、表征着中原儒家文化的深层内涵和核心价值，是悠久博大的华夏礼乐文明（思想精神、制度和教育等多方面综合）的重要浓缩符号。儒家文化以及释奠礼乐，在云南边疆汉族聚居地区"临安"（今建水），以及白族聚居区"大理"和纳西族聚居区"丽江"等地，有不同的历史传播传承过程，有不同程度不同层级的体现。

以儒家文化为核心为重要代表的中原文化，与边疆不同民族文化的交流，会自然而然产生矛盾冲突，对抗排斥，形成新的张力，但也会因交流发生"濡化"（acculturation），不仅导致主体文化发生种种变迁，甚至文化的中心价值也会发生改变。但同时，与不同民族文化不同地域文化的接触交流，也会影响传来的以释奠礼乐为代表的儒家文化和汉文化自身，也会发生某些适应性的文化变迁。

《释奠礼乐》考察以释奠礼乐为代表的中原儒家文化和汉文化，在云南边疆汉民族为主的聚居区和少数民族聚居区，其相互交流、融合、互动，有何具体体现，释奠礼乐对各地各族传统音乐文化有何影响，以及各地方音乐和少数民族音乐又如何影响进入当地的释奠礼乐，都是饶有兴味的问题。比如，在《释奠礼乐》中，就有释奠礼乐与滇南地区彝族海菜腔以及云南洞经音乐的发展演变之间关联互动的深入探讨。

不同社会和文化，有不同的社会功能与结构，文化交流双方的社会、文化不同，核心价值不同，以及接受客位文化者的不同阶层、身份，也都会发生不同的交流"濡化"。不同民族和地区的主体文化及其自身传统，也各有不同，因而发生的交流"濡化"，有深浅和宽窄的不同①。

所以，选取清代儒家礼乐文化在不同民族、不同地区的传播传承，是《释奠礼乐》所进行的文化学传播学研究之所以多姿多彩的一个重要原因。

五

中华民族多元一体格局，是费孝通先生晚年提出的重要思想之一。1988年，先生在香港中文大学发表题为《中华民族的多元一体格局》的重要演讲，次年，费老的专著《中华民族多元一体格局》②出版，被认为是他在民族研究领域中最具影响力的集大成之作。

费老指出，中华民族作为一个自觉的民族实体，是近百年来中国和西方列强对抗中出现的，但作为一个自在的民族实体则是几千年的历史过程所形成的。

---

① 参阅殷海光：《中国文化的展望》第三章《文化的重要概念》，商务印书馆2011年版。

② 费孝通：《中华民族多元一体格局》，中央民族大学出版社1989年版。

　　费老指出，中国五十多个民族单位是"多元"，而"中华民族是一体"，虽然它们都称"民族"，但层次不同。费老还指出：纵观中国几千年的历史，分分合合，纷争不断，但是从"多元"走向"一体"的大趋势是整个历史发展的主线。而且即使是在"统一"的时期，统治者在政治制度、宗教信仰、经济形态等方面，仍然允许在某些地区、某一阶层、某种行业中保持它的特殊性。

　　费老强调这一格局的最大特点，即一体中包含着多元，多元中拥戴着一体。他还从科学上阐明中华民族在多元一体的大格局里各展所长，既创造了本民族的历史，又共同创造了中华民族的历史。

　　中华民族在漫长的"分分合合"的历程中，终于由许许多多分散的孤立存在的族群发展为"你来我去、我去你来，我中有你、你中有我，而又各具个性的多元一体"。所以，在中华文明中，我们可以处处体会到那种多样和统一的辩证关系。

　　人类学家林耀华，高度评论费老这一重要思想。他说费老运用丰富的资料，特别是考古学、语言学、人类学、民族学和历史学方面的资料，在几万年的宏大坐标系统里纵横驰骋，举重若轻地娓娓而谈，深刻追溯了中华民族格局的成因。

　　他指出费老提出并加以论证的"多元一体"这个核心概念，在中华民族构成格局中的重要地位，"为我们认识中华民族和文化的总特点，提供了一件有力的认识工具和理解全局的钥匙"，相信它必能对我们今后开展的民族和文化研究产生巨大启迪作用[1]。

　　我们认为，费老关于中华民族多元一体的发展格局的重要思

① 林耀华：《认识中华民族结构全局的钥匙》，林祥主编：《世纪老人的话：费孝通卷》，辽宁教育出版社 2003 年版，第 166 页。

想,不仅为观察和分析中华民族发展的历史规律,了解中国文化发展的总特点,提供了有力的认识工具和理解钥匙,也为我们观察和分析中国音乐文化发展的总特点大格局,研究边疆地区与中原礼乐文化的交融互动,同样"提供了一件有力的认识工具和理解全局的钥匙"。

不同文化、不同族群的人相遇,都会产生文化的辨识区分与归属认同,从而构成一种简单的文化和部族的识别区分。由于古代华、夏族群率先进入农耕生活,很早就定居于中原,文化比较发达,从而成为当时文明、文化的中心与热地。因此,逐渐产生了以华、夏文化礼义为标准,进行族群分辨、区分的观念,产生了"华夷之辨",或称"夷夏之辨""夷夏之防",就是中国古代一种简单的文化及族属区分。

中国历史上,"华夷之辨"的衡量标准,大致经历了血缘衡量标准阶段、地缘衡量标准阶段,以及衣饰、礼仪等文化衡量标准阶段的三阶段演变。

《春秋左传正义·定公十年》云:"中国有礼仪之大,故称夏;有服章之美,谓之华。"华夏历来重视"衣冠礼仪",《周易·系辞下》也说"黄帝、尧、舜,垂衣裳而天下治"。周公制礼作乐,就是在夏、商二代礼乐仪式的基础上,制周代礼乐以治天下,被儒家尊为圣人。故"衣冠""礼仪",往往用来代指文明发达。当时的华夷区分标准,甚至不是居住的地域,而主要是诸夏之礼乐,或对诸夏友善者,即为华夏和"中国";而无诸夏礼仪,或对诸夏不友善者,则被视为"蛮夷",为"戎狄"。

但秦汉以后,在"华夷之辨"上占据主流的,是文化因素,强调文化认同而不是以血缘及地域来进行衡量。尤其华夏或后来的汉民族强盛的时期,对异族群或不同文化,能持比较宽容的态度。

韩愈《原道》指出:"孔子之作《春秋》也,诸侯用夷礼则夷之,进于中国则中国之。"即孔子是以文化的认同来裁决、判断族群之归属。居于核心地位的华夏,不仅不排斥,反而喜欢所谓的"蛮夷戎狄"们来承认、喜爱并接受华夏文化,容许、欢迎并接纳他们融入中华族群,进入"中国"。

所以,在漫长的历史进程中,中华各民族是以文化的特色和文化的认同,作为判断族群归属的非常重要的标准。在某种意义上,甚至可以说,对文化的认同、重视,甚至超越了血统、体质等方面的认同。

洪江博士的著作,从中原礼乐文化和儒家文化象征、代表符号角度,剖析清代释奠礼乐在云南临安(建水)和大理、丽江地区,如何互动接受中原儒家的释奠礼乐,如何实现中华音乐文化在边疆地区推进多元一体新格局的具体探析,是一个独特的历史侧面与文化视角。这一研究课题,不仅对研究音乐史学、民族音乐学的推进扩展有意义,对研究儒家文化的发展传播、研究中华文化多元一体的发展历程和格局形成、研究中国传统非物质文化遗产保护传承的丰富内涵持多样性等,也有积极意义。

《释奠礼乐》还为我们进一步深入理解中华民族音乐文化多元一体的整体格局如何形成、中华文化的多元一体的总体格局如何形成,以及更重要的中华民族多元一体的格局如何形成,提供了非常有价值的又一生动例证。

六

最后约略介绍一下洪江独特的身份与学习经历。大家知道,玉龙雪山下的古城丽江,不仅自然风景美丽又壮观,纳西族人民还拥有自己独具特色的辉煌的古老文化,例如东巴文化、纳西乐舞等等,同时,还非常善于学习、吸收中原汉民族以及周边藏、普米、傈僳等民族所创造的优秀文化。

云南历来就有"滇东出武将,滇西出文人"之说。滇西文教事业历来发达,人文荟萃,文化底蕴深厚,非同寻常。云南地方史大学问家方国瑜先生,就是出自丽江的著名纳西族学者。洪江生于丽江一个纳西族家庭,在这样的大环境中,加上严格的家教,她也继承和发扬了纳西民族善于学习、善于吸收各族优秀文化的优良传统。

她从小就学习成绩优秀,又先后考入在重庆的西南师范大学(今西南大学)和在北京的首都师范大学等名校,攻读音乐教育,并成功获得学士、硕士学位。

毕业后,她曾到军队院校工作多年。这也是非常宝贵的经历,使她成为文武兼备、思想文化训练有素的综合型学人。可以说,当时她已经功成名就,生活、工作和家庭也都顺利、圆满。但她不固步自封,甘愿寂寞,甘愿"坐冷板凳",孜孜以求提升自己的思想文化和科研水平。而且她不惧艰难,不怕失败,持之以恒,不懈努力,终于于2011年考上了著名的中央音乐学院音乐学系,开始了攻读中国古代音乐史博士学位的又一段艰辛崎岖的探索之旅。

当时我有幸受聘在中央音乐学院兼职,遂成为她攻读博士学位的指导教师。加上我也在四季如春的昆明长大,可以说也是"老乡",又多一层共同语言,因而,对她的论文选题,也更能理解和赞同。

与目前很多硕士、博士研究生的论文选题,均由老师"命题作文"不同,洪江学位论文选题,自始自终,均是她独立思考自主决策。说明她在研究课题的选取方面,有比较敏锐的问题意识,同时,也具备了较强的独立进行艺术科研的能力。

　　研究释奠礼乐这一传统汉文化的代表性、象征性文化因素如何在清代云南汉族和少数民族聚居地区不同文化土壤中生根发芽,既涉及音乐历史研究,也涉及不同民族文化交流互动的问题,是比较特殊的研究视角,需要相应的有特色的"学术支持系统"。比如,不仅需要研究者坚实的阅读梳理传统汉文献的功力,还需要学习运用音乐人类学、民族音乐学的理论和方法,进行专门的尽可能深入的田野调查(实地研究),包括运用不同的方言、不同的民族语言进行沟通、采访调查的能力。

　　更进一层讲,现代的文化人类学和民族学研究,非常强调大写的"他者"(the Other)的眼光,强调"主位"(Emic)和"客位"(Ertc)的观察法区分,要求研究者从被研究者的观点出发,来理解他们的文化,自觉拒绝用研究者自己的范畴,将被研究者的文化切割成零星碎片。也就是说,人类学家应该怀着理解包括自身在内的全人类的希望。所以,有学者总结人类学的洞察研究特征,是要努力实现"文化的互为主体性"(Cultural intersubjectivity),即人类学家要通过亲身研究不同民族、群体,以反观自身,是"推人及己"而不是"推己及人"的,对人们素质的形成,形成具有普遍性意义的理解①。如何有机结合不同学科的理论和方法,如何进行多重证据法的有机结合研究,对研究清代云南民族音乐交流融合提出了更高的要求。

　　洪江博士进行这一课题的研究,拥有诸多主观和客观的有利条件。她能顺利通过答辩,又最终完成这部专著,一方面,得益于

①参阅王铭铭:《人类学是什么》,北京大学出版社2002年版,第20、21页。

她长期不断的迈进,和各级学校的精心培养;得益于她多年在部队以后再到地方工作的宝贵实践锻炼。另一方面,与她得天独厚从小便接受不同民族语言和文化的薰陶分不开,与她密切接触并融合不同文化、思维模式、心理素质分不开。她能扬长避短,充分发挥自己知识积累的特点和优势,比如,她能够自如地区分"主位""客位"的不同观察视角,又往来无碍,能有机地将它们结合为一,所以能够比较理想地体现"文化的互为主体性",从而得出具有更大普遍意义的客观结论。

近来,我很喜欢将过去封建帝王长期垄断、专为自己贴金的"奉天承运"这句话解放出来,还给普通民众。这句话的本义,无非表明是在"正确的时间""正确的地点",做一件"正确的、合理的事"。正如敝乡贤、白族政治家和文人赵藩,曾在成都武侯祠大殿柱上写下的不朽名联:"能攻心则反侧自消。自古知兵非好战"(上联),"不审时即宽严皆误。后来治蜀要深思"(下联)①。他通过对诸葛亮一生功绩的高度概括,提醒世人每做一件事,必须审时度势、实事求是,否则无论是宽是严,或有多高才华和多大本事,都可能误事,导致失败。古人讲天时、地利、人和,缺一不可,说的也是同样道理。

我认为,洪江博士的研究,从实际出发,从自身条件出发,无论是天时地利人和,还是主观客观条件的结合,都具有充分的合理性,所以,她做的是一件正确的、有意义的事,"奉天承运"之事。

---

① 赵藩(1851—1927),字樾村,一字介庵。云南大理府剑川县白族人。幼从父学,乡人视为"神童"。24 岁中举。曾任职四川按察使,其间写下此对联。辛亥后曾主持滇西政务,还到北京任国会议员。后任孙中山广州军政府交通部长。晚年任云南图书馆长,从事文化事业。

祝贺洪江专著出版之际,还再啰嗦几句。严格说,取得博士学位,还只是一个学者终身研究事业的良好开端,是继续探索的新起点。"路漫漫其修远兮",希望洪江博士努力完成教学、科研重任的同时,继续为"文化自觉"和中华文化全面复兴的伟大事业努力,有可喜的新成果,不断问世。

2019 年 12 月 29 日于北京

绪　论

　　本书旨在详细勾勒清代云南释奠礼乐的传承情况。在此基础上，以释奠礼乐在清代大理、临安及丽江地区的传承历史状况为例，分析清代释奠礼乐在云南的嬗变与融合，并对释奠礼乐与云南传统音乐文化间的关系进行研究，探讨清代以释奠礼乐为代表的儒学礼乐在云南的多样化发展及独立发展趋势，及其对云南音乐文化发展的影响及意义。

一、选题的缘起及意义

（一）选题的缘起

　　随着清政府对边疆政策的调整，元明以来在云南实行的羁縻政策、土司制度逐渐被流官制度所代替。这个过程中，为了加强对边疆及少数民族地区的统治，清朝政府在政治上对云南实行"改土归流"，在文化上则实行"以华变夷"的政策。作为实施教化的重要制度和重要措施，庙学在清代对云南边疆少数民族的治理过程中起到了重要的作用。与此同时，作为清代庙学教育中的重要组成部分，释奠礼乐在云南得以广泛传承，对云南的历史、文化产生了重要影响。因此，释奠礼乐的研究逐渐进入学界的视野。

云南自古以来在经济、文化上就与中原有着密切的联系。与中原地区的政治、经济、文化交流,使云南的汉文化有了一定程度的积累,但不同地区的汉文化积累仍然体现出较大差异,这种差异一直延续至清初。文献记载显示,清初云南各地、各民族汉文化的传承、传播,体现出明显的不平衡性。我们看到,以儒学为核心的汉文化在云南的传播,主要是通过庙学的设立来获得保障的。释奠礼乐历来是儒家实施乐教的重要内容,在对云南边疆少数民族的治理过程中起到了重要作用。

与内地其他地区相比,清代云南释奠礼乐的传承显示出一定的特殊性。这种特殊性表现为释奠礼乐的传承既与云南庙学的建立紧密相关,又与汉文化的积累及儒家文化的传承密切相关。清代云南释奠礼乐的传承与变迁,可视为清代以儒学为核心汉文化在云南传承、变迁的缩影。因而,对清代释奠礼乐在云南传承历史脉络进行梳理,并以清代释奠礼乐在清代大理、临安及丽江地区的传承状况为例,对清代释奠礼乐在云南传承过程中的嬗变、融合进行研究,对于清代释奠礼乐研究及云南地方音乐史、清代音乐史研究,都具有重要意义。

(二)选题的意义

本书的研究工作具有如下意义:

1. 清代云南各级庙学传承的释奠礼乐是中国古代音乐史研究的重要课题。

释奠礼乐是清代云南庙学中儒学教育的重要内容。清初的庙学沿袭了明代的传统,在中央设有国学,在省、府、州、县设有书院和义学。自顺治年间起,云南先后在昆明、大理府、临安府等地建立了各级庙学机构,并在府、州、县设立了包括统府卫教授、州学正、县教谕训导在内的云南教育事务体系。这一整套庙学体系是清政府实施儒学教育的重要制度保障。因此,庙学是清王朝在云南进行汉文化传播与文化统治的重要手段,是清王朝控制云南文化教育的重要工具。清代云南各级庙学传承的释奠礼乐,是实施礼乐教化的重要因素,也是古代音乐史研究的重要课题。

云南作为中国西南边疆的重要省份,庙学教育得到广泛发展的同时,释奠礼乐也得到广泛传承。以庙学制度下的释奠礼乐作为切入点,探讨清代云南音乐文化,是我国边疆音乐史研究的重要内容。清代云南庙学教育,通过府学、州学、厅学和县学等各级教育机构的恢复、重建与拓展,分期分批实现了包括释奠礼乐在内的以儒学为核心的汉文化的广泛传播,尤其加强了汉文化在云南边疆和少数民族聚居地区的传播。释奠礼乐在云南各地的广泛传承,说明清王朝对云南的统治极为全面、深入,这对促进西南边疆的稳固起到了一定作用。庙学制度,包括释奠礼乐教育,对云南社会、文化的汉化和发展起到了直接或间接的推动作用,同时也加强了云南与内地之间的音乐文化交流。因此,根据历史文献,对清代云南庙学制度的建立与完善过程进行梳理,进而对庙学中释奠礼乐传承的史实进行梳理,是全面了解清代云南社会文化等发展情况的关键。对清代云南庙学制度下释奠礼乐传承的基本情况及其作用进行研究,也会对云南各民族文化建设及民族文化保护起到重要作用。

2. 为清代释奠礼乐在边疆及少数民族地区传承的研究提供个案。

清代是中国多民族统一国家发展、巩固的重要时期。清代的云南,仅从庙学的地区布局及数量上,就显示出比以往任何朝代都更为广泛的特点。庙学对清代中国边疆的发展、巩固及多民族统一国家的发展起了重要作用,释奠礼乐作为庙学中的重要文化因素,对儒家文化在云南地区的传播及教育、文化的发展起到了重要的作用。目前,学术界对云南清代释奠礼乐的研究尚属薄弱,本课题将为清代释奠礼乐在少数民族地区传承的研究提供独特个案。

目前,学界尚无专门论著对云南清代释奠礼乐进行探讨。清代释奠礼乐在云南的传承,延续了近三百年,并对云南传统音乐文化产生了深远的影响,这种影响甚至延续到今天。因此,对清代云南释奠礼乐传承发展的历史脉络、形式特征及其与云南不同族群传统文化间的相互影响进行研究,有很高的学术意义。

二、概念及研究范围的界定

(一)概念的界定

1.庙学

庙学又称学庙,旧指中国古代设于孔庙内的学校。庙学以"学"为重,它既是儒生学习儒家经典的学校,又是举行祭孔祀典的场所。庙学教育的对象是各府、州、县学生员,祭祀对象主要是孔子,还包括历代儒家代表人物。庙中设学、学中有庙的庙学结合形式,是庙学的主要特征。这种形式自唐代始一直延续到清末,并对中国的教育产生了深远的影响。从唐代至清末,庙与学结合的形式有前庙后学、左庙后学、左庙右学、左学右庙、中庙左右学、中庙周学等规制。本书采用"庙学"一词,主要强调清末以前"庙"与"学"结合的形式,同时强调"庙"中的释奠仪式与"学"中儒生的密切关系。

2.释奠礼乐

释奠原为古代学校的祭祀典礼,陈设酒食以祭祀先圣先师。释奠礼最早见于《礼记·文王世子》:"凡学,春,官释奠于其先师,秋冬亦如之……凡始立学者,必释奠于先圣先师。①"属于"三礼"中的"君师"之礼、"五礼"中的"吉"礼。释奠礼在周制中已经存在。但在《仪礼》《周礼》和《礼记》中并无释奠礼程序和礼规的详细内容。《阙里文献考》云:"考释奠之礼,古有行于山川者,有行于庙社者,有行于学者……至唐宋而释奠之名遂专施于学,其礼亦备举焉。②"可知,释奠礼是在后世逐步完善起来的。释奠礼的名称唐宋以来则发展成为专指学校祭祀孔子祀典。

文献显示,朝廷颁布祭祀先师用乐的形式源于刘宋元嘉间。《阙里文献考》载:"旧《阙里志》言,祀孔子用乐始于汉章帝时……刘宋元嘉间,从裴松之议,释奠用八佾之舞,旋以郊乐,未具权奏登歌,后世释奠孔子用乐实起于此。③"由于历代礼不相沿、乐不相袭,大凡改朝换代,制礼作乐作为国家大事均得到重视,因此,历代制定的祭孔乐舞均有所不同。

中国历朝文献对祭孔祀典用乐的称呼,大致包括以下几种:文庙礼乐、文庙丁祭乐、文庙上丁礼乐、文庙雅乐、孔庙礼乐、孔庙乐舞、孔庙雅乐、丁祭礼乐、春秋丁祭乐、祀孔礼乐、祭孔雅乐、释奠礼乐、大成乐等。这些称谓实际所包含的内容相同,都指祭祀孔子典礼上演奏的仪式音乐,只是所言角度稍有差异。本书统一使

①[清]阮元校刻:《十三经注疏》卷二十《礼记正义》,中华书局1980年版,第1405—1406页。
②[清]孔继汾:《阙里文献考》卷十九,山东友谊书社1989年版,第424页。
③[清]孔继汾:《阙里文献考》卷二十三,山东友谊书社1989年版,第521页。

用释奠礼乐这一称谓,主要基于以下原因:

经历历代的变迁,至清代,释奠礼乐已经专指祭孔仪式中围绕三献礼而进行的歌、舞、乐综合艺术形式,具体包括国子监、直省庙学及孔府家庙的各种祭孔释奠礼乐形式。作为儒学礼乐的象征,其内涵包括两个方面,其一为"乐"层面,主要包括歌、舞、乐等艺术层面;其二,作为礼乐教化的工具,"礼"层面是其不变的核心,主要指清代儒学所倡导的"仁""义""礼""智""信"等传统汉族礼教。释奠礼乐不同层面的内涵,显然是影响其在云南各地传承历史状况的重要原因。因此,本书采用释奠礼乐称谓,既有别于释菜等其他不用乐的祭孔仪式,突出了清代直省释奠礼乐中以歌、舞、乐祭孔的综合艺术特征,也概括了其"礼"与"乐"两个不同层面的内涵。

3.朔望祭、春秋祭、丁祭、诞辰祭

朔望祭、春秋祭、丁祭、诞辰祭是祭孔祀典文献中最为常见的名类,下面将对以上名类及其与祭孔相关的内容简述如下:

朔望祭是清代国子监及直省体系仍然沿袭的祭孔仪式。朔望行礼即每月的初一、十五,在校庙学师生都要到孔庙例行祭先师。朔望的祭祀形式有两种,一为释菜,一为行香。从文献记载可知,清代的朔望祭是不用乐的。

春秋祭,与朔望祭不同,春秋祭自古以来就是祭孔祀典中重要的祭祀活动,无论国学、曲阜孔庙还是直省,从相关的文献看,都将春秋祭作为常态祭祀,并且都使用乐舞。

丁祭源于丁日祭孔。从清代直省庙学释奠的相关文献记载看,春秋丁日两祭是清代直省庙学(曲阜孔庙)最重要的祭孔祀典。具体而言是指仲春和仲秋上旬丁日(即每年阴历二月、八月第一个丁日)祭祀孔子,称丁祭。

诞辰祭是指孔子诞辰日的祭孔仪式。诞辰祭并非传统的祭孔时间,清以前文献中难觅相关孔子诞辰日祭祀的记载。雍正五年(1727),谕内阁:"圣祖仁皇帝圣诞,旧例禁止屠宰。至圣先师孔子,师表万世,圣诞日亦应虔诚致祭。"①文献记载可知,孔子诞辰祭自雍正时才受到重视。最后定每年八月二十七日为孔子诞辰。在这一天,上自皇室成员、文武官员,下至军民等都要致斋一日,不理刑名,禁止屠宰。诞辰祭的出现从一个侧面体现出佛教对清代释奠礼乐文化所产生的影响。

(二)时间范围的界定

本书的时间范围限定在清代。从文献记载与考古实物来看,云南与内地音乐文化的交流从古至今从未间断过,释奠礼乐在云南的传承,很可能在早期与中原文化的交流中就已经开始,但由于史料的匮乏,直到清代,云南地方志等文献才有相对完整的对释奠礼乐的记载。

需要说明的是,虽然本书研究的时间范围为清代,但由于历史和音乐文化发展具有连续性,所以在庙学释奠礼乐相关历史沿革、乐章变迁等问题的研究和讨论中,本书对清代以前及清代以后的史实也会适当涉及。

(三)地域范围界定

本书研究的地域范围,包括清代行政区划中云南大部分区域。

由于本书以清代大理府、临安府及丽江府为研究重点,以上三府所属区域均为研究范围。从文献记载看,清代大理府管辖范

---

① 《钦定大清会典则例》卷八十二,文渊阁《四库全书》,第 622 册,第 578 页。

围包括四州三县：赵州、邓川州、宾川州、云龙州、太和县、云南县、浪穹县。清代的临安府管辖范围包括："领州四（建水州、石屏州、阿迷州、宁州）；县五（通海县、河西县、嶍峨县、蒙自县、新平县）；土司三（纳楼茶司长官司、纳楼茶甸长官司）；土舍七（溪处乡土舍、无渣乡土舍、思沱乡土舍、落恐乡土舍、左能乡土舍、阿帮寨乡土舍、漫车寨乡土舍）。"①清代丽江府的范围则主要包括"通安、巨津、兰州、宝山四州"②。值得注意的是，以上三个地区并非所有管辖州县都设立了庙学，这也意味着清代以上三地部分地区释奠礼乐并未得到过传承。从经济投入、各级政府的重视程度看，清代云南各地庙学中释奠礼乐的传承基本以各府学为中心进行传承，因此，本书选择研究地域范围的原则是，关注云南主要府学的状况，在个案研究中则以大理府学、临安府学及丽江府学为中心，同时兼顾以上三府所属州县庙学的传承状况。清代大理府、临安府及丽江府的地域范围，与今天大理市、红河州及丽江市的行政区划基本吻合，其中临安府学、大理府学及丽江府学的所在地分别为今天的云南建水县、大理市及丽江玉龙县及古城区。因此，笔者的田野等工作是以以上区域为核心区域展开的，特此说明。

　　本书研究的历史时期内，由于云南政治、经济、文化的发展还处于不平衡的状态，因而释奠礼乐在云南传承的时空分布状况实际比较复杂。其中东川府原属四川省管辖，雍正四年（1726）改土

---

① 张文敩：民国《建水州志》卷三《建置》，国家图书馆地方志数字版，第1—5页。

② ［清］吴自肃、丁炜纂，范承勋等修：康熙《云南通志》卷四《建置》，《中国地方志集成·省志辑·云南》第1册，上海书店、巴蜀书社、江苏古籍出版社2009年版，第131页。

归流后才隶属云南,因此雍正以后东川府释奠礼乐的传承也被纳入本书关注的范围。部分地区如丽江永宁及临安红河南岸的广大地区清代从未设学,因此以上地区不作为本书研究的地域范围。为保证研究的整体性,在地域概念上,本书将研究的选点地域统称为大理地区、临安地区及丽江地区,其范围与清代云南省的行政区划基本一致。

三、研究现状

目前,学术界对清代云南释奠礼乐的研究还很薄弱。就笔者所见,直接与清代云南释奠礼乐研究相关的文章主要有李洋《祭孔音乐在大理地区的传播与衍变》①、杨育民《康熙大理府志载〈大成乐〉简介》②、汪致敏《建水明清祭孔乐舞考略》③、周楷模《云南民族宗教乐舞与礼法乐教》④四篇学术论文,滕祯博士的学位论文《商乐同荣　修身齐家——当代大理洞经音乐的深层结构研究》⑤中也涉及了大理地区释奠礼乐的相关内容,和云峰专著《纳西族音乐史》部分章节也涉及丽江释奠礼乐的内容。

杨育民的《康熙大理府志载〈大成乐〉简介》一文,是较早对云南大理地区庙学释奠礼乐予以关注和介绍的文章。文章根据清

---

① 李洋:《祭孔音乐在大理地区的传播与衍变》,《民族艺术研究》1999 年第 6 期。
② 杨育民:《康熙大理府志载〈大成乐〉简介》,《民族音乐》1986 年第 1 期。
③ 汪致敏:《建水明清祭孔乐舞考略》,《民族艺术研究》1996 年第 5 期。
④ 周凯模:《云南民族宗教乐舞与礼法乐教》,《民族艺术》1990 年第 6 期。
⑤ 滕祯:《商乐同荣　修身齐家——当代大理洞经音乐的深层结构研究》,博士学位论文,中央音乐学院,2012 年。

康熙《大理府志》卷十一《学校》中的文献记载，从沿革、乐谱、谱法、演奏顺序、乐舞五个方面，对大成乐的相关史料进行了简要介绍。文章认为："大理地区祭祀性大型乐舞对本地区的影响很大，在今天的洞经会的一些演奏形式、乐队座次、乐器使用，以及民间祭祀舞蹈中，尚能明显看到这种影响的痕迹。"[1]

李洋的《祭孔音乐在大理地区的传播与衍变》一文，主要通过对清代《大理府志》《鹤庆府志》等地方志中相关史料的梳理，分别从祭孔音乐在大理传播的历史文化背景，祭孔音乐在大理的传播与演变，以及大成乐对当地民间音乐的影响三个方面，对大理地区祭孔音乐的传播与衍变历史进行了论述。李洋在文章中关注了大成乐对大理洞经音乐的深远影响，指出历代长期流传的大成乐已完全被后起的"民俗礼仪音乐"所取代。

周凯模《云南民族宗教乐舞与礼法乐教》一文，也关注到了云南祭孔礼乐大成乐。文章根据《大理府志》对学校祭孔音乐的乐章、词、谱、乐器、谱法、演奏顺序及祭孔乐舞等进行了介绍，认为《大成乐》的整个内容和表现形式"充满了引俗入古、神化君主和圣贤的封建色彩"[2]。文章将宫廷乐教与云南少数民族的活泼的乐教形式进行了对比，并肯定了云南少数民族乐教形式的优点。

汪致敏《建水明清祭孔乐舞考略》一文，主要根据《建水州志》及《临安府志》等地方志的文献记载，对祭孔乐舞的基本形态进行了梳理。同时，关注到了祭孔礼乐对滇南民间祭祀音乐以及洞经音乐的影响。

中央音乐学院滕祯博士的学位论文《商乐同荣　修身齐

---

[1] 杨育民：《康熙大理府志载〈大成乐〉简介》，《民族音乐》1986年第1期。
[2] 周凯模：《云南民族宗教乐舞与礼法乐教》，《民族艺术》1990年第4期。

家——当代大理洞经音乐的深层结构研究》①第三章《大理洞经会的仪式音乐表演活动》中，也关注到了历代释奠礼乐在大理地区的历史积淀，并通过田野考察，分别对当今大理洞经会南诏古乐会、大理叶榆会的祭孔仪式及大理部分村镇如阳南北村大理云龙县诺邓白族村的祭孔仪式进行了考察。呈现了当今祭孔仪式及相关音乐在大理地区的活态存在状态。

　　和云峰的《纳西族音乐史》②第四章第四节《汉族文庙（儒学）礼乐的传入》、第五章第二节《"仕学之风"的盛行与"儒学（文庙）礼乐"的鼎盛》、第六章第一节《儒学礼乐在纳西族地区的演变及衰败》，对清代丽江纳西族地区文庙礼乐（祭孔礼乐）从传入、鼎盛到衰败的历史演变过程进行了探讨。

　　从以上学界对云南庙学释奠礼乐的相关研究成果看，目前学界对云南释奠礼乐的研究范围仅涉及了大理、建水及丽江等地不同历史时期云南区域性祭孔释奠礼乐的研究，就研究内容看，则仅限于对释奠礼乐相关史料的梳理，虽然有的研究已经关注到了释奠礼乐对部分地区音乐文化的影响，但未对释奠礼乐对云南音乐文化的影响作深入、系统的研究。总之，整体而言，学界对这一问题关注程度不够、研究相对薄弱，并且，目前尚无对清代云南庙学释奠礼乐整体进行专门探讨的论著。

　　与云南清代释奠礼乐问题的研究有所不同，学界对中国历代孔庙释奠礼乐的研究成果比较丰厚。

　　国内学者对祭孔释奠礼乐研究所涉及的领域非常广泛：有对

---

① 滕祯:《商乐同荣　修身齐家——当代大理洞经音乐的深层结构研究》,博士学位论文,中央音乐学院,2012年。
② 和云峰:《纳西族音乐史》,中央音乐学院出版社2004年版。

释奠礼乐进行全面研究的，如江帆、艾春华《中国历代孔庙雅乐》①、孔德平等《祭孔礼乐研究》②。有对区域性祭孔礼乐进行研究的，如陈彤《天津文庙祭孔乐舞刍议》③，项阳《一把解读雅乐本体的钥匙——关于邱之稑的〈丁祭礼备考〉》④，杨荫浏《孔庙丁祭音乐的初步研究》⑤，喻意志、章瑜《浏阳祭孔音乐初探》⑥，孙豪《清代平阳府实施国家礼乐祀典考述——以文庙祀典为乐》⑦等。有对释奠礼乐中的乐舞进行专题研究的，如孙茜《祭孔乐舞舞蹈的文化研究》⑧。有对释奠礼乐向国外传播的历史状况进行研究的，如聂丛竹《中国雅乐在朝鲜半岛的传播与流变研究》⑨、迟凤芝《朝鲜半岛对中国雅乐的接受、传承与变衍》⑩等。还有从祭祀角度对祭孔进行研究，但同时部分章节涉及释奠礼乐研究的，如

---

① 江帆、艾春华：《中国历代孔庙雅乐》，中国国际广播出版社2001年版。
② 孔德平、彭庆涛、孟继新：《祭孔礼乐研究》，文物出版社2009年版。
③ 陈彤：《天津文庙祭孔乐舞刍议》，《天津音乐学院学报》2002年第1期。
④ 项阳：《一把解读雅乐本体的钥匙——关于邱之稑的〈丁祭礼备考〉》，《中国音乐学》2010年第3期。
⑤ 杨荫浏：《孔庙丁祭音乐的初步研究》，民族音乐研究所编印：《湖南音乐普查报告附录之二》，1958年油印本。
⑥ 喻意志、章瑜：《浏阳祭孔音乐初探》，《天津音乐学院学报》2008年第2期。
⑦ 孙豪：《清代平阳府实施国家礼乐祀典考述——以文庙祀典为乐》，《中国音乐学》2011年第2期。
⑧ 孙茜：《祭孔乐舞舞蹈的文化研究》，硕士学位论文，中国艺术研究院，2008年。
⑨ 聂丛竹：《中国雅乐在朝鲜半岛的传播与流变研究》，硕士学位论文，山东大学，2011年。
⑩ 迟凤芝：《朝鲜半岛对中国雅乐的接受、传承与变衍》，硕士学位论文，上海音乐学院，2009年。

董喜宁《孔庙祭祀研究》①、常想贵《清代前期祭祀研究》②等。

以上研究可以分成两个阶段,第一个阶段是上世纪 60 年代至上世纪 90 年代末;第二个阶段是本世纪初至今。两个阶段对释奠礼乐研究的视角、方法都呈现出不同的特点。第一阶段,由于上世纪社会政治等综合因素的影响,释奠礼乐进入学者研究视野较晚,由于当时社会的局限,多数学术研究对释奠礼乐都持批判的态度。第二阶段,从本世纪初始至今,释奠礼乐的价值得到重新认识,研究方法、研究视角也体现出多元和综合的特点。

从第一个阶段的研究成果看,杨荫浏《仪式音乐——孔庙丁祭音乐》③是具有代表性的研究成果。文中根据对湖南浏阳当时所存的孔庙丁祭仪式音乐的调查,对浏阳孔庙丁祭音乐的沿革、祭孔乐章(包括歌词、敔、应鼓、搏拊、镈钟、特磬、编钟、编磬等乐谱)等内容进行了翔实的记载,补充说明了鼗鼓、琴、瑟的演奏方法,与此同时,还将当时浏阳遗存的孔庙丁祭音乐与乾隆八年(1743)颁布的《直省释奠乐章》乐谱及乾隆十二年太常乐工所教奏法进行了完整的比较。由于当时社会环境的限制,在行文中杨荫浏先生未明确肯定浏阳祭孔仪式音乐的价值,但从文中"采访孔庙音乐的目的,在积极方面,是为了对于历史中的宫廷音乐,保存一个具体的实例,可以供给学习历史者们的参考④"的记载看,

---

① 董喜宁:《孔庙祭祀研究》,博士学位论文,湖南大学,2011 年。
② 常想贵:《清代前期祭祀研究》,硕士学位论文,山东师范大学,2009 年。
③ 杨荫浏:《仪式音乐——孔庙丁祭音乐》,载民族音乐研究所编印《湖南音乐普查报告附录之二》,1958 年油印本。
④ 杨荫浏:《孔庙丁祭音乐的初步研究》,民族音乐研究所编印:《湖南音乐普查报告附录之二》,1958 年油印本。

显然,杨荫浏先生是充分肯定了浏阳祭孔音乐的历史价值的。虽然该文主要是针对湖南浏阳地区遗存的祭孔仪式音乐进行的普查报告,但作为1949年以来较早关注祭孔仪式音乐的相关研究,它在涉及浏阳遗存祭孔仪式音乐的同时,还涉及了乾隆时期颁布的直省释奠礼乐,因而具有较高学术价值。

第二个阶段的研究成果则更为丰富、全面。

这个阶段,出现了对历代祭孔礼乐进行全面研究的专著。江帆、艾春华《中国历代孔庙雅乐》及孔德平等的《祭孔礼乐研究》是这个阶段具有代表性的著作。其中,江帆、艾春华《中国历代孔庙雅乐》对祭孔释奠用乐历史和孔庙雅乐的形成、历代孔庙乐章及乐名的变化发展、孔庙雅乐曲谱的变化和发展及孔庙祭祀舞蹈的内容及形式、孔庙乐舞编制与乐器演奏的位次沿革、孔庙乐舞与古代音乐美学观、祭孔祀典的进行程序等进行了全面地梳理,书中还对部分元代、明代、清代(国学及直省)及民国时期的祭孔乐章进行了整理及翻译,是了解中国历代孔庙雅乐发展颇为全面的一本著作。由于该著作许多引文无出处,所以稍显遗憾。

孔德平等的《祭孔礼乐研究》是第二阶段另一部重要的研究成果。该著作对祭师活动的起源、祭孔礼器、祭孔乐器、祭孔乐章、祭孔僧舞及祭孔释奠程序等进行了详细的梳理,另外,该书第三章《祭孔乐章》中,对祭孔乐谱作了包括《三通鼓》在内的乐谱的展示,其中在乐谱的翻译过程中,不仅梳理翻译了歌词的乐谱,还翻译梳理了柷、敔、镈钟、悬鼓、楹鼓、足鼓、鼗鼓、编钟、搏拊、田鼓等祭孔乐章中伴奏乐器的乐谱,直观、全面地从乐谱角度,探究了祭孔释奠礼乐中歌与各种乐器相配合的整体形式。

对区域性祭孔礼乐进行研究是第二阶段研究成果中的重要组成部分。

　　显然,道光时期邱之稑创制的浏阳祭孔礼乐再次得到了关注。项阳《一把解读雅乐本体的钥匙——关于邱之稑的〈丁祭礼备考〉》①一文,通过对清道光年间浏阳邱之稑《丁祭礼乐备考》中丁祭乐舞曲谱的辨析,提出邱之稑《丁祭礼乐备考》乐谱具有先进性的观点,并对邱之稑《丁祭礼乐备考》乐谱记录实用性及优点进行了充分肯定。喻意志、章瑜的《浏阳祭孔音乐初探》②一文,则对浏阳自制的祭孔礼乐的渊源、自制过程、组成部分、研究现状和意义等内容进行了探讨。陈彤《天津文庙祭孔乐舞刍议》③一文,根据天津文庙所藏乐舞器具,对天津文庙祭孔乐舞的起始年代、影响和历史价值等问题作了阐述。孙豪《清代平阳府实施国家礼乐祀典考述——以文庙祀典为乐》④一文,对清代平阳府文庙释奠礼乐的场所建置、器物陈设、人员组织、乐章版本、乐舞佾数及乐律制度六个方面的问题进行了阐述。

　　祭孔乐舞专题研究是第二阶段研究的新拓展。中国艺术研究院孙茜硕士论文《祭孔乐舞舞蹈的文化研究》对祭孔乐舞的发展历史、舞蹈特征及舞蹈在仪式等过程中的教化功能等问题进行了探讨。

　　祭孔释奠礼乐对周边国家的影响,也逐步进入学界的视野。

---

① 项阳:《一把解读雅乐本体的钥匙——关于邱之稑的〈丁祭礼备考〉》,《中国音乐学》2010 年第 3 期。
② 喻意志、章瑜:《浏阳祭孔音乐初探》,《天津音乐学院学报》2008 年第 2 期。
③ 陈彤:《天津文庙祭孔乐舞刍议》,《天津音乐学院学报》2002 年第 1 期。
④ 孙豪:《清代平阳府实施国家礼乐祀典考述——以文庙祀典为乐》,《中国音乐学》2011 年第 2 期。

聂丛竹《中国雅乐在朝鲜半岛的传播与流变研究》①一文,也涉及
了宋代祭孔雅乐在朝鲜的传播及对朝鲜音乐文化的影响。迟凤
芝《朝鲜半岛对中国雅乐的接受、传承与变衍》中指出朝鲜文庙雅
乐源于中国宋代传入的大晟雅乐,并认为它与中国古代雅乐是根
干相连的关系。文启明《祭孔乐舞历史价值的再认识》②一文则
在梳理出祭孔乐舞历史沿革的基础上,对祭孔乐舞(祭孔礼乐)对
朝鲜、越南、日本等国的传播及影响状况进行了探究。

　　除从祭孔音乐"乐"层面进行研究之外,从中国礼俗文化视角
对祭孔礼乐文化进行研究也是第二阶段出现的重要研究视角。
山东师范大学常想贵硕士论文《清代前期祭祀研究》③,主要从中
国礼俗文化的视角,在对清以前祀孔的历史流变作概述性研究的
基础上,对清代前期祀孔活动的开展原因、内容、特点和政治功能
与社会意义进行了分析探究。湖南大学董喜宁的博士学位论文
《孔庙祭祀研究》一文,分别从孔庙的历史沿革,孔庙中享祭者,孔
庙中的献祭者,孔庙中的祭品、祭器,孔庙祭祀中的乐和舞,孔庙
祭祀中的名类及释奠程序等方面,对历代孔庙的祭祀沿革进行了
全面、完整的梳理。

　　以上前人的相关研究,为清代云南释奠礼乐的研究奠定了
基础。

①聂丛竹:《中国雅乐在朝鲜半岛的传播与流变研究》,硕士学位论文,山东
　大学,2011年。
②文启明:《祭孔乐舞历史价值的再认识》,《中国音乐学》1999年第2期。
③常想贵:《清代前期祭祀研究》,硕士学位论文,山东师范大学,2009年。

四、研究思路及研究方法

(一)研究思路

本书研究的对象为清代云南释奠礼乐的历史状况,内容主要涉及清代释奠礼乐体系中的直省释奠礼乐,并以释奠礼乐在云南大理、临安及丽江地区的传承历史状况为个案,探讨释奠礼乐对清代云南社会政治、文化、艺术等方面所产生的影响。本书研究的思路是在对清代释奠礼乐体系及清代云南地方志释奠礼乐相关文献史料进行搜集、整理的基础上,分别对清代释奠礼乐体系及云南清代释奠礼乐中的乐、舞、器、谱等内容进行研究,分析两者间的关系,进而以清代释奠礼乐在云南大理、临安、丽江地区与不同族群传统音乐文化间的融合与冲突为重点,对清代释奠礼乐在云南不同地域文化中的影响及变迁等问题进行探索和研究。本书主要从以下几个方面进行研究:

一是对清代以前云南释奠礼乐进行梳理与探源。该部分主要以《后汉书》《新唐书》《元史》《明史》及天启《滇志》等文献中的相关史料为基础,梳理出清代以前释奠礼乐在云南的历史脉络,基本厘清清以前云南释奠礼乐的历史脉络。

二是在梳理出清代释奠礼乐体系及直省释奠礼乐内容的基础上,对清代云南释奠礼乐传承的内容等历史状况作进一步梳理,并关注清代庙学教育发展与释奠礼乐间的关系。首先,以《清史稿》《清会典则例》《国子监志》《阙里文献考》《直省释奠礼乐记》《文庙丁祭谱》等文献中相关史料为基础,以清代历朝帝王对释奠礼乐体系的建设入手,对清代释奠礼乐体系的形成及发展过程进行梳理,并对清代直省释奠礼乐的乐章、乐器、乐舞、仪注等问题进行探讨。其次,以康熙《云南通志》、道光《云南通志》、民国《新纂云南通志》等地方志中的释奠礼乐史料为基础,对清代释奠礼乐在云南传承的内容及变迁做梳理和研究,并对清代直省释奠礼乐、云南庙学教育与清代云南释奠礼乐间的关系进行探讨。

三是以大理、临安、丽江三个具有代表性的地区为例,探讨清代释奠礼乐对当地社会文化及族群文化的不同影响,兼及不同族群文化对释奠礼乐所产生的影响。大理地区的研究,以地方志中释奠礼乐史料为基础,并以地方野史为引证材料,探讨奠礼乐与大理洞经音乐及"莲池会""辅国坛"间的相互关系。临安地区的研究,则以地方志、民间流传的洞经经籍及遗存的《文庙丁祭谱》为基础,分析临安地区释奠礼乐传承中临安府学的核心地位,并分别探讨释奠礼乐对少数民族音乐文化的间接影响、对汉族洞经音乐的深层影响及其原因。丽江地区的研究,以地方志中释奠礼乐史料为基础,充分运用东巴文化中的东巴经、东巴舞谱等相关史料,首先关注释奠礼乐"乐"层面对包括音乐文化在内丽江纳西族传统文化的正面影响,其次关注释奠礼乐"礼"层面与丽江纳西族传统文化的冲突,并以丧葬文化及婚恋文化为主要切入点,探讨释奠礼乐"礼"层面与丽江纳西族传统文化冲突对释奠礼乐自身及对纳西族传统音乐文化的影响。

四是对清代释奠礼乐在云南传承过程中的变迁及其对云南音乐文化所产生的影响进行探讨。虽然对释奠礼乐文化的歌、舞、乐及相关的礼仪,历代都有严格规定,但云南作为边疆少数民族地区,文化历来有鲜明的民族特色与地方特色,在释奠礼乐传承过程中,由于各地汉文化积累程度的差异,以儒学为核心的汉文化传播历史状况亦体现出较大差异。因此,清代释奠礼乐对云南不同地区不同族群而言具有不同的意义。本部分通过对释奠礼乐在大理、临安及丽江地区音乐文化中的变迁情况及特征的梳理,总结出释奠礼乐在云南的变迁对儒学礼乐发展的意义及对云南音乐文化发展所产生的影响。

(二)研究方法

1. 文献学方法

传统文献学的方法是实现对古文献理解和利用的有效途径。在充分占有文献的基础上,对其汇总、归类、分析,并将这些资料作为本研究的主要资料来源和研究基础,是本书进行研究最基础也是最重要的方法。

在本书的研究过程中,史料来源主要包括正史、地方志、部分地方文献及别史、野史等。其中正史主要有《旧唐书》《新唐书》《后汉书》《元史》《明史》《清史稿》等。地方志是本书另一个重要史料来源,本书涉及的地方志主要有:天启《滇志》、景泰《滇志》、康熙《云南通志》、道光《云南通志》、民国《新纂云南通志》等省通志及康熙《大理府志》、康熙《临安府志》、雍正《建水州志》、乾隆《丽江府志》、光绪《丽江府志》等。地方性区域文献主要有:《蛮书》《华阳国志》《云南志略》《滇略》。文人诗集与游记也为本书提供了部分历史依据,主要有《徐霞客游记》。云南遗存的相关石刻碑文也是本书研究的史料,其中主要包括大理剑川石宝山南诏时期石雕及丽江明代白沙壁画等,碑文则有《赛平章德政碑》《创大理文庙碑》《南诏德化碑》《丁祭整饬碑文》等。同时,《清会典则例》《国子监志》《阙里文献考》《直省释奠礼乐记》《文庙丁祭谱》等也是本书使用的重要史料,大理地区流传的《三迤随笔》《野史稗钞》等亦为本书提供了重要材料。少数民族文献也是本书的重要材料,东巴文及东巴画是研究丽江个案的重要史料。

由于本书涉及的族群较多,历史来源较为丰富,对以上不同材料进行分类、整理,运用了文献学中的目录、版本、校勘等方法。在整理、翻译释奠乐章的过程中,在版本选择、乐谱校勘等方面,传统文献学也是本书主要的方法。

2. 比较法

作为认识事物本质最基本最重要的方法之一,比较法为本书研究提供了重要的方法论。本书首先对云南不同时期释奠礼乐的历史渊源作纵向比较,并对大理地区、临安地区及丽江地区释奠礼乐的历史状况作纵向比较;其次,对清代云南释奠礼乐与清代释奠礼乐体系进行比较,并对释奠礼乐在清代大理地区、临安地区及丽江地区的传承及影响作横向的比较,并通过描述、解释、并列、比较等步骤,归纳出清代释奠礼乐在云南传承过程中的共性特征,并揭示出释奠礼乐与云南不同地域音乐文化间的相互关系。

3. 田野调查法

对于云南清代释奠礼乐的研究而言,现今遗存或重建的儒学礼乐是理解其真实面貌的重要途径和依据。本书对云南建水、大理及丽江的遗存的释奠礼乐及相关洞经音乐进行实地调查,并充分运用学界目前的相关研究成果,将笔者收集到的一手资料,与目前学界对以上问题的相关研究成果与文献资料进行对比,了解历史与现实的差异,分析其变迁过程和原因,从而为深入认识云南清代释奠礼乐的真实面貌提供多种依据与线索。

4. 多学科综合的方法

本书涉及音乐史学、历史学、民族学等多个学科,因而多学科综合研究也是本书研究的一个重要方法。本书在研究过程中,在注重传统文献资料收集的同时,也注重民间口传材料及民族音乐学田野调查所获资料的收集与运用,并努力将史学研究的方法与民族音乐学田野调查方法相结合,因此对中国古代音乐史的方法论的综合使用也有一定意义。

第一章　云南释奠礼乐历史溯源

云南释奠礼乐的传承与汉文化在云南的传播密切相关,也与庙学在云南的建设密切相关。对云南汉文化历史及庙学历史的溯源,均有学者进行研究,但对云南释奠礼乐的溯源研究,学界仍十分薄弱,不仅无硕博论文,期刊文章也非常少。本章中,笔者拟对清代以前云南释奠礼乐相关的史料作系统梳理,并在此基础上,厘清释奠礼乐在云南传承的历史脉络。

第一节　释奠礼乐溯源

释奠礼乐作为祭孔仪式中歌、舞、乐一体的综合艺术形式,有悠久的历史渊源。

释奠礼乐专指祭祀孔子典礼上演奏的仪式音乐。自孔子去世以后,在祭祀孔子的仪式中使用音乐和舞蹈形式由来已久,有学者认为"自鲁哀公十七年(前478)的农历二月十一日的祭祀仪式,备有乐舞以来,虽然政治风云变幻,改朝换代,可是,祭祀孔子的仪式,礼乐并隆,却一直是每朝每室自觉相袭的制度"①。释奠

---

① 江帆、艾春华:《中国历代孔庙雅乐》,中国国际广播出版社2001年版,第1页。

礼乐在长期的发展过程中,被历史赋予了丰富的文化内涵。

从中国历朝文献对祭孔祀典用乐的称呼,就可以感知其丰富的形式及悠久的发展历史。文庙礼乐、孔庙礼乐、文庙丁祭乐、丁祭礼乐、春秋丁祭乐、文庙上丁礼乐、祀孔乐、孔庙雅乐、祭孔雅乐、释奠礼乐、孔庙乐舞、大成乐等,是历代汉文典籍中曾出现过的有关释奠礼乐的称谓。以上称谓实际所包含的内容相同,都指祭祀孔子仪式上演奏的仪式音乐及乐舞。祭孔释奠礼乐称谓的丰富多样性,体现出祭孔释奠礼乐在中国历史上的深远影响。

文献显示,祭祀孔子用乐,始于汉章帝时,由朝廷颁布祭祀先师用乐的形式源于南北朝时期刘宋元嘉年间(425—453)。《阙里文献考》载:"考阙里旧志言,祀孔子用乐始于汉章帝时……刘宋元嘉间,从裴松之议,释奠用八佾之舞,旋以郊乐未具,权奏登歌。后世释奠孔子用乐,实起于此。"①又载:"南齐武帝永明三年(485),尚书令王俭奉诏斟酌众议,设轩悬舞六佾。北齐后周并同此制,而歌章舞节史概缺焉。"②由此可知,南齐武帝永明年间,已经出现祭孔释奠中歌、舞、乐的综合艺术形式。此后,历代对祭孔用乐均有发展。

在漫长的发展历程中,隋、唐两代是释奠礼乐的礼制与乐制均得到完备发展的重要时期。

隋代,随着宫廷雅乐的扩展,祭祀先师先圣之乐"被纳入宫廷雅乐之列,成为宫廷雅乐的重要组成部分"③。与此同时,隋代还

① [清]孔继汾:《阙里文献考》卷二十三,山东友谊书社1989年版,第521页。
② [清]孔继汾:《阙里文献考》卷二十三,山东友谊书社1989年版,第521页。
③ 江帆、艾春华:《中国历代孔庙雅乐》,中国国际广播出版社2001年版,第10页。

形成了祭孔乐舞,颁布了释奠乐章。《阙里文献考》卷二十三又载:"隋文帝仁寿元年,以太子广言,诏吏部尚书牛弘……等更详故实,创制雅乐歌辞。其释奠先圣先师,奏《诚夏》。今存者惟《登歌》一章,辞曰:'经国立训,学重教先。三坟肇册,五典留篇。开凿礼著,陶铸功宣。东胶西序,春诵夏弦。芳尘载仰,祀典无骞。'"①显然,隋文帝仁寿元年(601)皇帝指令乐官制定"释奠乐章",是钦定祭孔释奠乐舞形成的标志。此乐章歌词由十句四言韵文组成,对孔子整理经书、兴办教育等功绩作了高度概括。

唐代是释奠礼乐发展的另一个重要时期。《阙里文献考》云:"唐初沿用隋乐,高祖武德九年,始诏太常少卿祖孝孙,协律郎……定大唐雅乐,以大乐与天地同和者也,乃制十二和以法天地之成数而和人神。贞观中,协律郎张文收复以十二和之制未备,奉诏与起居郎吕才考正律吕,叶其声音。其用于释奠者,降神奏《永和》文舞三成,送神一成,奠币登歌奏《肃和》,入俎及彻豆奏《雍和》,送文舞出,迎武舞入,奏《舒和》。"②由此可知唐代释奠礼乐已经出现文舞、武舞并用的状况。唐代的乐章都以"和"命名,取大乐与天地同和之意。与隋朝相比,唐代的释奠乐章篇数增多,且与行礼程序紧密相扣。如皇太子亲释奠乐章有五首,其中迎神用《承和》(亦曰《宣和》)、登歌奠币用《肃和》、迎俎用《雍和》、送文舞出迎武舞入用《舒和》、武舞用《凯安》、送神用《承和》(词同迎神)③。

①[清]孔继汾:《阙里文献考》,山东友谊书社1989年版,第521—522页。
②[清]孔继汾:《阙里文献考》,山东友谊书社1989年版,第522页。
③[后晋]刘昫等:《旧唐书》卷三十《音乐志》,中华书局1975年版,第1123—1124页。

宋代释奠礼乐文化已经十分成熟。据《阙里志》卷二《礼乐志》载:"宋以'安'为名,有《凝安》、《同安》、《明安》、《成安》、《绥安》五曲。"①值得注意的是,宋崇宁四年(1105),宋徽宗下令设置宫廷音乐机构"大晟乐府",该乐府于大观三年(1109)及大观四年(1110),分别制作了两套不同的释奠乐章。其特色在于"每个乐章曲名,都以'安'为最后一个字;而且乐章承袭过去'四言八句'的格式"②。大晟乐府还创作了一套结构异常庞大的释奠乐章,但宋代并未得到使用,在后世却是影响深远,元、明、清三代乐章大都取资于此。宋之后,释奠礼乐文化仍得到不断延续和发展。

《阙里文献考》载:"金初取汴,就用北宋之乐。世宗大定十四年(1174),始取大乐与天地同和之义,名之曰《太和》,而定乐曲以宁名。释奠迎神,奏《来宁》……盥洗,奏《静宁》……升殿,奏《肃宁》……初献,奏《和宁》……降阶,奏《安宁》……兖国公酌献奏《辑宁》……邹国公酌献,奏《泰宁》……终献,奏《咸宁》……送神,奏《来宁》……以上乐章皆国学释奠辞也。阙里之特颁乐章,自金章宗明昌六年(1195)始。其乐章,迎神奏《来宁》……盥洗奏《静宁》……升降奏《肃宁》……奠币,奏《溥宁》……酌献,奏《德宁》……送神,奏《归宁》。"③从以上文献可知,金时,祭孔释奠礼乐得到延续,并出现了国学与阙里各自使用不同释奠乐章的状况,从释奠乐章的具体内容看,其歌辞及释奠程序也有所不同,体

---

① [明]陈镐纂修:《阙里志》卷二《礼乐志》,山东友谊书社 1989 年版,第 135—136 页。

② 孔德平、彭庆涛、孟继新:《祭孔礼乐研究》,文物出版社 2009 年版,第 131 页。

③ [清]孔继汾:《阙里文献考》,山东友谊书社 1989 年版,第 526—528 页。

现出金时期释奠礼乐既得到继承又有所发展的特征。

元代,《阙里文献考》载:"元取箫韶九成之义,乐名曰《大成》。其初时释奠,犹袭用金乐。至成宗大德十年(1306),令廷臣新撰释奠乐章,而当时翰林乃全取宋大晟乐府拟撰未用之词,录而奏之,惟增撰郕国公、沂国公酌献乐二章而已。余虽撰拟而未经施用。其迎神,奏《凝安》,辞曰:大哉宣圣,道德尊崇。维持王化,斯文是宗……盥洗及升降并奏《同安》……酌献,奏《成安》……亚献,奏《文安》……终献及分献,并奏《成安》……彻豆奏《娱安》……送神,奏《凝安》……望瘗与盥洗同。"①由以上文献可知,元代释奠乐章选取了宋代大晟府拟而未用的十四首歌辞,并增加了"郕国公、沂国公酌献乐二章",并开始以《大成乐》来命名这套乐章。除此之外,元代也制定了一套释奠乐章,据《阙里文献考》载:"迎神,奏《文明》……盥洗,奏《昭明》……升殿降阶,并奏《景明》……奠币,奏《德明》……酌献,奏《诚明》……亚终献,并奏《灵明》……送神,奏《庆名》。"②通过文献记载可知,这套元代制定的释奠乐章并未得到使用。

明代,释奠礼乐得到进一步发展。《阙里文献考》载:"明初制《中和韶乐》,而释奠犹用元大成登歌旧乐。太祖洪武六年(1373)始命詹同、乐韶凤等因元乐旧辞,更制乐谱。迎神、送神、彻馔曰《咸和》,奠帛曰《宁和》,初献曰《安和》,亚、终献曰《景和》……六章而九奏焉。二十六年(1393),颁《大成乐》于天下。宪宗时增文庙舞用八佾。世宗更正祀典,罢之,并改乐章内'王'字皆用'师'

---

① [清]孔继汾:《阙里文献考》,山东友谊社 1989 年版,第 528—531 页。
② [清]孔继汾:《阙里文献考》,山东友谊社 1989 年版,第 531—532 页。

字。"①由此可知,明代释奠乐章以"和"字为乐章名。又据《明会典》载:"'先圣先师'条言,(洪武)十五年(1382),始诏天下儒学通祀孔子,颁释奠仪,二十六年(1393)颁大成乐器于天下府学。令州县如式制造。"②明代李之藻《泮宫礼乐疏》对明代洪武年间颁布的释奠乐章有完整的记载:

迎神乐奏《咸和》之曲

律　　　名:	太簇	南吕	林钟	仲吕	太簇	仲吕	林钟	仲吕	南吕	林钟	仲吕	太簇	林钟	仲吕	黄钟	太簇
工尺唱名:	四	工	尺	上	四	上	尺	上	工	尺	上	四	尺	上	合	四
歌　　　词:	大	哉	孔	圣,	道	德	尊	崇。	维	持	王	化,	斯	民	是	宗。

律　　　名:	黄钟	太簇	仲吕	林钟	南吕	林钟	太簇	仲吕	黄钟	南吕	林钟	仲吕	林钟	仲吕	黄钟	太簇
工尺唱名:	合	四	上	尺	工	尺	四	上	六	宫	尺	上	尺	上	合	四
歌　　　词:	典	祀	有	常,	精	纯	并	隆。	神	其	来	格,	於	昭	圣	容。

奠帛初献乐奏《宁和》之曲

律　　　名:	太簇	仲吕	林钟	仲吕	太簇	黄钟	仲吕	太簇	南吕	林钟	仲吕	太簇	黄钟	太簇	仲吕	太簇
工尺唱名:	四	上	尺	上	四	合	上	四	工	尺	上	四	合	四	上	四
歌　　　词:	自	生	民	来,	谁	底	其	盛。	惟	师	神	明,	度	越	前	圣。

---

① [清]孔继汾:《阙里文献考》,山东友谊书社1989年版,第532页。
② [明]申时行等修:《明会典》卷九十一,中华书局1989年版,第520页。

律　名：仲　太　仲　林　黄　太　林　仲　太　南　黄　林　南　林　仲　太
　　　　吕　簇　吕　钟　钟　簇　钟　吕　簇　吕　钟　钟　吕　钟　吕　簇
工尺唱名：上　四　上　尺　合　四　尺　上　四　工　六　尺　工　尺　上　四
歌　词：粢　帛　具　成，礼　容　斯　称。黍　稷　非　馨，维　神　之　听。

亚献乐奏《安和》之曲（有舞）

律　名：太　仲　黄　太　南　林　仲　太　仲　太　仲　林　仲　太　林　仲
　　　　簇　吕　钟　簇　吕　钟　吕　簇　吕　簇　吕　钟　吕　簇　钟　吕
工尺唱名：四　上　合　四　工　尺　上　四　上　四　上　尺　上　四　尺　上
歌　词：大　哉　圣　师，实　天　生　德。作　乐　以　崇，时　祀　无　斁。

律　名：黄　南　林　仲　林　仲　黄　太　太　南　黄　林　南　林　仲　太
　　　　钟　吕　钟　吕　钟　吕　钟　簇　簇　吕　钟　钟　吕　钟　吕　簇
工尺唱名：六　工　尺　上　尺　上　合　四　四　工　六　尺　工　尺　上　四
歌　词：清　酤　惟　馨，嘉　牲　孔　硕。荐　羞　神　明，庶　几　昭　格。

终献乐奏《景和》之曲（有舞）

律　名：仲　南　林　仲　林　仲　太　黄　黄　南　林　仲　林　仲　太　黄
　　　　吕　吕　钟　吕　钟　吕　簇　钟　钟　吕　钟　吕　钟　吕　簇　钟
工尺唱名：上　工　尺　上　尺　上　四　合　六　工　尺　上　尺　上　四　合
歌　词：百　王　宗　师，生　民　物　轨。瞻　之　洋　洋，神　其　宁　止。

律　名：太　黄　林　仲　南　林　太　仲　仲　太　林　仲　黄　南　林　仲
　　　　簇　钟　钟　吕　吕　钟　簇　吕　簇　钟　吕　钟　吕　钟　吕
工尺唱名：四　合　尺　上　工　尺　四　上　上　四　尺　上　六　工　尺　上
歌　词：酌　彼　金　罍，维　清　且　旨。登　献　维　三，於　嘻　成　礼。

彻馔乐奏《咸和》之曲

律　　名：仲 太 仲 林 太 仲 黄 太 太 南 林 仲 仲 林 太 仲
　　　　　吕 簇 吕 钟 簇 吕 钟 簇 簇 吕 钟 吕 吕 钟 簇 吕
工尺唱名：上 四 上 尺 四 上 合 四 四 工 尺 上 上 尺 四 上
歌　　词：牺 象 在 前，豆 笾 在 列。以 享 以 荐，既 芬 既 洁。

律　　名：黄 太 仲 太 南 林 仲 太 黄 太 仲 林 黄 南 林 仲
　　　　　钟 簇 吕 簇 吕 钟 吕 簇 钟 簇 吕 钟 钟 吕 钟 吕
工尺唱名：合 四 上 四 工 尺 上 四 合 四 上 尺 六 工 尺 上
歌　　词：礼 成 乐 备，人 和 神 悦，祭 则 受 福，率 遵 无 越。

送神乐奏《咸和》之曲

律　　名：太 南 林 仲 黄 太 仲 太 黄 南 林 仲 南 林 仲 太
　　　　　簇 吕 钟 吕 钟 簇 吕 簇 钟 吕 钟 吕 吕 钟 吕 簇
工尺唱名：四 工 尺 上 合 四 上 四 六 工 尺 上 工 尺 上 四
歌　　词：有 严 学 宫，四 方 来 宗。恪 恭 祀 事，威 仪 雍 雍。

律　　名：仲 林 南 林 仲 太 林 仲 黄 南 林 仲 南 林 仲 太
　　　　　吕 钟 吕 钟 吕 簇 钟 吕 钟 吕 钟 吕 吕 钟 吕 簇
工尺唱名：上 尺 工 尺 上 四 尺 上 六 工 尺 上 工 尺 上 四
歌　　词：歆 兹 维 馨，神 驭 还 复。明 禋 斯 毕，咸 膺 百 福。①

　　从以上明代释奠乐章来看，它的歌词来源于宋徽宗大观年间由大晟乐府创制的十四个乐章中的部分乐章，并重新组合而成。

---

① ［明］李之藻：《泮宫礼乐疏》，台湾"中央"图书馆1970年版，第500—505页。

歌词形成迎神、奠帛初献、亚献、终献、彻馔、送神六个乐章的形式。由此可见明代释奠乐章与宋代释奠乐章间的承袭关系。而明代释奠乐章自洪武"二十六年(1393)颁《大成乐》于天下"的状况表明明代释奠乐章名与元代释奠乐章名《大成乐》间的联系。

综述之,明以前的释奠乐章间,有较为明显的承续关系。这种历代释奠礼乐间的承续关系,一直延续到清代,并得到进一步的发展。

第二节　元以前云南释奠礼乐

云南自秦以来已经开道置吏,西汉元封二年(前109),汉武帝在今天云南建置益州郡,益州郡连同稍早建立的牁牂郡、犍为郡、越巂郡的一部分,包括了今天云南省的大部分地区。由于历史的原因,云南与中原各朝的政治关系在各个时期各有不同。它有时受中原王朝的直接统治,有时则接受中原王朝的间接统治。但正如林超民先生所言:"政权形式有所不同,国家主权则无二致。"[1]

自古以来,汉文化对云南的影响从未停息过,云南与内地的文化交流也从未中断过。云南地处边陲,族群众多,是众多文明交汇栖息的重要地域。众多文明之中,汉文化是对云南本土文化影响最为深远的文明。文献及考古资料表明,汉文化在云南的传播有多种途径,其中庙学的建立是最为重要、有效的途径之一。汉文化对云南的影响与庙学的建立息息相关,包括释奠礼乐在内的儒学则是庙学教育的重要内容。庙学在云南的建立,使释奠礼

---

①林超民:《云南郡县两千年》,方国瑜主编:《云南地方史讲义》参考资料,云南广播电视大学出版社1983年版,第212页。

乐在云南的传承有了相对固定的载体。

云南作为西南边陲地区，虽然不同历史时期与内地文化交流的方式有着一定变化，但就总体而言，庙学是云南汉文化传承最重要的方式之一。释奠礼乐作为历代庙学实现礼乐教化的重要内容，它在云南的传承同样与庙学设置密切相关。庙学作为云南释奠礼乐的重要载体，成为探寻云南释奠礼乐历史的重要线索。

文献记载表明，云南建立庙学的历史，可以追溯到汉代。据民国时期《新纂云南通志·学制考》载：

> 返观吾滇，虽开自战国，而语及文化，则实萌于西汉汉武帝。元狩间，司马相如……讲学，以开西南风气。时滇人张叔疾乡人多不知书……授经归教乡人。同时盛览亦从司马相如游，尝问作赋之法，著有《赋心》四卷。而按道侯韩说，亦于元狩间使滇兴学。常璩《南中志》称云南有古汉学基，盖自说始。至东汉初，有孟璇孝琚者，年十二受《韩诗》，兼通《孝经》二卷……肃宗元和初，蜀郡王阜为益州太守，建兴学校。逮及蜀汉，经学未衰……唐代南诏崛兴，晟罗皮增立孔子庙于国中。其孙阁罗凤以郑回为相……皆师事回，皆兴礼乐、购中国书籍。及韦皋为川西节度使……颇招抚南人，令至蜀学。又孙樵书《田将军边事》曰："自南康公凿青溪道以和群蛮，俾由蜀而贡。又择群蛮子弟聚于锦城，使习书算，业就辄去，复以他继，如此垂五十年不绝。"……宋兴，与力不能及远，段思平据滇，号大理国……而唐明宗纪云南使赵和……则中原文化犹未绝也。至元代，置行省，其学制有路学、府学、上中州学、下中州学、诸路小学等。明、清继之，广立学

宫，声教之隆，远越前代。①

以上文献记载，大致勾勒出西汉至清代云南历代庙学建立、发展的历史轮廓。其间，庙学在云南的建立、发展经历了曲折的发展历程，不同时期显示出不同的特点。

一、东汉时期至南北朝时期

由于文献缺乏明确的文献记载，该时期对释奠礼乐相关历史的溯源只能从相关云南汉文化传播的记载中，寻找到部分相关历史信息。

《后汉书》卷八十六《南蛮西南夷列传》载《远夷乐德歌》等乐歌三首：

远夷乐德歌诗

　　大汉是治，提官隗构。与天意和。魏冒逾糟。吏译平端，闳驿刘脾。不从我来。旁莫支留。闻风向化，征衣随旅。所见奇异。知唐桑艾。多赐（赠）（缯）布，邪毗继补。甘美酒食。推潭仆远。昌乐肉飞，拓拒苏（使）便。屈申悉备。局后仍离。蛮夷贫薄，偻让龙洞。无所报嗣。莫支度由。愿主长寿，阳雒僧鳞。子孙昌炽。莫稚角存。

远夷慕德歌诗

　　蛮夷所处，偻让皮尼。日入之部。且交陵悟。慕义向化，绳动随旅。归日出主。路旦拣雒。圣德深恩，圣德渡诺。

---
① 龙云修，周钟岳等：《新纂云南通志》卷一百三十一《学制考》第 6 册，李春龙、王珏点校，李春龙审订，云南人民出版社 2007 年版，第 467 页。

与人富厚。魏菌度洗。冬多霜雪,综邪流藩。夏多和雨。莋邪寻螺。寒温时适,藐浔泸漓。部人多有。菌补邪推。涉危历险,辟危归险。不远万里。莫受万柳。去俗归德,术叠附德。心归慈母。仍路孳摸。

远夷怀德歌

荒服之外,荒服之仪。土地硗埆。黎籍怜怜。食肉衣皮,阻苏邪犁。

不见盐谷。莫砀粗沐。吏译传风,闿译传微。大汉安乐。是汉夜拒。

携负归仁,踪优路仁。触冒险陕。雷折险龙。高山岐峻,伦狼藏幢。

缘崖磻石。扶路侧禄。木薄发家,息落服淫。百宿到洛。理历髭锥。

父子同赐,捕莒菌毗。怀抱匹帛。怀稿匹漏。传告种人,传室呼敕。

长愿臣仆。陵阳臣仆。

以上描述的是汉明帝刘庄永平十七年(74),旄牛道白狼、槃木、唐菆等部落首领,携带当地土产到洛阳奉贡称臣之事,所献乐德、慕德、怀德三章,称《白狼歌》。《白狼歌》原用当地民族语言写成,反映了该地区的居民已经接受了中原王朝儒学的尊君的思想。

魏晋南北朝时期,云南庙学的状况,仅有零星的文献记载。据《华阳国志》记载,东汉时尹珍"首开南疆之学",但在以后很长时期中,庙学发展状况未见记载。《华阳国志》云:"太康五年,罢宁州,置南夷府,以天水李毅为校尉,持节统兵,镇南中,统五十八部夷族都监行事……自四姓子弟仕进，必先经都监。"①又载："朝廷以广汉太守魏兴王逊为南夷校尉、宁州刺史，代毅。自永嘉元年受除，四年乃至。遥举建宁董敏为秀才。"②

按太康五年（284）为晋武帝司马炎时期，此时期李毅持节南中，统领夷部，此时已有四姓弟子仕进。永嘉四年（310）为晋怀帝司马炽时期，此时期朝廷以王逊为西南校尉，管理云南，王逊曾举董敏为秀才。李毅、王逊的其他措施则不可知。

作为"忠心报国"的儒学代表，诸葛亮对云南的影响极大。据明谢肇淛《滇略》卷十《杂略》载："丞相亮征孟获入滇，滇人未知琴，亮居南，常操之，土人有愿学者，乃为著《琴经》一卷，述琴之始及七弦十三徽之音意，于是滇人始识古琴。"③与云南至今流传的诸多诸葛亮的传说相印证，以上文献所载诸葛亮创作《琴经》，在云南传播古琴艺术也是很有可能的。

此时期云南的儒学当不发达。蔡寿福先生认为"自西汉武帝时云南设郡以来，就有郡县之学，人们只有经过学校途径学习，才能走上仕途；在边疆地区郡学县学里学习的基本是汉族移民，而又以移民中的大姓为主，至于少数民族子弟，此时尚未能进入郡县学校，所以主要是在与汉族移民的交往中间接地接触儒学"④。这是很有道理的。总之，此段时期云南对汉文化的学习、传承从

---

① [晋]常璩撰，任乃强校注：《华阳国志校补图注》，上海古籍出版社1987年版，第247页。

② [晋]常璩撰，任乃强校注：《华阳国志校补图注》，上海古籍出版社1987年版，第256页。

③ [明]谢肇淛：《滇略》卷十《杂略》，方国瑜主编，徐德文、木芹、郑志惠纂录校订，《云南史料丛刊》卷六，云南大学出版社2000年版，第789—790页。

④ 蔡寿福主编：《云南教育史》，云南教育出版社2001年版，第134页。

未中断过。

二、唐宋时期

唐宋时期的云南,其地方政权为南诏及大理国时期。

南诏时期,是以儒学为核心的汉文化在云南传播的重要时期。晟罗皮立孔子庙的史实,是以儒学为核心的汉文化在南诏得到传播最为重要的证据之一。建立孔庙,也就使云南释奠礼乐文化的传承、传播拥有相对可靠、稳定的依托,从而具备了传承的空间。释奠礼乐有可能同庙学一起传入南诏。

由于历史文献记载简略,笔者目前尚未发现对当时相关释奠礼乐的明确记载。只能推测,南诏时期随着晟罗皮立孔子庙的创立,唐代释奠礼乐很有可能在大理地区已经得到传播。

南诏时期《德化碑》对此也有相关记载:"王姓蒙,字阁罗凤,大唐特进云南王越国公开府仪同三司之长子也。应灵杰秀……始乎王在储府,道隆三善,位即重离,不读非圣之书,尝学字人之术……开辟以来声教所不及,羲皇之后兵甲所不加。诏欲革之以衣冠,化之以礼义……我王气受中和,德含覆育,才出人右……然后修文习武,官设百司,列尊叙卑,位分九等……通三才而制礼,用六府以经帮。"①

碑文显示,南诏时期其政治、文化深受汉文化的影响。由于南诏在文化上"欲革之以衣冠,化之以礼义"的措施,碑文对南诏王赞美称"我王气受中和,德含覆育",政治上"修文习武,官设百司,列尊叙卑,位分九等……通三才而制礼,用六府以经帮"的措

①〔唐〕郑回:《南诏德化碑》,《云南各族古代史略》编写组:《云南各族古代史略》,云南人民出版社 1977 年版,第 716—718 页。

施,无一不渗透着儒家思想的影响。

　　《新唐书》卷二百二十二《南蛮传》中《异牟寻答韦皋书》载："往朝廷降使招抚,情心无二,诏函信节,皆送蕃廷。虽知中夏至仁,业为蕃臣,吞声无诉。此四难忍也。曾祖有宠先帝,后嗣率蒙袭王,人知礼乐,本唐风化。"①《异牟寻答韦皋书》中,异牟寻直接称南诏"人知礼乐,本唐风化",可知南诏时期的大理,自上而下,对汉文化的接受程度之深。

　　明代李浩《三迤随笔》所载《大理祭孔考源》云："至开元,长安京师始有祭孔科仪。带回典仪,立孔夫子神位,于八月二十七祭之。有祭曲二。异牟寻师郑清平,教乐人以礼八佾入祭。三年一次,至大理国崇佛而废此制。"②按明代李浩《三迤随笔》所载的史料,虽仅为民间流传之野史,但由于其史料来源多系明代尚存的名为"内史"和"段氏传灯录"的大理国档案③,所以其所载内容无疑有重要史料价值,也有一定的可信度。

　　以上零星散落于正史中的相关记载证明,自南诏时期始,云南已具备传播释奠礼乐的可能性。此时期南诏贵族的书面文学作品,也体现出受当时汉族文学影响很深的特征。《南诏德化碑》是用当时汉族中流行的骈散兼行的文体写成,碑文说明当时南诏反唐的原因和反抗过程,其中引用了不少汉族典故。《异牟寻答韦皋书》则是用非常简练的散文体写成。据《新唐书》卷二百二十

---

① [宋]欧阳修、宋祁：《新唐书》卷二百二十二《南蛮传》,中华书局1975年版,第6273页。
② [明]李浩：《大理祭孔考源》,大理州文联编：《大理古佚书钞》,云南人民出版社2001年版,第195页。
③ 李映德：《大理古佚书钞》序,大理州文联编：《大理古佚书钞》,云南人民出版社2001年版,第4页。

二《南蛮传》载,乾符五年(878),唐使臣至善阐(今昆明),见南诏王隆舜,隆舜曾向使臣徐云虔询问"春秋大义"。可见南诏时期,贵族中的上层及知识分子,已经普遍主动学习汉文化。明代李浩《三迤随笔》中对大理祭孔的考源,则补充了大理地区唐开元年间至大理国时期大理地区祭孔科仪、乐曲等更为详细的内容。通过以上文献对南诏及大理国时期汉文化传播及释奠礼乐相关记载的梳理可知,云南自南诏时期始,中原释奠礼乐文化很可能已经在云南大理地区得到传播。

第三节 元代云南释奠礼乐

随着元代云南行省制度的建立,汉文献的相关记载也逐步得以完善,庙学在云南的历史脉络较此前更为清晰,释奠礼乐相关内容也出现明确记载。

《元史》等正史中已出现以赛典赤、张立道为代表的政府官员在云南初创庙学立孔庙的相关记载,许多碑刻及民间史料对元代庙学中具体的释奠及释菜等礼乐文化也都有明确记载,这些材料大致勾勒出元代云南所设庙学及释奠礼乐传承初期的轮廓。

一、正史记载中的释奠礼乐

正史记载中的元代云南庙学及释奠礼乐记载,是探索元代云南释奠礼乐的重要史料。

《元史》卷一百二十五《赛典赤传》载元至元十三年(1276),赛典赤为云南行省平章政事。云南初劈时,云南"子弟不知书,赛典赤教之跪拜之节,婚姻行媒,死者为之棺椁奠祭……创建孔子庙、明伦堂,购经史,授学田,由是文风稍兴"①。

《元史》卷一百六十七《张立道传》载:"(至元)十五年,(立道)除中庆路总管,佩虎符。先是云南未知尊孔子,祀王逸少(羲之)为先师。立道首建孔子庙,置学舍,劝士人子弟以学,择蜀士之贤者,迎以为弟子师,岁时率诸生行释菜礼,人习礼让,风俗稍变矣。"②元世祖于至元十九年(1282)"夏四月,命云南诸路皆建学以祀先圣"③。

《元史》卷一百二十五《忽辛传》载大德九年(1305),赛典赤子忽辛为云南行省右丞,"先是,赡思丁为云南平章时,建孔子庙为学校,拨田五顷,以供祭祀教养。赡思丁卒,田为大德寺所有,忽辛按庙学旧籍夺归之。乃复下诸郡邑遍立庙学,选文学之士为之教官,文风大兴"④。

从以上《元史》中的相关云南庙学的史料可知:至元十三年(1276),赛典赤在云南开创庙学并开始建立孔庙。至元十五年(1278),张立道在中庆路建孔子庙,置学舍,并招纳蜀士为师。与此同时,云南初创的庙学已经开始在教师的带领下,以释菜礼祭祀孔子。至元十九年(1282),元世祖忽必烈下诏令"命云南诸路皆建学,以祀先圣"。随着云南庙学建设,以孔子为代表的祭祀先贤先师的活动开始得到提倡和开展。

①[明]宋濂等:《元史》卷一百二十五《赛典赤传》,中华书局1976年校点本,第3065页。
②[明]宋濂等:《元史》卷一百六十七《张立道传》,中华书局1976年校点本,第3916—3917页。
③[明]宋濂等:《元史》卷八十一《选举志》,中华书局1976年校点本,第2032页。
④[明]宋濂等:《元史》卷一百二十五《忽辛传》,中华书局1976年校点本,第3069页。

二、地方志及民间野史中记载的释奠礼乐

除以上正史外,此时期云南地方志、碑刻、民间野史中记载的相关史料,为了解该时期释奠礼乐提供了重要引证。

赵子元《赛平章德政碑》载:"是岁七月(至元甲戌七月)抵大理,下车莅政,风动神行,询父老诸生利国便民之要。中庆、大理两路设提举,令王荣五、赵子元充其职。中庆首建文庙,岁祀于春秋二丁,仍收置儒籍。"①

郭松年《中庆路大成庙记》载:"(中庆路庙学)经始干至元甲戌(1274)之冬,落成于丙子(1276)之春。是岁八月上丁,行释奠礼于新宫,牲币孔嘉,献享有仪,戴白垂髫,怡怡熙熙,乃观乃悦,于是华夏之风灿然可观矣。"②

又据何弘佐《中庆路学礼乐记》载:"至元甲戌(1274),命平章政事赛典赤建行省事于滇城……于是建学立师,隆庙貌之观,绘圣贤之像,为万姓瞻依之所。春秋释奠,讲礼肄乐……天历初,镇兵扇诸蛮作乱,典章文物扫荡无遗,学校礼乐,其所存者几希矣。至元戊寅(1278),著作郎杜敏以亚中大夫来金南宪事,深惧学校废驰,礼乐不备……庚辰(1280)秋……谋于平章胜家奴公……乘驿持锱五千缗,市礼乐器于江之南。宪府又以衣服不备,委中庆

①［元］赵子元:《赛平章德政碑》,载［明］周季凤纂编:正德《云南通志》卷二十六,方国瑜主编,徐德文、木芹、郑志惠纂录校订,《云南史料丛刊》卷六,云南大学出版社2000年版,第327页。
②［元］郭松年:《中庆路大成庙记》,载［明］周季凤纂编:正德《云南通志》,方国瑜主编,徐德文、木芹、郑志惠纂录校订,《云南史料丛刊》卷六,云南大学出版社2000年版,第368页。

路学录潘允文,亦持千缗计贷于成都。"①

从以上文献可知,至元戊寅年(1276)年,中庆路庙学落成之初,已于春秋二丁开始祭祀孔子,即至元丙子年中庆路庙学祭孔祀典已经行释奠礼,这是元代云南中庆路庙学举行释奠礼的明确记载。实际上,元代云南社会还处于动荡之中,由于兵变,中庆路庙学的学校礼乐及其设施常常遭遇破坏。至元戊寅年(1278),为了能使中庆路庙学及时开展释奠礼仪,杜敏召集各地官员商议对策,分别从江南和成都购置了乐器及衣服,为元代释奠礼乐在中庆路庙学的传播作了物质上的保障。

除中庆路庙学外,此时期大理路也设置了庙学,并同时设立了提举以管理大理庙学(见前引赵子元《赛平章德政碑》)。大理路庙学得到建立的同时,庙学中开始出现祭孔活动。据《创大理文庙碑》:"(大理路庙学)大殿两庑成于乙酉(1285)之冬,三门耳墙毕于丁亥(1287)之闰。圣像堂堂,从祀穆穆。每遇春秋二丁,告朔既望,僚属学宫、诸胥弟子环列于殿堂之下,礼毕明经,观者如堵。"②

明代李浩《三迤随笔》亦云:"元初,胡人多崇儒者。至延祐,大理开科取士而崇儒。但无祭孔祀典颁行大理,知孔孟为圣人,至明平大理,叶榆为朱熹学识为贵。永乐初,始颁祭孔大典,议建孔庙。派学子入成都,学八佾大礼,制学制,立官学书院,于永乐四

---

① [元]何弘佐:《中庆路学礼乐记》,[明]周季凤纂编:正德《云南通志》卷二十九,方国瑜主编,徐德文、木芹、郑志惠纂录校订,《云南史料丛刊》卷六,云南大学出版社2000年版,第372页。

② [元]赵傅弼:《创大理文庙碑》,载[明]周季凤纂编:正德《云南通志》卷二十六,方国瑜主编,徐德文、木芹、郑志惠纂录校订,《云南史料丛刊》卷六,云南大学出版社2000年版,第330页。

年起,祭孔于书院。以学官至生员,分次列班,至此,供奉大成至圣先师,大兴孔孟之举,开科取士,儒学大兴,儒者以科举为重。"①

从地方志所载大理路庙学的祭孔活动看,大理路庙学大成庙及相关建筑于丁亥年(1287)已经建设完毕,同年有了祭孔活动,但祭孔限于"告朔既望"。此与明代李浩《三迤随笔》所载"但无祭孔祀典颁行大理"相印证可知,元代大理路庙学虽然已经开始举行祭孔活动,但仅限于举行不用乐的朔望活动。

元代的云南,由于赛典赤、张立道及忽辛等相继努力,云南庙学逐步得到建立,中庆路及大理路的庙学中已经出现关于祭孔活动的明确记载,如中庆路庙学及大理路庙学都已经实行与中原时间一致的春秋两祭。当然,由于物质条件及文化条件所限,中庆路庙学虽然已经开始举行使用乐舞的释奠礼乐,但由于社会的动荡,中庆路庙学释奠礼乐的举行也只能是断断续续的,未能长期维持。稍后建立的大理路庙学,虽然也出现了祭孔活动的明确记载,但由于条件所限,元代作为政治、文化中心的中庆路庙学及大理路庙学,其祭孔活动仅能以不用乐的上香或释菜等祭孔形式为主。

元代,除中庆路庙学与大理路庙学外,在云南一些地区也先后办起了庙学,如至元间(1271—1294)创办的临安府学、石屏州学宫,大德间(1298—1307)创办的澄江府学及泰定间(1324—1328)的河西县学、鹤庆府学等。

元代庙学的建立,其目的在于汉文化的传播,而文化的传播总是以双向的方式进行的。王思廉《河东廉访使程公神道碑》云:"云南旧有礼子庙,朔望长吏便衣拜谒而已,教官虽设,一无从学

---

① [明]李浩:《大理祭孔考源》,大理州文联编:《大理古佚书钞》,云南人民出版社2001年版,第195页。

之士。"①可见，对于多数元代云南人而言，元初庙学及以儒教为中心的汉文化，是一种陌生的事物，更是一种与本土传统文化不同的"异"文化。尽管这种"异"文化将在云南之后的历史发展过程中对整个社会的政治、经济、文化等方面产生重大影响，但在这种新文化移植初期，云南人仍表现出冷漠的态度。"诏所在立文庙，蛮目为汉佛""教官虽设，一无从学之士"所描述的正是元代云南庙学初建时遭受冷遇的景象。对居住在云南的多数族群而言，庙学教育仍是陌生的，除个别地区外，整个云南社会当时的汉化水平，还未具备接受释奠礼乐的条件。因而元代庙学初建时，多数庙学以不用乐的释菜之礼代替了更为复杂、隆重的释奠礼仪及礼乐，释菜礼、上香等不用乐的祭孔仪式有可能是元代多数云南庙学的祭孔礼仪。云南历史上汉文化传播的不平衡，导致庙学所承担的包括释奠礼乐文化的传播，注定是一个长期的、曲折的历史过程。

虽然元代云南庙学的发展处于初期，许多庙学出现"士无专师，官无定职，故人士无闻焉"②的状况，但就总体而言，元代庙学的初步建立，为明代云南庙学的进一步发展，奠定了基础。元代释奠礼乐之乐器及其他相关物品主要见于中庆路庙学的相关记载，可知元代云南释奠礼乐的传播范围是有限的，仅局限于中庆路庙学。从中庆路庙学之状况看，释奠礼乐乐器等也曾遭捣毁，

----

① ［元］王思廉：《河东廉访使程公神道碑》，《元文类》卷六十七，文渊阁《四库全书》，第 306 册，第 877 页。

② ［清］罗纶、李文渊纂修：康熙《永昌府志》卷十二《学校志》，《北京图书馆古籍珍本丛刊》第 45 册"史部地理类"，据康熙刻本影印，书目文献出版社1998 年版，第 960 页。

可知元代云南社会,庙学发展还处于初创阶段。由于社会不稳定及汉文化整体水平不高,庙学释奠礼乐的传承还存在一些困难。但就总体而言,元代庙学的建立,儒学的初步传播,为此后释奠礼乐的传播,奠定了物质与文化基础。

第四节　明代云南释奠礼乐

较之于元代,明代的云南社会有了一定变化。明政府军事上实行卫所制度,并开始了军屯制度,这使大量的汉族移民进入云南,改变了云南人口民族的比例。这些移民对加快云南汉文化的传播起到了重要作用,同时也对云南各族群文化与汉文化的交流融合起到了重要作用。由于有元代的基础,明代科举制度在云南的大力实施,使明代庙学在云南得到广泛建立,释奠礼乐的传承范围也得到进一步拓展。

一、明代庙学的发展

庙学作为释奠礼乐传承的重要场所,它的建立及拓展是释奠礼乐传承的重要依托。

首先,明代中央政府加大了云南科举的力度。洪武十五年(1382)云南始平,朱元璋即发告示云:"府、州、县学校,宜加兴举,本处有司,选保民间儒士堪为师范者,举充学官,教养子弟,使知礼仪,以美风俗。"①

其次,明代加强了云南庙学教育的传播与管理。在汉文化有

---

① [明]王世贞:《弇山堂别集》卷八十七《诏令杂考三》,台湾商务印书馆2008年影印本,第410册,第326页。

一定积累的地区，相继建立起学校，明洪武至万历年间，先后在滇东、滇中、滇西、滇南等地广泛建立起庙学。这期间建立的庙学主要包括：洪武间（1368—1398）设立的通海县学、元江州学、宁州学宫、阿迷州学、峨县学宫、蒙自县学宫、永平县学、剑川州庙学、楚雄府学、南安州学宫、曲靖府学。永乐间（1403—1424）设立的楚雄县学、姚州学宫。成化间（1465—1487）设立的腾越州学。正德间（1506—1521）设立的寻甸州学、平彝县学。嘉靖间（1522—1566）设立的霑益州学、陆凉州学、马龙州学、保山县学、大姚县学宫、定远县学宫、宣威州学宫、镇雄州学。隆庆间（1567—1572）设立的河阳县学、新兴州学、新平县学。万历间（1573—1620）设立的顺宁府学宫、云州学宫、保山县学、罗平州学等①。

为了加强庙学管理，明政府在加大云南庙学建设力度的同时，在云南各府、州、县设立了专司教育的教授、学正、教谕、训导等官员。

汉族之外，许多少数民族也有了学习机会。有的上层人物子弟还被选送京师国子监，如"洪武二十一年（1388），云南罗罗土官

---

① 此段资料来源于《中国地方志集成》及《中国地方志丛书》中的云南清代地方志，详见：[清]蒋旭纂修：《蒙化府志》，《中国地方志集成》第 79 册，上海书店、巴蜀书社、江苏古籍出版社 2009 年版；康熙《平彝县志》，《中国地方志集成》第 9 辑，上海书店、巴蜀书社、江苏古籍出版社 2009 年版；[清]吴光汉修，宋成基纂：光绪《镇雄州志》，《中国地方志集成》第 8 册，上海书店、巴蜀书社、江苏古籍出版社 2009 年版；[清]朱庆春修，陈金堂纂：道光《晋宁州志》第 6 辑，上海书店、巴蜀书社、江苏古籍出版社 2009 年版；[清]朱占科修，周宗洛等纂：《顺宁府志》，《中国方志丛书·华南地方》第 256 号，成文出版社 1975 年版；乾隆《晋宁州志》，《故宫珍本丛刊》，海南出版社 2001 年版。

遣其二子入监读书,(洪武)二十二年(1389)西南夷乌蒙、芒部土官皆遣子入监"①等等。

明代云南庙学的发展,主要体现在庙学数量与获取功名人数的增长两个方面。相关明代庙学建设的状况,文献有较多记载。

据《新纂云南通志》卷一百三十二载:"明永乐十年(1412)三月丙申,云南左参政吕明善言:'武定、寻甸、广西等府居民繁庶,请设学校。'从之。上曰:'学校风化所系,人性之善,蛮夷与中国无异,特在上之人作与之耳。'"②

据《明史》卷三百一十四《云南土司传》载:"永乐十五年(1417),顺州知州王义言:'沾被圣化三十余年,声教所届,言语渐通,子弟亦有俊秀,请建学教育。'从之。"③又载:"(永乐)十六年(1418),(丽江府)检校庞文郁言:'本府及宝山、巨津、通安、兰州四州归化日久,请建学校。'从之。"④

明代的云南,庙学不仅在汉文化积累较深的地区得到建立,部分少数民族聚居的地区,庙学也得到了建立。

据明代万历末云南布政参仪谢肇淛编纂《滇略》卷四载:"高皇帝既定滇中,尽迁江左良家闾右以实之,及有罪窜戍者,咸尽室以行,故其人土著者少,寄籍者多,衣冠礼法,言语习尚,大率类建

① 龙云修,周钟岳等纂:《新纂云南通志》卷一百三十三《学制考》第 6 册,李春龙、王钰点校,李春龙审订,云南人民出版社 2007 年版,第 510 页。

② 龙云修,周钟岳等纂:《新纂云南通志》卷一百三十三《学制考》第 6 册,李春龙、王钰点校,李春龙审订,云南人民出版社 2007 年版,第 468 页。

③［清］张廷玉等:《明史》卷三百一十四《云南土司传》,中华书局 1974 年标点本,第 8093 页。

④［清］张廷玉等:《明史》卷三百一十四《云南土司传》,中华书局 1974 年标点本,第 8099 页。

业;二百年来,熏陶渐染,彬彬文献与中州埒矣。"①

从文献记载看,由于庙学的广泛建立,到明代万历末,云南部分地区及部分族群的衣冠、语言及习俗,都出现了汉化的局面。

学者相关研究表明:"至明末天启(1621 年始)间,云南省计有儒学 63 所、社学 163 所、书院 48 所……至崇祯末,全省儒学在原基础上有增加,共 73 所,书院则达 65 所。"②

以上云南明代庙学统计数据结果显示,明代云南庙学已经形成一个稳固的体统。云南不仅庙学数量有了增长,获得进士功名的人数较之于元代也有了较大变化。明代云南庙学的广泛建立与本土文人的产生,不仅对汉文化的发展起到了重要作用,也为释奠礼乐的进一步传承奠定了基础。

二、明代释奠礼乐的发展

随着庙学的发展,明代云南释奠礼乐传承范围也得到拓展。

明代的云南,已经出现了陈文纂修的景泰《云南图经志书》、李元阳编纂的万历《云南通志》、周季凤纂修的正德《云南通志》、谢肇淛编纂的《滇略》及刘文征撰的天启《滇志》等省通志,云南部分府、州也出现了地方志书。以上地方志书对明代云南释奠礼乐也已经有了一些相关记载。天启《滇志》为明代最后纂修的一部云南省志,史学家方国瑜认为"天启《滇志》为明代云南志书中最

---

① [明]谢肇淛:《滇略》卷四《俗略》,方国瑜主编,徐德文、木芹、郑志惠纂录校订,《云南史料丛刊》卷六,云南大学出版社 2000 年版,第 699 页。

② 古永继:《明代滇、黔、桂的文化教育及其影响》,《史学论丛》第 8 辑,云南大学出版社 2000 年版,第 440—441 页。

为完备的一部"①。刘文征天启《滇志》卷八《学校》志中,对云南整体庙学及释奠礼乐有了明确的记载,为了解明代云南礼乐提供了重要的文献史料。现将明代天启《滇志》所载云南明代释奠礼乐(雅乐)相关记载整理成如下表格:

表 1－1:天启《滇志》云南府、州庙学雅乐情况表②

序号	地　名	庙学状况	雅乐记载
1	云南府	云南府儒学	经籍、雅乐、祭器皆备。
2	大理府	大理府儒学	经籍、雅乐、祭器皆备。
3	临安府	临安府儒学	经籍、雅乐,嘉靖间郡人徐澜厘正。
4	永昌府	永昌府儒学	经籍、雅乐、祭器皆备。
5	楚雄府	楚雄府儒学	经籍、雅乐、祭器皆备。
		镇南州儒学	(万历)三十九年(1611)署印楚雄通判何居谷修,并制雅乐。
6	曲靖府	曲靖府儒学	经籍、雅乐、祭器皆备。
		平夷卫儒学	经籍、雅乐、祭器未备。
7	澄江府	澄江府儒学	经籍、雅乐、祭器皆备。
8	蒙化府	蒙化府儒学	经籍、雅乐、祭器皆备。
9	鹤庆府	鹤庆府儒学	经籍、雅乐、祭器皆备。
10	姚安府	姚安府儒学	经籍、雅乐、祭器皆备。
11	广西府	广西府儒学	经籍、雅乐、祭器皆备。

---

① 方国瑜:《云南地方史讲义》(上),云南广播电视大学 1983 年版,第 274 页。
② 本表据[明]刘文征《滇志》编写,是书由古永继校点,王云、尤中审定,云南教育出版社 1991 年出版。参见该书第 304 页、311 页、315 页、317 页、318 页、320 页、322 页、323 页、326 页、327 页、328 页、329 页、330 页。

序号	地　名	庙学状况	雅乐记载
12	寻甸府	寻甸府儒学	经籍、雅乐、祭器皆备。
13	武定府	武定府儒学	经籍、雅乐、祭器皆备。
14	景东府	景东卫儒学	经籍、雅乐、祭器皆备。
15	广南府	广南府社学	未见雅乐记载。
16	元江府	元江府儒学	未见雅乐记载。
17	顺宁府	顺宁府儒学	经籍、雅乐、祭器皆备。
18	北胜州	北胜州儒学	经籍、雅乐亦备。

从以上天启《滇志》对云南各府释奠礼乐的记载情况看,天启时,云南庙学释奠礼乐在云南的称呼为庙学雅乐。至天启时,云南 18 个府、州建有庙学,除元江府与广南府外,16 个府的庙学已经出现"经籍、雅乐、祭器皆备"的情况,释奠礼乐文化的释奠仪式及乐舞皆有可能已经在 16 个府的庙学中出现。由于文献记载对各府庙学释奠礼乐的记载仅限于以上简单的描述,所以仍无法进一步了解当时云南各地释奠礼乐文化相关的具体乐器配置、乐曲及其他传承传播状况。但天启《滇志》中对云南府庙学及释奠礼乐相关的记载,为进一步了解明代云南庙学释奠礼乐文化提供了依据。

刘文征天启《滇志》,不仅对全省 18 个地方府庙学及雅乐(释奠礼乐)有大致描述,对云南文化、政治中心云南府的庙学释奠礼乐也有着更为细致、详细的描述。

明代的云南府,按当时云南郡县建置,包括当时的晋宁州、安宁州、昆阳州、嵩明州(相当于今天的昆明地区)。其中庙学的记载主要包括了经籍、祭器、乐器、射器,并附有三器考(文庙祭器、文庙乐器、乡射礼器)及部分释奠乐章的律吕谱、完整的文庙乐舞图等,现将以上史料分类摘录如下:

经籍　经之类九:《四书大全》、《五经大全》、《五经白文》、《五经集注》、《尔雅注疏》、《周礼》、《春秋左传》、《国语》、《大学衍义》。

祭器　旧制云雷尊一,象尊一,牺尊一,大尊二,爵八十三,铏二十六,簋四十四,簠四十四,香炉三十二,烛檠二十六,俱以铜为之。酒樽三。俱以锡为之。提学佥事邓原岳制爵七十,烛檠四十四,香炉九,笾豆三百三十五,盛毛血槃二十一,盥盘五,酒器五,酒樽架一。俱以铜为之。

乐器　麾一,柷一,敔一,抟拊一,琴六,瑟二,笙,箫,笛,篪,埙,排箫,编磬十六,编钟十六,节二,舞羽三十六。

乐舞八佾,共八十八人,提学副使江和汰补,新制衣冠全。

射器　楅一,丰一,布候一,旌十,钟一,朴一。①

以上为云南府天启时配备的祭器、乐器、乐舞的状况。与明代内地释奠礼乐相关文献相比,云南府庙学的释奠乐器配置基本完备,但由于缺乏更为详细的文献材料,目前对明代云南释奠礼乐的了解也只能是局部的、片段的。

该书中附有三器考,对祭孔文庙祭器、文庙乐器、乡射礼器进行了介绍。其《祭孔乐章》(见本书附录一),又有明代释奠乐舞图(见本书附录二)。

---

① [明]刘文征:《滇志》,古永继校点,王云、尤中审定,云南教育出版社1991年版,第276页。

　　通过对天启《滇志》所载明代释奠礼乐中三个配乐舞乐章的乐谱及歌词进行梳理,可知,与明代洪武六年(1373)颁布,由詹同、冷谦作曲(仲吕立宫)的释奠乐章音乐旋律及乐章名称、歌词内容完全一致①。嘉靖孔庙改制,仅将其中"王"字改为"师"字。由此可以进一步判断,此乐章是明代洪武六年(1373)明政府颁布并通行全国的释奠礼乐乐章。遗憾的是,天启《滇志》所载的明代释奠乐章并不完整,这说明明代云南释奠礼乐虽然已经得到传承,但就总体而言,各级地方官员及政府对其重视的程度与清代相比仍然有十分明显的差距。本书认为以上明代释奠礼乐在云南的传承状况,实际上与明中央政府对云南的统治政策有关,也与明政府对云南社会的整体控制力有关。显然,明中央在云南的文化及民族政策相对于清代的政策而言,较为宽松也较为柔和。

　　通过对天启《滇志》所载释奠礼乐乐舞文字的梳理(详见附录二)可知,至迟在天启年间,明代释奠礼乐的乐舞图已经有完整的版本传入云南。

　　值得注意的是,这套明代释奠礼乐的舞容,既不同于明嘉靖年间所颁布的释奠乐舞谱,也不同于明万历年间颁布的释奠乐谱。对于此种状况,笔者关注到天启《滇志》的另一条文献记载:"祭器雅乐,著在令甲,而残缺失次者,亦复不少。射礼久废不讲,学宫藏射器,亦寓殷序之义于十一乎,然与饩羊等耳。往与晋江王慕蓴氏畿讨究三器,此君传雅君子也。为一一晢其义意,为书曰《三器考》。时又得《乐舞图》,曾刻于成都,此中随肄业有专门,而沿袭舛讹,熟究而熟正之。郡国之乐,止见文庙,忍令失次,不

────────────
①详见[清]张廷玉等:《明史》卷六十二《乐》,中华书局1974年标点本,第1552—1553页。

为之所也？今并附刻，庶几见文治一斑云。"①

从以上明代释奠礼乐在云南传承传播的内容及其他相关历史信息看，明代释奠礼乐在云南的传承有可能并非直接源自明朝廷。首先，天启《滇志》所载释奠乐章并不完整，仅有乐舞舞谱的部分，而此套乐舞不同于明代颁布的载于《阙里旧志》与《阙里新志》的舞容。

明代地方志所载释奠乐舞，并未严格按照明朝廷颁布的乐舞图进行记载，结合明代中央政府对云南各种相对宽松的政策，可知明代中央政权对云南文化教育的管理并不十分严格，云南地方政府对云南教育文化可能拥有一定的自主权。这就为明代云南释奠礼乐的传承途径提供了多种选择的空间。

总之，以上明代天启《滇志》相关释奠礼乐祭器、乐器、乐舞及部分乐章的相关记载，为研究云南明代释奠礼乐传承的具体状况，提供了可靠的史料。

从文献记载看，与元代相比，明代庙学已经在云南更广泛的地域内得以建立，作为释奠礼乐传承载体，庙学的建立使释奠礼乐在云南传承的地域得到拓展。与此同时，文献对释奠乐章、乐器及乐舞的相关记载也比元代更为丰富。

虽然明代对云南庙学释奠礼乐文化的相关记载与元代相比显得更为丰富，但仍有明显的局限性。凭目前所见文献记载可知，明代释奠礼乐在云南已经逐步得到传承。明代最为完备的天启《滇志》对云南府庙学的记录最为详细，除此之外，对大理府、临安府等庙学虽有记载，但都十分简略。这使研究者无法详细了解

① [明]刘文征：《滇志》，古永继校点，王云、尤中审定，云南教育出版社1991年版，第276页。

云南其他地区释奠礼乐的传承情况，从而无法厘清明代云南释奠礼乐传承的整体历史状况。这种状况直至清代才得到改善。

小　结

　　从文献记载看，云南释奠礼乐的传承经历了漫长、曲折的历史过程。庙学的建立早在唐代云南出现南诏政权时期就有明确的文献记载，本书推断，南诏时期云南大理地区可能已经出现中原释奠礼乐文化。宋代，虽然段氏建立的大理国处于相对独立的状态，但就其文化而言，云南与内地经济、文化的交流并未中断。作为儒家文化的重要组成部分，释奠礼乐很可能在云南已经存在，并有相当的发展。

　　忽必烈西征，在云南建立行省制度，并且开始实施军屯制度，庙学在云南开始得到建立，祭孔祀典开始广泛出现在所建立的庙学之中。文献明确记载了中庆路、大理路庙学出现的包括释奠、释菜、朔望等祭孔仪式。虽然元代云南释奠礼乐的发展仍处于启蒙阶段，但元代云南庙学的建立及释奠礼乐的启蒙，均为以后云南释奠礼乐的传承打下了坚实的基础。

　　明代，随着云南社会经济的发展和云南庙学的建立，出现了释奠礼乐的详细记载。由于文献记载对云南整体庙学中释奠礼乐传承状况的描述较为简略，只能推测此时期除云南府庙学外，其他地区的庙学中释奠礼乐的乐器已经得到配备，但释奠礼乐尚未得到广泛传播。天启《滇志》中出现释奠礼乐的详细记载，内容涉及释奠礼乐的祭器、乐器、乐舞图、乐谱等重要内容。以上内容有可能为明代云南府学传承的释奠礼乐内容。文献记载表明，自明代始，云南已经有相对完整的释奠礼乐传入。从天启《滇志》所记载的释奠礼乐看,其乐章为明洪武六年(1373)颁布的释奠乐章,但从其乐舞图看,其乐舞的舞容记载既不同于洪武时期颁布的释奠乐舞舞容,也不同于明嘉靖时期政府颁布的释奠乐舞的舞容。这种状况说明,明代云南释奠礼乐的传承实际仍处于初期阶段。由于目前文献记载的缺乏,我们还无法进一步了解明代云南释奠礼乐文化传承的仪式、演奏、演唱的方法等传播的状况,也无法知晓明代云南各地汉族及少数民族族群文化与释奠礼乐文化相互影响的状况。

第二章　清代云南释奠礼乐述考

随着清政府对云南政治经济及文化教育统治的加强,释奠礼乐在云南得以广泛传承。在传承内容、方式等得以规范的同时,也获得了更多经济、场地、人员及政策的保障。文献记载表明,云南释奠礼乐已经成为清代释奠礼乐体系的重要组成部分,它的传承及变迁与清代整个释奠礼乐体系的建立与发展密切相关。与此同时,从清代云南整体社会状况看,由于各少数民族族群传统文化在许多地区仍然占据着主导的地位,汉文化发展水平仍然十分不平衡。以上综合原因,导致清代释奠礼乐在云南的传承呈现出一定的特殊性和复杂性。

本章中,笔者将对清代释奠礼乐体系的形成及发展过程及直省释奠礼乐内涵及特点进行梳理,并通过对云南地方志等文献的梳理,勾勒出清代云南释奠礼乐传承的基本概貌。在厘清云南释奠礼乐传承内容的同时,探析云南庙学建设及儒学传播与释奠礼乐间的关系,为具有典型意义的大理、临安及丽江地区释奠礼乐研究奠定基础。

第一节　清代释奠礼乐体系述略

清代云南释奠礼乐是清代儒学的重要组成部分。清统治者在政治方面的需要，导致其对释奠礼乐异常重视，清代实际上已经形成了一个完整的释奠礼乐体系。学界对清代释奠礼乐的相关研究颇为丰富，具有代表性的学位论文有常想贵《清代前期祭祀研究》①、董喜宁《孔庙祭祀研究》②，涉及清代释奠礼乐文化的专著有江帆、艾春华《中国历代孔庙雅乐》③、孔德平等《祭孔礼乐研究》④等等，以上研究涉及了清代释奠礼乐的不同领域。常想贵的《清代前期祭祀研究》对清前期作为国家祀典的祭孔祀典进行了研究，董喜宁《孔庙祭祀研究》在对孔庙祭祀历史做整体研究的同时，关注到了清代祭孔文化的释奠乐章、乐舞等内容，但文章主要从礼的角度对祭孔活动整体进行礼制、礼仪、礼物等方面的综合考查，对清代释奠礼乐的关照并非作者研究的重点，江帆、艾春华《中国历代孔庙雅乐》⑤与孔德平等《祭孔礼乐研究》⑥是两部从礼乐的角度对历代释奠礼乐进行整体研究的著作。以上著作由于侧重点的不同，并未对清代释奠礼乐做深入研究。在本节中，笔者拟在学界研究成果的基础上，梳理出清代释奠礼乐形成发展的过程，进而对云南释奠礼乐传承的内容与清代直省释奠礼乐内容变迁状况作比较考察，以凸显清代云南释奠礼乐与清代释奠礼乐间的密切关系。

①董喜宁：《孔庙祭祀研究》，博士学位论文，湖南大学，2011年。
②迟凤芝：《朝鲜半岛对中国雅乐的接受、传承与变衍》，硕士学位论文，上海音乐学院，2009年。
③江帆、艾春华：《中国历代孔庙雅乐》，中国国际广播出版社2001年版。
④孔德平、彭庆涛、孟继新：《祭孔礼乐研究》，文物出版社2009年版。
⑤江帆、艾春华：《中国历代孔庙雅乐》，中国国际广播出版社2001年版。
⑥孔德平、彭庆涛、孟继新：《祭孔礼乐研究》，文物出版社2009年版。

一、清代释奠礼乐文化体系的形成及发展

　　清王朝以异族入主中原,取得政权的正当性与合法性是清政府前期最为重要的政治目的之一。对清代国家政权而言,"尊崇孔子,不仅是像一般封建王朝统治者那样,欲藉孔学钳制民众思想,强化其专制统治,而且还由于其以少数民族入主中原,故而更须借助尊孔消弥民众、特别是汉族文士的民族情绪……中国历代政权对孔子及其后嗣的谥封、祀孔……使得尊孔本身与现实政权统治正当性的关联密切"①。

　　由于清代特殊的政治文化背景,包括释奠礼乐在内的祭孔、尊孔活动得到皇帝及清统治集团的重视,并因此形成了庞大的释奠礼乐文化体系。有学者认为"孔庙中的献祭者可分为两支,一为血缘性的衍圣公系统,一为非血缘性的政教系统。这两个系统都各自拥有一套独立的祭祀人员班子。衍圣公系统的参祭人员主要包括孔氏后裔、贤儒后裔、孔府属官、孔府服役人员等。政教系统的参与人员主要包括皇室成员、朝廷官员、地方行政官员、地方学官、学校生员等"②。这种以祭献者身份为划分标准的方式,无法体现清代释奠礼乐体系中乐章、乐舞、乐器等"乐"层面的差异。本书将清代释奠礼乐视为一文化体系,将云南释奠礼乐的研究建立在清代释奠礼乐体系这一坐标中,便于清晰认识清代云南释奠礼乐传承与这个体系间的共同点与差异性。

　　清政府对祭孔祀典的建设与完善几乎贯穿了社会发展的始

---

①林存光:《历史上的孔子形象——政治与文化语境下的孔子和儒学》,齐鲁书社2004年版,第137页。
②董喜宁:《孔庙祭祀研究》,博士学位论,湖南大学,2011年。

终,从传统"中祀"规格向"大祀"规格提升的历程,是清代对祭孔祀典重视的有力证据。作为祭孔文化的重要组成部分,清代释奠礼乐也得到进一步的系统化、规范化,并形成释奠礼乐体系。就清代释奠礼乐体系的形成与发展的整体状况看,顺治、康熙、雍正及乾隆时期是其形成并完善的重要时期。

(一)清代释奠礼乐文化体系的形成

清代释奠礼乐体系的形成,与顺治、康熙、雍正及乾隆时期对祭孔祀典的重视密切相关。

顺治朝时期(1644—1661),国家初定,祭祀典礼基本沿袭明制,形成了大祀、中祀、群祀的三层格局。祭孔的规格被定为中祀的规格。顺治时期,国家初定,"(顺治)定称大成至圣文宣先师孔子,春秋上丁,遣大学士一人行祭,翰林官二人分献,祭酒祭启圣祠,以先贤先儒配享从祀"①。在加强礼制建设的同时,顺治初期也开始关注到乐的建设。从文献记载看,顺治帝曾多次参加太学(国子监)春秋丁祭活动,从祭孔礼乐的相关记载来看,"(顺治)二年,从有司言,春秋上丁释奠先师,乐六奏,迎神奏咸平,奠帛初献奏宁平,亚献奏安平,终献奏景平,彻馔送神奏咸平"②。顺治帝(1645)春秋丁祭孔子已经有"乐六奏"。③ 又于顺治九年(1652)九月辛卯日"上幸太学祭孔子……迎神乐作乐止,赞引官赞,上行

---

①[清]赵尔巽等:《清史稿》卷八十四《礼》,中华书局 1977 年标点本,第 2533 页。

②[清]赵尔巽等:《清史稿》卷九十四《乐志》,中华书局 1977 年标点本,第 2735 页。

③[清]赵尔巽等:《清史稿》卷九十四《乐志》,中华书局 1977 年标点本,第 2735 页。

两跪六叩头礼……送神乐作……上行两跪六叩头礼"①,在此次顺治太学释奠过程中,礼乐齐备,典礼隆重,在迎神、送神时还行两跪六叩头礼。可见在顺治朝时,已有较为完备的祭孔释奠礼乐,但由于国家初定,顺治帝以上释奠仪式中所用乐舞均为明代洪武时期颁布的释奠礼乐《大成乐》乐章。

为了表示对祭孔的重视,顺治十三年(1656)第一次颁定国学释奠乐章,至此,历史上首次出现了国学释奠乐章与直省(包括曲阜)两种释奠乐章并行的状况,本书认为这种状况奠定了清代释奠礼乐文化体系的雏形,以释奠乐章的国学体系及直省(包括曲阜)体系并行为基础,两种体系并行的状况在清代得到不断延续发展。顺治时期国学释奠乐章及直省释奠乐章的并存是清代释奠礼乐体系出现的标志。现将两种释奠乐章名及歌辞摘录如下:

顺治时期直省(曲阜)释奠乐章:

迎神《咸和》之曲

大哉宣圣,道德尊崇。维持王化,斯民是宗。典祀有常,精纯益隆。神其来格,於昭圣容。

奠帛《宁和》之曲

自生民来,谁底其盛?惟王神明,度越前圣。粢帛具成,礼容斯称。黍稷非馨,惟神之听。

---

① 《清世祖实录》第三册卷六十八,顺治九年九月辛卯条,中华书局 2008 年版,第 2030 页。

初献《安和》之曲

大哉圣王,实天生德。作乐以崇,时祀无斁。清酤惟馨,嘉牲孔硕。荐羞神明,庶几昭格。

亚终献《景和》之曲

百王宗师,生民物轨。瞻之洋洋,神其宁止。酌彼金罍,惟清且旨。登献惟三,於戏成礼。

彻馔《咸和》之曲

牺象在前,豆笾在列。以享以荐,既芬且洁。礼成乐备,人和神悦。祭则受福,率遵无越。

送神《咸和》之曲

有严学宫,四方来宗。恪恭祀事,威仪雍雍。歆格惟馨,神驭旋复。明禋斯毕,咸膺百福。①

顺治十三年(1656)第一次颁定国学释奠乐章:

迎神奏《咸平》之曲

大哉至圣,峻德宏功。敷文衍化,百王是崇。典则有常,昭兹辟雍。有虔簠簋,有严鼓钟。

奠帛初献奏《宁平》之曲

觉我生民,陶铸贤圣。巍巍泰山,实予景行。礼备乐和,

---

① [清]张廷玉等:《明史》卷六十二《乐》,中华书局1974年标点本,第1552—1553页。嘉靖孔庙改制,乐章未变,只把其中的"王"字改为"师"字。

豆笾惟静。既述六经,爰斟三正。

亚献奏《安平》之曲

至哉圣师,天授明德。木铎万世,式是群辟。清酒惟醑,
言观秉翟。太和常流,英材斯植。

终献奏《景平》之曲

猗欤素王,示予物轨。瞻之在前,神其宁止。酌彼金罍,
惟清且旨。登献虽终,弗遑有喜。

彻馔奏《咸平》之曲

璧水渊渊,崇牙业业。既歆宣圣,亦仪十哲。金声玉振,
告兹将彻。馥假有成,羹墙靡愒。

送神奏《咸平》之曲

煌煌学宫,四方来宗。甄陶胄子,暨予微躬。思皇多士,
肤奏厥功。佐予永清,三五是隆。①

该国学释奠乐章采用全新乐章诗词,乐章名由明朝所用乐章
中的"和"字改为"平"。新颁国学释奠六乐章为:迎神"咸平"、初
献"宁平"、亚献"安平"、终献"景平"、彻馔"咸平"、送神"咸平"。
这种变化与清代整个宫廷雅乐的变化直接相关。《清史稿》卷九
十四载:"世祖顺治元年,摄政睿亲王多尔衮既定燕都,将于十月
告祭天地宗庙社稷,大学士冯铨、洪承畴等言:'郊庙及社稷乐章,

---

① [清]文庆、李宗昉等纂修:《钦定国子监志》卷二《乐》,商务印书馆 2008 年
影印本,第 67 页。

前代各取嘉名,以昭一代之制,梁用雅,北齐及隋用夏……前明用
和。我朝削平寇乱,以有天下,宜改用平。'"①

　　这种始于顺治十三年(1656)国学释奠乐章与直省(包括曲
阜)释奠乐章并行的传统贯穿了整个清代,丰富了释奠礼乐的内
涵,使清代释奠礼乐拓展为国子监及直省两个体系,释奠礼乐呈
现出多样性特征。

　　(二)清代释奠礼乐体系的发展

　　顺治时期形成的清代包括国子监、直省(曲阜)在内的释奠礼
乐体系,在康熙、雍正及乾隆时期得到不断完善。

　　1. 康熙时期

　　康熙时期,是清代制礼作乐的重要时期。从乐层面看,此时
期清朝宫廷礼乐的创制比前朝更加完善。康熙时期的制礼作乐,
对释奠礼乐乐器如编钟、编磬的形制都作了改变,将以往以大小
调节音高的方式改变为以乐器厚薄调节音高的方式,因此,现今
遗存的清代国子监编钟、编磬,其形制均体现出大小统一的特点。
从当今遗存的清代曲阜孔庙的编钟、编磬的形制看,也同样采用
了以乐器厚薄调节音高的方式,因此,编钟、编磬的形制从外面看
其大小均相同。这种状况说明,在清代释奠礼乐文化的建设过程
中,其国子监体系及直省礼乐体系的乐器形制并无差别。

　　至康熙朝中后期,康熙皇帝对宫廷礼乐的关注由表层的乐
器、歌词等形式,深化到内在的乐律。康熙五十三年(1714)编纂
的《御制律吕正义》即是其充分体现。就释奠礼乐的显性层面而
言,康熙对释奠礼乐的创新仅仅在于将顺治朝的国学释奠乐章以

———————

① [清]赵尔巽等:《清史稿》卷九十四《乐志》,中华书局1977年标点本,第
　　2733页。

《中和韶乐》命名,但从文献资料及传世器物来看,康熙朝对祭孔释奠礼乐的影响远不止这些。

从礼层面看,康熙时期对释奠礼乐的影响很大。康熙二十三年(1684),康熙第一次南巡回銮时,曾绕道曲阜至孔庙祭拜。据《康熙起居注》载:"黎明,上御辇……诣圣庙,至奎文阁前下辇,由甬道旁行至大成殿,行三跪九叩礼……上步至大成殿,瞻仰圣像,历览圣迹、历代碑刻……特书'万世师表'四字,悬额殿中,非云阐扬圣教,亦以垂示将来。"①他向随行诸臣阐明此行的目的,说:"朕临幸鲁地,致祭先师,正以阐扬文教,振起儒风。祀礼告成,意欲讲明经义,研究心传,以称大典。"②康熙帝还亲书"万世师表"匾额悬于大成殿,并颁各省学宫。值得注意的是,这次阙里祭孔,康熙皇帝在行跪拜礼时,由顺治朝的二跪六拜,升级到三跪九拜。这种礼仪形式对后来的释奠礼仪产生了深远影响。

2. 雍正及乾隆时期

随着清代释奠礼乐体系的发展,雍正时期对释奠礼乐的建设主要体现在"礼"的层面。

雍正元年(1723)三月,雍正皇帝不仅尊奉孔子尊号为"大成至圣宣先师孔子",而且追封孔子五世先人,晋为王爵(前代已封为公爵),"锡木金父公曰肇圣,祈父公曰裕圣,防叔公曰诒圣,伯夏公曰昌圣,叔梁公曰启圣,更启圣祠曰崇圣"③。

---

①中国第一历史档案馆整理:《康熙起居注》卷二,中华书局1984年版,第1254页。

②中国第一历史档案馆整理:《康熙起居注》卷二,中华书局1984年版,第1252页。

③[清]赵尔巽等:《清史稿》卷八十四,中华书局1977年标点本,第2534页。"崇圣祠"的前身为"启圣祠",源自明嘉靖九年(1530)(孔庙改制)。

雍正四年(1726)，清世宗亲自释奠，"牺牲、笾豆视丁祭，行礼二跪六拜，奠帛献爵，改立为跪，仍读祝，不饮福、受胙。尚书分献四配，侍郎分献十一哲两庑。明年定八月二十七日先师诞辰，官民军士，至斋一日，以为常"①。行二跪六拜礼，献祭品也改立为跪。皇帝亲祭太学制形成。

雍正五年(1727)，定八月二十七为孔子诞辰，这一天"自大内至王公文武各官，以及军民人等，均应致斋一日，不理刑名，禁止屠宰，永著为令。是年，御书'生民未有'匾额，恭悬大成殿，颁发直省，悬于学宫"②。雍正时期孔子诞辰规定"致斋一日""禁屠宰""不理刑名"的规定，显然受到佛教的影响。乾隆时期，随着清政府国力的发展，释奠礼乐体系在"礼"及"乐"两个层面均得到进一步发展。

乾隆二年(1737)"易大成殿及门黄瓦"③，皇帝亲谕使用最高的黄琉璃瓦，这标志着孔庙已达到了帝王宫殿规格。

乾隆三年(1738)，文庙又实行三献礼。乾隆三年(1738)，乾隆帝亲自至太学释奠："是岁上丁，帝亲视学释奠，严驾出，至庙门外降舆。入中门，竢大次，出盥讫，入大成中门，升阶，三上香，行二跪六拜礼……上香奠献毕，帝三拜，亚献、终献如初。释奠用三献始此。其祭崇圣祠，拜位在阶下……分诣配位及两庑从位前上香，三跪九拜。奠帛、读祝，初献时行。凡三献，礼毕。自是为恒式。"④此

<hr/>

① [清]赵尔巽等：《清史稿》卷八十四，中华书局1977年标点本，第2535页。
② 光绪《清会典事例》卷四百三十六，中华书局1991年版，第945页。
③ [清]赵尔巽等：《清史稿》卷八十四《礼》，中华书局1977年标点本，第2535页。
④ [清]赵尔巽等：《清史稿》卷八十四《礼》，中华书局1977年标点本，第2535—2536页。

后,释奠孔子,三献礼也成为清代皇帝祭孔例行的礼仪之一①。

就乾隆时期遗存的释奠礼乐相关的文献看,乾隆朝(1736—1795)先后编撰《律吕正义后编》《钦定诗经乐谱全书》两部大型乐书,并于乾隆八年(1743)"定阙里圣庙乐章"②,(此乐章亦为各省府、州、县学孔庙颁定释奠乐章)。至此,清朝上自宫廷下至直省府县的释奠礼乐已形成了较为成熟完备的体系,之后相沿不断。

3. 嘉庆至光绪时期

嘉庆朝两次举行临雍之礼,祭祀孔子。皇帝曾下旨去曲阜祭孔,未成行。"嘉庆九年,驾幸翰林院,诣先师位行礼。旧典二跪六拜,仁宗特行三跪九拜礼"③。

道光帝时,祭孔祀典仍然得到延续。道光八年(1828),道光帝亲自到传心殿诣孔子行礼"上亲诣行礼"④。道光十六年(1836),下诏祭祀孔子不得与佛、老同庙。

光绪三十二年(1906),改祭孔为"大祀"⑤的规格。与清朝前期的祀孔活动相比,由于国力的衰退等综合原因,嘉庆、道光时期及以后的祀孔规模、对祀孔的重视程度已不似前几朝。虽然,嘉庆、道光仍然参与祭孔活动,但祭孔活动的范围仅仅限于北京了。自康熙始,延续的清帝王到曲阜祭孔的制度,嘉庆、道光由于种种原因,也都未能成行。清朝帝王祭孔祀典的状况,也从一个侧面反映出清代社会从强盛走向没落的历史脉络。

①常想贵:《清代前期祭祀研究》,硕士学位论文,山东师范大学,2009年。
②[清]赵尔巽等:《清史稿》卷八十四《礼》,中华书局1977年标点本,第2539页。
③[清]吴振棫:《养吉斋丛录》卷五,北京古籍出版社1983年版,第70页。
④[清]吴振棫:《养吉斋丛录》卷五,北京古籍出版社1983年版,第52页。
⑤[清]赵尔巽等:《清史稿》卷八十四《礼》,中华书局1977年标点本,第2540页。

综上，就清代的祭孔祀典与释奠礼乐而言，经过清顺治、康熙、乾隆等数代帝王的努力，历经百余年，通过皇帝亲临祭孔祀典、关注曲阜孔庙建设及孔门后裔、钦定国子监释奠乐章及直省释奠乐章等具体措施，清代上自宫廷、下至地方的释奠礼乐，完成了从沿袭明代传统到将清代释奠礼乐扩展为完备的体系，并将祀孔规格实现由中祀上升为大祀的历史过程。

清代释奠礼乐体系经过顺治到乾隆时期的发展，形成了国子监、直省（曲阜同）两个大的释奠礼乐体系，但就实际状况而言，清代曲阜庙学释奠礼乐传承也是自成体系的，曲阜孔庙释奠的传承发展显然比直省释奠礼乐的传承具有更重要的地位，因而清代释奠礼乐体系实际形成了国子监、直省及曲阜三种释奠乐章并存的局面，它们的区别不仅体现在乐章、乐舞、乐器配置的数量，更主要的是体现在清政府对其传承、建设的投入等诸多方面。

二、清代直省释奠礼乐的内涵及特征

清代祭孔祀典是沿袭以"儒学"为核心的汉文化传播的重要仪式，这些仪式延续至清代已经拥有一千多年的历史。在历代传承过程中，祭孔祀典的各类礼、乐、舞、器都形成了完备的体系，各类释奠礼乐也被赋予了丰富的文化内涵。与清代释奠礼乐体系相一致，直省释奠礼乐的内涵主要体现在仪注、乐章、乐器及舞器等方面。

（一）直省释奠仪注及特点

清代祭孔释奠仪式已发展成高度程式化的礼仪程序。围绕三献礼而实施的迎神、初献、亚献、终献、送神成为其礼仪的核心，同时也是其不变的主题。有学者将其描述为这幅骨架千百年来而无改,偶有变动的只是附着于这副骨架上的小零件。[①] 释奠礼的礼仪程序发展到唐代已极为成熟,此后,其基本程序经历数朝未见大动。清前期其礼制基本沿用明制,释奠礼仪自然也沿袭了明代的祭孔仪式。清代对各个历史时期各类释奠礼仪的文献记载非常丰富,在文献中对祭孔礼仪程序的记载有专门的名类,仪注就是对祭孔礼仪程序的称谓,为了便于直省释奠礼乐文化的传播,清代《直省释奠礼乐记》及《文庙丁祭谱》中都对直省释奠仪注有明确记载。(《文庙丁祭谱》所载释奠仪注摘录整理见附录三)

　　清代直省府州县庙学释奠仪式中,对献官的人数、级别以及辅助人员的要求都有详细的规定。《直省释奠礼乐记》卷四"仪节"中,还明确规定在正式祭奠之前两日,需要正献官等提前演习,相互配合。以上对直省释奠仪式种种的规定,体现出清代对直省释奠礼乐的重视。据《直省释奠礼乐记》载:"直省府州县庙祀:先师孔子皆以岁春秋仲月上丁行释奠礼。省会正献,以总督若巡抚一人主之。两序以道员各一人,两庑以知府、同知各一人,眡割牲省斋盛以道员各一人,纠仪以教授、训导各一人。司祝、司香、司帛、司爵、司馔、引赞、通赞、引班,以学弟子员娴礼仪者执事。在城文武官县丞、千总以上,咸与祭。(班与外朝会同)致斋二日。祭前一日,有司饬庙户洁帚殿庑内外,眡割牲官公服,诣神厨眡割牲如仪,正献官率执事人入学习仪。教官率乐舞诸生入学习舞、习吹。祭之日,陈设省斋,祀官偕执事人咸入,就位行礼,仪节均与太学遣官释奠同。"[②]

　　清代直省释奠仪注的特征在于整个释奠仪式以三献礼为中

---

①董喜宁:《孔庙祭祀研究》,博士学位论文,湖南大学,2011年。
②[清]应宝时:《直省释奠礼乐记》,国家图书馆藏本。

心展开。换言之,三献是释奠仪式中的核心,即向神灵进行三次献礼,分别为初现、亚献、终献。在不同的礼仪阶段,三献礼的施礼过程与不同乐章的演奏、演唱及不同乐舞演出相伴展开。释奠礼乐仪注从形式上完整展现了以礼为中心,并以歌、乐、舞的综合艺术形式相伴的综合礼乐形式。以上庄严的清代直省释奠仪注过程,使人感受到"乐统同"的同时,更能清晰感受到"礼辨异"的礼乐实质。

(二)直省释奠乐章及其变迁

自唐代以来,祭孔释奠礼仪已基本形成固定的模式。历代释奠乐章的名称、音乐的创制等,则随着各朝政治的需要、朝代的兴衰而有所变化。清代释奠礼乐沿袭历代的儒家礼乐传统观念,"礼"与"乐"二者的关系仍为以"礼"为中心,"乐"为"礼"的附庸。清代直省释奠乐章名称、歌词及旋律的变化,从一个侧面,体现出清代兴衰的历史面貌。

从整个清代直省释奠礼乐乐章颁布及使用的状况看,清代共颁布过两套直省释奠礼乐乐章,第一套颁布于顺治十三年(1656),第二套颁布于乾隆八年(1743),乾隆八年(1743)所颁布的直省释奠乐章则分为春秋乐章,即春秋丁祭使用同名、同词但不同旋律的释奠礼乐乐章。

现将以上两套乐章摘录并翻译为五线谱,详见如下:

谱例 2－1：顺治《直省释奠乐章》①

迎神乐奏《咸和》之曲

律　名：	太簇	南吕	林钟	仲吕	太簇	仲吕	林钟	仲吕
工尺唱名：	四	工	尺	上	四	上	尺	上
歌词：	大	哉	至	圣，	道	德	尊	崇。

南吕	林钟	仲吕	太簇	林钟	仲吕	黄钟	太簇
工	尺	上	四	尺	上	合	四
维	持	王	化，	斯	民	是	宗。

黄钟	太簇	仲吕	林钟	南吕	林钟	太簇	仲吕
合	四	上	尺	工	尺	四	上
典	祀	有	常，	精	纯	井	隆。

黄钟	南吕	林钟	仲吕	林钟	仲吕	黄钟	太簇
六	工	尺	上	尺	上	合	四
神	其	来	格，	於	昭	圣	容。

---

①该释奠乐章为顺治时期直省沿用的明代释奠乐章，笔者根据《清会典事例》所载歌词及李之藻《泮宫礼乐疏》所载释奠礼乐乐谱翻译而成，并以 C 调进行制谱。

奠帛乐奏《宁和》之曲

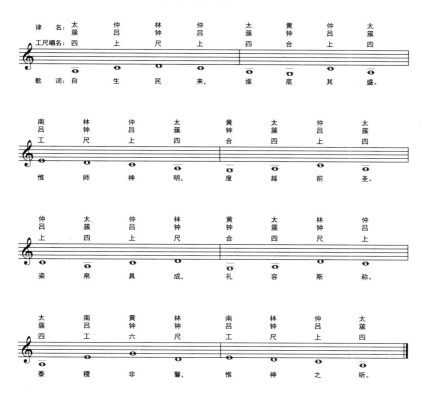

律　名：太簇　仲吕　林钟　仲吕　太簇　黄钟　仲吕　太簇
工尺唱名：四　上　尺　上　四　合　上　四
歌　词：自　生　民　来，　谁　底　其　盛。

南吕　林钟　仲吕　太簇　黄钟　太簇　仲吕　太簇
工　尺　上　四　合　四　上　四
惟　师　神　明，　度　越　前　圣。

仲吕　太簇　仲吕　林钟　黄钟　太簇　林钟　仲吕
上　四　上　尺　合　四　尺　上
粢　帛　具　成，　礼　容　斯　称。

太簇　南吕　黄钟　林钟　南吕　林钟　仲吕　太簇
四　工　六　尺　工　尺　上　四
黍　稷　非　馨，　惟　神　之　听。

初献乐奏《安和》之曲

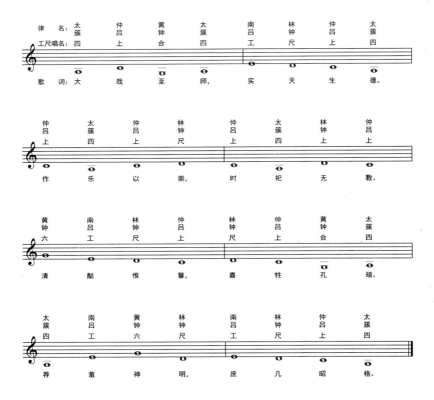

亚献乐奏《景和》之曲

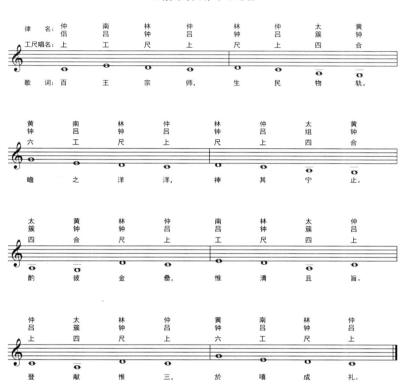

彻馔乐奏《宣和》之曲

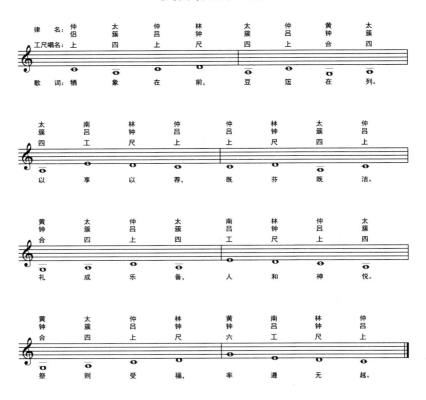

送神乐奏《祥和》之曲

律　名：太簇　南吕　林钟　仲吕　黄钟　太簇　仲吕　太簇
工尺唱名：四　工　尺　上　合　四　上　四
歌　词：有　严　学　宫，　四　方　来　宗。

黄钟　南吕　林钟　仲吕　南吕　林钟　仲吕　太簇
六　工　尺　上　工　尺　上　四
恪　恭　祀　事，　威　仪　雍　雍。

仲吕　林钟　南吕　林钟　仲吕　太簇　林钟　仲吕
上　尺　工　尺　上　四　尺　上
歆　兹　惟　馨，　神　驭　还　复。

黄钟　南吕　林钟　仲吕　南吕　林钟　仲吕　太簇
六　工　尺　上　工　尺　上　四
明　禋　斯　毕，　咸　膺　百　福。

乾隆时期直省释奠乐章（分春秋季乐章）：

谱例 2-2：乾隆《直省释奠春季乐章》①

夹钟为宫，倍应钟起调。

迎神《昭平》之章

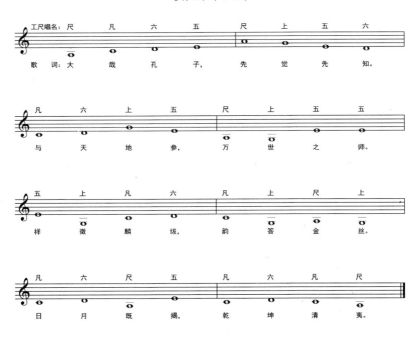

---

①该乐章笔者根据蓝钟瑞等《文庙丁祭谱》卷四所载乾隆释奠乐章翻译而
　成，并以 C 调进行制谱。

奠币、初献《宣平》之章

工尺唱名：尺　凡　六　五　　上　凡　尺　上
歌　词：予　怀　明　德，　玉　振　金　声。

六　凡　上　五　　凡　六　五　六
生　民　未　有，　展　也　大　成。

五　上　尺　五　　六　六　五　六
俎　豆　千　古，　春　秋　上　丁。

尺　上　凡　尺　　凡　六　凡　尺
清　酒　既　载，　其　香　始　升。

亚献《秩平》之章

工尺唱名：尺　凡　六　五　上　五　凡　尺

歌词：式　礼　莫　愆，升　堂　再　献。

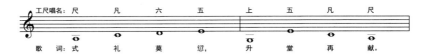

上　五　凡　六　五　上　五　尺

响　协　蕤　镛，诚　乎　叠　廛。

五　五　六　六　凡　尺　上　尺

肃　肃　雍　雍，礜　髦　斯　彦。

五　五　六　六　凡　尺　上　尺

肃　肃　雍　雍，礜　髦　斯　彦。

上　五　凡　六　五　六　凡　尺

礼　陶　乐　淑，相　观　而　善。

终献《叙平》之章

歌词：自　古　在　昔，　先　民　有　作。

皮　弁　祭　菜，　於　论　斯　乐。

惟　天　牖　民，　惟　圣　时　若。

彝　伦　攸　叙，　至　今　木　铎。

彻馔《懿平》之章

工尺唱名：凡　尺　六　五　　尺　上　尺　五

歌词：先　师　有　言，祭　则　受　福。

凡　尺　五　上　　凡　六　凡　尺

四　海　黉　宫，畴　敢　不　肃。

五　上　尺　五　　凡　六　凡　尺

礼　成　告　彻，毋　疏　毋　渎。

五　上　凡　尺　　五　六　凡　尺

乐　所　自　生，中　原　有　菽。

送神《德平》之章

工尺唱名：尺　凡　六　五　　上　尺　凡　六
歌　词：兑　绛　峨　峨，　洙　泗　洋　洋。

上　五　五　上　　凡　六　五　尺
景　行　行　止，　流　泽　无　疆，

五　上　凡　尺　　尺　上　凡　六
聿　昭　祀　事，　祀　事　孔　明。

尺　五　尺　上　　凡　六　凡　尺
化　我　蒸　民，　育　我　胶　庠。

又有秋季乐章如下：

谱例 2－3：乾隆《直省释奠秋季乐章》①

南吕为宫，仲吕起调。

迎神《昭平》之章

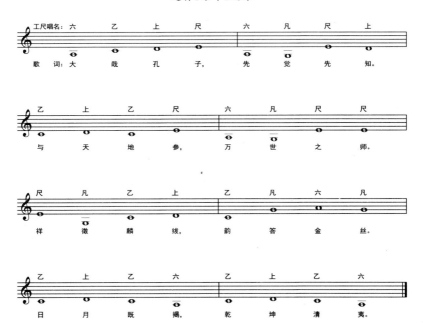

①该乐章笔者根据蓝钟瑞等《文庙丁祭谱》所载乾隆释奠乐章翻译而成，并以 C 调进行制谱。

奠币、初献《宣平》之章

工尺唱名：六　乙　上　尺　凡　乙　六　乙

歌词：予　怀　明　德，　玉　振　金　声。

上　乙　凡　尺　乙　上　尺　上

生　民　未　有，　展　也　大　成。

凡　凡　六　尺　上　上　尺　上

俎　豆　千　古，　春　秋　上　丁。

六　凡　乙　六　乙　上　乙　六

清　酒　既　载，　其　香　始　升。

亚献《秩平》之章

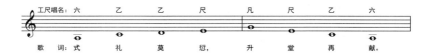

终献《叙平》之间

工尺唱名：六　　乙　　尺　　上　　凡　　尺　　乙　　上

歌　词：自　　古　　在　　昔，　先　　民　　有　　作。

　　　　尺　　尺　　乙　　六　　凡　　尺　　上　　乙

　　　　皮　　弁　　祭　　菜，　於　　论　　斯　　乐。

　　　　尺　　凡　　六　　凡　　乙　　凡　　乙　　上

　　　　惟　　天　　牗　　民，　惟　　圣　　时　　若。

　　　　尺　　凡　　凡　　六　　凡　　尺　　乙　　六

　　　　彝　　伦　　攸　　叙，　至　　今　　木　　铎。

彻馔《懿平》之章

工尺唱名：凡　尺　六　五　｜尺　上　尺　五
歌词：先　师　有　言，　祭　则　受　福。

凡　尺　五　上　｜凡　六　凡　尺
四　海　黉　宫，　畴　敢　不　肃。

五　上　尺　五　｜凡　六　凡　尺
礼　成　告　彻，　毋　疏　毋　渎。

五　上　凡　尺　｜五　六　凡　尺
乐　所　自　生，　中　原　有　菑。

送神《德平》之章

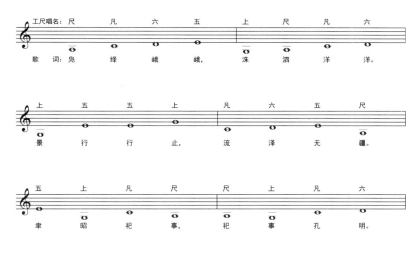

两套清代直省释奠乐章是清代直省及曲阜孔庙在不同时期使用的释奠乐章。第一套乐章的使用时间大致为顺治初年至乾隆七年(1742),第二套释奠乐章(分春秋乐章)使用的时间大致为乾隆八年(1743)至清末。

从第一套乐章看,总体由六个乐章构成,每一乐章均由八个规整的乐句组成,字、音及节奏间的组合方式为一拍一音对一字,音乐结构极为规整,音域跨度不大,基本维持在六度之内。从调式上看,旋律主要以五声音阶中的羽调式、宫调式为主,乐章中音乐的平稳进行与传统的调式相结合,其音响体现出一种虔诚、庄重的氛围,与祭孔祀典的庄重相得益彰。

　　乾隆年间对释奠礼乐进行了全面修订。从新颁布的乐章看,顺治乐章的特点仍然得到继承,不同的是对释奠乐章名称及歌词、乐谱均进行了修改。乾隆八年(1743)对直省释奠的全面修订,使清代直省释奠礼乐形成春、秋丁祭各有专用乐章的历史状况,这也是历史上首次出现直省释奠礼乐中,春秋丁祭各自拥有独立专用乐章的情况。正是清前期数位帝王对释奠礼乐进行的大胆改革,使清代释奠礼乐的形式与内容均得到拓展,直省释奠礼乐也体现出丰富多样的特点。笔者在翻译乾隆春秋乐章时发现,除了某些音高有八度间的区别外,春秋释奠礼乐的不同,仅在于唱奏时调高的不同,其余并无区别。显然这种调高的不同,对释奠礼乐的传承并未产生大的影响。

　　释奠礼乐的修订与清政府的国力发展状况是分不开的。康熙、雍正及乾隆时期大规模的制礼作乐,是以"康乾盛世"强大的经济、政治背景为基础的。随着清政府日益衰败,释奠礼乐的修订亦逐渐减慢下来。道光直至咸丰、同治、光绪、宣统,释奠礼乐体系基本延续了乾隆时期的格局与乐制,直省释奠礼乐亦莫能外。

　　(三)直省释奠礼乐之乐器、舞器

　　从文献记载来看,清代直省及国子监释奠礼乐乐器的运用,在乐器的配置、乐器种类的选择和舞器的使用上,基本沿袭了古制。从乐器的形制、配置的种类看,直省释奠礼乐与国子监体系的释奠并无差别,其差别主要体现为对乐器数量的配置。

　　1.清代直省释奠礼乐乐器配置

　　"八音"齐备是历代释奠礼乐乐器配置的特点。清代各类释奠礼乐中乐器的配置,堪称"八音"完备。"八音"是以金、木、石、革、匏、竹、丝、土八种乐器质地对中国古代乐器的分类方式,以上所有的乐器种类均囊括于历代释奠礼乐中。清代仍然延续了这种传统。

"八音"的完备与配合,在古代音乐观念中,大都与美好的"无相夺伦,神人以和"的观念相联系。作为体现国家意志层面的释奠礼乐,其八音完备,不能不说是其"神人以和"观念在释奠礼乐各方面的体现。清代释奠礼乐文化体系的整体乐器配置,均采用了"八音完备"的方式,各类乐器基本相同,两者之间的区别仅在于部分乐器数量配置的多少,现将清代国子监及直省(曲阜)释奠礼乐乐器种类及数量的配置状况统计如下:

表2-1:清代国子监与直省(曲阜)释奠礼乐乐器种类及数量统计表①

序号	八音分类	乐器名称	国学释奠礼乐乐器数量	直省(曲阜)释奠礼乐乐器数量
1	金	镈钟	2	
		编钟	1	1(16枚)
2	石	编磬	1	1(16枚)
		特磬	2	
3	丝	琴	6	4
		瑟	4	2
4	竹	排箫	2	2
		箫	6	2

① 本表根据[清]文庆、李宗昉等纂修:《钦定国子监志》卷二十二(商务印书馆2008年影印本,第70页)及《清史稿》卷一百《乐》(中华书局1977年标点本,第2985页)相关文献资料编制。

序号	八音分类	乐器名称	国学释奠礼乐 乐器数量	直省（曲阜）释奠 礼乐乐器数量
		籖	4	2
		笛	6	6
5	匏	笙	6	6
6	土	埙	2	2
7	革	鼓	1	2
		搏拊	2	2
8	木	柷	1	1
		敔	1	1
其余		麾	1	1
		节		2

如上图所示，从清代国学及直省释奠礼乐乐器种类及数量统计结果可以清楚看到，清代国学与直省释奠礼乐在乐器的配置上显示出以下共性特点：乐器种类上沿袭了古制，均体现出八音齐备的特点；乐器共十六样，直省释奠礼乐除瑟、箫、笛在数量上略有减少外，其余乐器与国学释奠礼乐乐器配置相同。

清代，各类释奠礼乐在乐器种类配置上并无大的区别，其区别主要在乐器数量的设置上，国学释奠礼乐乐器的数量明显多于直省与曲阜的释奠。由此可知，从清代规制上看，国学释奠礼乐的规模，明显大于曲阜与直省释奠的规模。虽然清代是对释奠文化最重视的朝代之一，但"礼变异"的儒学礼乐观念，仍是释奠礼乐不可动摇的本质。

2.直省释奠礼乐舞器

清代释奠礼乐体系中,乐舞相关的节和麾、羽、籥、干、戚等器具是两种释奠礼乐体系中共同的舞器。节和麾用于指挥乐舞;羽和籥为文舞器具,羽一般用右手执,籥用左手执;干与戚为武舞器具,一般左手执干,右手执戚。从文献记载看,在乐舞舞器的使用上,清代国子监释奠体系与直省释奠体系并无差别。

朱载堉的解释是:"盖左手属仁,右手属义,义以待敌,仁以自卫,故左干而右戚也;仁包四端,恩常掩义,故干外而戚内也;干象仁能好生,戚象义能果断,故干纵而戚横也。凡执籥秉翟者,皆左手籥,右手翟。未开舞时,籥在内,翟在外,籥横而翟纵。盖左手属阳,右手属阴。阳主于声,阴主于容,故左籥而右翟也;和顺积中,英华发外,故籥内而翟外也;籥象衡运准平,翟象表端绳直,故籥横而翟从也。"[1]显然,释奠礼乐文化的发展历程中,即便是看似简单的节和麾、羽、籥、翟等舞器,也被赋予了丰富的人文内涵。

（四）直省释奠乐舞

乐舞,历来为中国古代祭祀所重视。与传统儒家礼乐观相适应,中国自周代起,对不同阶层的用乐,在乐舞方面就有严格、细致的规定,这种规定不能随意僭越。祭孔祀典作为国家意志的体现,历代对其乐舞的规格也有着严格的规定。清代,从顺治到同治时期,一直沿用了这种乐舞规格,到光绪年间,祭孔的规格从中祀提升为大祀,乐舞的规模才随礼制相应作了调整。

释奠礼乐自唐以来就形成了歌、舞、乐综合的形式。清代,光绪以前仍然延续了唐以来祭孔用"六佾"乐舞的形式。从清代国

---

①〔明〕朱载堉:《乐律全书》卷十九《舞器》,文渊阁《四库全书》,第213册,第532页。

子监、曲阜及直省祭孔礼乐相关文献记载看,这种六佾乐舞的规格,均被以上释奠仪式所遵守。

　　清代相关释奠礼乐的文献,除对六佾乐舞有记载外,对舞容的记载也非常详尽,并配有相关乐舞图,这些乐舞图与相关舞容的记载,在当时曾对释奠乐舞的广泛传播起到过重要作用。今天这些史料为详细了解释奠礼乐的乐舞舞容提供了可能。

　　就清代相关文献记载看,清代直省释奠礼乐乐舞总共颁行过两套。清代直省释奠礼乐乐舞颁布的时间分别在清初顺治时期和乾隆时期。

　　清初沿用明初期舞谱。孔德平将明代祭孔舞蹈的组合形式总结为:"由'八大舞容'、'三十九节'、'十一动势'以及'九十六字'组成。"①从孔德平对清初沿用的释奠礼乐乐舞的总结,可见这套乐舞中授、受、辞、让、谦、揖、拜、跪、顿首等动作,均体现出儒家道德观念与礼乐治道的思想。就其总体而言"祭孔舞蹈从思想内容上集中表现了一个'德'字;从其表现形式上则突出地体现了一个'礼'"字。而舞蹈的构思则承袭了'中和之乐'的观念"②。释奠礼乐文化作为以儒学为核心的汉文化的象征,其乐、舞、歌无不体现其礼乐教化工具的性质特征。

　　乾隆七年(1742),清廷分别颁布了国学以及各直省(曲阜)用的释奠礼乐乐舞各一套。由于直省释奠乐章与国学释奠乐章歌词各不相同,所以,舞容的组合形式也各有特征(清代乾隆时期颁

---

①孔德平、彭庆涛、孟继新:《祭孔礼乐研究》,文物出版社 2009 年版,第 183 页。

②孔德平、彭庆涛、孟继新:《祭孔礼乐研究》,文物出版社 2009 年版,第 183 页。

布的直省释奠乐舞舞容摘录见附录七）。

从乾隆时期直省释奠乐舞的舞容看，由于歌词的变化，这套新颁乐舞形式上虽然与明代释奠乐舞有一定差异，但它提倡儒学之"礼"，宣扬儒学"中和礼乐观"的本质并未改变。

总之，清代释奠礼乐已经形成一个完整系统的体系，直省释奠礼乐是这个体系之中的重要组成部分。这个体系中的礼与乐，经过清代历朝皇帝的重视，在沿袭传统的同时，获得了新的发展。江帆、艾春华总结："尽管历代统治者无不基于现实功利的阶级意识，而治礼作乐，但是，天下人民却也从这世世代代的祭孔乐章中受到了中华民族传统美德的陶冶，这是不容忽视的客观存在。"①直省释奠礼乐中六个乐章与释奠仪式三献礼相配合，乐章、乐器、乐舞无不被统治者赋予了儒学提倡之"礼"，因此直省释奠礼乐不仅被视为一种艺术形式，而且被统治者用于对民众教化的过程。

第二节　清代云南释奠礼乐传承

云南释奠礼乐的传承几乎贯穿了整个清代。随着政府对云南整体社会管理的加强，云南文化教育与内地的一致性也得到加强。从云南释奠礼乐看，它与国家颁布的直省释奠礼乐间高度一致，这种一致不仅体现为两者传承内容的一致，还体现为云南释奠礼乐传承内容能随国家对直省释奠礼乐内容的调整而调整。云南释奠礼乐传承内容与直省释奠礼乐内容具有一致性，在上一节中笔者对直省释奠礼乐内容进行了详细梳理，此节中仅简述

---

① 江帆、艾春华：《中国历代孔庙雅乐》，中国国际广播出版社2001年版，第48—49页。

如下:

一、释奠乐章

清代云南释奠乐章作为释奠礼体系的组成部分,其版本与清廷对直省释奠乐章的颁布、修订密切相关。从上一节对直省释奠乐章的梳理可知,直省释奠乐章先后有两个版本,第一个版本为清代顺治年间颁布的释奠乐章,第二个版本为乾隆八年(1743)颁布的释奠礼乐乐章。通过对康熙《云南通志》等各种地方志的梳理可知,以上两个直省释奠乐章版本在云南均得到传播。

现将康熙《云南通志》所载《直省释奠乐章》部分摘录如下:

迎神乐奏《咸和》之曲

律　　名:太 南 林 仲 太 仲 林 仲 南 林 仲 太 林 仲 黄 太
　　　　　簇 吕 钟 吕 簇 吕 钟 吕 吕 钟 吕 簇 钟 吕 钟 簇
工尺唱名:四 工 尺 上 四 上 尺 上 工 尺 上 四 尺 上 合 四
歌　　词:大 哉 至 圣,道 德 尊 崇,维 持 王 化,斯 民 是 宗。

律　　名:黄 太 仲 林 南 林 太 仲 黄 南 林 仲 林 仲 黄 太
　　　　　钟 簇 吕 钟 吕 钟 簇 吕 钟 吕 钟 吕 钟 吕 钟 簇
工尺唱名:合 四 上 尺 工 尺 四 上 六 工 尺 上 尺 上 合 四
歌　　词:典 祀 有 常,精 纯 并 隆。神 其 来 格,於 昭 圣 容。

奠帛乐奏《宁和》之曲

律　　名:太 仲 林 仲 太 黄 仲 太 南 林 仲 太 黄 太 仲 太
　　　　　簇 吕 钟 吕 簇 钟 吕 簇 吕 钟 吕 簇 钟 簇 吕 簇
工尺唱名:四 上 尺 上 四 合 上 四 工 尺 上 四 合 四 上 四

歌　　　词：自 生 民 来，谁 底 其 盛，惟 师 神 明，度 越 前 圣。

律　　　名：仲 太 仲 林 黄 太 林 仲 太 南 黄 林 南 林 仲 太
　　　　　　吕 簇 吕 钟 钟 簇 钟 吕 簇 吕 钟 钟 吕 钟 吕 簇
工尺唱名：上 四 上 尺 合 四 尺 上 四 工 六 尺 工 尺 上 四
歌　　　词：粢 帛 具 成，礼 容 斯 称。黍 稷 非 馨，惟 神 之 听。

望瘗乐奏《祥和》之曲，曲同送神①

　　将康熙《云南通志》卷十六所载释奠乐章与《清史稿》及《阙里志》②所载直省释奠乐章内容作对比，可知，康熙《云南通志》所载释奠乐章为清顺治时期颁布的直省释奠乐章。从清代直省释奠乐章的使用状况看，顺治时期清廷建立不久，直省释奠乐章沿用了明代的释奠乐章。查阅《明史》卷六十二《乐》相关释奠乐章内容，并将以上康熙《云南通志》所载直省释奠乐章与其作比较，可知，此乐章歌词为明洪武六年（1373）颁布的释奠乐章。从云南康熙时期所用释奠乐章为明代释奠乐章的状况可知，康熙时期，云南释奠礼乐传承已经被纳入国家行为，因此乐章版本与内地直省体现出一致性。这从一个侧面反映出清代云南社会的变化，即随着清代云南政治文化的建设，云南与内地的各种差异在逐步缩小。

---

① ［清］吴自肃、丁炜纂，范承勋等修：康熙《云南通志》卷十六《学校》，《中国地方志集成·省志辑·云南》第 1 册，上海书店、巴蜀书社、江苏古籍出版社 2009 年版，第 357、358 页。

② 《直省释奠乐章》，载［明］陈镐纂修：《阙里志》卷二《礼乐志》，山东友谊书社 1989 年版，第 136—139 页。

　　从康熙时期云南各地方志对释奠礼乐的相关记载看,除康熙《云南通志》之外,同时期编纂的《大理府志》《云南府志》《澄江府志》《武定府志》《元江府志》《永昌府志》《鹤庆府志》《广西府志》《蒙化府志》《楚雄府志》等地方志中,对顺治时期直省释奠乐章均有完整记载。由此可知,康熙时期云南许多地区,随着庙学的恢复和建立,释奠礼乐已经得到广泛传承。值得注意的是,以上地方志中相关释奠礼乐的文字记载基本源于康熙《云南通志》,因此内容上出现高度的一致性。这种状况证明,自康熙时期始,云南释奠礼乐的传承已形成由上至下的规范传承体制,这种体制显然对释奠礼乐的传承起到积极有效的作用,由此体现出清廷对云南文化教育管理的加强。

　　从顺治直省释奠乐章在云南传承的整体状况看,康熙时期顺治直省释奠乐章在云南的传承基本覆盖了滇西、滇中、滇东、滇南的汉文化中心。康健曾将明代云南儒学发展区域分成"核心区、外围区、边缘区及空白区"①,其中核心区包括"云南、临安、大理、永昌四府"②,外围区包括"澄江、曲靖、楚雄、鹤庆、姚安、北胜、广西、丽江九府州"③,边缘区包括"寻甸、武宁、顺宁、景东四府"④,空白区包括"永宁府"等,"其中腾冲、元江一线西南是最大

①康健:《明代云南区域文化地理》,载周振鹤:《中国历史文化区域研究》,复旦大学出版社1997年版,第328页。
②康健:《明代云南区域文化地理》,载周振鹤:《中国历史文化区域研究》,复旦大学出版社1997年版,第328页。
③康健:《明代云南区域文化地理》,载周振鹤:《中国历史文化区域研究》,复旦大学出版社1997年版,第332页。
④康健:《明代云南区域文化地理》,载周振鹤:《中国历史文化区域研究》,复旦大学出版社1997年版,第334页。

的儒学空白区"①,康熙时期顺治直省释奠乐章传承的范围不仅包括了康健划分的明代儒学传播核心区云南、临安、大理、永昌四府,还拓展至部分明代儒学传播的"外围区域"如曲靖、楚雄、鹤庆、丽江。由此可见,康熙二十二年(1683)之后,随着云南庙学建设的恢复及拓展,顺治直省释奠乐章传承的地域范围也得到拓展。

乾隆八年(1743)清政府对直省释奠乐章进行了调整,从文献记载看,新颁的直省释奠乐章在云南也得到及时传承。

从乾隆时期及之后云南部分地方志的记载看,乐章的变化也及时反映到了云南地方志的记载中。虽然乾隆时期并未纂修云南省通志,但同时期云南府县志已经出现了乾隆八年(1743)颁布的释奠乐章。如乾隆八年(1743)纂修的《丽江府志略》中,已经对当年颁布的直省释奠春秋乐章有完整记载,其余《宜良县志》②、《云南县志》③等地方志中,也对乾隆时期新颁直省释奠乐章有详细的记载。由此可知,乾隆时期颁布的直省释奠乐章在云南得到了及时传承。清政府对直省释奠乐章的调整能及时传达到云南各地,云南各地能及时对传承内容进行调整的状况说明,经过康熙、雍正时期的发展,云南释奠礼乐传承体系更为及时有效了,这也反映出乾隆时期云南与内地一体化进程加快的历史状况。

---

①康健:《明代云南区域文化地理》,载周振鹤:《中国历史文化区域研究》,复旦大学出版社1997年版,第337页。

②《宜良县志》卷二《祀典》,《故宫珍本丛刊》,海南出版社2000年版,第245—247页。

③[清]黄炳堃:《云南县志》卷五《学校》,《中国地方志集成·云南府县志辑》第81册,上海书店、巴蜀书社、江苏古籍出版社2009年版,第226页。

二、释奠乐舞

从本书第一章对天启《滇志》内容的梳理可知,释奠乐舞并非首次传入云南,但从文献记载看,清代云南释奠礼乐传承作为国家行为的性质得到明显加强,因此得到清廷更多的关注。康熙《云南通志》中对释奠乐舞作了完整、详细的文字介绍,并附有详细的舞容图,现将部分舞容内容摘录于下:

　　舞鼓声既严,旌节前导,鱼贯而进,列行于陛上,左右相同。听节生唱奏宁和之舞,则散而为佾,听唱乐止,则聚而成列,忽散忽聚,部位不乱,如兵家之阵法。然凡舞东阶者面东,则西阶者面西。东阶者面西,则西阶者面东。又东阶者用左手左足舞蹈,则西阶者用右手右足舞蹈。其向背、低昂、周旋、俯仰各成偶。凡立之容五,两阶相对为(向内立),两阶相背为(向外立),俱面正北为(朝上立),两面相对为(相对立),两两相背为(相背立)。舞之容二,两阶相顾作势为(向内舞),面阶相负作势为(向外舞)。首之容三,举面朝上为(仰首),俯面向下为(低首),左右顾为(侧首)。身之容五,起身正立为(平身),曲其背为(躬身),正立左右转为(侧身),转过为(回身),开左右膝直身下坐为(蹲身)。手之容五,一手高举为(起手),顺下为(垂手),前伸为(出手),两手合举为(拱手),相持为(挽手)。步之容二,前迈为(进步),后缩为(退步)。足之容七,起足前尖以足跟著地为(跷足),起足后跟以足尖着地位为(点足),进足稍前为(出足),膝前足后为(曲足),履位迁换为(移足),右足加左,左足加右为(交足),反履底向上为(蹈足)。礼之容九,屈身出手下赐为(授),更屈身出手上承为(受),拱手后退为(辞),拱手向左右为(让),

低首屈身拱手为（谦），平出两肘拱手齐心为（揖）。低首屈身至地为（拜），屈膝至地为（跪），点首为（叩头），跪一足屈一足，拱手左右让为（舞蹈）。舞生按谱作势。

　　凡合字、四字欲迟，工字、六字欲疾，上字、尺字欲适中，听铎鼓既响，两阶羽籥齐作，进退、俯仰象六德之容，合声歌之妙而舞之，能事毕矣。后列图谱，其形像解说俱出，太学志金载所载者，与此不同，故并存之。而阙里之舞，师世世亲传，又别有妙用。总之，得古人文舞之神动，合法矩，岂拘拘如泥偶哉。歌一阕则舞一成，奠帛三献共四成，始终共六变。起于中而散于中。初变在缀之中，东西立象，尼山毓圣，五老降庭。再变而为佾数稍前进，象筮仕于鲁，而鲁治。三变而东西分象，历聘列国而四方化。四变稍后退，象删述六经，告备于天。五变而左右向，象讲论授受传道于贤。六变而复归于缀中，东西立象庙堂，尊享弟子列配考，帝王乐舞武舞退，文舞进，由一成至于十二成，一变至于九变，其钹兆皆起南而散于南，与此不同也。①

以上《云南通志》对释奠乐舞中"立之容""舞之容""首之容""身之容""步之容""足之容""礼之容"等各种舞姿及要求进行了全面、详细的介绍，并要求"舞生按谱作势"。除文字记载外，《云南通志》中还以图片的形式详细描绘出释奠乐舞舞容，图片十分注重乐舞中每个具体动作的要领及动作之间的衔接。这种文字加图片的记录方式，无疑为云南儒生学习释奠乐舞提供了直观的感受。将康熙《云南通志》所载释奠乐舞舞容图摘录并整理（见附

---

① ［清］吴自肃、丁炜纂，范承勋等修：康熙《云南通志》卷十六《学校》，《中国地方志集成·省志辑·云南》第 1 册，上海书店、巴蜀书社、江苏古籍出版社 2009 年版，第 363—364 页。

录四),将其与李之藻《泮宫礼乐疏》①中所载乐舞相比较,笔者发现,所载舞容基本一致,由此可知,康熙《云南通志》所载释奠乐舞舞容是清初沿用的明代万历年间明廷颁布的释奠乐舞舞谱,这也是清代直省释奠所使用的第一套舞谱。

随着乾隆时期清廷对直省释奠乐章的调整,清廷对释奠乐舞舞容也进行了调整,从文献记载看,云南释奠乐舞传承的内容也得到了调整。虽然之后云南所修地方志中并未出现乾隆时期颁布释奠乐舞的舞容图,但从笔者搜集到的今藏于云南省建水县图书馆等地所藏《文庙丁祭谱》等文献对乾隆时期释奠舞容的详细记载表明,云南释奠乐舞传承内容也曾随清廷对直省释奠乐舞的调整及时得到了更新。云南建水县馆藏《文庙丁祭谱》所载舞容图部分见图 2—1、图 2—2。

将以上云南建水县图书馆所藏《文庙丁祭谱》所载舞容与清代《文庙丁祭谱》所载乐舞舞容进行对比,发现二者完全一致,由此可知,乾隆时期颁布的直省释奠乐舞,在云南部分地区得到了及时更新,并有可能对云南的乐舞文化产生了影响。

三、释奠乐器

以"金石"乐悬为标志,以清雅的管弦乐器为主奏的"八音"合奏形式,是未受王朝的更迭而发生变化的释奠礼乐乐器配置传统。清代云南庙学释奠礼乐作为钦定乐舞,相关器乐传播的内容,亦与清廷对直省释奠乐器配置的数量、种类相同,体现出高度的一致性。

---

① [明]李之藻:《泮宫礼乐疏》(下),台湾"中央"图书馆 1970 年版,第 853—948 页。

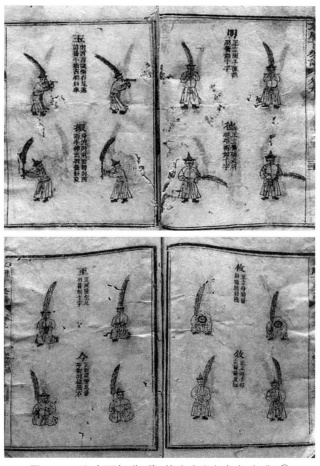

图 2—1:《文庙丁祭谱》载《钦定中和韶舞舞容谱》①

（作者摄于 2014 年 2 月 11 日）

①《钦定中和韶舞舞容谱》，蓝钟瑞等:《文庙丁祭谱》，云南省建水县图书馆藏本。

图 2-2:《文庙丁祭谱》载《钦定中和韶舞舞容谱》①

据康熙《云南通志》载：

乐器　金钟十六，架一座，穗二挂，木槌一根；玉磬十六，架一座，穗二挂，木槌一根；鼓二，架二座，穗八挂，木槌四根，龙罩二个，蓝布罩二个；琴四张，囊四个，琴桌四张；瑟二床，囊二个，架四个；启柷一，槌一；止敔一，刷一；凤箫二，囊二；笙六，囊六；管六，穗六挂；笛六，穗六挂；埙二，袱二；篪二，穗二挂；搏拊二，架二；麾旛一，架一，罩一，匣一；节二，架二、罩二，套二，穗八挂；乐舞生冠一百四十顶，乐舞生红衣一百四十件，乐舞生绿缎带一百四十束，羽竿四十八根，羽全；龠四十八根……以上祭器、乐器，康熙二十九年，总督侍郎范承

①《钦定中和韶舞舞容谱》，蓝钟瑞等：《文庙丁祭谱》，云南省建水县图书馆藏本。

勋,巡抚都御使王继文倡同布政使于三贤,按察使许弘勋,佥事王照,督学大佥事吴自肃捐俸新制。①

从以上康熙《云南通志》所载云南释奠礼乐乐器配置可知,康熙二十九年(1690)由云南总督范承勋等捐制的释奠礼乐乐器及相关器物十分完备,这对云南释奠礼乐传承初期的规范排演而言,是重要的物质保障。

此外,康熙《云南通志》分别在"乐器名义""律吕宫谱"中对释奠礼乐的丰富器乐文化做了详细介绍。如"乐器名义"就按照"革、金、石、丝、竹、匏、土、木"的顺序,对以上各类释奠礼乐乐器形制、性质及意义等进行了详细介绍,《乐器造法》中,则详细介绍了释奠礼乐乐器的详细尺寸及制作方法。

值得注意的是,在康熙《云南通志》卷十六《学校》的"谱法"中,全面、详细介绍了包括鼍鼓、大鼓、大钟、柷、敔、镈钟、特磬、悬鼓、编钟、编磬、楹鼓、登歌钟、登歌磬、搏拊、鼓、琴、瑟、笙、埙、簴、凤箫、双管、洞箫、龙笛等二十多种乐器及释奠礼乐中旌节、乐舞道具籥、翟的详细使用方法(《谱法》部分内容摘录整理见附录六)。

康熙《云南通志》不仅详细记载了金、石、土、木、匏、竹、丝、革等"八音"礼乐乐器的演奏方法、形制结构等相关内容,还将相关乐器形制绘制成图,以方便儒生掌握释奠礼乐乐器的演奏(部分释奠礼乐乐器图详见附录五)。

康熙《云南通志》中详细的乐器形制、演奏方法的记录,无疑为汉族传统乐器在云南各地少数民族地区的传播起到重要作用。

---

① [清]吴自肃、丁炜纂,范承勋等修:康熙《云南通志》卷十六《学校》,《中国地方志集成·省志辑·云南》第1册,上海书店、巴蜀书社、江苏古籍出版社2009年版,第343页。

随释奠礼乐传入的大量汉族传统乐器对云南各族群的音乐生活亦将产生深远的影响。

通过对清代云南释奠礼乐传承内容的梳理可知，清代直省释奠礼乐已经作为完整文化传入云南，这种完整性不仅体现在释奠乐章、乐舞内容与清廷颁布的直省释奠礼乐内容高度一致，还体现在它能及时根据清廷对直省释奠礼乐内容的调整而调整。

第三节　清代云南庙学、儒学发展与释奠礼乐的关系

释奠礼乐是清代云南庙学教育中实施礼乐教化的重要手段，清政府在通过恢复庙学及拓展庙学以加强云南少数民族族群汉化的过程中，力图运用释奠礼乐传统乐教方式加强云南以儒学为核心的汉文化建设，因此清代云南释奠礼乐传承的范围与云南庙学恢复及拓展的范围密切相关。

一、庙学建设与释奠礼乐

庙学作为释奠礼乐传承的空间载体，它的建设与清代云南释奠礼乐传承的历史状况密切相关。

（一）庙学重建与释奠礼乐传承

清代云南释奠礼乐文化的传承，首先得益于康熙二十二年（1683）后云南庙学的恢复与拓展。庙学的恢复，使清代释奠礼乐快速在汉文化较为发达的地区得到传播，庙学的拓展则使释奠礼乐传承的地理范围及族群范围都有所扩大。

平定"三藩之乱"后，云南社会相对稳定，清政府在云南着手大力发展庙学教育。恢复庙学、增设庙学等教育措施，使清代云南

庙学得到发展。据《新纂云南省通志》卷一百三十二《学制考》载,康熙二十二年(1683)前后恢复的云南庙学主要包括以下府、州庙学:

表 2－2:清代云南府、州庙学及释奠礼乐恢复情况统计表①

序号	府、州名	明代庙学名称	清代庙学及释奠礼乐恢复状况
1	云南府	云南府儒学	康熙三十九年(1700),总督范承勋以规制未协,合府县庙学为一,始置祭器、乐器,悉依阙里规制。
2	大理府	大理府儒学	康熙七年(1668)、康熙二十三年(1684)相继修葺,康熙三十九年(1700)置配祭器、乐器,工、歌、羽、籥无不具备。
3	临安府	临安府儒学	自康熙十二年(1673),知府程应熊修建尊经阁、明伦堂,其后雍正时期、乾隆时期、道光及光绪时期都对临安府学进行修复或扩建,雍正十年(1732),知府石去孚及郡人萧大成等捐置乐、舞器。
4	永昌府	永昌府儒学	康熙六年(1667),知府王家相重修。雍正十二年(1734),知府严宗捐修,增祭器、乐器。
5	楚雄府	楚雄府儒学	明末毁于兵,清康熙六年(1667),知府史光鉴修葺。康熙十九年(1680),地震崩,康熙二十二年(1683),知府牛奂重修。削平逆乱后,诏所在学宫备礼乐器。
6	曲靖府	曲靖府儒学	顺治十七年(1660)议以旧卫址建学。康熙四十年(1701)移至建水闸原址,其后雍正时期、乾隆时期、道光时期得到扩建。

①本表据龙云修、周钟岳等纂《新纂云南通志》卷一百三十三《学制考》编制,是书由李春龙、王珏点校,云南人民出版社 2007 年版,第 483—508 页。

序号	府、州名	明代庙学名称	清代庙学及释奠礼乐恢复状况
7	澄江府	澄江府学宫	明末兵燹折毁,经籍、雅乐、祭器无存。清康熙三年(1664),知州章尔珮修葺。此后康熙、雍正、乾隆、道光及光绪时期,其维修扩建从未间断。
8	蒙化府	蒙化直隶厅学宫	万历四十七年(1619)庙灾,同知许尚请于巡抚御史潘睿,依址重建。岁久倾圮,经籍、祭器、雅乐无存。清顺治十六年(1659),教授李启华重建启圣祠。康熙二十二年(1683),同知金标捐修殿庑,土知府左世瑞建成贤养士坊。
9	鹤庆府	鹤庆府学宫	清康熙三年(1664),知府汪宗周修葺。康熙二十八年(1689),知府卢崇义设乐舞器,修庙宇。乾隆三十五年(1770),降府为州,庙仍旧制。
10	姚州	姚州学宫	万历四十七年(1619),经籍、祭器皆备,后毁于兵。清康熙五年(1666),知府林本元、教授王肃重修〔乾隆三十五年(1770)裁府为州〕。
11	广西府	广西直隶厅学宫	兵燹就圮。清康熙五年(1666),知府万裕祚建于钟秀山旧址,规模具备,置祭器、乐器。
12	寻甸府	寻甸府州学	康熙五年(1666)知府李朝柱拓修,康熙八年(1669)府改为州,雍正时期、乾隆时期均不断得到修葺与扩建。
13	武定直隶州	武定直隶州学宫	清康熙十五年(1676)三月,大成殿灾,署府王光祚重建。二十五年(1686),知府王清贤建启圣祠及两庑,兼置祭器、乐器。

续表

序号	府、州名	明代庙学名称	清代庙学及释奠礼乐恢复状况
14	景东府	景东府	旧为卫学……明末偏寇焚毁。清顺治十七年(1660),同知薛莐及绅士买徐指挥宅为庙学……雍正十一年(1733),同知徐树阆、教授张问政重修,置祭器、乐器。
15	广南府	广南府社学	康熙四十八年(1709),知府茹仪凤建正殿三楹。
16	元江直隶州	元江直隶州学宫	天启三年(1623),始建学宫于建水州学左。以为师生讲习之所。清顺治十六年(1659),改土设流,学署迁于府城内……雍正六年(1728),知府迟维玺、教授杨薰增筑月台,置祭器、乐器。演习乐舞。
17	顺宁府	顺宁府学宫	清康熙八年(1669),知府徐宏勲迁建今地。
18	北胜州	北胜州儒学	明末兵毁,清康熙二十二年(1683),知州申奇裘迁建于西门内,镇抚旧署。

　　如上表所示,以上十八所府学及州学,其中康熙二十二年(1683)前庙学得到恢复的主要有大理府、永昌府、楚雄府、曲靖府、澄江府、蒙化府、鹤庆府、姚州、广西府、顺宁府十所府学、州学,但从记载看,以上府学中,释奠礼乐的传承并未能随着庙学的恢复而得到及时传承,直至康熙三十九年(1700),云南府学为代表的儒学核心区释奠礼乐才开始得到传承。康熙《云南通志》所载:"兵燹以来,文庙春秋二祭仪文缺略,已无足观。康熙三十九年,总督侍郎范承勲,巡抚都御使王继文乃使募置乐舞生六八四十八人,及歌奏导引生八十五人,命大姚县知县孔贞瑄为演习。贞瑄圣裔嫡派,得庙乐正传教导,数阅月,诸生始娴雅奏。督学吴

自肃复临肄之,自是春秋上丁焉,于圣庙音容节奏之,盛彬彬追阙里矣。"①可知,康熙三十九年(1700)云南府学才由圣裔贞瑄亲自在云南排演释奠乐舞,拉开了清代释奠礼乐在云南传承的序幕,这一年也成为清代云南释奠礼乐传承的重要分水岭。

由此可以推测,以上多数庙学中释奠礼乐的传承是康熙三十九年(1700)后才逐步得到传承的。虽然鹤庆府学"康熙二十八年(1689),知府卢崇义设乐舞器",但清代释奠礼乐的传承也不太可能在康熙二十八年(1689)就得到传承。从以上状况可知,清代云南释奠礼乐传承的整体状况比较复杂,其总体传承与庙学恢复范围基本一致,但释奠传承的时间则不能与庙学恢复的时间统一,而稍晚于庙学恢复的时间。这种状况基本反映了平定"三藩之乱"后云南庙学中释奠礼乐传承的大致状况,以上康熙时期恢复的庙学也基本与释奠礼乐初期传承的范围大致吻合。

(二)庙学拓展与释奠礼乐的传承

清政府在大力恢复云南各地庙学的同时,仍不断在边远地区及少数民族地区增设庙学,清政府在云南实施的各项庙学教育措施,主观上达到了加强控制云南的政治目的,客观上则促进了清包括释奠礼乐在内的儒学在云南的传播,加速了云南与内地社会一体化进程。

据《新纂云南省通志》卷一百三十二《学制考》的相关文献记载,将清代云南先后增设的 18 所庙学,按照时间顺序,将增设的具体状况统计如下:

---

①[清]吴自肃、丁炜篆,范承勋等修:康熙《云南通志》卷十六《学校》,《中国地方志集成·省志辑·云南》第 1 册,上海书店、巴蜀书社、江苏古籍出版社 2009 年版,第 388 页。

表 2—3：清代云南新增庙学统计表 ①

时期	设立时间	庙学名称	文献记载	主要居住族群
康熙时期	康熙六年（1667）	开化府学宫	设学，知府刘讦创建大殿。	不详。
	康熙三十九年（1700）	丽江府学宫	设学，始建于府治之东，规制悉照东鲁家庙。雍正三年（1725），知府杨馝捐教授万咸燕改立今地。经费："二八月春秋大祭，每祭支银二十两……"	麽些、刺毛、西番、傈僳、罗罗、玃人、怒人、古宗等。
	康熙四十二年（1703）	东川府学宫	尚隶四川，始建庙设学。雍正四年（1726），改隶云南。	黑罗罗、汉人、爨人、玃人、苗人等。
	康熙四十八年（1709）	广南府学宫	知府茹仪凤详请开学，设教谕一员，复设训导一员。	"苗、罗杂居，性缓力弱，并不服药，专持鬼神"。

① 此表根据《新纂云南通志》卷一百三十二《学制考》（李春龙、王珏点校，云南人民出版社 2007 年版，第 459、497、498、499、502、503 页），及木芹、木瑾《儒学与云南政治经济的发展及文化转型》（云南大学出版社 1999 年版，第 232 页），刘光智《清代云南学宫统计表》（载《云南教育简史》，贵州人民出版社 1993 年版，第 27－32 页）材料整理编制。

续表

时期	设立时间	庙学名称	文献记载	主要居住族群
雍正时期	雍正二年（1724）	中甸厅学宫	雍正二年（1724）改土归流，乾隆二十四年（1759）同知海米纳始建大成殿、东西两庑、大门、牌坊，规模初就。道光时期得到扩建。"雍正十三年（1735）州判宰文元详准设学五馆于大中甸、小中甸……"	中甸有汉、藏、回、苗、麽些、力些、罗罗七种民族。
	雍正六年（1728）	永善县学宫，同年（1728）改为镇雄州学宫	不详。	"罗罗以黑白二种分贵贱……苗子种，类甚繁……土僚"。
	雍正六年（1728）	邱北县学宫	未载。	不详。
	雍正七年（1729）	普洱府学宫	旧无学，雍正七年（1729）设普洱府学，分元江训导驻其地。	不详。
	雍正九年（1731）	昭通府学宫	旧无学，雍正六年（1728）总督鄂尔泰奏提建。九年（1731）知府徐德裕监督兴工，十三年（1735），捐置祭器、乐器。	黑夷、百夷、乾罗罗、民家、苗子、回民等。
	雍正十年（1732）	镇沅直隶厅学宫	旧无学，巡抚张允随提准建庙设学。	不详。
	雍正十年（1732）	恩乐县学宫	不详。	不详。

续表

时期	设立时间	庙学名称	文献记载	主要居住族群
嘉庆时期	嘉庆十九年(1814)	缅宁厅学宫	旧未设学……署通判江清率绅士因文昌殿基址建成大成殿……春秋二仲,有司捐廉致祭。	不详。
	嘉庆十九年(1814)	思茅厅学宫	同知李桂捐资,倡同土民建殿宇三间,春秋二仲捐资致祀。	不详。
道光时期	道光元年(1821)	他郎厅学宫	不详。	不详。
	道光七年(1827)	威远厅学宫	道光《威远厅志》。	不详。
	道光九年(1829)	龙陵厅学宫	(先师庙)知府胡启荣,同知岳辉文捐俸议建。十二年(1832),知府董国华,署同知严良裘率土民倡捐落成。	不详。
	道光十九年(1839)	大关厅学宫	不详。	"有夷、苗、回、汉四种"。
	道光二十年(1840)	巧家厅学宫	巧家县学宫之兴起也,自道光六年(1826)始……捐创修谨大成殿及东西两庑……光绪八九年同知胡秀山、王治普继重修,惟春秋二丁释奠奠谨草率将事而已……	"汉族,其迁移时代多在设流以后……夷族、蛮族、回族、苗族。"

续表

时期	设立时间	庙学名称	文献记载	主要居住族群
光绪时期	光绪八年(1882)	维西厅学宫	光绪八年(1882)设学,未建庙。雍正九年(1731)辛亥,各村设义学①。光绪八年(1882)始设学额,附丽江县学考试,而考取赵国盛一人,实繁有徒,中武乡者仅赵国盛一人,至八年(1882)始奉文设学,三年两试,岁试进文舞生各二名,科武仅进文生二名……戊黄夏四月,杨公育才捐廉提倡添修孔子庙,内设民众教育馆……儒学训导……并彻春秋上丁至祀礼器,民国七年(1918)……礼器乐舞用六佾②。孔庙,春秋祀典礼成善举也。	傈僳、古宗、傈僳、怒子、求子等。

① 《维西县志》之《大事记》,《中国地方志集成·云南府县志辑》第83册,上海书店、巴蜀书社、江苏古籍出版社2009年版,第127页。

② 《维西县志》卷九《教育》,《中国地方志集成·云南府县志辑》第83册,上海书店、巴蜀书社、江苏古籍出版社2009年版,第230页。

　　由上表可知,清中央政府对云南庙学教育的建设,几乎贯穿整个清代。自康熙初年起,逐步恢复云南已有庙学的同时,在云南少数民族及边远地区增设庙学就是清政府重视云南庙学发展的体现。以上的 19 所于清代不同时期增设的庙学,成为清政府对云南庙学教育重视的有力证据。

　　以上清代云南庙学恢复及拓展的状况,大致勾勒出清代云南释奠礼乐的地域分布情况。显然,康熙时期释奠礼乐的分布不仅限于康健划分的儒学核心区,还部分拓展至鹤庆等外围区及寻甸等边缘围区。

　　雍正时期,是云南庙学释奠礼乐文化传播的另一个重要时期。随着雍正时期"改土归流"政策在西南地区的广泛实施,"以夏变夷"的文化教育政策在云南少数民族地区得到进一步实施,其直接体现是庙学逐步在少数民族地区得到建立,庙学释奠礼乐亦在少数民族中得到传播。

　　如果说康熙时期云南释奠的分布主要集中在明代已经形成的儒学核心区域、外围区的话,雍正时期云南释奠礼乐的分布已经逐步深入到外围区及空白区域。

　　从雍正时期新增庙学中释奠礼乐传播的情况看,雍正二年(1724)中甸学宫,雍正六年(1728)永善县学宫(同年改为镇雄州学宫),雍正六年(1728)邱北县学宫,雍正七年(1729)普洱府学宫,雍正九年(1731)昭通府学宫,雍正十年(1732)镇沅直隶厅学宫、恩乐县学宫的设立,为释奠礼乐在少数民族地区的传承,从空间上奠定了基础。

　　从雍正时期出现的《普洱府志》《昭通府志》及《东川府志》等地方志的记载看,庙学在改流地区得到及时设立,释奠礼乐亦随着"改土归流"的推进而在普洱府所属的滇缅边区等少数民族聚居地区得到传承。

　　值得注意的是，雍正时期，在庙学得到拓展的同时，以鄂尔泰为首的云南地方官员已经关注到云南释奠礼乐传承，他颁布的规范云南庙学春秋丁祭活动的《丁祭教》，就是雍正时期包括释奠礼乐在内的云南庙学丁祭活动进一步得到关注的体现。该文令针对云南庙学春秋丁祭活动出现的不规范现象予以纠正，并重申了丁祭活动的意义及规范。鄂尔泰颁布的《丁祭教》在道光《云南通志》、《续修建水州志》《蒙自县志》等地方志书中均有记载，无疑该文令对云南雍正时期及以后丁祭活动的规范开展、释奠礼乐的规范实施均起到过积极作用。

　　从以上论述可知，雍正时期是云南实施"改土归流"的重要时期，也是云南庙学拓展的重要时期。此时期，云南庙学释奠礼乐的地域分布也随着庙学建设范围的扩大得到拓展。

　　乾隆时期，随着清政府政治经济文化的高度发展，释奠礼乐亦得到进一步调整。乾隆八年（1743），颁布了御制的直省释奠乐章。这套释奠乐章与康熙时期直省释奠乐章相比，在基本结构不变的情况下，出现了许多新的特点。首先，释奠乐章分成了春、秋丁祭两种不同乐章，即春秋丁祭使用同词、异曲两套不同乐章。其次，其歌词与康熙时期使用的歌词结构相似，但内容产生了新的变化。以上乾隆时期直省释奠礼乐乐章的变化，亦从云南相关历史文献中体现出来。

　　从乾隆八年（1743）纂修的《丽江府志略》、乾隆二十六年（1761）纂修的《东川府志》、乾隆二十四年（1759）纂修的《石屏州志》等地方志释奠礼乐相关文献记载看，乾隆八年（1743）颁布的直省释奠礼乐乐章已经在以上云南各地地方志中出现完整记载。由此可知，清政府乾隆八年（1743）颁布的直省释奠礼乐乐章在云南各地得到了及时更新。

　　从清代乾隆时期云南庙学建设情况看,虽然此时期不是增设庙学的重要时期,但乾隆八年(1743)颁布的直省释奠礼乐能及时、完整传达到汉文化积累相对薄弱的丽江等少数民族地区,足以说明乾隆时期的云南少数民族中的儒学教育得到了进一步发展,与内地的一致性亦得到加强。

　　乾隆时期的云南布政使陈宏谋是该时期最注重庙学教育的地方官之一。丁祭作为庙学的重要活动,亦得到陈宏谋的重视。为了规范云南庙学之丁祭活动,陈宏谋亦颁布了《文庙丁祭整饬》,在这篇文令中,陈宏谋强调了丁祭活动的重要性,认为"学宫慎重丁祭,以崇先圣事",并重申了鄂尔泰《文庙丁祭教》所规定的相关内容,陈宏谋颁布之《文庙丁祭整饬》先后在乾隆《蒙自县志》①等地方志中得以记载,无疑,陈宏谋颁布的《文庙丁祭整饬》,从政策上看是鄂尔泰《丁祭教》文令的延续,它对乾隆时期云南庙学丁祭活动的规范实施有着积极意义。

　　乾隆之后,随着清代中期的到来,虽然祭孔的祭祀规格不断得到提升,光绪三十二年(1906)将祭孔"升大祀"②,但从文献记载看,对释奠礼乐文化的建设而言,并未因为祭孔上升为大祀而得到进一步发展。相反,随着清政府势力的衰落,释奠礼乐也逐渐走向衰落。

　　值得关注的是,清代19所增设的云南庙学,其地理范围主要

---

① [清]陈宏谋:《学宫丁祭檄》,李焜纂修:乾隆《蒙自县志》,《中国地方志集成·云南府县志辑》第48册,上海书店、巴蜀书社、江苏古籍出版社2009年版,第124页。

② [清]赵尔巽等:《清史稿》卷八十四《礼》,中华书局1977年标点本,第2540页。

集中在少数族群聚的滇缅地区及与西北藏区接壤的丽江、维西、中甸等地区。其中康熙六年(1667)，清廷在教化、王弄、安南三长官司所在地设开化府(今文山)并增设的庙学，开启了清政府在云南少数民族地区设立庙学之先河。随着雍正时期大规模"改土归流"的实施，云南滇缅边区的庙学亦得到设立。其中清代普洱府所属普洱府学宫、他郎厅学宫、威远厅学宫的相继设立，亦使滇缅边区的儒学文化得到传播。丽江府学宫设立于纳西族聚居的地区，维西厅学宫设立于纳西族、藏族、普米族等先民聚居的地区，以上清代庙学在少数民族边远地区的大量设立，说明清代云南少数民族地区的庙学教育得到了进一步重视。随着庙学在少数民族地区的设立，释奠礼乐在更多少数民族地区得到传承。

　　综上所述，清代云南庙学作为释奠礼乐传承的载体，是释奠礼乐传承的基础，清代云南庙学设立的范围、时间对释奠礼乐产生影响的地域范围等具有重要意义。

　　二、儒学发展与释奠礼乐

　　清代云南释奠礼乐的传承，不仅与其传承的空间相联系，而且与儒学在云南的传承状况密切相关。

　　有学者将清代云南儒学发展的状况总结为："如果说元代的云南儒学是生长、明代是扎根的话，那么清代的云南儒学则向纵深发展，是时云南人才辈出，儒学之盛成为洋洋大观。内地儒学和儒学思想已经僵化，已是穷途末路，而在云南则方兴未艾。"①清代云南儒学的发展，集中体现于科举制度在云南的繁荣及滇人

____

① 木芹、木霁：《儒学与云南政治经济的发展及文化转型》，云南大学出版社1999年版，第232页。

儒学著述的增多,儒学的发展也促进了云南释奠礼乐的传承。

（一）科举制度的繁荣

清代的云南,由于庙学教育的发展,科举制度得到广泛推行。参加科举获得功名的儒生逐渐增多,除汉族外,有更多在明代未曾参与过科举的少数民族族群参与了清代的科举考试,使科举制度的影响在云南更多族群范围中得到认可。

据《新纂云南通志》的相关记载可知,清代各朝的科举及第人数远远超过了明代。"整个清代,全省共产生文武进士842名(其中文进士682名,武进士141名,钦赐进士19名),文武举人11481名(其中文举人5697名,武举人5659名,钦赐举人125名)。光绪二十九年(1903)的经济特科考试中,石屏人袁嘉谷名列全国第一,为云南历代科考中所未有"①。

（二）滇人儒学著述的增多

除参与科举而获得功名的人数大量增长之外,滇人著述的增多,特别是儒学著述的增多,也是清代儒学在云南得到发展的重要表现,科举的繁荣使不同族群中均产生了新的儒学阶层,这些新兴的各族群儒生阶层对释奠礼乐在不同族群中传承奠定了良好的基础。

从文献记载看,明代的云南已经有相关著作传世。清代滇人的著述出现逐步增多的趋势,内容涵盖了经、史、子、集各种门类。据学者统计,清代滇人著述有2000余种,其中仅省府厅州县志即

---

① 古永维:《清代云南官学教育的发展及其特点》,《云南社会科学》2003年第2期。

300余种①。

值得关注的是,清代滇人著述中出现了大量与《周礼》《四书》《五经》等儒学典籍相关的内容,如建水傅为《读礼偶存》、弥勒乐恒《大成祀典缉要》六卷、建水何天俊《五经解》、新兴张见旗《五经相义》,简明通俗的著述《二十四孝图诗》《四书七律诗》《四书歌诗》等②。

虽然自明代起,云南已经有不少滇人著述传世,但就著述的数量及著述涉及的范围而言,清代滇人有明显的进步。其中儒学著述的增多,成为清代滇人著述的重要特点之一,显然,这与清代庙学教育的恢复及拓展密切相关。

值得注意的是,与元明时期所设庙学多位于府、州、县等汉族聚居区的情况不同,清政府对云南少数民族地区庙学建设的重视,对改变社会风气、培养少数民族人才起到了积极作用。从清代滇人著述作者的分布情况看,不再局限于汉族人口集中或明代以前汉文化发达的大理府、临安府、云南府等地区,而是拓展到了丽江府、景东、武定府等更广的地区,其中少数民族地区儒生亦有不少汉学著述传世。如清代景东涂跃龙著有《约园草》,丽江马之龙《月坡惺惺录》,桑映斗著有《铁砚堂诗集》,蒙化张端亮著有《抚松吟》,开化府重赟及有杨元升著有《夏小正传考质》③等,以上清代云南边远少数民族地区滇人著作的出现,亦证明清政府对少数

---

①古永继:《清代云南官学教育的发展及其特点》,《云南社会科学》2003年第2期。

②木芹、木霁:《儒学与云南政治经济的发展及文化转型》,云南大学出版社1999年版,第263—264页。

③参见木芹、木霁《儒学与云南政治经济的发展及文化转型》一书"滇人著述"相关内容整理,云南大学出版社1999年版,第260—280页。

民族地区庙学教育的重视,是促进以儒学为核心的汉文化传播的有效途径之一。

清代滇人著述数量的增多,特别是儒学著述的增多及少数民族地区儒生著作的增多,从一个侧面反映出儒学在云南发展的兴盛状况。清代滇人儒学著作的增多及少数民族地区儒生的增多,体现出清代包括释奠礼乐在内以儒学为核心的汉文化在云南得到了深入传播,这为清代云南洞经音乐文化中大量谈演改编儒学经典的经籍,进而使洞经音乐文化进一步儒化奠定了文化及人才基础。

总之,贯穿整个清代的云南庙学建设,使清代儒学在云南得到逐渐深入,科举制度的繁荣,使儒学在云南不同地区、不同族群传播过程中出现了繁荣景象。以上云南清代儒学传播的盛况,为释奠礼乐在云南的传承奠定了基础。

小　结

本章中,笔者主要对清代释奠礼乐体系、清代云南释奠礼乐传承内容及清代云南庙学、儒学与释奠礼乐的关系进行梳理,现将主要内容概括如下:

一、清代释奠礼乐体系经过了顺治到乾隆时期的发展,形成了国子监、直省(曲阜同)两个释奠礼乐体系。但就实际情况而言,清代曲阜庙学释奠礼乐传承也是自成体系的,曲阜孔庙释奠的传承发展显然比直省释奠礼乐的传承具有更重要的地位,因而清代释奠礼乐体系实际形成了国子监、直省及曲阜三足鼎立的局面,它们的区别不仅体现在乐章、乐舞、乐器配置的数量上,更主要的体现在清政府对其传承、建设的投入等众多方面。

二、通过对清代云南释奠礼乐传承内容的梳理可知,清代直省释奠礼乐已经作为完整文化传入云南,这种完整性不仅体现在释奠乐章、乐舞内容与清廷颁布直省释奠礼乐内容高度一致,还体现在云南庙学能及时根据清廷对直省释奠礼乐内容的调整而调整传承内容。

三、释奠礼乐是清代云南庙学教育中实施礼乐教化的重要手段,清政府在通过恢复庙学及拓展庙学加强云南各地少数民族族群汉化过程中,力图运用推广释奠礼乐这种乐教方式,加强云南各地的汉文化建设,因此云南清代释奠礼乐传承的范围及对云南音乐文化产生影响的范围与清代云南庙学恢复及拓展的范围密切相关。释奠礼乐作为儒学的重要的因素,它的发展与儒学的发展密切相关,清代儒学的发展具体体现为滇人儒学著作的增多及少数民族地区儒生的增多。清代云南儒学中"以儒为宗,儒释道融合"的发展趋势,为云南洞经音乐中大量谈演改编儒学经典的经籍出现,进而使洞经音乐进一步儒化奠定了思想基础。

第三章　清代大理地区释奠礼乐

　　清代释奠礼乐在大理地区的传承,与本土文化间总体出现融合的趋势。这种融合既体现为释奠礼乐乐层面与洞经音乐的融合,又体现为释奠礼乐礼层面对民间信仰的影响。

　　对清代大理地区释奠礼乐的研究,杨育民的《康熙大理府志载〈大成乐〉简介》①、李洋的《祭孔音乐在大理地区的传播与衍变》②是目前重要的研究成果,其中杨育民的《康熙大理府志载〈大成乐〉简介》对康熙《大理府志》所载《大成乐》(释奠礼乐)相关史料进行了梳理。李洋在《祭孔音乐在大理地区的传播与衍变》一文中则关注到了大成乐对大理洞经音乐的深远影响。滕祯博士的学位论文《商乐同荣　修身齐家——当代大理洞经音乐的深层结构研究》③第三章《大理洞经会的仪式音乐表演活动》中也关注到了历代释奠礼乐在大理地区的历史积淀。由于研究视角的不同,以上学者对大理地区清代释奠礼乐关注点也不尽相同。以

---

① 杨育民:《康熙大理府志载〈大成乐〉简介》,《民族音乐》1986 年第 1 期。
② 李洋:《祭孔音乐在大理地区的传播与衍变》,《民族艺术研究》1999 年第 6 期。
③ 滕祯:《商乐同荣　修身齐家——当代大理洞经音乐的深层结构研究》,博士学位论文,中央音乐学院,2012 年。

上学界研究,虽然开启了大理地区清代释奠礼乐研究的先河,但就文章的数量与内容看,与清代释奠礼乐在大理地区传承二百余年的历史,及它对大理音乐文化影响的广度和深度相比,仍显得十分单薄。

本章中,笔者首先对清代以前大理释奠礼乐进行溯源,其次对清代大理释奠礼乐传承的内容及范围等进行梳理,进而通过对当今遗存的洞经音乐及民间信仰组织"莲池会""辅国坛"相关祭孔文化的梳理,探讨清代释奠礼乐对大理洞经音乐文化及民间信仰文化的影响,从不同角度揭示释奠礼乐与大理本土音乐文化相互交流与圆融的过程,并在此基础上揭示释奠礼乐在大理传承过程中,既能与文人音乐性质洞经音乐相融合,又能与民间信仰"莲池会"及"辅国坛"等相融合的多层次融合的特点。

第一节 清代以前大理释奠礼乐溯源

释奠礼乐作为儒学的重要组成部分,其核心是儒学所倡导的礼制。大理自古为云南政治经济文化中心,汉代以来逐步接受儒学,成为云南最早接受儒学的地区。南诏、大理国时期,儒学在大理地区得到进一步传播,释奠礼乐所代表的儒学礼乐观念在南诏及以后大理各阶层中产生了深远影响。值得注意的是,儒学在南诏和大理时期有一个重要特点,"那就是不断与佛教融合"[1]。本书也认为,这是南诏及大理国时期儒学在大理传播过程中呈现出的地方化、本土化趋势之一。这种本土化趋势,在元明以后得到

---

[1] 何显耀:《古乐遗韵——云南大理洞经音乐文化揭秘》,云南民族出版社2002年版,第137页。

了延续,并成为影响清代释奠礼乐传承的重要因素之一。可以说,源远流长的儒学文化,是影响释奠礼乐在清代大理地区传承、变迁的重要因素之一。

一、元以前释奠礼乐

释奠礼乐作为历代中原统治者所倡导的儒学礼乐教化工具,它对周边文化的影响,与以儒学为核心的汉文化的传承密切相关,了解以儒学为核心的汉文化在大理地区的传承历史,对了解大理地区释奠礼乐有重要的作用。

文献记载表明,大理作为历代云南经济、文化及政治中心,其汉文化传播的历史十分久远。早在公元前2世纪,庄蹻入滇,汉文化就随之传入大理。秦汉时期,秦开五尺道,尤其是公元前109年,汉武帝发巴蜀地区士卒到滇池周围,滇王降汉,云南归属中央政府管辖,进一步推动了中原以儒学为核心的汉文化在云南的传播。历史文献对此时期大理子弟张叔、盛览等前往成都学习汉文化的记载,是大理儒学传入大理的有力证据。冯甦《滇考》载:"张叔,叶榆人,天资颖出,疾土俗不知书,思变其俗,闻相如至若水造梁,距叶榆二百余里,负笈往从,受经,归教乡里。盛览,字叔通,亦叶榆人,学赋于相如,著《赋心》四卷。"①《华阳国志》亦载:"孝文帝末年,以庐江文翁为蜀守。是时,世平道治,民物阜康;承秦之后,学校陵夷,俗好文刻。翁乃立学,选吏子弟就学。遣隽士张叔等十八人东诣博士,受七经。还以教授。学徒鳞萃,蜀学比于

---

① [清]冯甦:《滇考》,云南人民政府参事室、云南省文史研究馆编:《滇考校注》,云南省民族出版社2002年版,第20页。

齐鲁。巴、汉亦立文学。孝景帝嘉之……孝武帝皆征入叔为博士。"①以上文献记载,都对张叔和盛览的情况有所记载,二人当是较早接受汉文化的大理地区的人。张叔、盛览学成后,归教乡里,可以推测,当时儒教历代所倡导的部分礼乐制度,就有可能随着张叔、盛览的学习及教学,在滇池及洱海地区得到传播。

东汉至三国两晋南北朝时期,西南的大部分地区,被称为"南中"。其地理范围主要包括今云南、贵州西部及四川南部。由于当时内地战乱等原因,许多内地汉人南迁,南迁汉人逐步与当地居民融合,形成了"南中夷人",进而形成"南中大姓"。这时期,由于战争原因到云南或是中央委任的官吏携家眷到云南任官的汉人,使西南地区产生民族融合的同时,也使汉文化得到更广泛传播。汉章帝建初元年(76)对哀牢地区反叛进行平定,徐家瑞认为东汉以后"哀牢既定,中国与西南交通大开,中原文化,不断输入大理,而两司马对大理、永昌一带的影响更深,观吕凯的散文已达高度。证明汉族文化在三国以前,已深入大理"②。三国时期,诸葛亮对南中地区的治理,更使汉文化的传播得到进一步的深入。徐家瑞总结:"诸葛亮行军之路线,与刘尚同,乃自西川会理,渡金沙江,如元谋至今昆明,此乃两汉经营西南之政治及军事的主要路线。"③徐说是也。

"爨氏"的兴起,对儒学在大理及云南地区的传播,起到重要的作用。此时期,西爨及白蛮作为白族的先民,开始大量吸收汉

---

① [晋]常璩撰,任乃强校注:《华阳国志校补图注·蜀志》,上海古籍出版社1987年版,第141页。
② 徐家瑞:《大理古代文化史稿》,中华书局1978年版,第76页。
③ 徐家瑞:《大理古代文化史稿》,中华书局1978年版,第87页。

文化,并为开创南诏文化和大理国文化奠定了坚实的基础。从这一时期大理地区的文献及文化遗存,可以看到中原儒学文化所提倡的道德思想,已经在白族先民及贵族阶层中不断渗透。

孟孝琚碑及爨碑,是此时期最为重要的历史遗存,亦为此时期以儒学为核心的中原汉文化在大理得到传播的历史证据。

《孟孝琚碑》于清光绪二十七年(1901)在云南昭通城南白泥井出土,今存昭通县城内昭通中学。该碑立于东汉永寿三年(157)。据碑文可知,孟孝琚原名孟广,字光宗,后改名为孟璇,字孝琚,四岁失母,十二随官受《韩诗》,兼通《孝经》二卷。碑文载:"痛哉仁人,积德若滋。孔子大圣,抱道不施,尚困于世……颜路哭回孔尼鱼,澹台忿怒投流河。"[1]孟氏作为白族先民僰族大姓,通过碑文可知,他对儒家"仁""德"等概念运用自如,对颜路及孔子哭他们儿子的典故也非常熟悉,可见当时儒家父慈子孝、仁义道德已成为僰人贵族所信奉的道德教条[2]。

如果说东汉至三国时期中原汉文化对云南的影响主要体现在文学修养方面,那么两晋南北朝以后,中原汉文化的影响已经进一步具体体现为明确的儒家观念及道德思想对云南僰族等不同族群及社会的影响。

南诏、大理时期,由于唐宋中原政权统一了南中,大理地区与中原地区的经济文化交流更加频繁,大理地方政权统治者受儒家一统思想的影响和渗透就更加深刻。由于该时期大理地区一直是云南政治经济文化中心,在第一章对云南释奠礼乐历史溯源过程中,本书已经以大理地区为中心进行过述考,在此不作赘述。

---

[1]《孟孝琚碑》,《云南各族古代史略》,云南人民出版社1977年版,第708页。
[2]龚友德:《白族哲学思想史》,云南人民出版社1992年版,第62—63页。

二、元明时期释奠礼乐

元代大理路设置了庙学，相关文献对大理路庙学的祭孔活动有了明确记载。

（一）元代释奠礼乐

元代蒙古贵族，为了巩固其统治地位，在维护"武治"的同时，提出复兴"文治"的政治纲领，效法前代王朝，尊孔兴学，开科取士。文献显示，元初中央政府在云南采取了一系列文教措施，提倡儒学，并在云南普遍设立庙学进行儒学教育。平章政事赛典赤和中庆路总管张立道重视儒学，推行教化。

据《元史》载："至元十九年（1282）夏四月，命云南诸路皆建学以祀先圣。"①大德九年（1305），忽辛任云南行省右丞命"诸郡邑遍立庙学，选文学之士为之教官，文风大兴"②。元代云南先后在中庆、大理、临安、鹤庆、永昌等路及各州县设学，并出现"所致庙宇圣像一新，复学田一千九百四十双，皆摩崖记之"③的状况。

元代的大理，由于云南诸路行中书省参知政事郝天挺倡议在大理路"立庙学，设教官"，两年后，孔庙建成，于是"圣像堂堂，从祀穆穆。春秋二丁，告朔既望，僚属学官，诸胥弟子，环列于殿堂之下，礼毕明经，观者如堵，于戏盛哉。此王化自北而南也"④。

---

①［明］宋濂等：《元史》卷八十一《选举志》，中华书局1976年校点本，第2032页。

②［明］宋濂等：《元史》卷一百二十五《忽辛传》，中华书局1976年校点本，第3069页。

③［元］邓麟：《王升墓志铭》，方国瑜主编：《云南地方史讲义》（中），云南广播电视大学1983年版，第246页。

④［清］阮元纂修：《云南通志稿》卷八十《学校》，国家图书馆地方志数字版，第21页。

大理出土的元代碑刻《大理路兴举学校记》,对大理路文庙儒生进行祭孔祀典的礼仪有所记载:"行释菜之礼,牲币孔嘉,献享有仪,戴白垂髫,怡怡熙熙,于是华夏之风,灿然客观矣。"碑文又载:"呜呼! 教无类也,孰谓异俗之不可化哉? 今云南荒服之人,非有故家流风以资于闻见也,又非有乡党师友之习也,一旦举中国之治以加之,皆反身革面,若其固有之,足以见王者之德大以暇,夫子之道尊而明,而斯民果不难化也。他日人才辈出,彬彬然有齐鲁之风,则任斯事者宜无愧于文翁云。"①赵子元《赛平章德政碑》云:"至元甲戌七月抵大理,下车莅政,风动神行,询父老诸生利国便民之要,中庆、大理两路设提学(按:儒学提举),令王荣午、赵子元充其职。"②

　　以上史料说明,元代云南行省制度的建立,使大理地区释奠礼乐传承进入一个崭新的阶段,"行释菜之礼,牲币孔嘉,献享有仪"就是大理地区元代创学之初释奠礼乐传承出现的新景象。元代大理路孔庙的建成、庙学的建立及提学的设立,无疑对以儒学为核心的汉文化在大理地区的传播具有重要意义。

　　据《寰宇通志》载,元代云南产生 5 名进士,他们都是鄯阐(今昆明)白族。这一历史状况足以说明三点:一、元代,白族仍然是云南行省对以儒学为核心的汉文化积累最深的民族,这与南诏、大理时期提倡儒学的传统不无关系。二、直至元代,云南的汉文化传播仍然体现出明显的不平衡性。三、元代开科取士,少数民族中白族儒生最早参与应试,也最早获取功名。

---

① 《大理路兴举学校记》,龚友德:《白族哲学思想史》,云南人民出版社 1992 年版,第 124—125 页。

② 方国瑜:《云南地方史讲义》(下),云南广播电视大学 1983 年版,第 8 页。

总之,元代的云南社会,由于行省制度的建立,庙学也逐步得到建设,大理地区的庙学开始出现了祭孔仪式,儒生开始行"释菜"之礼。从元代云南科举考试总共产生5名进士的历史情况可以推测,整个社会汉文化的影响与内地直省相比仍然十分有限,这种状况直到明代才开始得到改变。

(二)明代释奠礼乐

明代,随着云南社会的变迁,大理地区也发生了诸多变化,这种变化也体现在释奠礼乐的传承之中。

从本书第一章对云南明代释奠礼乐的溯源中,已经可以看到明代云南社会变化对释奠礼乐传承带来的影响。天启《滇志》对释奠礼乐祭器、乐器、乐舞及部分乐章的相关记载,也说明明代云南整体释奠礼乐传承状况较元代有了发展。

在明代云南释奠礼乐整体得到发展的历史背景下,大理释奠礼乐传承也有了新的发展。据天启滇志载,明代天启时期大理庙学亦是经籍、雅乐、祭器皆备,由于现存明代地方志对大理地区释奠礼乐相关记载着墨不多,对该时期释奠礼乐历史状况的研究有一定局限。如明代大理作为云南儒学传承的核心区域已经出现了地方志《大理府志》,由于现存嘉靖《大理府志》中《学校》的内容已经不完整,无法探知释奠礼乐在庙学传承的具体情况,这不能不说是一种遗憾,而大理民间出现的部分野史对释奠礼乐有许多间接的记载,这为了解明代大理释奠礼乐及其对此时兴起的洞经音乐间的关系提供了一定的证据。

据明代《三迤随笔》《淮城夜话》《叶榆稗史》等大理地方野史中的相关文献记载,透过明代大理洞经音乐的发展,可以大致看出明代释奠礼乐与大理洞经音乐间的关系,并为了解明代释奠礼乐传承的部分状况提供了线索。

据文献记载:"一代宗师陈玄亮演道立说。以五音传道,谈演九玄三洞元始教化,士大夫争习之。至此新学萌源,名曰谈经。其哲儒道一体,以儒宣道,流于叶榆、梓潼二地。"①又有《淮城夜语》之《兵曹参军五文通》篇载:"嘉靖乙酉年秋,余(玉笛山人)与水云真人吴弘会于德胜楼……元延佑年间,余(玉笛山人)与中峰和云道长陈玄亮善,亮与玉清乐仙紫霞有前缘……入玄门,性慧悟。王母法降点苍香草坪,玄亮有缘遇,食天枣而获长生,后令紫霞紫燕传玉清音、大洞谈经于人间,曲九十六。亮抄谱三部,一部储石匣,藏于点苍龙马池北石窟,窟在悬崖,猿猴难攀,封洞口……陈玄子集四卷,续二卷,于成化年刻刊,印百部传叶榆、赵州二地,版藏王善人家,后因地震火法烧毁。玄亮四十,入梓潼七曲讲道,带玉清音校清和仙经与乩降太上玉清大洞谈经为一体,配以玉清仙音。十二年后,玄亮返点苍,讲大洞仙音,建道源社于玉皇阁,年谈经于春秋。后段府十八乐工建华云社谈演大有妙经、三洞谈经。"②

以上两条文献,虽出自大理地区的民间野史,但就其内容而言,均提到与大理洞经音乐相关的陈玄亮,可见,以上文献虽有夸大的成分,但仍具有保存部分真实信息的可能信。据何显耀考证,大理洞经音乐的创始人是元末明初时大理苍山玉皇阁道士陈玄亮③。结合以上明代大理地方野史《三迤随笔》《淮城夜语》的

①[明]李浩:《三迤随笔》,大理州文联编:《大理古佚书钞》,云南人民出版社2002年版,第76页。

②[明]玉笛山人:《淮城夜语》,何显耀:《古乐遗韵——云南大理洞经音乐文化揭秘》,云南民族出版社2002年版,第76—77页。

③何显耀:《古乐遗韵——云南大理洞经音乐文化揭秘》,云南民族出版社2002年版,第96页。

史料记载可知,何显耀的考证是有一定依据的。

何显耀按明代大理洞经音乐从产生到形成的基本脉络,将大理洞经音乐分为三个阶段,其中第一阶段,主要特征表现为"洞经音乐演奏活动主要集中于道观,即中峰玉阁等;从事活动的人员也以玉皇阁的道士为主;所采用的洞经音乐经籍全部由道教经籍纂编而成"①。可见,此阶段大理洞经音乐仍未脱离其道教音乐文化母体,只是将传统道教谈经"讲玄宣武"转变成"以音传道"的形式;第二阶段则是"洞经音乐演奏已向儒学化发展"②;第三阶段时间主要集中在明景泰年间至嘉靖年间,主要特征是"洞经音乐组织完全脱离道观,成为文人雅集的民间音乐组织"③。以上何显耀划分的三个阶段,基本勾勒出洞经音乐文化在明代大理地区发展的粗略情况,值得注意的是,在洞经音乐的发展过程中,明代大理洞经音乐文化中大理儒生为主的名人士大夫的参与,使其出现了儒学礼乐性质。

李浩《佛道传点苍考》中载:"一代宗师陈玄亮演道立说,以五音传道谈演九玄三洞元始教化。士大夫争习之,至此新学萌源,名曰'谈经'。其哲儒道一体,以儒宣道,流于叶榆,梓溢二地。"④以上文献说明,明初洞经音乐文化"其哲儒道一体,以儒宣道"的

---

① 何显耀:《古乐遗韵——云南大理洞经音乐文化揭秘》,云南民族出版社2002年版,第113页。
② 何显耀:《古乐遗韵——云南大理洞经音乐文化揭秘》,云南民族出版社2002年版,第113页。
③ 何显耀:《古乐遗韵——云南大理洞经音乐文化揭秘》,云南民族出版社2002年版,第115页。
④ 李浩:《佛道传点苍考》,何显耀:《古乐遗韵——云南大理洞经音乐文化揭秘》,云南民族出版社2002年版,第73页。

宗旨,已经呈现出向儒学礼乐性质发展的趋势。而洞经音乐自身呈现出"哲儒道一体,以儒宣道"的宗旨及其"以五音传道"的方式,促使"士大夫争习之"的局面产生。大理作为儒学积累最深厚的地区,早在南诏实施开科取士的过程中,已经形成儒学阶层,明代儒生参与洞经音乐活动,其审美观念、生活情趣势必对大理洞经音乐产生影响。以祭孔仪范对洞经会的谈经活动进行规范,就是大理洞经音乐受到释奠礼乐影响的重要证据之一。

　　据《三洞谈经》中卷《金母赞》曲后注载:"永乐初,榆城、龙尾城初谈《清和度世经》,以祭孔仪范与仙家朝贺合而演之,皆用玉皇阁仙家谱与陈谱四十余曲,并加法咒唵音合而谈演,至此,谈经臻于完善。桂香楼居士识,永乐六年四月初二。"①

　　以上祭孔仪范对大理洞经音乐进行规范的史料,是证明明代大理洞经音乐曾直接受到释奠礼乐影响的重要证据。虽然对云南洞经音乐的性质,不同的学者有不同的看法,以上文献则是证明大理洞经音乐文化在其发展过程中逐步儒化的重要文献材料,也是目前笔者所见的直接证明云南洞经音乐文化受释奠礼乐文化影响的材料。从以上文献还可以看到,元末明初大理洞经音乐文化在道源社及华云社成立以后,发展至永乐初,大约经过了五六十年的发展,其儒学化倾向已经日趋明显。

　　如果说此时"哲儒道一体,以儒宣道"的理念,宏观上体现出大理洞经音乐儒化趋势的话,那么以祭孔仪范对洞经会谈经活动进行规范所体现出的,则是大理洞经音乐微观上出现儒化发展

_____

①〔明〕杨慎、赵雪屏、李以恒:《玉振金声·〈金母赞〉曲后注》,何显耀:《古乐遗韵——云南大理洞经音乐文化揭秘》,云南民族出版社 2002 年版,第330页。

趋势的证据之一。

明代大理洞经会叶榆、三元社《玉振金声》中曲目的名称，可以看到其受到中原释奠礼乐影响的因素。据《淮城夜话》载，《玉振金声》为大理明嘉靖九年（1530）成立叶榆、三元社后，杨升庵、赵雪屏、李以恒等共同搜集流传于大理一带的杂曲编辑而成，是了解明代大理洞经音乐的重要史料，其中也出现了明代释奠礼乐传承的相关记载。

《玉振金声》中有一首《大晟乐》，其曲后注云："祀礼天地圣人供养朝礼大典。正德年，颁定为御谱，用修传授于三元社。"①据以上文献可知，大理三元社成立之后，由新都状元将名为《大晟乐》的乐曲直接传授给了三元社，大理洞经音乐直接接纳中原明代祭孔礼乐作为洞经音乐之曲目，从一个侧面体现出大理洞经曲目儒化特征。现将《玉振金声》所载《大晟乐》摘录并翻译为五线谱如下：

①［明］杨慎、赵雪屏、李以恒：《玉振金声》，何显耀：《古乐遗韵——云南大理洞经音乐文化揭秘》，云南民族出版社2002年版，第344页。

谱例 3－1：《大晟乐》①

（茶供养）

下关三元会　传谱
李莼　　　译谱
李莼　罗萍　整理

注：《玉振金声》载谱，该曲用于朝礼大典，祀礼天、地、圣人。正德年定为御谱，后传入
　　下关三元会。

———————

①该谱转例引自云南大理市文化馆编：《大理洞经古乐》，云南人民出版社
　　1990 年版，第 52—53 页。本谱例原为简谱，由笔者按原谱翻译为五线谱。

从以上大理洞经会遗存的《大晟乐》乐谱看,此乐章并非明代洪武年间钦定的释奠乐章,来源尚待考证。但就《大晟乐》由杨慎引入明代三元社的历史情况看,明代大理洞会由于文人的参与,《大晟乐》为代表的儒学礼乐已经进入并影响到洞经音乐的发展。

元明时期兴起的大理洞经音乐,正是陈玄亮开始对传统道教音乐"以乐传道"理念的改革,吸引了大量大理地区的文人阶层,并促使道源社、华云社成立及叶榆社、三元社的成立。经历了二百年左右的发展,大理洞经音乐文化逐步脱离其母体文化,成为大理独具特色的地方性乐种,并体现出一定儒学礼乐性质。本书认为,明代大理洞经音乐脱离其母体道教文化并出现儒化倾向的过程,也是释奠礼乐从礼仪等角度对洞经音乐产生影响的过程,是侧面反映明代大理释奠礼乐历史状况的重要依据。

总之,随着明代汉族移民的进入,儒学在大理地区得到进一步发展,释奠礼乐因此也得到广泛传承,由于相关释奠礼乐文献史料的缺乏,其余状况暂无法进行研究,但从以上明代大理洞经音乐出现的儒化倾向,可以想象到明代释奠礼乐在大理地区的影响程度及传承状况。

第二节　清代大理释奠礼乐传承述略

清代云南释奠礼乐,随云南各级庙学的建立而得到广泛传播。自康熙时期始,云南各级庙学中释奠礼乐传承内容就体现出高度的一致性。这也是清代云南释奠礼乐传承中体现出的共性。文化的传承是一个双向的过程,虽然传承的内容呈现出高度一致性,但由于云南各地区各族群汉文化积累程度的不同,释奠礼乐相同的内容对清代云南不同族群产生的影响各不相同,因而具有不同的意义。

一、释奠礼乐内容传承述考

清代释奠礼乐中乐层面的乐章版本、器乐文化、乐舞文化作为最主要的内容,是体现大理地区释奠礼乐传承历史状况的主要依据。清代不同时期纂修的《大理府志》《云南县志》《赵州志》《浪穹县志》等地方志中对清代各朝释奠礼乐的相关记载从未间断,以上地方志为本书梳理清代大理地区释奠礼乐传承的状况提供了可信的证据。通过梳理清代大理地区地方志中释奠礼乐的相关内容可知,康熙《大理府志》是所有地方志中对清代释奠礼乐相关记载最完整、最详细的文献,因此,本书对该部分内容的梳理主要是依据康熙《大理府志》所载相关内容,同时参考其余不同时期及不同地域的相关史料梳理而成。

(一)乐章传承

祭孔祀典中,释奠仪式歌、舞、乐三位一体的综合艺术形式,及以三献礼为中心的祭孔祀典,都是在释奠乐章唱奏过程中完成的,通过对清代大理地方志的梳理可知,清代先后颁布的两套直省释奠乐章都在大理地区得到过传承。其中第一套顺治时期颁布的直省释奠乐章曾载于康熙《大理府志》、道光十八年(1838)纂修的《赵州志》等地方志中。将康熙《大理府志》所载释奠乐章与康熙《云南通志》所载直省释奠乐章内容进行对比可知,两者乐章名、歌词及乐谱完全一致。由此可知,康熙时期大理府传承的释奠乐章已经与清廷颁布的直省释奠乐章完全一致。与此同时,从同时期大理所属州县地方志释奠礼乐相关记载可知这套乐章还先后在赵州、浪穹、太和等州县得到过传承。

除康熙《大理府志》所载顺治时期直省释奠乐章外,乾隆八年

(1743)新颁的直省释奠乐章也先后在大理地区得到传承。云南县作为清代大理管辖的县,其县志对释奠乐章亦有记载,现将光绪《云南县志》所载释奠乐章摘录如下:

迎神《昭平》之章

大哉孔子,先觉先知, 与天地参,万世之师。
祥征麟绂,韵答金丝。日月既揭,乾坤清夷。

初献《宣平》之章

予怀明德,玉振金声。生民未有,展也大成。
俎豆千古,春秋上丁。清酒既载,其香始升。

亚献《秩平》之章

式礼莫愆,升堂再献。响协鼗镛,诚孚罍甒。
肃肃雍雍,誉髦斯彦。礼陶乐淑,相观而善。

终献《叙平》之章

自古在昔,先民有作。皮弁祭菜,於论斯乐。
惟天牖民,惟圣时若。彝伦攸叙,至今木铎。

彻馔《懿平》之章

先师有言,祭则受福。四海黉宫,畴敢不肃。
礼成告彻,毋疏毋渎。乐所自生,中原有菽。

送神《德平》之章

凫绎峨峨,洙泗洋洋。景行行止,流泽无疆,聿昭祀事，祀事孔明。化我蒸民，育我胶庠。①

从以上《云南县志》所载释奠礼乐的歌词及乐章名与乾隆时期直省释奠乐章内容相比较可知，此乐章为乾隆八年（1743）颁布的直省释奠乐章，此乐章在咸丰《邓川州志》等地方志中均有记载，但不见乐谱。

从清代大理地区所属州、县地方志对乾隆时期直省乐章的记载可知，乾隆八年（1743）颁布的直省释奠乐章，曾在大理地区得到传承。根据乾隆时期释奠乐章在《云南县志》《邓川州志》中并无乐谱的简单记载，并结合道光十八年（1838）纂修的《赵州志》所载释奠乐章仍为康熙时期传入大理的释奠乐章的情况可知，清代顺治时期释奠乐章当是在大理地区使用时间较长影响也较大的释奠乐章，这从一个侧面反映出康熙时期作为云南庙学发展的重要时期，也是云南释奠礼乐传承最重要的阶段。

（二）器乐传承

清代释奠礼乐相关器乐作为释奠礼乐的重要组成部分，在大理得到了进一步传承。清代直省释奠礼乐乐器种类和数量的配置已经形成比较固定的规范，从大理地区相关文献记载看，自康熙时期释奠礼乐传承之初，大理府学相关释奠礼乐乐器配置就已经相对完备。

据《大理府志》载：

旧存编钟编磬各十有六，提督诺新送太和县学。本朝提督诺新制：麾帆一，并铜龙幡柄；枞一；敔一；琴四，琴棹四；瑟

_____

①［清］黄炳堃：《云南县志》卷五《学校》，《中国地方志集成·云南府县志辑》第 81 册，上海书店、巴蜀书社、江苏古籍出版社 2009 年版，第 224—226 页。

二,瑟架二;铜钟十有六;玉磬十有六;随钟磬架各一;棉绳八;石墩八;凤山十;线结流苏四;凤箫二;埙二;篪二;箫四;笙四;应鼓一;搏拊二并架;大鼓一,鼓罩、鼓衣、鼓架、流苏具备。□柜一座,锁轮五副。舞籥新制　引舞旌节二执,籥四十有八,翟四十有八,舞帽四十有八,舞衣四十有八,舞带四十有八;乐舞人数　麾帆一人,祝一人,编钟一人,编磬一人,大鼓一人,应鼓一人,凤箫二人,琴四人,瑟二人,笙四人,管四人,笛四人,埙二人,篪二人,搏拊二人,节二人,敔一人,歌工八人,舞生四十八人。①

以上文献表明,康熙时期大理的释奠礼乐乐器配置,已经是一个乐器配置完备、规模略小于国子监祭释奠礼乐乐队的配置了。从乐器的种类看,共有 16 种,包括金、石、丝、土、革、匏、竹、木八类,堪称八音齐备。

据《钦定国子监志》卷二十二载:

乐器　镈钟二,镈钟(第四夹钟春祭用之一,镈钟第十南吕秋祭用之一),特磬二,第四夹钟春祭用之一,特磬第十南吕秋祭用之。编钟一、编磬一、琴六、瑟四、排箫二、箫六、篪四、笛六、笙六、埙二、鼓一、搏拊二、祝一、敔一、麾一。谨案文庙乐器,元大德十年始命江浙行省制造。至明洪武二十六年,颁大成乐器,其制始备。我朝世祖章皇帝,顺治初年钦定六平之章,均用《中和韶乐》,而乐器尚沿明旧,至圣祖仁皇帝

①[清]李斯佺、黄元治纂修:康熙《大理府志》卷十一《学校》,《北京图书馆古籍珍本丛刊》第 45 册"史部地理类",书目文献出版社 1998 年版,第127 页。

康熙五十四年，始命太常重造乐器，颁行国学。①

又有康熙《云南通志》载：

乐器　金钟十六，架一座，穗二掛，木槌一根；玉磬十六，架一座，穗二掛，木槌一根；鼓二，架二座，穗八掛，木槌四根，龙罩二个，蓝布罩二个；琴四张，囊四个，琴桌四张；瑟二床，囊二个，架四个；启柷一，槌一；止敔一，刷一；凤箫二，囊二；笙六，囊六；管六，穗六掛；笛六，穗六掛；埙二，袱二；篪二，穗二掛；搏拊二，架二；麾旛一，架一，罩一，匣一；节二，架二、罩二，套二，穗八掛；乐舞生冠一百四十顶，乐舞生红衣一百四十件，乐舞生绿缎带一百四十束，羽竿四十八根，羽全；篱四十八根……以上祭器、乐器，康熙二十九年，总督侍郎范承勋，巡抚都御使王继文倡同布政使于三贤，按察使许弘勋，佥事王照，督学大佥事吴自肃捐俸新制。②

将《钦定国子监志》对康熙时期国子监释奠礼乐乐器的配置及直省释奠礼乐乐器配置与同时期云南大理地区礼乐的乐器配置状况进行比较，其具体状况如下表格：

---

①［清］文庆、李宗防等纂修，郭亚男等校点：《钦定国子监志》卷二十二，商务印书馆 2008 年影印本，第 70 页。

②［清］吴自肃、丁炜纂，范承勋等修：康熙《云南通志》卷十六《学校》，《中国地方志集成·省志辑·云南》第 1 册，上海书店、巴蜀书社、江苏古籍出版社 2009 年版，第 343 页。

表 3－1：清代各类释奠礼乐乐器配置及数量统计表①

序号	八音分类	乐器名称	国学配置	云南配置	大理配置
1	金	镈钟	2	不详	不详
		编钟	1	1(16 枚)	1
2	石	编磬	1	1(16 枚)	1
		特磬	2	不详	不详
3	丝	琴	6	4	4
		瑟	4	2	2
4	竹	排箫	2	2	不详
		箫	6	2	4
		篪	4	2	2
		笛	6	6	4
5	匏	笙	6	6	4
6	土	埙	2	2	2
7	革	鼓	1	2	1
		搏拊	2	2	2
8	木	柷	1	1	1
		敔	1	1	1
9	其余	麾	1	1	1
		节	不详	2	2

①本表根据[清]文庆、李宗防等纂修《钦定国子监志》卷二十二(商务印书馆 2008 年影印本,第 70 页)及[清]李斯佺、黄元治纂修康熙《大理府志》卷十一《学校》(《北京图书馆古籍珍本丛刊》45"史部地理类",书目文献出版社 1998 年版,第 127 页)相关文献资料制成。

　　通过上表中康熙时期国子监、直省及大理府的释奠礼乐乐器配置的比较可知，清代各类释奠礼乐体系在乐器配置上并无大的差别，乐器的种类完全一致，不同层次释奠礼乐乐队的配置除竹、匏类部分乐器数量上有一些变化外，其余乐器种类和数量几乎没有差别。由此可知，康熙时期大理地区释奠礼乐乐器的配置，与同时期国子监、各内地直省的乐器配置基本相同，其沿用的是明洪武年间颁布的释奠礼乐乐器配置。以上历史状况表明，随着"三藩之乱"平定，清政府对云南不仅在政治、经济方面加强了控制，文化方面的控制也在逐步加强。作为国家行为的清代云南释奠礼乐传承，在大理地区释奠礼乐乐器配置已经与云南府学几无差别，这种情况从一个侧面证明了清政府对云南礼乐教化的重视。

　　释奠乐器的文化内涵及演奏方法，是释奠礼乐内容的重要方面，也是对本土音乐文化产生影响的主要方面。释奠礼乐在祭孔祀典中所涉及的乐器，经过历代的丰富，从乐器至舞器无不被赋予丰富的文化内涵，为了更好地实现释奠礼乐的教化作用，通过释奠礼乐将儒家的各种观念传达给西南少数民族并使各少数民族尽快实现王化，清政府在释奠礼乐传承过程中，对乐器及相关的器物的丰富内涵都有非常细致的记载。

　　康熙《大理府志》中专门以《谱法》为名，全面、详细介绍了庙学释奠礼乐乐器包括鼗鼓、大鼓、大钟、柷、敔、镈钟、特磬、悬鼓、编钟、编磬、楹鼓、登歌钟、登歌磬、搏拊、鼓、琴、瑟、笙、埙、篪、凤箫、双管、洞箫、龙笛等二十余种乐器及释奠礼乐中旌节、乐舞道具籥、翟的详细使用方法（见附录五）

　　值得注意的是，康熙《大理府志》对大理释奠礼乐各种打击乐器及其演奏方法、演奏顺序及在乐曲中具体作用，均作了详细介绍和描述。柷、敔作为木类乐器，分别主宰着一曲的起、始；镈钟、编钟等钟类乐器，其主要作用为每个乐句的开始，"击一声以开众音"，特磬、编磬等则相反，其主要作用则是主宰乐曲的结束功能，特磬是"每奏一曲之终，即击一声以收众音"，编磬是"每奏一句之终，即击一声，以收众音"，其文化上体现的是金、石之声首尾呼应的特点。从文献对以上打击乐器演奏方法的介绍，可见清代释奠礼乐对各种打击乐器安排条理十分清晰，相互间配合的原则也十分清楚。无疑，康熙《大理府志》对清代相关释奠礼乐乐器的记载，是大理地区普及汉族传统乐器及相关知识的重要文献，其对大理地区器乐文化的发展，当起过重要作用。

琴、瑟作为释奠礼乐中重要的丝弦类乐器，具有重要地位。康熙《大理府志》中也有详细记载：

〔琴〕：八音以丝为君，丝以琴为君，而琴以中徽为君，而中徽者，第七徽也。其位黄钟，中声寄焉，若求其中，则寓于弦之紧慢。紧慢适中，其声自出是声，乃声之元，天地之中声，万世作乐之大根大本也，世人莫知焉。朱子曰：律，历家最重元声，元声一定，向下都定，元声一差，向下都差。求之之法，取竹之窍生，厚薄均者，祖蔡氏截竹探讨之法以为黄钟之管，以定中声，遂法此声制而为箫。先吹合字，即黄钟也。谨察其声，以右手勾第一弦而以左手中指揣摩七徽上下之间，如弦过乎太紧，则声溢出于徽外或在八九之间，必却轸以慢之，过于太慢，则声又为不及或腾在五六之上，必进轸以紧之，务求紧慢适中，使中声正对七徽，而后，以中声既定，然后如寻常和弦法，用得道仙翁以调之，弦既和平，则十二律各得其位矣。旧《大成乐》谱俱按弹，皆以七徽为主。其第一弦为黄钟律，左手中指按七徽，右手中指勾一弦则（合）字应。第二弦为太簇律,左手指按七徽,右手中指勾二弦则(四)字应。第三弦为姑洗兼仲吕,用左手大指按七徽半,右手食指抹三弦则(一)字应。用右手大指按七徽,左手食指挑三弦则(上)字应。第四弦为林钟律,用左手名指按七徽,右手中指勾四弦则(尺)字应。第五弦为南吕律,用左手大指按七徽,右手食指挑五弦则(工)字应。第六弦为应钟兼清黄律,用左手大指按七徽半,右手食指挑六弦则(凡)字应。用左手食指按七徽,右手食指抹六弦则应(六)字应。第七弦为清太律,用左手名指按七徽,右手中指剔七弦则(五)字应。此谱之按弹者也……

〔瑟〕:二十五弦各设一柱,第十三弦居中,为内外清中之界,谓之君弦,居所不动,其余柱马游移不定。前其柱则清,后其柱则浊,上下以笙和其音,外十二弦具十二中律,内十二弦具十二清律,或一手掐作,或两手合作俱可。一手掐作则止用外一至十二,内一至四。若两手合作,则内外二十四弦俱用。外第一弦为黄钟律,用右手食指勾则(合)字应,内第一弦为清黄律,用左手食指勾则(六)字应,外第二弦、第三弦为太簇律,用右手中指食指撮则(四)字应,内第二弦、第三弦为清太律,用左手中指食指撮则(五)字应,外第四弦、第五弦为姑洗律,用右手中指食指撮则(一)字应,内弦左手同法。外第六弦为仲吕律,用右手食指勾则(上)字应,内弦左手同法。外第七弦、第八弦为林钟律,用右手中指食指撮则(尺)字应,内弦左手同法。外第九弦、第十弦为南吕律,用右手中指食指撮则(工)字应,内弦左手同法。外第十一弦、第十二弦为应钟律,用右手中指食指撮则(凡)字应,内弦左手同法。内外二十四弦,不可参差先后,欲清中相应急徐如一,其两弦兼弹者,盖取阴阳相配也。自仲吕而上,以律配吕,自仲吕而下,以吕配律,琴之两弦兼弹者,盖取老少相配也。一、二、三弦用少配老,四、五、六弦用老配少,若欲稍作指法,少配老或可吟而不注,老配少或可猱而上绰。总欲琴瑟协和,则他音不能掩下矣。①

在释奠礼乐中配置古琴,是古代雅乐的传统。古琴,作为中国最古老的丝弦乐器之一,为历代文人士大夫所喜爱。"琴不仅与中国的儒、佛、道等哲学、伦理学传统密切相关,而且与文人生活紧密相连,琴艺是文人基本修养。文人的喜爱和推崇,使琴乐延续至今"②。史载孔子喜爱弹琴,"无论是在杏坛讲学之时,还是在受困于陈蔡之际,均操琴弦歌不绝,以此励志修心"③。由于孔子的推崇,琴成为礼乐重器。古琴作为释奠礼乐乐器中演奏旋律的主要乐器之一。从遗存琴谱中可知,自明代以来,释奠礼乐所用之古琴,其琴调、琴序、徽位、指法等已经固定。从文献记载可知,古琴之所以称为礼乐之重器,除因其音色的庄重古朴之外,长期以来文人对其赋予的各种文化内涵,是其成为礼乐重器的重要原因。"八音以丝为君,丝以琴为君"就是古琴在释奠礼乐众乐器之中所处地位的真实写照,传统文人视古琴为"圣人"之器,唐人薛易简在其《琴诀》中将古琴的音乐功能总结为:"可以观风教,可以摄心魂,可以辨喜怒,可以悦情思,可以静神虑,可以壮胆勇,

---

① [清]李斯伒、黄元治纂修:康熙《大理府志》卷十一《学校》,《北京图书馆古籍珍本丛刊》第45册"史部地理类",书目文献出版社1998年版,第130—131页。

② 孔德平、彭庆涛、孟继新:《祭孔礼乐研究》,文物出版社2009年版,第97页。

③ 章华英:《古琴》,浙江人民出版社2005年版,第5页。

可以绝尘俗,可以格鬼神。"①古琴丰富的文化内涵,使其在释奠礼乐中占有重要的地位。

古琴在大理的传播并非始于清代,但清代以释奠礼乐为媒介的古琴艺术传播,对大理的音乐文化发展仍然有十分重要的意义。

至迟在元代,已经有明确文献记载,证明古琴在大理地区得到传播。元末明初,大理洞经音乐的创始人陈玄就是善于演奏古琴之琴僧。据大理元代传谱《三洞谈经九天玄玑玉谱》中《中峰道士陈玄亮九天玄玑玉谱总序》载:"大元开疆拓土……至此,中原道士纷至,云霭香飘,瑞霞缭绕。处链仙游,传法刚于王通一。通一,河南游侠,幼年学道华山……通一精音律,尤善抚琴,尽传其技于亮。"②《淮城夜语》之《陈玄子遇仙记》又载:"玄亮遍阅诸经,过目不忘。王通一善七弦,传艺于亮。"③以上材料虽为大理地方流传的野史,其中有不少材料有夸张、失真的成分,但相关王通一及陈玄亮师徒关系,王通一传授琴艺给陈玄亮的野史材料,仍从一个侧面证明了元明以来古琴在大理地区的传播。

从康熙《大理府志》及《淮城夜语》《三迤随笔》等大理地方野史的相关材料看,虽然元明以来,古琴已经在大理传播,但其传播范围有限,主要在洞经乐会中传播。元明时期洞经会的成员主要有地方儒生、道士、大理段府乐工及社会名流。与洞经传播古琴

①[唐]薛易简:《琴诀》,载《全唐文》卷八百一十八,中华书局1983年版,第8613页。

②[明]冯天化:《中峰道士陈玄亮九天玄玑玉谱总序》,何显耀:《古乐遗韵——云南大理洞经音乐文化揭秘》,云南民族出版社2002年版,第85页。

③[明]玉笛山人:《淮城夜语》,何显耀:《古乐遗韵——云南大理洞经音乐文化揭秘》,云南民族出版社2002年版,第79页。

相对局限的状况不同，清代庙学释奠礼乐中古琴琴艺的传播，其范围更广，所有进入庙学学习的白族及其他民族的儒生，都有机会学习或聆听古琴的演奏，这为古琴在大理的传播，奠定了良好的基础。

瑟是释奠礼乐中另一种重要的旋律乐器。瑟在先秦时期主要用于伴奏歌唱，是上层社会享娱活动中常用乐器之一。瑟与琴同为古代雅乐中的乐器，几千年来，一直为历代宫廷沿用。

其形制似古琴，早在春秋时期，琴瑟已经成为古人喜爱合奏的两种乐器。《诗经·关雎》载："窈窕淑女，琴瑟友之。"①《诗经·鹿鸣》亦载："我有嘉宾，鼓瑟吹笙。"②可知，琴瑟在春秋时期，其合奏形式已经广泛流行，并被赋予美好的意义。释奠礼乐中，瑟亦作为丝属乐器，成为与琴相呼应的旋律乐器。在康熙《大理府志》中，对瑟的相关记载也颇为清晰。其中琴瑟协和的论述，已经涉及儒家对释奠礼乐美学的主张，这对大理洞经音乐进一步儒化有重要意义。从南诏开始，虽然云南与内地文化交流不断，许多中原乐器早在清代释奠礼乐传入之前，已经在大理及云南地区有传播，但就瑟而言，就笔者所见，其记载则未见于清之前的史料。元以来，虽然随着庙学在云南的普遍建立，作为释奠礼乐中重要乐器，可能随之传入云南，但从系统、详细的对瑟的介绍来看，在大理地区的地方志书中出现仍属首次，所以其对大理地区的器乐文化研究也有重要的史料价值。

从演奏方法看，吹管类乐器笙、埙、篪、凤箫、双管、洞箫、龙笛作为释奠礼乐中重要的乐器，它们的形制及演奏方法都是康熙

---

①《诗经·关雎》，刘毓庆、李蹊译注，中华书局 2011 年版，第 2 页。
②《诗经·鹿鸣》，刘毓庆、李蹊译注，中华书局 2011 年版，第 392 页。

《大理府志》记载的重要内容。以上庙学释奠礼乐之吹管乐器类，除个别乐器之外，许多乐器已经在大理地区历代与中原汉文化交流过程中传入大理。南诏奉圣乐之四部乐之龟兹部乐器中，已经有短笛、横笛、长箫、短箫，大鼓部中有大鼓，胡部乐中则包括了笙、横笛、短笛，军乐部则有铙、铎、鼓、钲等乐器①。

虽然早在南诏时期，许多中原雅乐乐器在南诏与中原文化交流过程中已经传入南诏，但其影响是有限的。南诏时期，以上乐器主要由宫廷乐工掌握，其在民间流行的机会亦是有限的。即便到元末明初，大理洞经会的成立，从道源社成立以来"儒学诸生听多而悟，而元始大德广度为本，故而立经社于叶榆玉皇阁，历三十余载，学成八十余人，皆为叶榆、龙尾二地儒生三十九人，道士二十六人，余者皆官府乐工"②。可知洞经会的影响主要集中在大理文人及上层社会之中。与以上时期汉族器乐文化在大理的传播不同，清代庙学释奠礼乐在大理庙学的广泛传承，使包括雅乐乐器、歌唱、乐舞等中原雅乐文化开始走入民间，走入少数民族之中，促进了中原雅乐文化在大理地区以俗化为主的本土化趋势。

康熙《大理府志》对祭孔祀典中相关的器物都作了详细介绍。其中，籥、翟作为庙学释奠乐舞中最重要的舞器，文献不仅对其形制、使用方法进行了介绍，还将籥、翟的各种持法规范名称总结为"执、落、拱、呈、开、合、相、垂、交"，并强调"执秉者不可忽也"，说

---

① 伍国栋:《白族音乐史》，冯光钰、袁炳昌主编:《中国少数民族音乐史》第2卷，京华出版社2007年版，第748—749页。

② ［明］陈玄亮:《三洞谈经九天玄玑玉谱》，何显耀:《古乐遗韵——云南大理洞经音乐文化揭秘》，云南民族出版社2002年版，第88页。

明籥、翟在祭孔祀典中规范的重要性。现将相关内容摘录整理
如下：

> （籥、翟）：籥，用左手横执之，有窍而不吹，或云缀兆转折
> 入位之时齐吹，以节走趋。翟，用右手纵执之，翟纵籥横，齐
> 肩执之为（执），起之齐目为（举），平心执之为（衡），尽手向下
> 执之为（落），向前正举为（拱），向耳偏举为（呈），籥、翟纵横
> 两分为（开），籥、翟纵横相加为（合），籥翟纵合如一为（相），
> 各分顺手向下为（垂），两执相接为（交），凡执籥乘翟，俱右手
> 在外，左手在内，其手指俱大指在内，四指在外。纵则如绳，
> 横则如衡，执秉者不可忽也。①

释奠乐舞中，籥、翟的使用，总是与乐舞的舞蹈相伴而出现
的，所以舞容作为释奠礼乐的重要的组成部分，康熙《大理府志》
中介绍也颇为详细。

（三）乐舞及歌唱传承

清代直省释奠舞容可以概括为"立之容""舞之容""身之容"
"手之容""首之容""步之容""足之容""礼之容"。这是一个拥有
严谨的结构，同时舞蹈动作丰富的大型舞蹈。释奠乐舞中授、受、
辞、让、谦、揖、拜、跪、顿首等舞姿配合以举、衡、落、拱、呈、开、合
等舞器动作，以儒家伦理道德观念与礼乐治道思想为立意，以
中、和、祇、庸、孝、友六德为舞蹈语言基础，按照歌词及字形字
义，赋予了乐舞丰富的象征性内涵。值得注意的是，康熙《大理
府志》有如下记载："乐歌、乐舞又遣沈文秀、李蔚芳特诣云南府

---

① ［清］李斯佺、黄元治纂修：康熙《大理府志》卷十一《学校》，《北京图书馆
　古籍珍本丛刊》第 45 册"史部地理类"，书目文献出版社 1998 年版，第
　134 页。

学习肄娴熟归,以教二学之乐工舞生,遂雅声容之盛。"①文献所示,康熙年间大理府学的释奠礼乐歌与舞,都是派人到云南府学习后,回来教授乐工舞生的,由此可知,康熙时期清代的大理府庙学已经有乐工舞生,康熙时期大理地区释奠乐舞是从云南府学习回来的。

就清代所用释奠乐舞而言,清初沿用的是明代舞谱,康熙时期才新作释奠乐舞两套,一套用于国学,而另一套阙里及直省通用,其中直省所用乐舞所用范围包括地方直省及府、州、县庙学祭孔祀典。从《大理府志》所载舞容内容看,其传承的释奠乐舞已经是康熙年间颁布的新作直省释奠乐舞,这亦从一个侧面证明清代中央政府对云南文化治理的加强。

歌唱作为释奠礼乐的重点,也是清代释奠礼乐在大理传承的重要内容。歌唱,在释奠礼乐之中有十分重要的地位。文献所载"歌乃一乐之主,凡八音皆以和歌"说明歌唱在释奠礼乐中地位之重要。虽然,自古以来,中原歌唱形式、方法已经极为发达,而对于释奠礼乐之歌唱,其要求仍需要符合儒学所提倡之规范。对于山东阙里孔子故里家庙乐舞生歌唱基本功的训练,"是在当朝太常寺(朝廷衍圣公府设置的专门管理祭祀礼乐事务的机构)直接指导下进行的,从发声练习到艺术表现,均不得修改或各行其是"②。显然,直省及其所属府州县释奠礼乐的传承,清廷对其重

---

① [清]李斯仝、黄元治纂修:康熙《大理府志》卷十一《学校》,《北京图书馆古籍珍本丛刊》第 45 册"史部地理类",书目文献出版社 1998 年版,第 135 页。

② 江帆、艾春华:《中国历代孔庙雅乐》,中国国际广播出版社 2001 年版,第 173 页。

视程度与以往历史时期相比有很大的提高,但就经济等方面的投入不可能与阙里相比,但对其规范的要求,当是一致的。所以,对释奠礼乐歌唱部分,尽可能以文字的形式做浅显易懂的规范,以上相关释奠礼乐歌唱的介绍当对大理地区释奠礼乐的传承起到过重要作用。

通过以上对康熙《大理府志》及清代大理地区其他地方志所载释奠礼乐相关内容的梳理可知,清代释奠礼乐的传承,使大量的汉族器乐、声乐、乐舞等相关儒学礼乐文化再次在大理地区得到广泛传承,与此同时,释奠礼乐这种中原雅乐及其相关器乐、声乐、乐舞文化通过庙学载体获得下移,并与本土文化产生深层次、多方面的融合,对清代及后世大理地区音乐文化的发展起到重要作用。对该问题,笔者将在本章第三节《释奠礼乐对大理音乐文化中的影响》中详细论述。

二、释奠礼乐传承范围

清代的大理府,其管辖范围包括四州三县:赵州、邓川州、宾川州、云龙州、太和县、云南县、浪穹县。大理作为南诏以来云南历代政治文化中心,这种文化传统一直得到延续。从文献记载看,康熙时期大理府所属四州三县庙学都已得到建立,庙学的广泛建立为释奠礼乐的传承奠定了基础。

据康熙《大理府志》载:"太和县先师在县治东,明嘉靖六年知府葛恒建。本朝康熙二十三年知县孙世大修葺……赵州先师庙旧在州治右,今选城西凤山麓……云南县先师庙在旧洱海卫左,旧在县南廓,弘治五年知县陈辅续建,万历间知县刘□□重修……邓川州先师庙在州治右……浪穹县先师庙在县治西南,洪武十八年……宾川州先师庙在州治前,弘治十七年建……云龙州先师庙在州治北,旧在澜沧江外,康熙二十四年知州张敷迁此,二十八年知州□亮工重修。"①

　　据以上文献记载可知,清代康熙年间,大理所辖四州三县都已建立了先师庙,这些先师庙多数建于明代,但在康熙时期,逐步得到维修。先师庙得到维修的同时,大理地区的书院、义学也纷纷在大理四州三县范围内得到设立。书院、义学等培养儒生的机构,其春秋两季祭祀先师孔子的仪式,先师庙成为重要场所,这种祭孔仪式最主要的特点是由官府主持。从上文的论述已知,祭孔礼乐之《大晟乐》,早在明代已经在大理洞经会中流传,由杨升庵传谱,并教授给三元社的成员,明代刘文征《滇志》亦载:"成化间,知府蒋云汉置雅乐……大理府雅乐、祭器齐备。"②释奠礼乐作为国家意志层面礼乐文化整体,包括歌、舞、乐等完整、严谨的系统仪式,在大理地区四周三县庙学内广泛传播,当属首次,它对大理音乐文化的影响程度可想而知。

表 3－2:清代大理地方志释奠乐章传承情况统计表

时期	地方志	释奠乐章版本
康熙	《大理府志》	顺治时期版本③

---

①[清]李斯佺、黄元治纂修:康熙《大理府志》卷十一《学校》,《北京图书馆古籍珍本丛刊》第45册"史部地理类",书目文献出版社1998年版,第134—137页。

②[明]刘文征:天启《滇志》,古继永校点,王云、尤中审定,云南教育出版社1991年版,第294页。

③[清]李斯佺、黄元治纂修:康熙《大理府志》卷十一《学校》,《北京图书馆古籍珍本丛刊》第45册"史部地理类",书目文献出版社1998年版,第128—129页。

续表

时期	地方志	释奠乐章版本
雍正	《宾川州志》	顺治直省乐章(无谱)①
	《云龙州志》	顺治直省乐章(有完整乐谱)②
乾隆	《赵州志》	顺治直省乐章(有完整乐谱)③
	《云南县志》	无乐章④
道光	《赵州志》	顺治直省乐章(有完整乐谱)⑤
咸丰	《邓川州志》	乾隆释奠乐章(无谱)⑥
光绪	《浪穹县志》	无乐章⑦
	《云南县志》	乾隆释奠乐章(无谱)⑧

---

① 雍正《宾川州志》卷八《学校》,《中国地方志集成·云南府县志辑》第 76 册,上海书店、巴蜀书社、江苏古籍出版社 2009 年版,第 537—538 页。

② [清]胡禹谟:《云龙州志》,《中国地方志集成·云南府县志辑》第 82 册,上海书店、巴蜀书社、江苏古籍出版社 2009 年版,第 214—218 页。

③ [清]赵淳等:乾隆元年《赵州志》,《中国地方志集成·云南府县志辑》第 77 册,上海书店、巴蜀书社、江苏古籍出版社 2009 年版,第 73—74 页。

④ 《云南县志》,《中国地方志集成·云南府县志辑》第 80 册,上海书店、巴蜀书社、江苏古籍出版社 2009 年版。

⑤ 道光《赵州志》卷二《学校》,《中国地方志集成·云南府县志辑》第 77 册,上海书店、巴蜀书社、江苏古籍出版社 2009 年版,第 492—494 页。

⑥ 《邓川州志》卷七《秩祀》,《中国地方志集成·云南府县志辑》第 76 册,上海书店、巴蜀书社、江苏古籍出版社 2009 年版,第 229—230 页。

⑦ [清]周沆纂修:《浪穹县志》卷四《经费》,《中国地方志集成·云南府县志辑》第 76 册,上海书店、巴蜀书社、江苏古籍出版社 2009 年版,第 43 页。

⑧ [清]黄炳堃:《云南县志》卷五《学校》,《中国地方志集成·云南府县志辑》第 81 册,上海书店、巴蜀书社、江苏古籍出版社 2009 年版,第 226 页。

　　从以上统计可知,大理地区所属四州三县清代均纂修了地方志,除《云龙县志》不载释奠乐章外,其余四州两县地方志均有清代释奠乐章及相关记载,结合康熙《大理府志》对各州县庙学都得以建立的情况,可以推测,清代释奠礼乐不仅在大理府学得到传承,在其所辖州县也有可能先后都得到了传承,虽然太和县无县志,但从文献记载看,太和县学自康熙时期始,释奠礼乐已经得到传承。康熙《大理府志》卷十一《学校》载:"(太和县学)乐器麾幡一,并龙杆,引舞旌节二,柷一,敔一,琴一,瑟一并架二,金钟十有六,玉磬十有六,随钟架各一,五凤流苏俱备……其乐歌乐舞又遣沈文秀、李蔚芳特诣云南府学习肄娴熟,归以教二学之乐工舞生,遂雅声容之盛。"①可见,清代康熙时期太和县学释奠礼乐已经得到传承,并且其乐歌乐舞是官府专门派遣人员到云南府学学习之后,与大理府学一起得到直接传承的。由此可见清代大理地区释奠礼乐传承的范围基本包括了整个大理府庙学,是云南各府中传承范围最广的地区之一。

　　整体上看,清代大理地区释奠礼乐传承状况基本与云南府及内地直省保持一致。其中,清代颁布的两套直省释奠乐章先后在大理地区都得到过传承,但由于各级庙学条件的差异,从大理府学以外赵州、浪穹等州县学的传承情况看,清廷乾隆间新颁的释奠乐章未能得到及时的调整,可见,清代大理地区释奠礼乐传承与明代相比有了很大发展,但各级庙学间的不平衡发展状况仍然存在,大理府学显然是大理地区释奠礼乐传承的中心。

―――――――

① [清]李斯佺、黄元治纂修:康熙《大理府志》卷十一《学校》,《北京图书馆古籍珍本丛刊》第45册"史部地理类",书目文献出版社1998年版,第134—137页。

第三节　清代释奠礼乐对
大理音乐文化的影响

清代释奠礼乐在大理的传承,使其对大理地区音乐文化产生了影响,这种历史痕迹,仍可从今天遗存的大理音乐文化中清晰分辨出来。

本节,笔者拟通过对遗存的大理洞经音乐文化及民间信仰"莲池会""辅国坛"等相关材料的梳理,从释奠礼乐与洞经音乐及民间信仰间存在的相似性进行梳理与分析,揭示出清代释奠礼乐在大理传承过程中对本土音乐文化的影响,并探讨清代释奠礼乐在大理地区传承的影响及意义。

本书对大理地区释奠礼乐历史的溯源可知,释奠礼乐在大理地区的传承可能自南诏已经开始,南诏之后,历代延续,但广泛的释奠礼乐传承则始于清代。文献显示,清代的大理,直省释奠礼乐中歌、舞、乐的综合艺术形式,丰富的文化内涵,在大理各级庙学中得到完整传承并明确载于各种地方志中。清代释奠礼乐的传承在庙学教育及科举制度的有力支撑下,对大理地区传统音乐文化产生了重要影响,这种影响首先体现在对洞经音乐文化的影响之中。

一、对洞经音乐的影响

清代释奠礼乐传承,一改清以前局部传承的状况,完整进入大理地区。与此同时,在科举制度及庙学教育的配合下,释奠礼乐显示出新的传承趋势。

传承过程中宏观上获得政治经济方面的保障,微观上则有场地、人员、设备等方面的保障。以上释奠礼乐传承中的种种客观条件,促成了释奠礼乐在大理地区的逐渐普及,与此同时在较长一个时期内,释奠礼乐与洞经音乐文化处于共同生存、发展的过程之中。

在此过程中,释奠礼乐在各项制度配合之下,传承的内容更系统、完整,传承的形式更多样化。清代释奠礼乐囊括的歌、舞、乐、礼等一系列完整礼乐体系在大理府学等场所的规范传承,无疑对大理地区的各类民间及宗教音乐文化起到示范、规范的作用,其对洞经音乐文化的影响也是多方面的。清代释奠礼乐作为具有国家意志地位的儒学礼乐,其御制、钦定的传统决定了其对民间音乐的影响虽然无法从最为显性的音乐旋律等音乐形态方面体现出来,但以隐性形式存在的影响,仍然是有迹可寻的。

(一)释奠礼乐与大理洞经音乐文化间的相似性

清代释奠礼乐与现今遗存的大理洞经音乐文化间存在许多相似性。这种相似性既体现在音乐层面,也体现在非音乐层面。遗存至今的大理洞经音乐文化,在漫长的历史长河中,不可避免地产生了部分变迁,但作为历史遗存,它仍然保存有许多历史的信息,并为重构释奠礼乐的历史面貌提供了线索。

文献记载证明,大理洞经音乐自元末明初成立以来,其谈演洞经的仪式就曾受到过祭孔礼仪的规范。可以推测,随着清代释奠礼乐在大理的广泛传承,释奠礼乐对洞经音乐的影响不断得到过深入,因此两者间体现出众多相似性,这种相似性至今仍清晰可见。

1. 音乐层面的相似性

音乐层面的相似性,是清代释奠礼乐与遗存大理洞经音乐文化间的相似特征之一。

　　清代释奠礼乐中打击乐《三通鼓》与大理洞经音乐曲牌《三通鼓》的存在，是两者间存在相似性的证据之一。大理洞经音乐《三通鼓》作为洞经音乐的重要打击乐曲牌，不仅存在于大理洞经音乐之中，还广泛存在于当前云南洞经音乐中。

　　据张兴荣上世纪末对云南现存洞经会的调查，当时昆明市、大关市、大理市、曲靖市、楚雄县、禄丰县、建水县、蒙自县、宝山县、腾冲县、丽江县、永胜县、泸西县、剑川县、巍山县、通海县、弥勒县、新平县、凤庆县、文山县、丘北县、昭通县及景东县 23 个县市中，《三通鼓》是各洞经会共同拥有的打击乐曲牌①。对于云南各地洞经音乐会普遍存在的《击鼓三通》打击乐曲牌，张兴荣教授给予了关注，并认为"各地洞经会谈经开始时击奏的《三通鼓》与通行全国的吹打乐曲前奏有联系。第一通为风声，第二通为雷声，第三通为雨声。这风、雷、雨意向天、地、水三官，击鼓通三官，请神赴会，三通鼓后，殿堂内'琳琅振响，十万肃静'，气氛肃穆虚幻"②。

　　对于张兴荣对云南洞经音乐中打击乐曲牌《三通鼓》的来源，本书有不同认识。云南洞经音乐中普遍存在的《三通鼓》，受到清代释奠礼乐中《三通鼓》影响的可能性更大。就大理洞经音乐文化的发展历史看，虽然自大理洞经音乐创建初期，其仪式就曾受到过祭孔仪范的规范，《三洞谈经》中卷《金母赞》曲后注载："永乐初，榆城、龙尾城初谈《清和度世经》，以祭孔仪范与仙家朝贺合而

① 张兴荣：《云南洞经文化——儒道释三教的复合性文化》，云南教育出版社1998 年版，第 302—312 页。

② 张兴荣：《云南洞经文化——儒道释三教的复合性文化》，云南教育出版社1998 年版，第 229—230 页。

演之,皆用玉皇阁仙家谱与陈谱四十余曲,并加法咒唫音合而谈演,至此,谈经臻于完善。桂香楼居士识,永乐六年四月初二。"①而后,明代新都状元杨慎在三元会成立之际,所传《大晟乐》是祭孔礼乐与洞经音乐文化直接相关的证据之一,但明代杨慎对大理洞经音乐的关注仅限于个人力量,他将明代内地释奠礼乐完整传给三元社的可能性较小。就文献记载看,杨慎并未将完整的歌、舞、乐及礼一体的形式完整传入,而只是将明代单曲《大晟乐》传授给了三元社,当中也就不太可能包括释奠礼乐的打击乐《三通鼓》,更不可能将《三通鼓》传到云南各地的洞经音乐之中。

就云南洞经音乐发展的历史状况看,大理洞经音乐中的《三通鼓》还存在另一个传入的途径,即从官方传入。

天启《滇志》作为较早有云南释奠礼乐内容记载的地方志,其相关内容未见《三通鼓》的记载,其余明代云南省通志均不见更详细的释奠礼乐记载,现将明刘文征所撰天启《滇志》的相关内容摘录如下:

> 祭器雅乐,著在令甲,而残缺失次者,亦复不少。射礼久废不讲,学宫藏射器,亦寓殷序之义于什一乎,然与饩羊等耳。往与晋江王慕蓼氏籨讨究三器,此君传雅君子也,为一一晢其义意,为书曰《三器考》。时又得《乐舞图》,曾刻于成都,此中虽肄业有专门,而沿袭舛讹,熟究而熟正之。郡国之乐,止见文庙,忍令失次,不为之所也? 今并附刻,庶几见文

---

① 何显耀:《古乐遗韵——云南大理洞经音乐文化揭秘》,云南民族出版社2002年版,第330页。

治一斑云。①

　　据以上文献可知,明代天启《滇志》所载释奠礼乐之内容,《三器考》源自晋江王慕蓼氏。而《乐舞图》则是刘文征搜集所得,两者作为明代释奠礼乐的重要文献材料,都是非官文件,是作者刘文征所得,并载于天启《滇志》之中。即便早期对释奠礼乐介绍相对完整的天启《滇志》之中,《三通鼓》也未见记载,这说明明代大理乃至云南庙释奠礼乐传承重视程度远不及清代,虽然天启《滇志》言云南许多地区已经"祭器、雅乐完备",但其真实状况当是器物包括祭器、乐器已经完备,但其具体的乐、乐舞、歌的传承并未能全面得到传承。由于缺乏更详细的史料记载,结合明代在云南相对柔和的各项政策,从目前明代相关云南释奠礼乐的文献记载并无《三通鼓》的情况推断,包括大理洞经音乐在内的云南洞经音乐文化明代即从官方获得《击鼓三通》曲牌的可能性较小。

　　清代康熙二十二年(1683)后,"三藩之乱"平定,清政府在云南大兴儒学,与此同时,释奠礼乐在云南得到广泛传承,此时期康熙《云南府志》《大理府志》释奠礼乐相关记载,已经出现打击乐《三通鼓》(见附录五)。

　　又据目前大理地区洞经会三通鼓摘录如下:

---

① [明]刘文征:天启《滇志》,古永继校点,王云、尤中审定,云南教育出版社
　　1991年版,第276页。

谱例 3－2：大理洞经会《三通鼓》①

例一：开经锣　（匡—大锣声）

（徐缓）

匡　－　－　－　｜匡　－　－　－　｜匡　－　－　－　｜

例二：一通鼓点

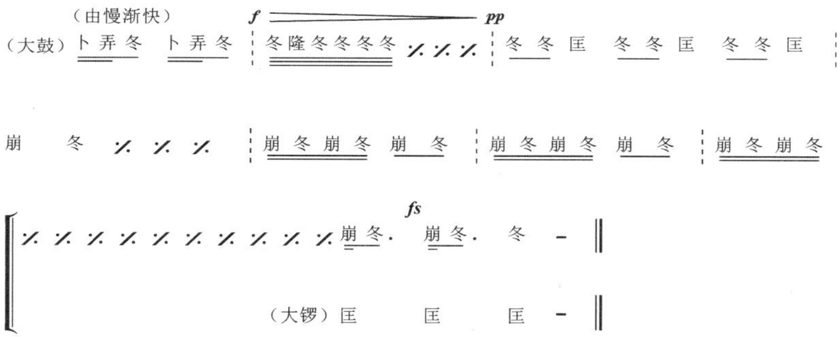

（由慢渐快）　　　　　　　*f* ▬▬▬▬▬▬▬▬▬▬ *pp*

（大鼓）卜 弄 冬　卜 弄 冬　｜冬隆冬冬冬冬 ✗ ✗ ✗ ｜冬 冬 匡　冬 冬 匡　冬 冬 匡 ｜

崩　冬　✗ ✗ ✗ ✗ ｜崩冬崩冬　崩　冬　｜崩 冬 崩 冬　崩　冬 ｜崩 冬 崩　冬 ｜

　　　　　　　　　　　　　　　　　　　fs

【 ✗ ✗ ✗ ✗ ✗ ✗ ✗ ✗ ｜崩冬·崩冬· 冬　－ ‖

（大锣）匡　　匡　　匡　－ ‖

二通鼓点（加大锣）

（由慢渐快）　　　　　　　　　　　　　　　▬▬▬▬▬ *pp*

八打· 匡 ｜八打· 匡 ｜卜 弄 冬　卜 弄 冬　卜 弄崩 冬　卜 弄 冬 ｜冬冬冬冬 ✗ ✗ ✗ ｜

冬 冬 匡 ｜冬 冬 匡 ｜冬 冬 匡 ｜崩冬· ✗ ✗ ✗ ✗ ｜崩冬崩冬崩　冬 ｜

【 崩冬崩冬 ✗ ✗ ✗ ✗ ✗ ✗ ✗ ✗ ｜崩冬· 崩冬· 冬　－ ‖

匡　匡　匡　－ ‖

---

① 大理市下关文化馆编：《大理洞经古乐》，云南人民出版社 1990 年版，第
523—524 页。

"二通鼓毕申三通鼓"

三通鼓点

（由慢至快）

八打. 匡 ｜八打. 匡 ｜八打. 匡 － －冬 匡 冬 匡 冬 匡 －

崩冬. 崩冬. 冬 ｜隆隆隆隆隆隆 ／ ／ ／ ｜崩冬 崩冬 匡 ｜崩冬 崩冬 匡 －　　*mf*

崩冬 崩冬 崩冬 匡 ｜崩冬. 崩冬. 崩冬. 匡 ｜崩冬 崩冬 匡冬 崩冬弄冬 匡

崩冬弄冬 ／ ／ ／ ／ ／ ／ ／ ｜崩冬. 崩冬. 冬 －‖
匡 匡 匡 －‖

　　自康熙时期始，虽然直省释奠乐章在乾隆时期有过更改，但《三通鼓》作为释奠礼乐的重要打击乐曲牌，一直在清代直省释奠中占有重要地位并随释奠礼乐得到广泛传承。这种情况，使清代大理洞经音乐在与释奠礼乐并存的过程中，吸收该曲牌为洞经音乐曲牌则是极有可能的。因此，笔者认为，云南包括大理洞经音乐之《三通鼓》，当与清代传入的释奠礼乐之《三通鼓》有较深的渊源。由于时代的久远，目前云南各地洞经音乐中的《三通鼓》已经出现多样化特征，但今天云南各地洞经音乐《三通鼓》中由慢至快的结构模式及广泛用于开经之前的状况，显然与清代康熙《云南通志》及康熙《大理通志》所载释奠乐章中《三通鼓》有许多相似之处。与此同时，两者间共同使用的《三通鼓》的存在，本身就是清代释奠礼乐与洞经音乐间密切关系的证明。

2.非音乐层面的相似性

除音乐文化层面的相似性外，清代释奠礼乐与大理洞经音乐还存在许多非音乐层面的相似性。

清代释奠礼乐作为一套完整的仪式文化体系，它对洞经音乐文化的影响还体现在许多非音乐层面的因素之中。从大理洞经会的相关禁忌，可以看到清代释奠礼乐对它的影响。这些影响主要体现在演奏过程中洞经会成员的语言禁忌等方面。在大理洞经会中及其用语中"总有一种禁忌，即不论在何处经文上，或上座师、经师念白时，凡提到'二'字，都必须避'孔老二'的讳，一律写成、念成亚字。如科仪中的初敬香、亚（二）敬香、三敬香"①。大理洞经音乐演奏中避免"二"字出现，并改"二"字为"亚"字的禁忌，在体现洞经音乐文化中对孔子尊敬的同时，也体现出洞经音乐文化受庙学释奠礼乐文化影响。庙学释奠礼乐仪式中，将三献礼中的二献礼称为"亚献"，二者之间均显示出"避'孔老二'的讳"的共同特征，这种现象说明二者间是有某种渊源关系的，而这种渊源关系很有可能源于释奠礼乐对洞经音乐文化产生的影响。

二者的相似性还体现在清代释奠仪注与大理洞经音乐仪注的相似性中。释奠仪注作为清代释奠礼乐的重要组成部分，清代蓝钟瑞纂修的《文庙丁祭谱》及云南清代各类地方志中均有详细记载。其中蓝钟瑞《文庙丁祭谱》所载直省释奠仪注详见附录三。

从今天遗存的洞经会祭孔仪式活动中，能清晰梳理出两者间的众多相似之处。

据滕祯对近年大理南诏古乐学会举办的祭孔典礼的调查，祭

---

① 何显耀：《古乐遗韵——云南大理洞经音乐文化揭秘》，云南民族出版社2002年版，第39页。

孔典礼仪式主要包括以下几个步骤:"主持人宣布祭孔仪式开始;击鼓三通;司仪、主祭官、陪祭官、呈献官理衣冠、洗手就位;上香;叩拜;众人初献供品(由于参加的人员很多,供品不能每人一件,于是大家轮流传递,意为每个人都有机会向圣人呈献);恭读祝文;众人行叩首礼;亚献礼(这一程序与初献供品一样,供品再次经众人的手传递到天地案上,再次行礼)。之后是三献礼(重复前面的动作)撤馔;送神;行叩首礼;焚烧表文;撤班;主持人宣布仪式结束。"①

如上文所示,目前大理南诏古乐学会的祭孔仪式,仍以三献礼为中心展开。本书认为,虽然今天南诏古乐学会的祭孔仪式更多的是一种重构的祭孔仪式,但其重建的基础仍然是清代释奠礼乐。从南诏古乐学会祭孔仪式中围绕三献礼的程序,六个乐章的结构,《三通鼓》曲牌的使用,相关成员有司仪、主祭官、陪祭官、呈献官等称呼等内容可见,以上祭孔仪式较完整地沿袭了清代释奠礼乐的大致形式,这种沿袭无不体现出南诏古乐学会祭孔仪式与清代释奠礼乐间千丝万缕的联系。

值得注意的是,祭孔仪式音乐得到了拓展,以上祭孔仪式的用乐包括了《迎圣乐》《孔子歌》《祭孔新腔》《南洋州》《孔圣诞》《大晟乐》《清河老人》《天女散花》《南清宫》《祈年》《元始腔》《奉圣乐》《食供养》《送圣乐》等更为丰富的内容。这些乐曲显然不是当代大理南诏古乐学会重构祭孔仪式才新创的音乐,而是大理地区长久以来祭孔音乐文化积累的成果在重建中的运用。结合大理学者李洋的研究可知:"迄今为止,大理地区能见到的祭孔音乐曲目

①滕祯:《商乐同荣　修身齐家——当代大理洞经音乐的深层结构研究》,博士学位论文,中央音乐学院,2012年。

及其乐谱约存 20 首,其中包括唐制 2 曲,明大成乐 6 曲,清大成乐 6 曲,孔子歌 1 首,洞经曲牌 4 首,大乐曲牌 1 首。"①大理地区是迄今保存祭孔音乐最丰富的地区之一,显然以上丰富的祭孔音乐是历代释奠礼乐在大理传承历史的见证,也是释奠礼乐对大理音乐文化影响的结果,而这种状况显然与清代释奠礼乐在大理的传承密切相关。

李洋认为:"《康熙大理府志》、《康熙鹤庆府志》、《康熙蒙化府志》、《雍正宾川州志》中所载的祭祀程序和使用曲名则相同……今见民间流传工尺谱抄本所记名称与上基本相同,但在各曲唱词中均有少则 2—3 个,多则 5—8 个字词的变异。可能与乾隆七年(1742)以旧词重改,归于中和韶乐之列,改后各乐章及词面目全非有关。尤其传本中之曲谱与《府志》的记载更是大相径庭,何以如此尚待考证。"②可知,清代释奠礼乐在大理地区存在大量民间抄本,但抄本曲谱与《府志》的记载大相径庭,这种现象首先体现出清代释奠礼乐在大理民间影响范围的广泛,除庙学外,民间对清代释奠礼乐也存在传承并流传的历史现象,结合大理地区至今遗存的各种民间信仰与祭孔文化间密切的联系,可以推测,清代释奠礼乐不仅对大理洞经音乐产生过影响,它对大理民间信仰亦产生过影响。

综述之,大理洞经音乐文化自元末明初创立以来,在清代与释奠礼乐长期共存的历史过程中,充分吸收了释奠礼乐的众多元

①李洋:《祭孔音乐在大理地区的传播与衍变》,《民族艺术研究》1999 年第 6 期。
②李洋:《祭孔音乐在大理地区的传播与衍变》,《民族艺术研究》1999 年第 6 期。

素,使清代大理洞经音乐在发展过程中完成儒化并趋于完善、丰富。并在清末民初,逐步取代了释奠礼乐,成为亦官亦民的大理地方性乐种,这种现象表明,清末民初的洞经音乐文化正是在强势传入的释奠礼乐的影响之下完成了其儒化的过程,由此在大理地区走上独立发展的道路,并逐渐替代了释奠礼乐。

(二)大理洞经音乐文化对释奠礼乐的替代

随着清代社会逐步走向衰落,释奠礼乐自乾隆以后并未得到实质性的建设,清政府对释奠礼乐的建设与其统治势力密切相关。至清末光绪年间,大理出现了"人们将兴起于明代中叶的洞经音乐中的古词、曲牌用来替代祭孔祀典音乐"①的现象,这种现象不是孤立的,这在清末临安地区、丽江地区也逐步成为普遍现象。

对于清末民初大理洞经音乐文化取代庙学释奠礼乐的原因,有学者认为:"到了清咸丰年间,云南爆发了大规模的反清起义,在历经18年之久的兵焚战乱之中,大理地区各府州县的孔庙、文庙、启圣宫、明伦堂及学宫、书院等相继被毁;大批祭祀礼器、祭物、乐器、乐谱和服装道具等,均被战火毁灭。纵有少量被民间私人藏匿保存过关的,后来也多因流散而失传。自此之后,大理地区再无能力恢复以大成乐祭孔之祀典,惟民间的传统祭孔意识和祀典习俗仍在传承沿袭。"②对此,本书有不同的看法,清末民国初大理洞经音乐文化对清代释奠礼乐的替代,是社会发展的产物,也是艺术文化自身发展规律的体现。

---

① 李洋:《祭孔音乐在大理地区的传播与衍变》,《民族艺术研究》1999年第6期。
② 李洋:《祭孔音乐在大理地区的传播与衍变》,《民族艺术研究》1999年第6期。

　　释奠礼乐作为承袭两千余年的中原汉文化传统,其在历代统治阶层中的影响可想而知,无论是蒙古人统治的元朝还是满人治理的清朝,对释奠礼乐文化所承载的儒家文化之礼制,从未否定过。直至民国时期,对释奠礼乐的重视并未中断,许多云南的府县志,仍然明确载有民国时期由政府颁布的释奠礼乐的曲谱及相关要求。这些文献表明,民国时期的释奠礼乐仍然沿袭清代传统,并继续传承。这就意味着对释奠礼乐的传承仍然有国家及政府层面的干预,其人员、设备、资金方面仍有保障,并不存在"再无能力恢复以大成乐祭孔之祀典"的状况。

　　本书认为清代大理洞经音乐最终替代释奠礼乐的原因是综合的。从大理洞经音乐的产生及发展状况看,大理洞经音乐自产生以来与儒学就存在天然的联系,清康熙之后,随着释奠礼乐的传入,大理洞经音乐文化与释奠礼乐出现了长期并存的局面。在此过程中,大理洞经音乐文化体现出其作为民间音乐及本土音乐文化的发展优势。首先,大理洞经音乐文化逐步吸收了释奠礼乐的许多元素,使其儒学色彩更为浓郁,并获得了更多儒生的支持。与此同时,大理洞经音乐积极吸收清以来不断传入大理的各种不同风格特色的音乐品种,积累了大量音乐素材和丰富的曲目,包括孔子歌、历代词牌曲令以及江南丝竹、北方吹打在内的许多器乐形式,在此时期被及时吸纳为洞经音乐的曲目,适应了不同地区、不同阶层的需要。以上大理洞经音乐在清代的发展状况,使其形成了儒学色彩浓郁,又不失积极活泼的民间音乐文化气质的特点。由于以上明清以来大理洞经音乐文化产生发展过程中形成的特质,大理洞经音乐获得了比释奠礼乐更为广泛的受众。到清末民初,它已经取代释奠礼乐的位置在大理地区及云南地区均得到普遍发展和认可。

　　从清代云南释奠传承的情况看,自康熙年间清代释奠礼乐文化完整传入大理地区,亦经历了与大理洞经音乐文化长期共存的过程,在此过程中,在国家政治、经济大力保障之下,其在大理地区的传承几乎贯穿了整个清代,在科举制度及庙学教育的配合之下,曾经呈现出极度繁荣的现象,但释奠礼乐作为代表国家意志的上层建筑,其制定、颁布均由国家统一颁布,从音乐形态及乐教形式看,与洞经音乐相比显然具有相对呆板、单一的特征,国家钦定的原则又使其不可能有丝毫的改变,从以上分析不难看出,释奠礼乐传承的基础是庙学教育及科举制度的实施,当以上两个释奠礼乐传承的主要动力由于科举制度的停止而丧失对释奠礼乐的支撑,失去支撑的释奠礼乐也完成了其历史使命,被洞经音乐所替代。这也再次证明,释奠礼乐作为具有儒学象征意义的文化,其存在的意义与核心是儒学提倡的"礼"层面,当儒学失去其存在的历史空间,释奠礼乐处于"皮之不存,毛将焉附"的状态也就不足为奇了。

　　二、对民间信仰的影响

　　清代政府大力提倡释奠礼乐,释奠礼乐在促进大理地区洞经音乐文化发展的同时,也促进了大理民间祭孔文化的繁荣。释奠礼乐作为以儒学为核心的汉文化的代表,它的内涵是丰富的,既包括乐层面的内涵,又具有礼层面的内涵。就释奠礼乐对大理民间信仰的影响看,乐层面的影响是有限的,它对民间信仰的影响集中体现在礼层面。

　　清代康熙时期,大理地区尊孔崇儒之风与历代相比更为盛行,学宫、书院、孔庙(文庙)及至驿馆都有释奠礼乐及相关活动,是释奠礼乐传承并盛行的重要历史阶段。清代大理地区释奠礼乐的强势传入,对大理民间祭孔文化的影响进一步深入,大理民间信仰中祭孔音乐文化出现繁荣的景象。今天遗存的大理地区各种民间信仰崇拜组织中祭孔仍为重要内容的现象,折射出清代释奠礼乐对大理民间信仰音乐文化的影响。其中最具代表性的有民间宗教组织"莲池会"及"辅国坛"。

　　虽然很多学者认为,至今仍在大理村落中普遍存在的"莲池会",在唐南诏时期就已经在大理地区开始流行,但就现有可查的地方史志材料看,并无相关"莲池会"的记载,所以目前仅能从遗存的"莲池会"及"辅国坛"的相关研究,来了解大理民间组织与释奠礼乐间的关系。

　　20世纪30年代澳大利亚人类学家菲茨杰拉德曾这样描述当时大理地区的"莲池会"及其活动:"女信徒们围在香炉前,口里念念有词,或者简单地重复着观音和阿弥陀佛的名字,木鱼的敲打声此起彼伏。这些妇女属于一个团体,她们不食肉不喝酒,在观音会上集合后举行各种仪式,她们安排自己的祭桌,桌上放着菜、水果和甜点,祭桌前点上香。这些人不是尼姑,而是已婚妇女,通常年纪比较大,为了给自己积功德,她们自愿加入这种团体。她们拜的神不只一个,在阎土节上(阎土是道教在地下的皇帝),还有在拜山神和龙土的会上,也是这些妇女在做相同的仪式。"①这是目前能见到的对大理"莲池会"相关的较早记载。

　　至20世纪90年代,有关"莲池会"的记载和描述才开始在方志中出现。据《大理市文化志·经曲》载:"莲池会是大理地区分

————————
① [澳]C. P. 菲茨杰拉德:《五华楼——关于云南大理民家的研究》,刘晓峰、汪阵译,民族出版社2006年版,转引自张翠霞《神坛女人——大理白族村落"莲池会"女性研究》,博士学位论文,中央民族大学,2013年。

布最广，人数众多的民间宗教组织，遍及白族村村寨寨，其组织小村有一会，大村几个组织并存，互不统属。成员为中老年妇女，渊源尚难稽考，其信仰为儒、释、道三教合一，成员见寺庙烧香，见神佛跪拜，逢神佛诞日或农历初一、十五均斋戒素食念经。"①

周庆瑄认为"莲池会"是"市（大理市）境内流布最广、人数最多的一种民间宗教组织，源于何时何地无从稽考。其信仰特征是三教合流……经曲、经文由经母教授，历为口口相传，唱诵统称念经。故民间也称莲池会的妇女为斋奶"②。

作为本土信仰，学界普遍认为"莲池会"在唐南诏时期就已经存在。从"莲池会"相关活动中众多与祭孔相关因素的存在，可以看到它受儒学影响的历史痕迹。

从"莲池会"的研究状况看，"莲池会的宗教信仰比较广泛，这与大理宗教文化的多元混融性是相吻合的。在其所讽诵、祭祀的神灵中，有佛教的释迦摩尼、观音……有道教的玉皇大帝……有儒教的孔子。此外还有本主崇拜"③。"莲池会"对孔子的信仰，集中反映在它的经文构成中，儒家相关的《文昌经》《孔子经》都是它经籍的组成部分，《文昌经》云：

> 【诰】桂香宝殿，文昌上官。九十六生，种善果于诗书之圃，百千万化，培桂根于阴坞之田。至雷杼柄灵于凤山，至如意储祥于鳌岫。开人心，必本于笃亲之孝，寿国脉，必先于致

---

① 大理市文化丛书编辑委员会编：《大理市文化志》，民族出版社 1996 年版。
② 周庆瑄：《民间宗教"莲池会"音乐》，大理市文化丛书编辑委员会：《大理市民间器乐曲集》，云南民族出版社 1996 年版，第 679 页。
③ 张明曾、段甲成：《白族民间祭祀经文钞》，云南民族出版社 2004 年版，第 10 页。

主之忠。应梦保生,垂慈悯苦。大孝大圣大慈神文圣武孝德忠仁王辅元开化文昌司禄,宏仁帝君,澄真正观宝光慈济天尊。

晴空一笔拂云烟

文昌司禄下九天

富贵功名排得禄

文昌立约养西天

枭杰勤来化永命

永命大天尊

魁神斗口照三合

笔下无墨有化才

鲸鱼烧檀香一炷

鸡山窑洞凤来山

大悲大愿

大圣大慈

枭杰勤来化永命

永命大天尊①

除文昌经外,莲池会讽诵的儒学经典还有《孔子经》②。显然,"莲池会"的多元化信仰是历史层累造成的,从莲池会讽诵经文有《孔子经》《文昌经》的现象,可以看到历史上祭孔对莲池会影响的痕迹,这显然无法排除清代释奠礼乐对历史悠久的莲池会多

---

① 张明曾、段甲成:《白族民间祭祀经文钞》,云南民族出版社 2004 年版,第261 页。

②《大理莲池会经文名录》,张明曾、段甲成:《白族民间祭祀经文钞》,云南民族出版社 2004 年版,第 328 页。

元信仰形成的影响。

　　莲池会成员以女性为主,其成员恪守许多宗教信条,其中"积德累善以荫护子孙,不作恶以求不坠入地狱三恶道,勤念经拜佛以求家道清吉平安"①是其信条的主要内容。值得关注的是,在"莲池会"各类宗教节日中,"文昌诞"是其宗教节日,这个节日"莲池会"成员会在文昌宫附近讽诵经文。虽然"莲池教"没有直接祭祀孔子的牌位,但其会期"文昌诞"的存在表明,文昌作为明清以来科举制度下儒生们大力祭祀的神灵,大理地区中年妇女对其的崇奉,当与明清以来大理科举制度相关,其目的是保佑自己的子女、家人科举顺畅,这与"莲池会"的信条显然相符。

　　民间宗教"辅国坛"亦称为"圣谕坛"。对大理地区"辅国坛",就现有可查的地方史志材料看,亦并无相关记载,从20世纪90年代相关调查材料看,圣谕坛"自称源于清朝末年,一代会长王朝阳、张家有,传授人王云。历经三代,现会长为王世尧。其组织成员均为男性老年人"②。从辅国坛的信仰看,它所崇奉的神祇包括玉皇、关圣、文昌、孔子、复圣(颜回)、吕圣(吕洞宾),每圣有一牌位,其中"孔子牌位单独插于盛有五谷的斗内,称孔圣为主教。其余五位同插于另一斗内"③。其主要会期有:

---

① 周庆萱:《民间宗教"莲池会"音乐》,大理市文化丛书编辑委员会:《大理市民间器乐曲集》,云南民族出版社1996年版,第679页。
② 周庆萱:《民间宗教"辅国坛"音乐》,大理市文化丛书编辑委员会:《大理市民间器乐曲集》,云南民族出版社1996年版,第720页。
③ 周庆萱:《民间宗教"辅国坛"音乐》,大理市文化丛书编辑委员会:《大理市民间器乐曲集》,云南民族出版社1996年版,第720页。

表3－3：大理地区民间宗教辅国坛主要会期及所祭祀神灵图表①

时间	会期	演唱经文	演唱地点
正月初九	玉皇诞	《大洞真经》《黄经三品》《三官经》《平安经》《家救劫黄经》《朝忏经》《南北二斗经》《觉世经》《报恩经》《十五经》等	三圣宫、沙漠庙、崇福寺、居家内等
二月初三	文昌诞		
四月十四	吕圣诞		
五月十三	单刀会		
五月三十至六月初七	朝南斗		
六月二十四	关圣诞		
七月十三日至十六日	本主诞		
八月二十七日	孔子诞		
八月三十日至九月初十	朝北斗		
十月十九日	太阳诞		
十月二十七日	颜回诞		

　　从以上大理民间宗教组织"辅国坛"的相关调查看，会期"孔子诞"及"颜回诞"的存在显然是儒学文化在大理民间得到发展的典型例证。从"辅国坛"的特征看：称孔圣为主教，孔子牌位单独插于盛有五谷的斗内；主要会期中分别有"文昌会""孔圣诞""颜回诞"三个重要会期与祭孔相关；其经籍中有《三官经》《觉世经》《报恩经》等显然与儒学相关。

　　以上大理地区"莲池会""辅国坛"等民间宗教组织中对出现

①该图表由笔者根据周庆宣：《民间宗教"辅国坛"音乐》（大理市文化丛书编辑委员会：《大理市民间器乐曲集》，云南民族出版社1996年版，第720页）内容编制而成。

相关祭孔及其相关文化的信仰,成为大理地区民间祭孔文化的俗化形式,两会的信仰崇拜,仍以各类经文的演唱为主要形式。如"莲池会"具有"独特的经曲,其经曲流布最广,演唱形式多样"①,辅国坛"使用的乐器有:笛子、楠胡、大鼓、木鱼、法玲、川锣、大钹、小钗、勾锣、云锣、磬等乐器。其唱腔则多用衬词,有时一字用几个衬词,也有一词用几个衬词的。打击乐伴奏时常用铛锣、云锣、木鱼,或小鼓、小钗,节奏基本固定,每曲结束加用大鼓、大钹、川锣。但在喜庆、迎降的曲调中,有的也加大鼓、大钹"②。从音乐形态看,大理"辅国坛"经腔《士子儒生腔》显然是与儒学祭孔文化相关的典型音乐例证:

---

① 周庆萱:《大理市民间器乐曲集·综述·总序》,大理市文化丛书编辑委员会:《大理市民间器乐曲集》,云南民族出版社1996年版,第17页。
② 周庆萱:《民间宗教"辅国坛"音乐》,大理市文化丛书编辑委员会:《大理市民间器乐曲集》,云南民族出版社1996年版,第720—721页。

谱例 3－3：《士子儒生腔》①

（辅国坛·经腔）

①《士子儒生腔》，大理市文化丛书编辑委员会编：《大理市民间器乐曲集》，
云南民族出版社 1989 年版，第 769—772 页。

皈（哎）　　命（呀啊　哎）　　礼，（哎）　　说（啊）

法（啊）　　（哎哎）　　尊（哎）　　　士（哎）

子，（哎）　神（哎）　童（哎）　聪（那啊）明。（哎）

道（啊）　　　常（啊）　持（哎）　　大（啊）

挥（哎）　洞（那啊哈哎）　　　经（哎）。

说明：此曲演唱于庙会、家斋、丧事、祭祀等活动。演唱形式为一人反复唱谱，乐队伴
　　　奏。唱词选自《大洞经》经文。

演唱：王家贤（白族，男，52 岁，挖色乡大成村村民）

伴奏：王士尧（白族，男，63 岁，挖色乡大成村村民）
　　　王化周（白族，男，70 岁，挖色乡大成村村民）
　　　董利但（白族，男，70 岁，挖色乡大成村村民）
　　　王永昌（白族，男，60 岁，挖色乡大成村村民）
　　　董立任（白族，男，66 岁，挖色乡大成村村民）
　　　王　杰（白族，男，64 岁，挖色乡大成村村民）

采录：王瑞、周庆萱于 1994 年 8 月

记谱：王瑞、杨育民

　　以上采录于 1994 年的"辅国坛"经腔是经文"辅国坛"借用洞经"大洞仙经"经文而来,由于缺乏文献记载,"辅国坛"何时从洞经经文成为自己的经腔已经不得而知,历经历史洗礼,其音乐形态及相关歌词内容等不可避免地发生了某些变化,但就总体而言,仍留给后人许多音乐文化的历史信息,是了解清代大理地区释奠礼乐对该地区民间信仰音乐文化影响程度的重要材料。

　　将以上大理地区民间信仰"莲池会"及"辅国坛"中存在多种与祭孔文化相关的现象,结合大理地区"能见到的祭孔音乐曲目及其乐谱约存 20 首,其中包括唐制 2 曲,明大成乐 6 曲,清大成乐 6 曲,孔子歌 1 首,洞经曲牌 4 首,大乐曲牌 1 首"①的祭孔音乐文化保存现状可知,释奠礼乐礼层面对以"莲池会""辅国坛"为代表的大理民间信仰的广泛影响,是承载大理地区如此丰富祭孔音乐的社会基础。从以上两个民间信仰组织相关研究成果及口碑材料看,"莲池会"历史大致可以追溯到南诏时期,"辅国坛"则可以追溯到清代,据此推测,两个民间信仰团体很可能都曾受到清代释奠礼乐礼层面的影响。

　　通过对遗存的大理地区洞经音乐文化及民间信仰"莲池会"及"辅国坛"相关音乐及文化层面的梳理,不难看出,清代释奠礼乐在大理地区的传承,其本土化过程集中体现为释奠礼乐与文人性质洞经音乐文化的高度融合,这种高度融合还体现在祭孔文化对大理民间信仰及祭孔音乐文化保存的影响,清代释奠礼乐在大理地区传承过程中呈现出的以上特征证明,与同时期临安地区及丽江地区释奠礼乐传承过程不尽相同,该地区释奠礼乐的传承首先体现出更多文化融合的趋势。这种文化融合是多层次、多方位的,这

———————

① 李洋:《祭孔音乐在大理地区的传播与衍变》,《民族艺术研究》1999 年第 6 期。

不仅与清代释奠礼乐的强势传入有关,还与大理地区长期以来对汉文化包括不同时期中原儒学文化的吸收、学习的悠久历史有关。

小　结

本章中,笔者根据学界相关研究及史料,通过对大理地区释奠礼乐传承历史溯源,梳理出清代释奠礼乐对大理洞经音乐及民间信仰文化产生的影响,从不同角度揭示出释奠礼乐对大理地区传统音乐文化的影响,并在此基础上揭示了清代释奠礼乐在大理音乐文化传承中的特殊性。笔者得出以下认识:

一、南诏时期随着晟罗皮立孔子庙的创立,唐代释奠礼乐很有可能在大理地区已经得到传播,元明时期大理地区虽然开始出现释奠礼乐及相关祭孔活动的部分记载,但直到清代康熙时期,释奠礼乐才在大理地区得到完整的传承。

二、以国家行为方式传入大理的清代释奠礼乐,在内容上与云南其他地区及清代直省释奠礼乐呈现出高度一致性,清代释奠礼乐中器乐、声乐、乐舞文化通过庙学载体获得下移,并与本土文化产生深层次、多方面的融合,对清代及后世大理地区音乐文化的发展起到重要作用。

三、清代释奠礼乐在大理地区的传承,更多体现出文化间融合的趋势,这种文化的融合是多层次的,它既体现于释奠礼乐对文人性质洞经音乐文化的儒化影响,又体现于释奠礼乐影响下民间信仰"莲池会"及"辅国坛"对祭孔文化的吸收及俗化。

四、清代释奠礼乐在大理地区的传承过程,体现出清代释奠礼乐在云南传承过程中的某些共性,但更多地体现出其在大理地区传承的个性化特征。

第四章　清代临安地区释奠礼乐

临安是明清时期云南儒学传播的核心区域,清代释奠礼乐的传承对临安地区的本土音乐文化产生了重要影响。

学界对清代临安地区释奠礼乐的关注极为有限。从目前学界研究现状看,汪致敏的《建水明清祭孔乐舞考略》①是关注到该地区明清释奠礼乐为数不多的文章之一,作者在对临安部分地方志所载释奠礼乐资料梳理的基础上,看到祭孔礼乐对滇南民间祭祀音乐以及洞经音乐的影响,但文章并未对以上现象进行深入具体的论述。除此之外,对明清以来临安地区释奠礼乐的专题研究既无学位论文也无学术专著。显然,学界对该地区清代释奠礼乐的研究仍处于起步阶段。

本章中,笔者拟通过清代临安地方志所载释奠礼乐相关史料的整理,梳理出清代释奠礼乐在临安地区传承的历史,在此基础上探讨清代释奠礼乐对临安传统音乐文化的影响,并揭示清代释奠礼乐在临安地区对本土音乐文化的影响地域范围仅限于红河以北,并体现为对文人性质洞经音乐文化的深层次影响。

笔者先后四次到云南建水县做田野工作及资料收集,从云南建水县图书馆收集到了清代《文庙丁祭谱》,还收集到建水县灶君

---

① 汪致敏:《建水明清祭孔乐舞考略》,《民族艺术研究》1996 年第 5 期。

寺洞经会已故会长陈怀本先生收藏的《孔教真理》等一批洞经经籍。以上材料为笔者深入研究清代释奠礼乐在临安地区的传承情况及对洞经音乐文化的影响提供了可靠的证据。

第一节　清代以前临安释奠礼乐文化

临安地区自古以来就是多族群聚居地，虽然该地区自汉代起就设立了郡县，由于地理位置的特殊性，无论是中原政权还是南诏、大理等地方政权，都先后将其划归为自己的势力范围。但从相关文献看，无论汉、唐中原政权对其的治理，还是南诏、大理的统治，对本地区的文化教育的态度似乎仅停留在任其自然的状态。导致元以前的临安地区，各少数民族族群自身的文化认同与文化传统仍在当时临安社会中占有主导地位。这种状况直到元代才有所改善。

元、明时期的临安地区，以临安城为中心，逐渐发展成为滇南军事、文化、教育中心。明代的临安府所在城镇建水城的经济、文化、教育达到辉煌的顶峰，享有"滇南邹鲁""文献名邦""临半榜"的美誉。明万历年间云南右参政谢肇淛在《滇略》中有"临安繁华富庶，甲于滇中，谚曰：'金临安，银大理。'言其饶也。其地有高山大川，草木、鱼蠃之产不可殚述，又有铜、锡诸矿，辗转四方，商贾辐辏。其民习尚奢靡，好宴会，酒肴筐筐殆无虚日①的记载。如果说以上文献所载，主要描述的是临安地区的富足，那么临安地区明清两代科举成果的丰硕，则体现了其作为"文献名邦""临半

---

① [明]谢肇淛：《滇略》，载方国瑜主编，徐德文、木芹、郑志惠纂录校订，《云南史料丛刊》卷六，云南大学出版社 2000 年版，第 700 页。

榜"的教育成果。

据统计,明、清两代,临安府考中文进士 215 人、武进士 64 人、文举人 1935 人、武举人 885 人,约占全省的四分之一,仅次于府治在昆明的云南府①。父子进士、兄弟进士、一门三进士、同胞两翰林都是明清时期临安地区科举成果的真实描述。

本书认为明清以来临安地区科举的繁荣,既与自元以来临安地区庙学的建设相关,又与明代大量汉族移民的迁入相关,与此同时,庙学的创立及科举的繁荣也促进了元明时期释奠礼乐在临安地区的传承。

一、元代释奠礼乐

元代,随着云南行省制度的建立,中央政府首先在军事、政治上逐步加强了对临安地区的建设,元代临安路军事及政治的建置表明,临安地区已经成为滇南军事、经济中心。元中央政府在加强临安地区军事、政治统治的同时,一改历代中央政府及云南地方政权仅重视其军事建设的措施,开始在该地区兴办庙学,宣传王化、儒学等汉文化。元代临安地区庙学的建立,为释奠礼乐在临安的传承提供了空间载体。

文献记载,临安府庙学始建于从元初。《元史》卷一百六十七《张立道传》载,至元二十二年(1285)张立道"迁临安广西道军民宣抚使。复创庙学于建水路,书清白之训于公廨,以警贪墨,风化

---

① 田丕鸿、高建安:《临安科举史话》,云南出版集团、云南美术出版社 2011 年版,第 7 页。

大行"①。文献表明,临安府建水路庙学是元代继昆明、大理之后开办的第三所庙学,也是临安地区以儒学为核心的汉文化教育发展的新起点。

《民国临安府志》卷三"大事"的记载:"(至元)十三年,云南行省赡思丁改定云南诸路名号,改善阐为中庆路,改南路为临安路,设临安宣慰司,二十一年置元帅府于河西之曲陀关,二十二年置临安广西道宣抚司……二十七年设云南诸路学校,以蜀士充教官。泰定帝泰定二年敕有司治义仓以救荒,佥事杨祚请增建临安学校,从之。"②从以上文献记载可知,元代临安地区自至元二十二年(1285)设学,到元代在云南的统治结束,其间建水路庙学多次得到修缮、扩建。正是自至元二十二年(1285)建水路庙学设立,泰定二年(1325)临安庙学又得到增建,至正十年(1350)平章王维勤、教授邵嗣宗续修,使临安府庙学的规模日渐扩大,为明清时期临安府庙学建筑群的形成奠定了基础。

元代建水路庙学的创立,开滇南地区庙学教育之先河,对滇南的教育、文化产生了深远的影响。

庙学作为以儒学为核心的汉文化传播载体,同时也是释奠礼乐传承的重要载体,追寻其历史踪迹,成为追寻释奠礼乐历史脉络的重要线索。

目前,由于历史文献的缺乏,无法深入细致了解元代释奠礼乐在临安地区庙学传承的具体情况,但同时期云南其他地区释奠礼乐传承的相关文献,为了解该地区释奠礼乐的传承提供了一些

---

① [明]宋濂等:《元史》卷一百六十七《张立道传》,中华书局1976年版,第3917页。

② 据民国时期《临安府志》卷三《建置》,国家图书馆地方志数字版,第15页。

参考。

据《元史》卷一百六十七《张立道传》载："十五年，除中庆路总管，佩虎符。先是未知尊孔子，祀王逸少（羲之）为先师。立道首建孔子庙，置学舍，劝士人子弟以学，则蜀士之贤者，迎以为弟子师，岁时率诸生行释菜礼。人习礼让，风俗稍变矣。"①元代，中庆路作为云南的省府，张立道已经首建孔子庙，并开始进行祭祀先师孔子的仪式活动。从文献记载看，当时庙学所举行的祭孔仪式，所用之仪式为释菜之礼。

对于"释菜之礼"，《礼记·文王世子》云："凡学春官释奠于其先师。秋、冬亦如之。凡始立学者，必释奠于先圣先师，及行事必以币……始立学者，既兴器用币，然后释菜，不舞不授器。"②

据郭松年《中庆路大成庙记》载："（中庆路庙学）经始于至元甲戌之冬，落成于丙子之春。是岁八月上丁，行释奠礼于新宫，牲币孔嘉，献享有仪，戴白垂髫，怡怡熙熙，乃观乃悦，于是华夏之风，灿然可观矣。"③何弘佐《中庆路学礼乐记》载："至元甲戌，命平章政事赛典赤建行省事于滇城，以弹压诸夷，凡六昭之地，尽为郡县……于是建学立师，隆庙貌之观，绘圣贤之像，为万姓瞻依之所。春秋释奠，讲礼肄乐……天历初，镇兵扇诸蛮作乱，典章文物扫荡无遗，学校礼乐，其所存者几希矣。至元戊寅，著作郎杜敏以

①［明］宋濂等：《元史·张立道传》，中华书局1976年校点本，第3916—3917页。

②［清］阮元校刻：《十三经注疏》卷二十《礼记正义》，中华书局1980年版，第1405页—1406页。

③［元］郭松年：《中庆路大成庙记》，［明］周季凤纂编：正德《云南通志》，方国瑜主编，徐德文、木芹、郑志惠纂录校订，《云南史料丛刊》卷六，云南大学出版社2000年版，第368页。

亚中大夫来金南宪事,深惧学校废弛,礼乐不备……庚辰秋……谋于平章胜家奴……乘驿持锭五千缗,市礼乐器于江之南。宪府又以衣服不备,委中庆路学录潘允文,亦持千缗计置于成都。"①

　　从以上几条元代相关云南中庆路庙学释奠活动的文献记载可知,元代释奠礼乐已经随着庙学在云南的建立而逐步传入云南庙学。中庆路庙学建成之初,不用乐的释菜仪式及用乐的释奠仪式都先后进入中庆路庙学,中庆路庙学在创学之初已经开始实施春秋释奠活动。从文献还可以看到,元代的云南,社会秩序还处于很不稳定的状态,即便是行省中庆路庙学也不免出现"镇兵扇诸蛮作乱,典章文物扫荡无遗,学校礼乐,其所存者几希矣"的动荡现象。

　　由此可以推测,由于元朝在云南统治的时间较短,云南整体庙学建设及庙学中释奠礼乐文化的传播仅仅停留在庙学、孔庙等基础设施建设方面,除中庆路庙学外,祭孔祀典只能以较为简单的释菜礼等不用乐的仪式替代规模更大并且有乐舞的释奠仪式,所以元代释奠礼乐文化对云南社会影响主要在于逐步树立起尊敬先师孔子等相关儒学所倡导的礼的观念,它对云南社会音乐生活的影响是有限的,从元代云南整体释奠礼乐传承的情况可以推测,元代祭孔仪式的释菜仪式及释奠仪式有可能已经传至临安庙学,但由于临安庙学仅处于初创之时,祭孔相关活动当也处于起步阶段,因此并未产生大的影响。由于史料的缺乏,对更详细的元代临安地区释奠礼乐传承的情况还无法做进一步的研究。

---

①[元]何弘佐:《中庆路学礼乐记》,[明]周季凤纂编:正德《云南通志》卷二十九,方国瑜主编,徐德文、木芹、郑志惠纂录校订,《云南史料丛刊》卷六,云南大学出版社2000年版,第372页。

二、明代释奠礼乐

随着明廷在云南实施卫所制度,临安地区开始有大批内地汉族移民进入,使汉文化传播得到加速的同时促进了该地区释奠礼乐的传承。

明洪武十五年(1382)三月,朱元璋命傅友德等:"以云南既平,留江西、浙江、湖广、河南四都司兵守之,控制要害。"①《明太祖实录》卷一百七十九载:"洪武十九年九月庚申,西平侯沐英奏:云南土地甚广,而荒芜居多,宜置屯,令军士开耕,以备储侍。"②以上文献记载说明,对于卫所制度的设立,有两个重要因素:一是可以由中央政权放心的内地汉族士兵控制云南要害;二是云南地广,"令军士开耕,以备储侍"。云南明初卫所制度的设立,成为汉族人口比例在云南超过少数民族族群的重要因素。

据研究,"明代云南都司所领二十卫、三御、十八所,共有一百三十三个千户所,如果每千户所的官兵都是足额,则驻扎在云南的卫军共有十四万八千九百六十人"③。足见明代卫所制度对云南全省汉族人口比例的影响。

除正常的卫所军实之外,云南卫所制度设立,还带来卫所家

---

①《明太祖实录》卷一百四十三,全国人民代表大会民族委员会云南民族调查组、云南省少数民族社会历史研究所编:《明实录有关云南历史资料摘钞》(上),云南人民出版社1959年版,第35页。

②《明太祖实录》卷一百四十三,全国人民代表大会民族委员会云南民族调查组、云南省少数民族社会历史研究所编:《明实录有关云南历史资料摘钞》(上),云南人民出版社1959年版,第81页。

③方国瑜:《云南地方史讲义》(下),云南广播电视大学1983年版,第40—41页。

属移民至云南各地。

明代,卫所之军人都要有家室,并通往卫所。明会典载:"应起解者,皆拘妻解,津贴军装盘缠。"①又载"如原籍未有妻室,听就彼完娶,有妻在籍者,着令原籍亲属送去完娶"②。并要求"所有军士都要安家立户,以此军伍称为千户、百户"③。

明代卫所制度下对军人的特殊要求,使留守云南的外省军人及其家属大量进入云南。军户世代为军,既入军籍,不准改变,也不得逃亡。明代卫所制度的实施,"仅明一代,在云南的汉族人口一跃居于第一位,即比云南任何一个民族都多,这是一个重大的变化"④。

明代的临安地区,以临安城为中心,建立了建制完备的军事制度。卫、御、所的设置,使该地区成为明代卫所制度影响下汉族移民的重点地区。为了防止众多移入夷人地区的汉族士兵及其子弟的夷化,明代临安地区庙学得到重视与发展。

文献记载,明代洪武年间是临安地区庙学得到较快发展的重要时期。作为儒学及释奠礼乐传承的重要场所,对明代临安地区庙学设置的梳理,是了解临安地区释奠礼乐的重要线索。据天启《滇志》载,自洪武年间,临安府所属州县基本设立了庙学,并设立了专门管理庙学教育的官员。

---

①[明]申时行等修:《明会典》,中华书局 1988 年版,第 793 页。
②[明]申时行等修:《明会典》,中华书局 1988 年版,第 795 页。
③方国瑜:《云南地方史讲义》(下),云南广播电视大学 1983 年版,第 42 页。
④方国瑜:《云南地方史讲义》(下),云南广播电视大学 1983 年版,第 48 页。

表4-1：临安府明代庙学及官师设置统计表①

府州县及土司	儒学设立时间	儒学设置	备注
临安府	元平章王惟勤创建。本朝洪武十六年(1383)建设儒学,因之。	儒学教授一,训导一。	训导旧系二员,万历四十四年(1616)题设建水州儒学,裁去训导一。
建水州	建水州儒学,万历四十三年(1615),知州赵士龙请于巡按御史吴应琦题建。	儒学训导一。万历四十四年(1616)对的设。天启三年(1623)知州角韶建学增廪,并建仓,建羁候铺。	
石屏州	石屏州儒学,元至间创,毁于兵燹。洪武二十二年(1389)复建。	儒学学正一,训导一。	
阿迷州	阿迷州儒学,洪武间建。	儒学学正一,训导一。	
宁州	宁州儒学,洪武二十六年(1393)建。	儒学学正一,训导一。	
通海县	通海儒学,洪武二十五年(1392)废寺建。	儒学教谕一,训导一。久缺未补。	
河西县	河西县儒学,元泰定间建。本朝洪武二十九年(1396)重建。	儒学教谕一,训导一。	
嶍峨县	嶍峨县儒学,洪武十五年(1382)建。	儒学教谕一,训导一。	
蒙自县	蒙自县儒学,洪武二十七年(1394)建。	儒学教谕一,训导一。	

① [明]刘文征:天启《滇志》卷五《建设志》、卷九《学教志》,古永继校点,王云、尤中审定,云南教育出版社1991年版,第187—191页、第304—305页。

续表

府州县及土司	儒学设立时间	儒学设置	备注
新平县	新平县文庙,万历二十一年(1593)建,议设学,不果,诸生仍寄元江府学。	无	
纳楼茶甸长官司	无	无	以上九土司正德六年(1511)并入蒙自县,天启二年(1622)复设。
教化三部长官司	无	无	
王弄山长官司	无	无	
亏容甸长官司	无	无	
溪处甸长官司	无	无	
思陀甸长官司	无	无	
左能寨长官司	无	无	
落恐甸长官司	无	无	
安南长官司	无	无	

　　从明代临安地区各级庙学的设立情况看,除新平县及九个土司府以外,临安府所属各州、县庙学已经趋于完备。明代临安各级庙学完备,除体现在各级庙学建筑之齐备外,还体现在管理庙学教育事务各级官吏设置的完备方面。儒学教授、儒学学正、儒学教谕、训导等职位的设置,使庙学教育的实施,在人员方面得到有力保障,这无疑成为促进临安地区包括释奠礼乐文化在内的儒学传播的重要因素。临安各级管理庙学教育事务的官员的设置,亦说明明代临安的庙学教育,与元代相比,得到进一步发展。

　　值得注意的是,虽然明代中央政府对云南庙学教育体现出比元代更重视的倾向,但就临安地区所辖州县及土司中,新平县及九个土司府内并未设学的情况看,明太祖在云南民族地区实施的民族政策是"惟蛮夷土官,不改其旧,所以顺俗施化,因人受政,欲其上下相安也"①。由于明中央政府对少数民族实施较柔和的治理措施,庙学的设置仅在土司统治之外的州县。

笔者认为这种政策有民族区域自治的理念在其中,这种对少数民族实施的较柔和的治理措施,使临安地区及其周围的少数民族传统文化得到较好传承,临安地区少数民族传统文化与汉文化也并未出现激烈的冲突。但与此同时,这种柔和措施也造成了明代临安地区以红河为界,红河以北是汉族移民的重点区域也是汉文化得到广泛传播的地区,红河南岸则以各少数民族族群为主,文化上则更多的保持着各自族群的传统文化。这种政策导致汉文化在临安地区红河以南各少数民族中影响十分有限,从而加大了红河南北两岸社会文化发展的差异,这种状况对清代临安释奠礼乐的传承也产生了影响,清代红河南岸各族群仍然以本族群传统文化体系为核心,包括释奠礼乐在内以儒学为核心的汉文化对红河南岸各族群文化的影响仍然极为有限。

笔者还认为,明代临安地区各级庙学的功能与大理地区相比有一定的差异。

首先,临安地区庙学的大量设立,是为了防止随卫所制度设立而进入临安的边地军士及其子弟的"夷化"。大量因卫所设置而调用的内地汉族军士,与当地土著居民长期杂处,如果不以儒学为核心之汉文化及礼仪进行教化,汉族军人及其子弟有被夷化的危险,所以明太祖所下诏书:"武臣子弟久居边境,鲜闻礼教,恐渐移其

①［明］张纨:《云南机务钞黄》,洪武十七年正月二十一日,《中国西南文献丛书》之《西南史地文献》第十一卷,兰州大学出版社2004年版,第297页。

性;今使之诵诗书、习礼仪,非但可以造就其才,他日亦可资用。"

　　其次,针对滇南地区自古"夷多汉少"的人口状况,要尽快实现"王化",庙学教育成为最恰当的方式。作为具有悠久历史的儒学传播之载体,其相关的建筑、对于儒学提倡之"礼""乐"等相关汉文化传统伦理道德的传播,无疑成为明中央政府使少数民族族群尽快实现"王化"的重要措施。

　　由于临安地区庙学具有以上双重功能,自明代起,临安各级庙学就得到地方官员的重视。其中临安府庙学建筑规模的日益扩大,就是临安庙学得到明清两代政府重视的重要证据。对临安府建筑群的相关介绍,笔者将在本章第二节中专门论述。

　　明代的临安地区,大量汉族人的迁入为临安府学、卫学提供了充足的生源,并导致庙学教育及科举的繁荣。同时,也为释奠礼乐在该地区的传承奠定了基础。

　　天启《滇志》载:"弘治九年(1496),副使李孟旸、知府陈盛重修尊敬阁,置乐器……经籍、雅乐,嘉靖间郡人徐澜厘正。"①以上文献表明,明代临安府庙学虽然早在洪武十六年(1383)已经得到重建,但直至弘治九年(1496),也就是明代重建庙学后一百年左右,明确相关释奠礼乐乐器的文献记载才出现在临安地方志中。"嘉靖间郡人徐澜厘正"的文献记载表明,明代临安地区释奠礼乐已经得到了传承,并得到了重视,从徐澜对释奠礼乐进行厘正的情况不难看出,明代临安释奠礼乐在传承过程中已经开始注意规范传承内容,可以推测明代临安府庙学对释奠礼乐的重视程度。从天启《滇志》中临安地区释奠礼乐相关记载看,对明代释奠礼乐

①[明]刘文征:天启《滇志》,古永继校点,王云、尤中审定,云南教育出版社1991年版,第304页。

乐器、雅乐的记载仅限于临安府庙学,其所属州、县庙学则未见明确记载,所以相关临安府所属州、县庙学释奠礼乐的历史情况亦不可知。但从明代临安地区河西县人葛中选的著作《泰律》的问世看,释奠礼乐及其他汉族音乐文化的传播,并未局限于临安府建水城内。

本书认为,明万历戊午年(1618),云南临安府河西人葛中选代表性著作《太律》的完成,证明明代临安地区中原音乐理论已经达到较高的水平,可能远比地方志等记载的水平高,这也从一个侧面证明释奠礼乐的传承并非局限于临安府庙学。

葛中选(1577—1636),字见尧,号澹渊,临安府河西人。据葛氏九世孙葛振鹭所辑葛氏佚事说:"澹渊公,生明季。甫三岁,能辨鸟音。少长,读书云峨石,九载始归……万历间,以孝廉授湖广嘉鱼县,累官苑马司卿。"①明万历二十八年(1600)举人,葛中选历任湖北嘉鱼县令广西思恩知府,贵州安顺道台,陕西苑马寺正卿等职,其间政绩遍鄂、浙、黔、粤、秦、陇间。明天启五年(1625)葛中选弃官隐居于溶湖畔的云峨石,至明崇祯七年(1634),历时九年,潜心完成了《太律》。《太律》全书百万字,"是唯一用音律来分析汉字字音的声韵学著作,它是继元代周德清《中原音韵》之后,又一本以北方音为标准音的汉民族共同语以及云南汉语方音形成过程的重要著作"②。

从该书第二部分《太律外篇》③看,三卷内容主要包括:卷一

①[明]陈荣昌:《泰律后跋》,葛中选:《太律外篇》,《续修四库全书·经部·乐类》第114册,第566页。

②田丕鸿、高建安:《临安科举史话》,云南出版集团、云南美术出版社2011年版,第133页。

③[明]葛中选:《太律外篇》,《续修四库全书·经部·乐类》第114册,第391—568页。

雅俗论,主要论述春秋时的师旷,汉代的上林乐府,魏晋南朝的龟兹、天竺的佛乐,唐代梨园教坊音乐和宋元小唱的各种雅乐及俗乐各种调式。卷二主要对古琴的琴律及相关调式理论作了论述。卷三则对瑟、笙、笛、琵琶、阮等乐器的乐律及调式进行了论述。

　　从《太律》所涉及的乐律学的内容看,葛中选不仅是一位音韵学家,还是一位音乐史学家、乐律学家,其著述体现出音韵学及乐律学及音乐史学方面的重要价值。葛中选大致自明万历庚戌年(1610)外出为官,至天启五年(1625)回老家河西县。笔者认为,葛中选多年在中原地区的为官生涯,必定为他学习中原音乐、音韵方面的学习创造了有利的条件,但葛中选明万历庚戌年(1610)才因中举而出云南为官,显然中举为官时的葛中选已经有33岁,已经完成了儒学的阶段性学习,而其主要的教育是在临安府河西庙学完成的,所以《太律》作为他在临安河西家乡完成的成果,既是他个人先后在湖北、陕西等地为官期间学习所得,也是其自幼在临安接受儒学教育的成果。可以说,该著作也从一个侧面反映出明代临安地区汉族音乐文化发展之历史概况。

　　总之,明代临安地区社会文化均发生了较大变化。汉族移民的大量进入,使庙学教育及科举制度均出现繁荣的局面。明代庙学教育在临安地区广泛发展,释奠礼乐也随庙学发展而在该地区得到传播,释奠礼乐的传承培养了大量的儒生,儒学礼乐观念很可能由此深入儒生阶层。相关汉族音乐文化也在临安地区得到传播,葛中选《太律》的问世就是明代临安地区中原音乐理论发展程度的典型代表,笔者认为这部著作的产生,很可能与临安地区明代释奠礼乐文化传承相联系。显然,明代临安地区伴随着庙学的发展及科举的繁荣而出现的释奠礼乐,为清代释奠礼乐在该地区的传承奠定了坚实的基础。

第二节　清代临安释奠礼乐传承述略

本节中,笔者拟通过对地方志相关记载的整理,对清代临安释奠礼乐传承的地域范围及释奠礼乐内容传承情况进行梳理,并重点关注临安府学在临安地区释奠礼乐传承中的核心作用。

文献记载显示,清代临安地区释奠礼乐的传承与庙学的建设密切相关。经历元、明两朝对临安府的开发,至清代,临安地区已经具备相当的汉文化积累。地方志的大量出现,是该地区汉文化积累到一定阶段的产物。按其写作的时间顺序,清代临安地区的各种地方志书主要包括:康熙时期《建水州志》《通海县志》《新平县志》《嶍峨县志》;雍正时期《建水州志》《阿迷州志》;乾隆时期《续修河西县志》《蒙自县志》《石屏州志》;嘉庆时期《临安府志》;道光《通海县志》《新平县志》;宣统时期《宁州县志》等。以上清代纂修的临安地区地方志,为梳理清代临安地区释奠礼乐在该地区的传承状况提供了重要依据。

一、传承的地域范围

清代的临安府管辖范围四州五县,"领州四(建水州、石屏州、阿迷州、宁州)、县五(通海县、河西县、嶍峨县、蒙自县、新平县)、土司三(纳楼茶司长官司、纳楼茶甸长官司)、土舍七(溪处乡土舍、无渣乡土舍、思沱乡土舍、落恐乡土舍、左能乡土舍、阿帮寨乡土舍、漫车寨乡土舍)"①。

---

① 张文旵:《建水州志》卷三《建置》,国家图书馆地方志数字版,第1—5页。

表4－2:清代临安地区地方志所载释奠礼乐状况统计表①

时期	地方志书	所载释奠乐章版本	经费	备注
嘉庆	《临安府志》	乾隆直省乐章(无工尺谱)②	春秋祭祀银二百两③	
康熙	《建水州志》	未载④	未载	
	《通海县志》	未载⑤	未载	旧置乐舞生六八四十八人,及歌奏导引生八十五人⑥
	《新平县志》	未载	未载	

①该表根据临安地区清代相关地方志书资料整理编制。这些地方志主要包括嘉庆《临安府志》,载《中国地方志集成·云南府县志辑》第47册,上海书店、巴蜀书社、江苏古籍出版社2009年版,第93页;乾隆《河西县志》,《中国方志丛书·华南地方》第271号,成文出版社1975年版,第175—177页;管学宣纂修《石屏州志》,载《中国方志丛书》第142号,成文出版社,1969年版,第46—47页。

②[清]江睿源修,罗惠恩纂:《临安府志》卷九《典礼》,《中国地方志集成·云南府县志辑》第47册,上海书店、巴蜀书社、江苏古籍出版社2009年版,据嘉庆四年(1799)刊本影印,第93页。

③[清]江睿源修,罗惠恩纂:《临安府志》卷六《经费》,《中国地方志集成·云南府县志辑》第47册,上海书店、巴蜀书社、江苏古籍出版社2009年版,据嘉庆四年(1799)刊本影印,第69页。

④[清]陈肇奎、叶淶纂修:《建水州志》,北京图书馆古籍出版编辑组:《北京图书馆古籍珍本丛刊》第45册"史部地理类",书目文献出版社1998年版。

⑤康熙《通海县志》,《中国地方志集成·云南府县志辑》第27册,上海书店、巴蜀书社、江苏古籍出版社2009年版。

⑥康熙《通海县志》,《中国地方志集成·云南府县志辑》第27册,上海书店、巴蜀书社、江苏古籍出版社2009年版,第24页。

续表

时期	地方志书	所载释奠乐章版本	经费	备注
雍正	《嶍峨县志》	未载①	春秋丁祭银二十两②	
	《续修建水州志》	顺治直省乐章（律吕、工尺谱）③	春秋二大祭……支银40两④	
	《阿迷州志》	无乐章记载	未载	
乾隆	《续修河西县志》	有乐章（但为顺治时期国子监释奠乐章，由于有缺页不知有无顺治时期直省释奠乐章）⑤	未载	
	《续修蒙自县志》	仅有乾隆直省乐章乐章名⑥	文庙春秋祭银二十两⑦	

①康熙《嶍峨县志》,《中国地方志集成·云南府县志辑》第 32 册,上海书店、巴蜀书社、江苏古籍出版社 2009 年版,第 385 页。

②康熙《嶍峨县志》,《中国地方志集成·云南府县志辑》第 32 册,上海书店、巴蜀书社、江苏古籍出版社 2009 年版,第 385 页。

③〔清〕赵节等纂,祝宏修:《续修建水州志》卷六《耕典礼》,《中国地方志集成·云南府县志辑》第 54 册,上海书店、巴蜀书社、江苏古籍出版社 2009 年版,第 546—550 页。

④〔清〕赵节等纂,祝宏修:《续修建水州志》卷二《经费》,《中国地方志集成·云南府县志辑》第 54 册,上海书店、巴蜀书社、江苏古籍出版社 2009 年版,第 149 页。

⑤〔清〕黄枢中修,罗云禧等纂:《河西县志》卷二《学校》,《中国方志丛书·华南地方》第 271 号,成文出版社 1975 年版。

⑥〔清〕李焜纂修:《蒙自县志》卷二《学校》,《中国地方志集成·云南府县志辑》第 48 册,上海书店、巴蜀书社、江苏古籍出版社 2009 年版,第 119—123 页。

⑦〔清〕李焜纂修:《蒙自县志》卷三《经费》,《中国地方志集成·云南府县志辑》第 48 册,上海书店、巴蜀书社、江苏古籍出版社 2009 年版,第 220 页。

续表

时期	地方志书	所载释奠乐章版本	经费	备注
道光	《石屏州志》	顺治直省乐章；乾隆直省（春秋）乐章并载有工尺谱①	原设二、八月春秋祭银二十两②	
	《通海县志》	无乐章③	文庙每祭支银十二两④	
	《新平县志》	无乐章⑤	未载	
嘉庆	《阿迷州志》	无乐章⑥	未载	
宣统	《宁州县志》	载顺治直省乐章无谱⑦	未载	文庙乐谱、新颁乐章⑧

①［清］管学宣：《石屏州志》卷二《学校》，《中国地方志集成·云南府县志辑》第51册，上海书店、巴蜀书社、江苏古籍出版社2009年版，第43—44页。

②［清］管学宣：《石屏州志》卷二《学校》，《中国地方志集成·云南府县志辑》第51册，上海书店、巴蜀书社、江苏古籍出版社2009年版，第82页。

③道光《通海县志》，《中国地方志集成·云南府县志辑》第27册，上海书店、巴蜀书社、江苏古籍出版社2009年版。

④道光《通海县志》，《中国地方志集成·云南府县志辑》第27册，上海书店、巴蜀书社、江苏古籍出版社2009年版，第183页。

⑤道光《新平县志》，《中国地方志集成·云南府县志辑》第30册，上海书店、巴蜀书社、江苏古籍出版社2009年版。

⑥嘉庆《阿迷州志》，《中国地方志集成·云南府县志辑》第14册，上海书店、巴蜀书社、江苏古籍出版社2009年版，第558页。

⑦宣统《宁州县志》，《中国地方志集成·云南府县志辑》第32册，上海书店、巴蜀书社、江苏古籍出版社2009年版，第188—190页。

⑧宣统《宁州县志》，《中国地方志集成·云南府县志辑》第32册，上海书店、巴蜀书社、江苏古籍出版社2009年版，第192页。

续表

时期	地方志书	所载释奠乐章版本	经费	备注
	《续蒙自县志》	无乐章①	文庙春秋祭银二十两②	

　　如上表所示,清代临安地区由于所辖州县地域广阔,各地方志中有关释奠礼乐的记载显得参差不齐。综合释奠礼乐乐章及经费中的相关记载可知,清代临安释奠礼乐传承的范围基本覆盖了清代临安府的所属州县,临安各级庙学是释奠礼乐传承的主要场所。但就整体看,在实际传承过程中,府学及各州县学间却体现出较大差异。首先,从以上各地方志中相关释奠礼乐记载的情况看,有许多州县虽设了庙学,但地方志中不见释奠礼乐记载,如雍正《阿迷州志》《宁州县志》等,如蒙自乾隆五十六年(1791)纂《蒙自县志》卷二《学校》载"以上礼乐舞器衣帽邑中虽未备,特志以存"③。以上临安地方志所载释奠礼乐传承情况,反映出清代临安地区释奠礼乐传承的部分真实状况,即临安地区释奠礼乐传承的中心仍是临安府学。

　　从文献记载看,各级庙学释奠礼乐的传承都有了经济保障,如雍正《续建水州志》云:"春秋二大祭,每年支银 40 两。"④宣统

①[清]李焜纂修:《蒙自县志》卷二《学校》,《中国地方志集成·云南府县志辑》第 48 册,上海书店、巴蜀书社、江苏古籍出版社 2009 年版。

②[清]李焜纂修:《蒙自县志》卷二《学校》,《中国地方志集成·云南府县志辑》第 48 册,上海书店、巴蜀书社、江苏古籍出版社 2009 年版,第 92 页。

③[清]李焜纂修:《蒙自县志》卷二《学校》,《中国地方志集成·云南府县志辑》第 48 册,上海书店、巴蜀书社、江苏古籍出版社 2009 年版,第 103 页。

④[清]赵节等纂,祝宏修:雍正《续修建水州志》卷三《经费》,《中国地方志集成·云南府县志辑》第 44 册,上海书店、巴蜀书社、江苏古籍出版社 2009 年版,第 149 页。

《续蒙自县志》云："文庙春秋祭银二十两。"①除此之外,道光《云南通志》云："建水县……祭祀银七十二两九千九分三厘零;石屏州……祭祀银六十八两;阿迷州……祭祀银六十八两;宁州……祭祀银六十八两;通海县……祭祀银六十八两;河西县……祭祀银六十八两;嶍峨县祭祀银六十八两;蒙自县……祭祀银六十八两。"②由此可见,自康熙时期始,清代释奠礼乐在临安地区传承,虽然经济保障各时期都得到延续,但清政府对各级庙学春秋丁祭的经济投入是有差异的,这种差异体现了政府对不同级别庙学的重视程度。

释奠礼乐作为儒学礼乐的代表,除经济保障以外,它的传承毕竟需要人员、乐器等众多因素的配合,以上综合原因不可避免地造成了临安地区各级庙学对释奠礼乐重视及规范程度呈现出较大差异,也导致了清代临安释奠礼乐的传承是以府学为中心展开的。对于该问题,本节中还将深入论述,在此不作赘述。

二、释奠礼乐内容传承

清代直省释奠礼乐是在乐章的唱奏过程中围绕三献礼展开的,乐章版本作为释奠礼乐文化的重要内容,在清代临安地区各类地方志中都得到记载,据嘉庆《临安府志》、雍正《建水州志》等相关记载可知,清代先后颁布的两套直省释奠礼乐乐章,都在临安地方志中得到完整记载,这也意味着直省两套释奠乐章都曾在

---

① 《续修蒙自县志》,《故宫珍本丛刊·云南府州县志》,海南出版社 2001 年版,第 432 页。
② 道光《云南通志》卷六十四《食货志》,国家图书馆地方志数字版,第 10—17 页。

临安府学及其他各级庙学得到过传承。

1.释奠乐章传承

从对清代不同时期临安地方志的内容的梳理可知，清代先后颁布的两套直省释奠礼乐乐章，均在临安地区地方志中有完整记载。

据雍正《续修建水州志》所载释奠乐章可知，顺治时期颁布的直省释奠礼乐共六个乐章，均有完整的律吕谱及工尺谱。现将所载释奠乐章歌词及乐谱摘录整理如下：

> 《大清会典》，文庙每祭共用乐舞生一百四十名，执事乐舞生服青绢袍，文舞乐生执麾、节，乐舞生俱服红缎补袍，俱系绿绸带，戴裹金铜顶帽。

迎神乐奏《咸平》之曲

律　　名：太　南　林　仲　太　仲　林　仲　南　林　仲　太　林　仲　黄　太
　　　　　簇　吕　钟　吕　簇　吕　钟　吕　吕　钟　吕　簇　钟　吕　钟　簇
工尺唱名：四　工　尺　上　四　上　尺　上　工　尺　上　四　尺　上　合　四
歌　　词：大　哉　至　圣，道　德　尊　崇。维　持　王　化，斯　民　是　宗。

律　　名：黄　太　仲　林　南　林　太　仲　黄　南　林　仲　林　仲　黄　太
　　　　　钟　簇　吕　钟　吕　钟　簇　吕　钟　吕　钟　吕　钟　吕　钟　簇
工尺唱名：合　四　上　尺　工　尺　四　上　六　工　尺　上　尺　上　合　四
歌　　词：典　祀　有　常，精　纯　并　隆。神　其　来　格，於　昭　圣　容。

奠帛初献乐奏《宁平》之曲

律　　名：太　仲　林　仲　太　黄　仲　太　南　林　仲　太　黄　太　仲　太
　　　　　簇　吕　钟　吕　簇　钟　吕　簇　吕　钟　吕　簇　钟　簇　吕　簇

工尺唱名:四 上 尺 上 四 合 上 四 工 尺 上 四 合 四 上 四
歌　　词:自 生 民 来,谁 底 其 盛。惟 师 神 明,度 越 前 圣。

律　　名:仲吕 太簇 仲吕 林钟 黄钟 太簇 林钟 仲吕 太簇 南吕 黄钟 林钟 南吕 林钟 仲吕 太簇
工尺唱名:上 四 上 尺 合 四 尺 上 四 工 六 尺 工 尺 上 四
歌　　词:粢 帛 具 成,礼 容 斯 称。黍 稷 非 馨,惟 神 之 听。

亚献乐奏《安平》之曲

律　　名:太簇 仲吕 黄钟 太簇 南吕 林钟 仲吕 太簇 仲吕 太簇 仲吕 林钟 仲吕 太簇 林钟 仲吕
工尺唱名:四 上 合 四,工 尺 上 四 上 四 上 尺 上 四 尺 上
歌　　词:大 哉 圣 师,实 天 生 德。作 乐 以 崇,时 祀 无 斁

律　　名:黄钟 南吕 林钟 仲吕 林钟 仲吕 黄钟 太簇 太簇 南吕 黄钟 林钟 南吕 林钟 仲吕 太簇
工尺唱名:六 工 尺 上 尺 上 合 四 四 工 六 尺 工 尺 上 四
歌　　词:清 酤 惟 馨,嘉 牲 孔 硕,荐 羞 神 明,庶 几 昭 格。

终献乐奏《景平》之曲

律　　名:仲吕 南吕 林钟 仲吕 林钟 仲吕 太簇 黄钟 黄钟 南吕 林钟 仲吕 林钟 仲吕 太簇 黄钟
工尺唱名:上 工 尺 上 尺 上 四 合 六 工 尺 上 尺 上 四 合
歌　　词:百 王 宗 师,生 民 物 轨。瞻 之 洋 洋,神 其 宁 止。

律　　名:太簇 黄钟 林钟 仲吕 南吕 林钟 太簇 仲吕 仲吕 太簇 林钟 仲吕,黄钟 南吕 林钟 仲吕

　　　　　　簇　钟　钟　吕　吕　钟　簇　吕　吕　簇　钟　吕　钟　吕　钟　吕
工尺唱名：四　合　尺　上　工　尺　四　上　上　四　尺　上　六　工　尺　上
歌　　词：酌　彼　金罍，惟　清　且　旨。登　献　惟　三，於　嘻　成　礼。

彻馔乐奏《宣平》之曲

律　　名：仲　太　仲　林，太　仲　黄　太　太　南　林　仲　仲　林　太　仲
　　　　　吕　簇　吕　钟　簇　吕　钟　簇　簇　吕　钟　吕　吕　钟　簇　吕
工尺唱名：上　四　上　尺　四　上　合　四　四　工　尺　上　上　尺　四　上
歌　　词：牺　象　在　前，豆　笾　在　列。以　享　以　荐，既　芬　既　洁。

律　　名：黄　太　仲　太　南　林　仲　太　黄　太　仲　林　黄　南　林　仲
　　　　　钟　簇　吕　簇　吕　钟　吕　簇　钟　簇　吕　钟　钟　吕　钟　吕
工尺唱名：合　四　上　四　工　尺　上　四　合　四　上　尺　六　工　尺　上
歌　　词：礼　成　乐　备，人　和　神　悦。祭　则　受　福，率　遵　无　越。

送神乐奏《咸平》之曲

律　　名：太　南　林　仲　黄　太　仲　太　黄　南　林　仲　南　林　仲　太
　　　　　簇　吕　钟　吕　钟　簇　吕　簇　钟　吕　钟　吕　吕　钟　吕　簇
工尺唱名：四　工　尺　上　合　四　上　四　六　工　尺　上　工　尺　上　四
歌　　词：有　严　学　宫，四　方　来　宗。恪　恭　祀　事，威　仪　雍　雍。

律　　名：仲　林　南　林　仲　太　林　仲　黄　南　林　仲　南　林　仲　太
　　　　　吕　钟　吕　钟　吕　簇　钟　吕　钟　吕　钟　吕　吕　钟　吕　簇
工尺唱名：上　尺　工　尺　上　四　尺　上　六　工　尺　上　工　尺　上　四
歌　　词：歆　兹　惟　馨，神　驭　还　复。明　禋　斯　毕，咸　膺　百　神。

望瘗乐奏《祥平》之曲同送神

康熙五十五年,浙江学臣汪疏请定乐章。奉旨准定,乐章照会典俱系平字。府、州、县或仍用和字者应改正。①

将以上雍正《续修建水州志》所载释奠乐章与康熙《云南通志》所载的释奠乐章版本进行比较可知,两者完全一致。

清代颁布的另一直省释奠乐章即乾隆八年(1743)颁布的直省释奠乐章,见于嘉庆三年(1798)《临安府志》。现将该志中释奠乐章摘录如下:

文庙春季乐章:(夹钟为宫,倍应钟起调)

迎神《昭平》之章

大哉孔子,先觉先知,与天地参,万世之师。
祥征麟绂,韵答金丝。日月既揭,乾坤清夷。

奠币、初献《宣平》之章

予怀明德,玉振金声。生民未有,展也大成。
俎豆千古,春秋上丁。清酒既载,其香始升。

亚献《秩平》之章

式礼莫愆,升堂再献。响协羲镛,诚孚罍甒。
肃肃雍雍,誉髦斯彦。礼陶乐淑,相观而善。

---

① [清]赵节等纂,祝宏修:雍正《续修建水州志》卷六《祀典》,《中国地方志集成·云南府县志辑》第54册,上海书店、巴蜀书社、江苏古籍出版社2009年版,第546—550页。

终献《叙平》之章

自古在昔，先民有作。皮弁祭菜，於论斯乐。

惟天牖民，惟圣时若。彝伦攸叙，至今木铎。

彻馔《懿平》之章

先师有言，祭则受福。四海黉宫，畴敢不肃。

礼成告彻，毋疏毋渎。乐所自生，中原有菽。

送神《德平》之章（望瘗同曲）

凫绎峨峨，洙泗洋洋。景行行止，流泽无疆，

聿昭祀事，祀事孔明。化我蒸民，育我胶庠。①

　　显然清代乾隆八年（1743）颁布的释奠礼乐乐章也在临安地区得到过传播。除嘉庆《临安府志》外，乾隆八年（1743）颁布的这套直省释奠礼乐乐章在乾隆时期纂修的《石屏州志》《蒙自县志》等地方志中均有记载，但《石屏州志》所载内容显然比《蒙自县志》更为详细、全面，乾隆《石屏州志》不仅对两套直省释奠礼乐乐章有完整记载，对乾隆时期直省释奠乐章的工尺谱也做了详细记载，《蒙自县志》对乾隆时期颁布释奠礼乐乐章记载较为简单，仅有乐章名及歌词，并无律吕谱及工尺谱。这种状况表明，清代临安地区释奠礼乐文的传承，除府学外，各州县的重视程度也有差异。

　　总之，从现存地方志记载看，清代颁布的两种直省释奠乐章

① ［清］江睿源修，罗惠恩纂：《临安府志》卷九《典礼》，《中国地方志志集成·云南府县志辑》第47册，上海书店、巴蜀书社、江苏古籍出版社2009年版，第93页。

都先后在临安府学及部分州、县学中得到传承，这种情况说明，清代云南释奠礼乐传承已经在云南得到广泛实施，临安府作为滇南重镇，其政治、经济、文化的发展均得到清政府的重视，虽然由于交通等综合原因，各级庙学中释奠乐章还未能与中央政府的调整完全保持一致，如乾隆《续修河西县志》中就无乾隆直省释奠乐章，但这种差别主要是由于临安地区交通状况所导致的信息相对滞后造成的。

2. 乐器配置及演奏方法传承

乐器配置作为释奠礼乐传承的重要方面，在临安地方志中也有详细记载。清代临安地方志中较早对释奠礼乐乐器有记载的是雍正《续修建水州志》："国朝康熙二十九年（1690），知府黄明捐俸制造计铸铜器二百一十件，共重四千五百六十觔。乐器，应鼓、搏拊、鼗鼓（缺）、鼍鼓、镈钟（知府黄明制）、编钟十六口（知府黄明制）、特磬、编磬（十六具缺）、琴四张（缺）、瑟（缺）、笙六攒（缺）、凤箫二架（缺）、洞箫二管（缺）、龙笛二双（缺）、麀二、篪二管（缺）、埙二器（缺）、柷、敔、节一对（缺）、籥、翟。"① 由此可知，清代临安地区在康熙二十九年（1690）知府黄明捐俸制造了部分释奠乐器，但其乐器配置并不完善，仅有应鼓、搏拊、鼍鼓、镈钟、编钟、特磬、编磬、柷、敔等。显然，作为清代释奠礼乐，康熙二十九年（1690）就乐器的配备情况看，临安府学对清代的传承尚处于释奠礼乐传承的初期。雍正《续修建水州志》又载："雍正六年（1728），郡人萧大成以乐器残缺，自龙门任考制，琴、笛、笙、箫、埙、篪、磬、节如数送

---

① ［清］赵节等纂，祝宏修：雍正《续修建水州志》卷六《祀典》，《中国地方志集成·云南府县志辑》第 54 册，上海书店、巴蜀书社、江苏古籍出版社 2009 年版，第 544—545 页。

补,条囊全。"①从文献记载看,这种情况直到雍正六年(1728),郡人萧大成才将"琴、笛、笙、箫、埙、篪、磬、节如数送补,条囊全",临安府学释奠乐器才得以完整配齐。结合雍正《续修建水州志》卷四《学校》载"丁亥流贼蹂躏,经籍祭器无存"②的记载可知,虽然明代临安地区释奠礼乐已经得到传承,但明末丁亥战争,已经将明代释奠礼乐相关的经籍祭器损毁无几了,虽然文献记载未直接记载乐器的状况,但就清康熙年间临安府学释奠乐器最初由知府黄明捐俸制造部分乐器,后又由郡人萧大成配齐的发展状况可知,丁亥时期的战争使临安府庙学释奠乐器也遭到了破坏。

同时,也可以看到临安儒生对释奠礼乐的重视已经形成一种良好的传统。无论是明嘉靖时期郡人徐澜对雅乐的厘正,还是雍正六年(1728)郡人萧大成从为官之地广东龙门将所缺之释奠礼乐乐器如数补足,都体现出临安儒生对释奠礼乐的重视。这种传统的形成及延续,体现出临安地区自明代始,以儒学为核心汉文化积累程度已经十分深厚。

除官方投资外,民间儒生关注并重视临安府释奠礼乐传承的情况,并乐意为家乡释奠礼乐的传承做贡献,嘉靖年间的徐澜、雍正年间的萧大成都是其中的代表人物。

雍正《续修建水州志》作为临安地区初次整体介绍庙学释奠礼乐文化的重要文献,对各种乐器演奏方法有详细记载。雍正

---

① [清]赵节等纂,祝宏修:雍正《续修建水州志》卷六《祀典》,《中国地方志集成·云南府县志辑》第 54 册,上海书店、巴蜀书社、江苏古籍出版社 2009 年版,第 546 页。

② [清]赵节等纂,祝宏修:雍正《续修建水州志》卷六《祀典》,《中国地方志集成·云南府县志辑》第 54 册,上海书店、巴蜀书社、江苏古籍出版社 2009 年版,第 296 页。

《续修建水州志》分别介绍了鼍鼓、大鼓大钟、柷、敔、镈钟、特磬、悬鼓、编钟、楹鼓、足鼓、鞀鼓、登歌钟、登歌磬、搏拊田鼓、琴、瑟、箫、笙、埙、篪、凤箫、双管、洞箫、龙笛、旌节、相鼓木铎、籥翟等乐器和祭器的相关演奏方法及在释奠礼乐中各自的作用。这部分内容的介绍,主要起到普及乐器演奏及舞器使用知识的作用,是临安地区较早出现的具有普及汉族乐器作用的重要文献。其内容与康熙《云南通志》、康熙《大理府志》中的内容基本一致,故不再一一详述。

以上康熙时期《云南通志》、康熙《大理府志》和雍正《续修建水州志》等地方志相关释奠礼乐文化记载内容高度一致,并非偶然,这从一个侧面反映了清政府在逐步加强云南政治、经济建设的同时,亦逐步建立起一个自上而下包括释奠礼乐在内的完整的儒学传播体系,以加强云南文化教育的建设。

以上临安地方志所载器乐文化内容,对临安地区不同族群有不同意义。对临安地区自明代以来的汉族移民而言,儒学作为正统之学,儒学礼乐观念也早已深入汉族及其子弟的内心,对以上汉族器乐的学习是最为自然的,是对自身汉族文化认同的体现,也是对包括释奠礼乐在内的以儒学为核心的汉文化的肯定,笔者认为这也是临安地区汉族重视释奠礼乐的原因之一。

对于长期生活在临安地区的多数土著居民而言,以上汉族器乐文化对他们传统文化的影响则是有限的,影响的范围仅为红河以北的少数彝族。这与自古以来临安地区彝族、哈尼族先民所创造的传统音乐文化体系的相对独立有关。从古代零星的对临安地区古代音乐文化传统的记载可知,长期聚居于临安地区的少数民族族群,无论是彝族还是哈尼族先民,其传统音乐文化体系均具有自给自足的相对完整性,即使不与外界产生精神方面的交流，其体系本身已经能满足本族群内部的精神需求，临安地区本土文化中的以上特征，也是明清以来儒学文化影响无法跨越红河，只能紧守红河北岸的重要原因之一。

3. 释奠礼乐乐舞传承

乐舞是释奠礼乐中的重要组成部分。雍正《续修建水州志》对释奠乐舞作了详细的记录："舞鼓声既严，旌节前导，鱼贯而进，列女于阶下，左右相同，听节生唱，奏宁平之舞，则散而为佾，听唱乐止，则聚而成列，忽散忽聚，部位不乱，如兵家之阵法。然凡舞东阶者面东……帝王乐舞，武舞退，文舞进，由一成至于十二成，一变至于九变，其缀兆皆起南而散于南，与北不同也。"①

以上雍正《续修建水州志》对释奠礼乐舞容之记载，与康熙《云南通志》、康熙《大理府志》所载庙学释奠礼乐舞容记载完全一致，这证明康熙时期是清代云南释奠礼乐传承的重要开创时期，建水州出现的释奠礼乐相关记载比云南通志、大理府志略晚，这种情况说明清代云南释奠礼乐的传承并非同时开始，而是根据各地区庙学教育等状况逐步实现传承的。

就其内容看，舞容内容记载十分细致，便于学习，对清代临安地区庙学释奠乐舞的排演当有很强的指导作用。从笔者所掌握的资料状况看，释奠礼乐乐舞对临安本土音乐文化的影响，仅限于对建水洞经音乐文化。本章第三节中将专门论述该问题。

除此之外，云南建水县图书馆保存有一部《文庙丁祭谱》，其中对乾隆时期直省释奠乐舞有非常详细的记载，这部书的存在表

---

① [清]赵节等纂，祝宏修：雍正《续修建水州志》卷六《祀典》，《中国地方志集成·云南府县志辑》第 54 册，上海书店、巴蜀书社、江苏古籍出版社 2009 年版，第 576—578 页。

明,乾隆时期直省释奠乐舞亦有可能在临安府得到过传承。该问题笔者将在本节中专门论述。

　　4.祭孔仪注传承

　　祭孔仪注是祭孔释奠仪式整个步骤的称谓。雍正《续修建水州志》的相关记载中未见祭孔仪注,但乾隆《蒙自县志》对其有详细记载:

　　　祭仪

　　　一斋戒:正祭前三日,正献、分献官、陪祭官、执事人等沐浴更衣,散斋一日。不吊丧问疾,不听乐燕会,不行刑,仍理正务,致斋一日,惟理祭事,出宿斋所。

　　　一省牲:正祭前一日,执事者设香案于牲房之外,省牲一揖毕,烹牲连皮煮之,以毛血少许盛馔盘内,其余另存,祭毕埋之。

　　　一献祭:先祭后殿,取子不先父食之义。儒学教谕充正献官,训导充分献官。正殿知县正献,四配知县分献,东哲教谕分献,西哲训导分献,两庑典史分献,驻防陪祭。

　　　仪注……

　　　通赞生唱:伐鼓鸣钟,执事各司其事,陪献官诣台阶下旁立,分献官文左武右诣台阶下旁立,正献官诣台阶下旁立,乐舞生各执乐器,执事生各执职事排道,执事生各执仪仗,乐舞生吹弹由正殿分排出大成门外,迎神乐舞生唱,乐奏昭平之章。执事诸生进大成门,升阶入正殿。通赞生唱,众官跪道,与通赞生唱,陪献官各就位,分献官各就位,正献官就位。通赞生唱瘗毛血……

　　　通赞生唱,执帛者捧帛,读祝者捧祝,各诣燎所望瘗,正献官诣,望瘗位立,焚祝帛讫,礼毕,后殿正献、分献同正殿。①

以上乾隆五十六年（1791）纂修的《蒙自县志》对祭孔仪注的详细记载,想必曾对临安府蒙自县学释奠礼乐之礼仪、乐舞排演,起到促进作用。同时,这反映出清代的临安府对释奠礼乐的重视不仅限于临安府学,蒙自、石屏等地的县学、州学受到府学的影响,对释奠礼乐的传承也体现出积极主动的一面。

祭孔仪注作为庙学中释奠活动整个步骤的详细记载,对临安府学及各级庙学祭孔仪式的规范实施,无疑起着重要的指导作用。在严格的祭孔仪注指导下,临安各地儒生在庙学春秋丁祭中,对祭孔礼乐仪式的学习、参与,使儒学礼乐观念在临安儒生中的形成产生了深远影响,这种影响不仅体现为儒生对释奠礼乐文化的敬仰,还体现在临安地区洞经音乐文化的传承与发展中,该问题笔者将在本章第三节《释奠礼乐对临安音乐文化的影响》中专门论述。

三、临安府学释奠礼乐传承

清代临安府及所属诸州、县庙学的建立与恢复,为释奠礼乐的传承提供了重要载体。其中,临安府学在元以来的长期建设过程中,已经在建筑规模、儒学传播及影响方面均展现出其滇南教育文化中心的地位,以上临安府学的历史现状,使其在清代释奠礼乐传承中,成为临安地区释奠礼乐传承的中心,换言之,临安地区释奠礼乐的传承是以临安府学为中心展开的,其释奠礼乐传承中心的地位体现在以下诸多方面。

---

① ［清］李焜纂修:乾隆《蒙自县志》卷二《学校》,《中国地方志集成·云南府县志辑》第 48 册,上海书店、巴蜀书社、江苏古籍出版社 2009 年版,第 116—124 页。

（一）辉煌的建筑群

临安府学以其辉煌、庞大的建筑群文明于滇省，以上建筑群对清代包括释奠礼乐在内的以儒学为核心的汉文化在滇南的传播起到重要作用。

自元代设立临安路学，历经元、明时期庙学的建设，清代的临安府学已经成为滇南及云南的文化教育中心。

临安府庙学明、清两代在建筑上及各种配备上不断得到完善，最终发展成为建筑上采用南北中轴线对称、东西两侧对称布置多个单体建筑的庞大建筑群，主要建筑包括一池（泮池）、一坛（杏坛）、一圃（射圃）、二殿（大成殿、崇圣殿）、二庑（东庑、西庑）、二堂（东明伦堂、西明伦堂）、三阁（尊经阁、文星阁、文昌阁）、四门（棂星门、大成门、金声门、玉振门）、五亭（敬一亭、思乐亭、东碑

图 4－1：临安府庙学

（作者摄于 2019 年 9 月 27 日）

图 4－2：临安府庙学泮池

（作者摄于 2013 年 7 月 29 日）

图 4－3：临安府庙学大成殿

（作者摄于 2019 年 9 月 27 日）

亭、西北亭)、六祠(寄贤祠、仓圣祠、名宦祠、乡贤祠、节孝祠、忠义孝悌祠)、八坊(太和元气坊、礼门坊、义路坊、洙泗渊源坊、道冠古今坊、德配天地坊、圣域由兹坊、贤关近仰坊)由 30 余个建筑组成的庞大庙学建筑群。

据文献记载可知,以上建筑群是元、明、清三代临安地方政府及官员持续不断进行建设的成果。雍正《续修建水州志》卷四《学校》载:

> 文庙,在府治西北,元泰定二年金宪杨祚题请建学制可,其请始立庙,设教授正录,诸秩即镇,抚旧廨任为大成殿至圣四配十哲皆塑像,至正十年袭任元帅阿喇帖……以元帅府易之,建两庑,绘七十二子及历代明贤从祀。平章王维勤军民宣抚使张立道继修。明洪武十六年设儒学因之。二十二年通判许莘重建,规制始大。宣德间知府赖瑛建尊经阁,正统八年知府徐文振同知刘海通……重修,天顺六年……重修,增杏坛,成化四年知府……重睿泮池,十二年副使包裕佥事……建寄贤祠、读书台于庙左,十五年……嘉靖九年诏易木主,副使戴书建启圣公祠,拓修寄贤祠,置经籍雅乐,郡人徐澜厘正之,二十年副使蒋宗鲁建名宦、乡贤祠于大成门外,万历三年知府昌应时建文星阁、云路坊于泮池南,表曰"滇南邹鲁"……郡人包见捷撰记,四十三年知州赵士龙详设州学,巡按御史吴应琦疏请建水州儒学于庙左,启圣公祠前。崇祯初年兵燹庙貌倾颓,十三年阖郡绅衿翟元肃……等重建……丁亥流贼蹂躏,经籍祭器无存。①

---

① [清]赵节等纂,祝宏修:雍正《续修建水州志》卷六《祀典》,《中国地方志集成·云南府县志辑》第 54 册,上海书店、巴蜀书社、江苏古籍出版社 2009 年版,第 293—296 页。

据以上文献可知,经过元、明两代三百多年的建设,到崇祯初年,临安府庙学已经成为建置完备,有较强影响力的庙学,并发展成为滇南庙学教育中心。显然,临安府庞大辉煌的建筑群,在对滇南儒学传播起到重要作用的同时,也为清代临安地区释奠礼乐的传承起了重要作用,是清代临安释奠礼乐文化传承的中心。

(二)一庙三学

临安府学自元代创立,经过元明以来长期的建设,清代时已经形成了庞大的建筑群与此同时,它也成为滇南地区儒学传承的中心,一庙三学是其儒学传承中心的体现,也是使其成为释奠礼乐传承中心的体现。

万历四十三年(1615)建水州学开始建于临安府学之内,这意味着万历四十三年(1615)明代临安府庙学已经形成一庙两学的局面。又据云南省建水县文庙东明伦堂现存《重修元江府儒学碑记》所载:"元江为滇迤东郡,明初始建学,临安九属士皆得与焉。旧有学署在临安郡学东。往例元(江)士贡于廷,岁在南北递荐,时称为北学。其西百余武,王、韩二先生读书台也。"①文献记载与碑文相印证,说明元江府学,的确曾寄寓于建水文庙内,且距离二贤祠非常近。

从以上史料的梳理可知,自明代始,临安府学已经形成临安府学、建水州学、元江庙学三学共处,一庙三学的特点,清代临安府庙学仍然延续了一庙三学的形式。临安府学特殊的庙与学的结合方式,使清代临安府庙学成为滇南释奠礼乐传承的中心。

如果说临安地区获得"文献名邦""滇南邹鲁"等美誉主要体

_____

① 田丕鸿、高建安:《临安科举史话》,云南出版集团、云南美术出版社 2011年版,第 161 页。

现的是包括临安府学在内临安庙学实施儒学教育的成就，那么从清代临安府学释奠礼乐传承的整体情况及其影响看，临安府庙学同时还是清代滇南地区释奠礼乐传承的中心，因此清代临安府学对释奠礼乐传承对整个滇南具有垂范的作用，显然，临安府释奠礼乐传承的影响也不仅局限于临安地区，相邻的元江府等周围地区也受到影响。

（三）鄂尔泰《丁祭严饬碑》

临安府学释奠礼乐传承的核心地位，还体现在地方政府对临安府学演奏演唱释奠礼乐的重要丁祭活动的重视。

雍正四年（1726）十月，鄂尔泰授云贵总督，在云南任职的八年间，大力提倡礼乐教化是其重要的政绩之一。对庙学丁祭活动的重视成为鄂尔泰在云南实施礼乐教化过程中的重要措施，鄂尔泰颁布的《文庙丁祭教》，就是其重视礼乐教化的代表性文令。文令中鄂尔泰要求"丁祭先数日，集乐舞生演习精熟，先一日，与祭官亲同往观，不得草率从事；丁祭先一夕，凡与祭官齐集学宫斋宿，不得有一员私宿本署；丁祭之日，庭燎灯烛，务须光明如画以俟；祭毕后已，除神前灯烛之外，即官员不得各自张灯；丁祭之日，棂星门内不得容一闲杂人，所有事宜止许学书干办及小心谨慎，门斗二人或四人照管灯烛，其官员仆从人等，一概于门外伺候"①。鄂尔泰《文庙丁祭教》作为雍正时期颁布的规范云南庙学丁祭活动的重要文件参阅第四章说明。值得一提的是，鄂尔泰《文庙丁祭教》还被临安地方政府以碑文形式镌刻在石碑上，石碑

①［清］赵节等纂，祝宏修：雍正《续修建水州志辑》卷十《艺文》"碑文"，《中国地方志集成·云南府县志辑》第55册，上海书店、巴蜀书社、江苏古籍出版社2009年版，第272—273页。

图4-4:清代临安庙学鄂尔泰《丁祭严饬碑》

（作者摄于2014年1月10日）

立于临安府学文庙之中,至今这块石碑还立于建水文庙的东碑亭中。

如果说鄂尔泰《文庙丁祭教》规范云南庙学丁祭活动地方性文令的出现,体现了清代云南高层地方官员对释奠礼乐文化的重视,那么临安地方志书及碑文中对以上文献的传承,则证明了临安地方政府对临安地区包括释奠礼乐在内的整个庙学丁祭活动的特殊重视程度,而鄂尔泰《文庙丁祭教》被临安地方政府以碑文形式镌刻在石碑上并立于临安府学,则体现出清代地方政府对临安释奠礼乐文化中心临安府学丁祭活动及释奠礼乐的重视程度。

(四)《文庙丁祭谱》与释奠礼乐传承

值得注意的是,清代临安地区释奠礼乐文传承除地方志中记载的相关文献外,还出现了一本《文庙丁祭谱》,该文献也是还原临安地区清代释奠礼乐传承历史过程的另一重要文献。

现今云南省建水县图书馆中,珍藏着一本《文庙丁祭谱》。经过先后四次到云南省建水县做资料搜集工作,笔者有幸见到了这本珍贵的史料。这本《文庙丁祭谱》由于未标明其刊印的时间,许多相关历史信息已不得而知。就其内容看,主要包括两个部分:第一部分为《钦定中和韶乐乐声谱》;第二部分为《钦定中和韶舞舞容谱》。在第一部分中,《文庙丁祭谱》中详细记载了乾隆八年(1743)颁布的春秋两个直省释奠乐章,不仅如此,乐章的记载非常详细,除歌词及工尺谱外,各种释奠礼乐乐器演奏的乐谱也得到详细记载,内容显然比清代云南各地地方志的记载要详细。将建水图书馆所藏《文庙丁祭谱》所载内容与清代蓝钟瑞纂《文庙丁祭谱》进行对比可知,其相似之处在于对乾隆释奠乐章及相关乐舞的记载内容及图示是完全一致的,但从两本书的主要内容看,两者间仍存在一定差异。由于时光的流逝,建水图书馆所藏《文

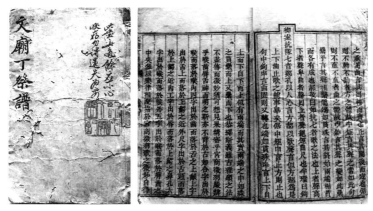

图 4-5：云南省建水县图书馆藏《文庙丁祭谱》

（作者摄于 2014 年 1 月 13 日）

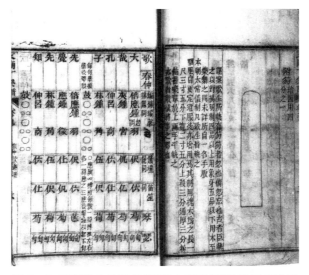

图 4-6：云南建水县图书馆藏《文庙丁祭谱》春季乐章谱

（作者摄于 2014 年 1 月 13 日）

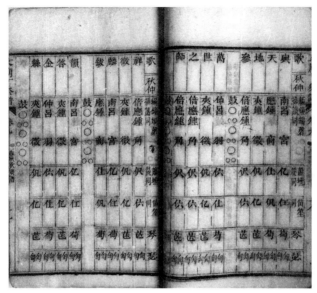

图4—7：云南省建水县图书馆藏《文庙丁祭谱》秋季乐章谱

（作者摄于2014年1月13日）

庙丁祭谱》的源流已经难以考证，但该书在临安地区的存在表明，清代乾隆时期直省释奠礼乐曾在临安府学传承过，可以推测，这本书有可能是临安府学所使用过的庙学排演释奠礼乐的范本。

从《文庙丁祭谱》所载释奠乐舞的详细图示看，其舞容配合了乾隆八年（1743）颁布的直省歌词，乐舞舞容亦为乾隆时期新颁直省释奠舞容，释奠乐舞图文并茂的陈述方式，有可能对清代乾隆以后临安地区释奠礼乐的传承起到过重要作用。此舞容图并未在清代云南各地方志书中记载，这是证明乾隆八年（1743）新颁直省释奠礼乐在临安得到过传承的重要证据，也是其曾在云南得到过传承的重要证据。

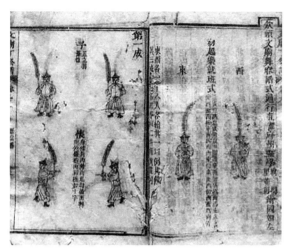

图4－8:《钦定中和韶舞舞容谱》载《文庙丁祭谱》,建水县图书馆藏

（作者摄于2014年1月13日）

《文庙丁祭谱》在临安地区的出现,并非偶然,这与明清以来临安地区大力实施礼乐教化有密切的关系。《文庙丁祭谱》清代在临安地区的出现亦从一个侧面证明,临安府学作为释奠礼乐传承中心,清代释奠礼乐在临安府学曾经有过完整、细致的传承。与此同时,也证明了清道光年间蓝钟瑞所撰《文庙丁祭谱》对释奠礼乐传播的重要影响。

　　总之,清代临安地区释奠礼乐的传承,乐章、乐舞、乐器等内容均体现出与云南府及清代直省高度一致的特点。因为它所具有的建筑辉煌、一庙三学等儒学传承中心的特殊地位,临安府学也成为临安地区清代释奠礼乐传承的中心区。清代释奠乐章、乐舞、乐器及相关文化的整体传入,对临安地区清代及之后的音乐文化均产生了重要影响。

第三节　释奠礼乐对临安音乐文化的影响

清代释奠礼乐在临安地区的传承，必然与本土文化产生互动与交流。临安地区自古以来就是少数民族族群聚居地，元明以来大量汉族移民的迁入，使临安红河以北的广大地区长期处于汉夷杂处的局面，而红河南岸则延续了以各少数民族族群聚居的形式。这种局面导致北部汉夷杂处地区的少数民族传统文化出现了与汉族音乐文化的融合，而红河南岸各少数民族族群则更多地保留了传统的音乐文化。

通过对相关文献材料及学界研究成果的梳理，笔者认为清代临安地区释奠礼乐传承对本土音乐文化的影响具有鲜明的地域性特征，即对红河南岸少数民族的传统音乐文化基本无影响，对红河以北少数民族（主要为彝族）则产生了部分影响。释奠礼乐传承对本土音乐文化的影响集中表现为对洞经音乐文化的影响。

与清代释奠礼乐传承在大理地区本土音乐文化中深层次、多方位的影响不同，由于清代临安地区释奠礼乐的传承以临安府学为中心，逐步向四周辐射，其影响也随着距离临安府学中心的距离而产生变化。很显然，清代临安地区清代儒学的传播范围未能跨越红河，释奠礼乐的传承及影响也未能到达红河南岸。

一、对少数民族音乐文化的影响

元以来庙学在临安的设立，明代汉族移民的大量迁入，使临安红河以北的地区自明代以来长期处于汉夷杂处的社会局面。清代临安地区包括释奠礼乐在内的以儒学为核心的汉文化的强势传播，加快了红河以北部分少数民族接受汉文化的进程。在长时期汉夷杂处的过程中,包括民间音乐文化在内的汉族音乐文化对少数民族音乐文化的影响逐步增强,释奠礼乐的传入,为本土少数民族从官方庙学系统接触到儒学礼乐提供了良好的机会,并逐步对少数民族音乐文化产生了影响。清代的临安,族群众多,从当今民族划分的情况看,主要包括了彝族、哈尼族、傣族、苗族等民族的先民,清代释奠礼乐对临安少数民族音乐文化的影响,集中表现为对红河北部彝族先民音乐文化的影响。

（一）明清以来汉文化对临安彝族传统文化的影响

彝族先民是清代临安地区最主要的族群之一。作为古羌人的后裔,彝族不仅有众多的支系,还创造了丰富成熟的族群传统文化,其传统音乐文化也体现出丰富多彩的特征。元明以来临安地区社会的变迁,导致本地区红河以北的少数民族族群长期处于汉夷杂处的局面,包括彝族先民在内的临安少数民族族群,开始接触汉族文化。显然,红河以北部分彝族族群音乐文化与汉文化的融合,是建立在明清以来该地区官方及民间汉文化的广泛传播基础之上的。

清代初期,清王朝采取切实有效的措施,在少数民族中培养忠于朝廷的知识分子,对云南等边疆地区参加科举考试的士子,制定了一些优惠、变通的政策措施。如除了提供参加科举考试的车马费外,还对云南考生中的"土著""寄籍"者各规定一定的名额。雍正年间皇帝曾下诏:"况今滇、黔、楚、粤等省,苗民向化,新增土司入学额数,为学臣者尤宜加意禁饬,毋使不肖士子冒其籍贯,阻土民读书上进之路。"[1]这些举措,促进了儒家思想、封建伦

---

① 云南省历史研究所编:《〈清实录〉有关云南史料汇编》卷四,云南人民出版社1985年版,第654页。

理道德在云南各少数民族地区的传播和普及。正是在这样的历史背景下，临安地区包括彝族在内的部分少数民族上层人士，已经充分认识到学习以儒学为核心的汉文化的重要性，并开始关注汉文化、参与科举考试。

如果说明代临安地区庙学儒生以军士之后裔为主，那么清代临安庙学中已经出现汉族及其他少数民族学生互为同学的情况，科举榜上也开始出现少数民族子弟。如云南按察司副使李孟旸整饬兵备，驻节临安府，"尝以所属长官等俱土官，习性桀骜，未易驯服，悉遣其应袭子弟入序，与诸生聚处讲习。久之，仪度可观者亦多焉"①。

正是清代在少数民族中大力鼓励学习以儒学为核心的汉文化之历史背景下，清代彝族上层对以儒学为核心的汉文化逐步认可，导致更多的彝族上层子弟进入庙学参加科举考试，并有人获取功名。雍正时期已经出现"土僚渐知读书，间有游泮池者"的少数民族子弟接受儒学教育的局面。

清代临安府在大力推行汉文化教育的同时，由官府举办模仿科举考试的临安毕摩会考，使彝族之祭司毕摩，也获得参加会考的机会。彝族毕摩会考不仅使彝族祭司的仪式得到规范，而且使彝族祭司有更多的机会接触、了解汉文化。

据学者研究，"临安府毕摩会考自清朝乾隆年间开始，赴考者不仅有临八属的彝族毕摩，还有今玉溪、普洱、文山等地的彝族毕摩……他们从临安府学成回去后，抄回的彝文经籍上都盖有汉文、满文的方形红印。临安毕摩会考，按其学习成绩的好坏分为

---

① 田丕鸿、高建安：《临安科举史话》，云南出版集团、云南美术出版社 2011年版，第 148 页。

一、二、三等。获一等者称'伯芒先生'，意为大毕摩；二、三等者称'伯芒'，意为毕摩，均奖相应的可视为文凭和学位的器物。临安毕摩会考，规范了彝文，在彝族方言改革发展史上，是一大历史功绩"①。

　　毕摩(也称为贝玛、白芒)，为彝族宗教祭司，除主持宗教活动外，也是彝族传统文化的传播者，教授彝文，撰述与翻译彝经，享有崇高地位，一般为师徒相传②。与此同时，毕摩兼有舞者、名歌手的身份，毕摩会考对毕摩的规范，势必对临安地区彝族毕摩祭司活动及音乐创作活动形成规范，这种规范将对各毕摩做祭祀的彝族地区祭祀音乐逐渐产生影响，从而逐步影响到彝族民间音乐生活。

　　清王朝对少数民族文化教育实施的特殊政策，加快了临安地区红河以北彝族对儒学等汉文化的接纳进程，此时期临安地区包括许多彝族土司，亦逐步表现出对汉文化的重视。清康熙年间，临安官厅彝族土司普天民就开办纳楼义学，聘请有学识的汉族儒士到纳楼传授汉儒文化。其土司职位传至其孙普泽承袭，已是乾隆年间。由于自幼接受汉儒文化教育，普泽深通汉儒文化，现存于官厅潮引寺岩壁的"楼杨胜境"四个大字，就是其亲笔所书③。光绪年间临安知府贺宗章亦在其著作《幻影谈》中评价普泽："临安所属土司，以官厅普某极为平正，颇知文学，明白事理，所部土

① 田丕鸿、高建安：《临安科举史话》，云南出版集团、云南美术出版社 2011年版，第 93 页。
② 田丕鸿、高建安：《临安科举史话》，云南出版集团、云南美术出版社 2011年版，第 156 页。
③ 田丕鸿、高建安：《临安科举史话》，云南出版集团、云南美术出版社 2011年版，第 150 页。

民,心悦服从,缘近府城,风气开通最易。"①

汉文字在临安地区红河北部彝族村寨的运用,是清代临安部分彝族社会逐步受到汉文化影响的重要特征之一。据学者研究,"在广袤的彝族地区,无论是村规民约制定还是通用文书,均用汉字书写。彝族聚集的村落,历代存留的碑刻,均不见彝文碑刻。就连西南地区最大的彝族纳楼土司,其所发布的文告,均使用汉文发布,如嘉庆十五年(1810)的《回新土司衙门告示碑》和光绪九年(1883)的《纳楼四土舍碑记》"②。

随着临安彝族上层对汉儒文化的重视及清代儒学在临安地区的广泛传播,清代出现了建水彝族诗人李鹤龄、石屏彝族诗人李云程,他们亦是清代彝族接受汉儒文化的典型代表。可惜李鹤龄之诗文已散佚,后人无法感受其诗文之美,实为遗憾。

石屏彝族诗人李云程是另一位彝族汉文诗人。云南末代状元袁嘉谷先生编纂的《石屏县志》卷十二载:"李云程,字鹏九,家世务农,崛起力学,枕藉经史,无间寒暑。五经四子、讲义,皆研精覃思,手自抄录,以五经卷中。丁卯乡试,甲戌进士。选广西府教授,著有《寓川草诗文三十二卷》,其门人代梓行世。谨案,云程著《古文笔法百篇》一书行世。李元度称之,海内翻刻无数。"③据民国《石屏县志》载其遗存诗文:"《北山》苍苍城北山,连峰数十里。

---

① [清]贺宗章:《幻影谈》,方国瑜主编:《云南史料丛刊》卷十二,云南大学出版社 2001 年版,第 132—133 页。

② 田丕鸿、高建安:《临安科举史话》,云南出版集团、云南美术出版社 2011 年版,第 149—150 页。

③ 袁嘉谷:《石屏县志》卷十二《人物》,《中国地方志集成·云南府县志辑》第 52 册,上海书店、巴蜀书社、江苏古籍出版社 2009 年版,第 18 页。

上接蔚蓝天,下带平湖水。"①又有诗文两首:

一

身入尘中不染尘,

知非已度守吾身;

于今世态谁堪闻,

为爱老身浑古人。

二

留与子孙何物好,

积金移后固云差。

纵是砚田未足夸,

一生忠厚永传家。②

　　从以上遗存的诗文,可以看出李云程洁身自好的古代士人之品质,同时亦可看到汉儒文化对这位彝族诗人的影响。

　　临安地区明、清以来汉文化的广泛传播,有可能对世居临安的哈尼族、彝族等少数民族,从生活习俗、音乐舞蹈、诗文书画各方面都产生不同程度的影响。在众多少数民族中,临安地区北部彝族成为接受汉文化较早、受汉文化影响程度较深的民族之一。受社会生活的影响,彝族音乐文化出现与汉族音乐文化融合的现象。

---

①袁嘉谷:《石屏县志》卷三十七《艺文附录十八》,《中国地方志集成·云南府县志辑》第53册,上海书店、巴蜀书社、江苏古籍出版社2009年版,第419页。

②[清]李云程诗文,转引自田丕鸿、高建安:《临安科举史话》,云南出版集团、云南美术出版社2011年版,第152页。

至今存在于云南省建水县及周边地区的彝族花灯、彝族四大声腔，无疑与明清以来汉文化在临安地区的传播有关。以上汉、彝音乐文化融合而产生的新艺术形式，虽然从其形态特征上看，并非从清代释奠礼乐直接嬗变而来，但不可否认，清代释奠礼乐的传承对加速红河北部彝族社会的汉化、促成汉彝文化的融合、使两种文化在融合过程中产生新的艺术形式，无疑有着重要意义。

（二）清代释奠礼乐对临安彝族音乐文化的间接影响

研究成果表明，清代中期以后，经过数百年文化交流及民族融合，临安红河北岸彝族社会结构发生了重大变化。"居住于北部地区的彝族据其依附的社会环境，一方面吸收汉语汉俗，充实着本民族的社会文化，另一方面，则在保留自己传统文化基因的基础上，吸收汉儒文化因素，发展本民族民歌艺术，形成了用彝族音乐、汉族唱词演唱的四大腔、杂弦调等艺术……而居住在南部地区的彝族……除在局部使用汉文外，民歌文化依然较多地保留着原生文化的本来面目"[①]。

清代以来彝族社会结构的变化，造成临安地区北部彝族社会汉化程度明显高于南部地区的局面，北部地区彝族音乐文化在与汉族音乐文化融合过程中，彝族民歌成为较早出现文化融合的音乐体裁。传承至今的彝族四大声腔之海菜腔，就是该时期汉、彝文化融合下产生的新艺术形式之典型。彝族海菜腔的名称，在清代临安地方志中已经出现明确文献记载，就是重要的证据之一。

---

① 汪致敏：《民间旋律》，云南出版集团公司、云南人民出版社2008年版，第2页。

1. 彝族海菜腔

据民国《石屏县志》艺文卷载,清嘉庆年间石屏诗人胡瀛在他的一组诗的序言中说:"横笛化龙桥畔系,舟来鹤亭边,调翻海菜之腔,鱼沁谷花之味。"[1]石屏凛贡胡瀛有"香稻花香玉露稠,月明渔话满船头,小蛮打桨冥蒙里,海菜腔尖醒睡鸥"[2]的七绝诗句,邑人张舜笙《异龙湖歌》云:"海菜腔和倒搬桨,春华秋月逐年年。"[3]从以上文献可知,至迟在清嘉庆年间,临安地区的石屏县,已经有海菜腔这种民歌形式了。

至今流行于建水地区的莎莜腔、四腔、五三腔、海菜腔,被统称为四大腔。民间俗称为"唱曲子"或"大曲子"。对海菜腔的称谓及含义,学界已经有许多研究成果。许象坤先生认为,海菜腔与彝语相关。应该是先有彝语之"黑吉"后有"海菜"。"黑"(彝语读 hai 意为海)、"吉"(彝语读 zai,意为对歌),用彝语说"黑吉"是海上对歌的意思,由于"吉"在彝语中的发音与"菜"相似,用彝语读"黑吉"而汉语发音像海菜,于是看见彝族男女到海上划船对歌,就说是去唱"海菜腔",这也许就是"海菜腔"产生于海上的

① [清]胡瀛:《忆异龙湖并序》,袁嘉谷修:《石屏县志》卷三十八,《中国地方志集成·云南府县志辑》第 53 册,上海书店、巴蜀书社、江苏古籍出版社2009 年版,第 480 页。

② [清]胡瀛:《忆异龙湖并序》,袁嘉谷修:《石屏县志》卷三十八,《中国地方志集成·云南府县志辑》第 53 册,上海书店、巴蜀书社、江苏古籍出版社2009 年版,第 482 页。

③ [清]张舜笙:《异龙湖歌》,袁嘉谷修:《石屏县志》卷三十九,《中国地方志集成·云南府县志辑》第 53 册,上海书店、巴蜀书社、江苏古籍出版社2009 年版,第 576 页。

依据①。

吴志刚先生则认为,民间称海菜腔为唱曲、大板桨,明代的文人称其为渔歌,清代才出现海菜腔之名。唱曲是尼苏先民的传统叫法,大板桨则是因为尼苏先民在异龙湖中边划船边唱曲而得的俗称;渔歌是文人学士们取的雅号;而海菜腔在清初已经叫得很普遍。从名称上也看得出海菜腔从古到今是一脉相承的②。

目前学界对海菜腔内涵的界定虽无定论,但研究成果与文献记载相印证,海菜腔的名称至迟在清代嘉庆年间已经出现是可以肯定的。由于文献对海菜腔等民间音乐相关记载的匮乏,对其早期形成发展历史的追溯及相关形态的梳理已经十分困难,只能从今天遗存的海菜腔中寻找部分历史信息。

学界目前对现存海菜腔的研究十分丰富。不仅有多篇学位论文,还有部分专著,这为笔者对海菜腔目前存在的形式及人数提供了便利。

汪致敏先生认为海菜腔是"彝族人民在本民族三言、五言体唱词框架的基础上,吸收了汉语中七言句的唱词格律,将这七言句的格律用到了民歌的唱腔中……这就扩大了原始民歌的结构和信息容量,使其发展为结构庞大的长歌,具有了独特的艺术风格,海菜腔就是在这种社会背景下产生的"③。从汪致敏的研究成果可知,就遗存至今的海菜腔歌词形式看,这是一种吸收了汉语七言格律形式填充歌词的彝族民歌。

---

①许象坤:《石屏彝族与海菜腔》,《民族艺术研究丛书》,1989年版,转引自汪致敏:《民间旋律》,云南出版集团、云南人民出版社2008年版,第4页。
②吴志刚:《彝族烟盒舞与海菜腔》,远方出版社2000年版,第23页。
③汪致敏:《彝族四大腔的变体腔的结构特点》,《民族音乐》1987年第3期。

　　梅壁则认为完整的海菜腔音乐结构包括了"拘腔、正曲子、白话"①。笔者根据学界对海菜腔的相关研究,将海菜腔音乐元素的主要结构及特点整理为下表:

表4—3:海菜腔音乐元素结构表②

海菜腔音乐结构	歌词特点		音乐特点	演唱及唱腔特点
	歌词语言特点	歌词结构特点		
拘腔	汉语彝语混合,主要歌词为汉语,衬词为彝语		调式为以la为主音的七声音阶羽调式;节奏上常用复合拍子及混合拍子,以八分音符为基本节奏型	一唱众合
正曲子	汉语彝语混合,主要歌词为汉语,衬词为彝语	七言四句	调式为以la为主音的七声音阶羽调式;节奏上常用复合拍子及混合拍子,以八分音符为基本节奏型	七言四句演唱的组合方式各不同。七腔唱完,辅以每腔后的舍腔、空腔、娅腔
		七言六句称"倒七腔"		一领众合,舍腔(帮腔)主要为虚词、衬词彝语

①梅壁:《海菜腔的音乐特征及内涵因由》,《中国音乐》1988年第2期。
②本表根据梅壁《海菜腔的音乐特征及内涵因由》(载《中国音乐》1988年第2期)、白章富《彝族"海菜腔"源流初探》〔《云南民族大学学报》(哲学社会科学版)2007年第2期〕等相关资料编制。

海菜腔音乐结构	歌词特点		音乐特点	演唱及唱腔特点
	歌词语言特点	歌词结构特点		
白话腔	汉语彝语混合，主要歌词为汉语，衬词为彝语汉语	每段歌词为五言两句体	调式为以 la 为主音的七声音阶羽调式；节奏上常用复合拍子及混合拍子，以八分音符为基本节奏型	一领众合，说唱结合。舍腔（帮腔）主要为虚词、衬词彝语

　　以上海菜腔之音乐元素结构图，简略勾勒出的是今天海菜腔的歌词及音乐、唱腔形态。

　　清代石屏人胡瀛诗中描述海菜腔的音乐形态及歌词形式，详细内容已经不得而知，但诗人明确称其为海菜腔，可知清代的海菜腔已经具有相对固定的名称，由此推测，这种称谓已经获得汉人及彝族的双重认可。清代海菜腔所具有的艺术魅力，不仅得到彝族青年的喜爱，而且得到胡瀛这样有功名的儒生之关注，并咏诗予以描述，可以推测，海菜腔在清代已经在石屏地区流行，海菜腔这种音乐体裁，在清代已经出现明确的汉语名称，并且已经出现汉语、彝语结合的歌唱形式。儒生胡瀛对其声腔"海菜腔尖醒睡鸥"的描述，与海菜腔传承至今的大小嗓转换之歌唱方法亦相吻合，可以推测，诗人描述之海菜腔，与传承至今之海菜腔，艺术形式上当有许多相似之处。

　　从以上海菜腔音乐元素结构图可以看出其歌词、音乐及唱腔间结合的复杂、精致。笔者认为，从现存海菜腔歌词中体现汉语、彝语的奇特组合形式，以及复杂、精致的音乐构成，大小嗓间转换自如的歌唱形式,可以推测这是一种经历了漫长实践而形成的具有汉族、彝族音乐文化特点的艺术形式。而这种汉、彝语言结合的民歌体裁,与清代临安地区彝族社会的汉化密切相关,海菜腔艺术形式的形成、完善,必定经历了一个漫长的产生、发展过程。

海菜腔艺术形态的创作,必须具备以下几个条件:其一是熟悉本民族音乐,能用彝族传统音乐曲调创作歌调;其二必须熟练掌握汉语,熟知汉语音韵,便于在正调部分创作出押韵的汉语七言歌词;其三,海菜腔的传播,主要集中在喜爱彝族谈恋爱"吃火草烟"的风俗中,需要广大彝族青年熟练掌握汉语,否则无法唱出恰当的汉语歌词。

彝族海菜腔与汉文化密切相关。其特点在于"海菜腔"的传播需要一定的汉语水平,而"海菜腔"的创作则需要更高的汉文化水平。明清时期能满足以上条件的彝族人,有可能是彝族民歌手、彝族诗人,即是彝族民歌手,懂得汉语、懂作诗之人。笔者认为彝族祭司毕摩,是最有可能在明清时期较早参与创作这种艺术形式的人。从海菜腔在民间流传的状况看,主要集中在彝族谈恋爱"吃火草烟"风俗中,但相关研究表明"《海菜腔》除了'吃火草烟'活动这种传播方式之外,同其他民间文艺形式一样,还有民众在田间地头劳作之时的传唱和其他民俗活动事项中的传唱等这些传播方式"①。海菜腔显然在多种场合得到传唱,这种状况有利于彝族祭司毕摩参与创作。

至今存在于彝族地区的海菜腔传播方式的多样化,也是对笔者早期毕摩曾参与海菜腔创作推测的一种印证。虽然目前历史

---

① 王诗莹:《石屏海菜腔研究》,硕士学位论文,云南大学,2011年。

文献缺乏,还无法对此作进一步的证明,但就以上海菜腔创作、传播所需条件,并结合临安地区彝族接受汉文化之情况看,明清时期,特别是清代,临安地区毕摩参加会考、彝族诗人的出现,当与海菜腔的形成、发展有较为密切的关系。

2. 彝族花灯

除海菜腔外,彝族花灯是清代临安地区汉族、彝族在长期汉夷杂处过程中,音乐文化产生融合的典型例证,也是彝族音乐文化与汉族音乐文化相结合而产生的另一种艺术形式。

汉族花灯传入建水的历史,散见于地方史志。据嘉庆《临安府志·风俗》载:"立春前一日,郡守县令率僚属迎春于东郊,土人陈傀偏百戏,鼓乐前导,农人竞验土牛之色,以卜雨旸。上元为灯节,先期试灯,届期放之。剪采错金为鸟、兽、鱼、花、竹、果、瓜之形,罗列巷陌,谓之灯市,或接彩棚于通衢,火树银花,争艳星月,小儿联袂相属,齐唱太平,并以笙笛佐之,抗坠抑扬叶于音节。"①

同期,临安春节期间的社火活动,已进入了文人学士的视野,在一些诗文中已有较为明晰的记述。明代嘉靖年间,著名学者杨升庵游历建水,写下了《临安春社行》一诗,对建水春节期间的社火活动作了生动描述:"临安二月天气暄,满城靓妆春服妍。花簇旗亭锦围巷,佛游人嬉车马阗。少年社火燃灯寺,埒材角妙纷纷至。公孙舞剑骇张筵,宜僚弄丸惊楚市。"②

上述文献描述了明清时期临安地区民间社火活动的情况,并

---

① [清]江睿源修,罗惠恩纂:嘉庆《临安府志》,《中国地方志集成·云南府县志辑》第47册,上海书店、巴蜀书社、江苏古籍出版社2009年版,第72页。
② [明]杨慎:《临安春社行》,转引自田丕鸿、高建安《临安科举史话》,云南出版集团、云南美术出版社2011年版,第73页。

间接反映出汉族花灯传入临安初期之情形。这也说明明代汉族
人口大量迁入对云南音乐文化之影响。临安地区作为明代汉族
人口迁入较多的滇南地区，花灯的传入自然与汉族移民之迁入密
切相关。

对于汉族花灯在临安地区的发展过程中，被彝族接受并发展
成为新的艺术形式这种历史状况，杨章文认为主要原因可以归结
为三点："民族的融合、民俗的互渗及文化的融圆。"①与此同时，
杨章文先生认为"建水彝族花灯的成熟期是在清代"，并列举了清
代彝族花灯发展成熟的三个标志：1.习俗文化的演变。2.灯会组
织的建立。3.表演程式的相对固定②。

值得注意的是，杨章文在对清代彝族习俗文化的演变的论述
过程中，有如下描述："从明末清初开始，流入彝族地区的跳灯习
俗沿着自身发展的轨道，走上了独立发展的道路，成为了一个既
有汉族文化因素，又有彝族文化特点的节庆习俗。如普雄塔瓦在
每年农历正月初二接灯神祭拜活动，灯会全体成员集聚在家庙，
献三牲，由毕摩或族长诵经。然后将朱红纸书写的'冲天风火宅
老龙神位'（其中的'火'字倒写，以示火不烧天）插入装满五谷的
大斗之中，再点上长明灯，配上鼓乐，行三拜九叩礼。仪式完毕，
再拜土地庙和山神庙。随后，灯会会员燃放鞭炮，吹响过山号，敲
响铓锣鼓镲，一名扮演花鼓婆的人抬着牌位，二人各抬一盏鼓灯，
四人各抬一盏老虎灯，六人各抬一盏纸马灯，二人各抬一伞灯和
月亮灯，奏着《过街调》，前呼后拥，走村串巷，到村边的龙树下祭
拜。被选定的龙树要用稻草围树根，树枝上缀有木制的弓、弩、镰

---

① 杨章文：《建水彝族花灯的缘起及流变》，《民族音乐》2010 年第 2 期。
② 杨章文：《建水彝族花灯的缘起及流变》，《民族音乐》2010 年第 2 期。

刀、锄头等等。灯会成员献饭献三牲,灯头领唱《祭树调》后,将灯
插于龙树前的广场周围,按照写于纸上的剧目顺序,演唱花灯剧
目。农历正月初二至十五期间表演的花灯剧目,一般以歌舞节目
开场,故事情节较完整的剧目在后。正月十六的最后一天,以《散
花调》收场后,即由毕摩按属相测方位和吉辰,举行送灯仪式,将
纸灯纸片送到村边路口,将其烧毁。全体灯会成员跪拜灯神之
后,迅速脱去戏装,割断琴弦,急速离开现场。据说在烧纸灯之
时,各人都不能出声,害怕灯神随声而来,如果灯神进村,村子里
的人会生病,牛羊猪鸡会死亡,对后辈儿孙不利。"①

　　从杨章文的描述可知,毕摩是明末清初彝族接灯神祭拜活动
的重要参与者,有彝族祭司毕摩主持的迎接花灯灯神的仪式显然
已经受到清代释奠仪式的影响。如"点上长明灯,配上鼓乐,行三
拜九叩礼"的方式,是清代释奠仪式之重要行礼方式,从"灯会成
员献饭献三牲"到"举行送灯仪式,将纸灯纸片送到村边路口,将
其烧毁",显然清代释奠仪式之三献礼也被运用于彝族迎灯神活
动之中。从以上普雄塔瓦在每年农历正月初二接灯神祭拜活动
看,其仪式中出现的种种释奠仪式的特征证明,清代释奠礼乐之
释奠仪式对彝族毕摩阶层所产生的影响,已经逐步渗透到红河北
部彝族社会的相关民俗仪式活动之中。

　　显然清代以来,以红河北岸彝族为代表的少数民族对儒学、
科举的重视,使少数民族进入庙学学习的人数及参加科举的人数
逐步增多,临安地区毕摩会考的设置,更为彝族不同阶层接受汉
文化奠定了基础。与此同时,进入庙学学习的少数民族儒生及参
加会考的毕摩,在庙学有机会接触到祭孔礼乐文化,与汉族生员

①杨章文:《建水彝族花灯的缘起及流变》,《民族音乐》2010年第2期。

的交流,使他们逐步接受了汉族音乐文化,掌握了汉族的歌唱形式,这些因素造成了明清以来彝族音乐文化的逐步汉化。

明清以来汉夷共处过程中,包括释奠礼乐在内的儒学在临安少数民族中的传播,使彝族民间音乐文化出现开放的趋势,并逐步吸收汉族音乐文化,形成了新的艺术形式,其中彝族花灯、彝族海菜腔就是明清以来汉族、彝族音乐文化融合的产物。

虽然临安地区自古以来就是多族群迁徙栖息之地,但由于元明以来汉文化的传播就以红河为界,并未深入到红河南岸,以儒学为核心的汉文献的传播范围也仅仅局限于红河以北。

如果说汉彝音乐文化结合的新艺术形式彝族海菜腔与彝族花灯的产生,主要体现了汉族民间文化与彝族民间文化的融合,与释奠礼乐间仅存在间接联系,那么,清代临安地区洞经音乐文化的发展,则显示出与释奠礼乐更为紧密的联系。

二、对汉族音乐文化的影响

(一)临安地区洞经音乐的传入

学界对洞经音乐的研究成果十分丰富,对其源流有着多种说法,并无定论。对临安地区洞经音乐的历史,也有学者予以关注,但对其产生的历史时期,不同学者持不同看法,目前尚无定论。

张兴荣上世纪末在对云南省建水县洞经会的调查过程中,搜集到了建水老年洞经会会长王国昌(1915—?)、副会长陈怀本(1921—2013)等老先生的口述材料,他们说:“建水洞经音乐据说是乾隆年间,建水傅翰林告老还乡时由京中带来的,最早建立的是朝元学,不是秀才不得升堂上座。"①汪致敏根据流传于建水民间的两则关于建水洞经音乐传入的口碑传说,辨析了建水洞经音乐产生于明代初期的"江南说"与产生于清初的"宫廷说",并认为"洞经明代传入建水之说是极有可能的"②。

虽然学界对洞经音乐传入临安的具体时间的看法还存在一定分歧,但笔者通过对相关临安地区明清以来社会历史背景及汉文化传播状况的梳理,认为洞经音乐文化在临安地区的传入有多种途径,但从传入的时间看则极有可能自明代已经传入,明代临安地区社会发展状况已经具备了洞经音乐文化传入并逐步发展的条件。笔者认为,洞经音乐的传播和发展至少应该具备以下三个条件:一是道教在本地的传播,二是相关汉族器乐文化也已经得到传播,三是有具备一定相关音乐理论的人才。就临安地区的历史发展状况看,明代的临安地区已经完全具备以上条件。

1.道教在临安地区的传播

洞经音乐是源于中国道教文化的云南地方性音乐文化,这是学界研究达成的共识。明代的云南,道教已经得到广泛传播,各府、州、县分别设有相应的道纪司、道正司、道会司,管理相应的事物。据明李元阳万历《云南通志》卷五《建设志》:"云南府职官有道纪司都纪一人,提点一人……大理府职官有道纪司都纪一人,提点一人;永昌府职官有道纪司都纪一人,副都纪一人。"③道纪

---

①张兴荣:《云南洞经音乐文化——儒道释三教的复合性文化》,云南教育出版社1998年版,第14页。

②汪致敏:《民间旋律》,云南出版集团、云南人民出版社2008年版,第150—151页。

③[明]李中溪纂修:《云南通志》,《中国西南文献丛书》第1辑《西南稀见方志文献》第21册,兰州大学出版社2004年版,第126—134页。

司的设立说明云南部分地区道教发展有一定规模,具备设立道教管理机构的条件。

虽然明代的临安府还未见设立道正司,但作为元明以来滇南教育文化重镇临安,随着大量汉族移民的进入,道教等宗教也随之传入。据天启《滇志》卷十七《方外志》载,明代的临安地区已经有道观出现,并且分布于临安各地。如:"临安府……白云庵,在曲江六龙山。北极宫,在府治东,千户刘昭、刘玑重修。观音阁,在府治西南。玉皇阁,在府东城右,嵬阁层楼,卓然大观。内有凌霄殿、三清殿、雷神殿,两庑列二十八宿,有浮图,相传为唐季所铸。郡中善信置常住田二区:一在冷水沟,岁入租二十三石;一在窑冲,租五石。三清观,在府曲江沙坝,乡人竺桧建。河西县亦有。"[①]临安地区明代道观的出现,为道教的传播提供了相对固定的场所。临安地区道观的修建,与明代大量迁入的汉族的精神需求相适应,"北极宫,在府治东,千户刘昭、刘玑重修"就是极好的例证,道观的修建、迁移汉族的精神需求,促使道教在临安地区得到发展。

如果说道教的传播,为洞经音乐的传播提供了重要的母体文化,那么汉族器乐文化的传播,则为洞经音乐的传播提供了必要的技术支持。

2.汉族器乐文化在临安地区的传播

明代卫所制度建立,大批内地汉族移民进入,明代中晚期,多种内地汉族音乐文化,已经传入临安地区,并见于汉文献资料中。

据天启《滇志》载:"弘治九年,副使李孟晅、知府陈盛重修尊

[①]［明］刘文征:天启《滇志》,古永继校点,王云、尤中审定,云南教育出版社1991年版,第563—564页。

经阁,置乐器……经籍、雅乐,嘉靖郡人徐澜厘正。"①地方志关于庙学释奠礼乐乐器的相关记载说明,至迟在明弘治九年(1496)临安庙学中已经配备相关的释奠礼乐乐器,而从嘉靖时期"郡人徐澜厘正之"的相关记载可知,释奠礼乐在嘉靖年间已经被广大儒生所接受,临安地区的汉族音乐水平已经达到相当的水准,否则边远的滇南小镇,郡人能拥有"厘正"雅乐能力的可能性就不会太大。

随着临安卫等军事管理机构在临安的设置,明代的军乐可能已经传入临安。就明代官方所规定的军乐看,随军乐传入临安地区的汉族乐器及相关器乐文化,也可能曾对临安洞经音乐的产生起到过一定作用。

随着汉族音乐文化中释奠礼乐、军乐及民间器乐的传入,汉族器乐文化在临安地区得到传播,并逐渐被临安当地的儒生阶层所掌握,并对当地音乐文化产生影响。

3.具备音乐理论知识人才的培养

明代临安府河西县举人葛中选(1577—1636),明代万历戊午年(1618)这也在河西完成著作《太律》,这也进一步证明临安地区明代已经出现了具有较高音乐理论水平的音乐理论家。葛中选对音律的深厚学养,既得益于他为官其间的学习,也得益于自幼的音乐天赋。

笔者认为,道教及汉族传统器乐文化在临安的传播,汉族音乐理论在临安地区的发展,无疑为洞经音乐的传播及发展创造了充分的条件。

---

① [明]刘文征:天启《滇志》,古永继校点,王云、尤中审定,云南教育出版社1991年版,第304页。

从临安地区洞经音乐文化的性质看,其与大理洞经音乐文化的相似之处在于洞经音乐文化在产生初期与道教文化的联系,元明以来云南社会整体表现出的"以儒为宗"的儒释道三教合流的趋势,使临安地区洞经音乐文化的儒学礼乐性质日益突出。明代已经出现在临安地区的庙学释奠礼乐文化对临安地区洞经音乐文化的发展可能起到过促进作用。清代庙学释奠礼乐文化在临安的传播,其国家行为的性质得到进一步加强,它对明以来已经出现的临安地区洞经音乐文化必然产生了重要影响。

(二)释奠礼乐对临安洞经音乐的影响

清代的临安地区,已经有许多民间及官方音乐活动见诸地方志的记载。

据嘉庆《临安府志·风俗》卷记载:"立春前一日,郡守县令率僚属迎春于东郊,土人陈傀儡百戏,鼓乐前导,农人竞验土牛之色,以卜雨旸。上元为灯节,先期试灯,届期放之。剪采错金为鸟、兽、鱼、花、竹、果、瓜之形,罗列巷陌,谓之灯市,或接彩棚于通衢,火树银花,争艳星月,小儿联袂相属,齐唱太平,并以笙笛佐之,抗坠抑扬叶于音节。"①

从以上嘉庆《临安府志》的记载可知,清代的临安府,民间已经接受了汉族之迎春等节日文化,同时中原之"傀儡百戏""鼓乐"等民间音乐文化也已经随之传入。上元为灯节时"齐唱太平,并以笙笛佐之,抗坠柳杨叶于音节"的乐器及歌唱形式,更是体现出上元灯节临安音乐活动之盛况。

雍正《续修建水州志》卷六《典礼》之《宾兴》:"每科七月内,择

_____

① [清]江睿源修,罗惠恩纂:嘉庆《临安府志》,《中国地方志集成·云南府县志辑》第47册,上海书店、巴蜀书社、江苏古籍出版社2009年版,第72页。

期送科举生员于府堂仪门外,立月宫桥堂上,列宴、跳魁、报捷、簪花、挂红毕,生员乘骑,郡州各官送至迎恩寺再宴毕,各回卷金府州捐送。每科乡试后一月,凡新旧会试举人,府州择期递启一通于府堂,设盒酒演戏。捷报毕,领花、币乘骑出廓,郡州各官具礼服送至迎恩寺,再设席演戏毕,各退卷金程仪府州捐送。"①从以上文献记载可知,至迟在雍正时期,内地戏曲已经传入临安地区,并开始在送科举生员的《宾兴》礼中进行演出。

据文献所载可知,清代的临安府经历元明的建设,其民俗文化及官方活动,无不体现出中原音乐文化在该地区盛行的状况。与此同时,临安地区释奠礼乐亦得到进一步传承,并对该地区的音乐文化产生了重要影响。

与元明以来释奠礼乐在临安传承的情况不同,清代临安地区释奠礼乐的传承具有其特殊的时代特征。

清政府对释奠礼乐的重视,促使云南释奠礼乐的传承也一跃而成为国家行为,并得到政府经济、人员、设施等方面的充分保障,以上措施使清代释奠礼乐在云南各地传承的深度、广度及产生的影响均超过元、明时期。临安地区作为滇南文化教育中心,随着释奠礼乐的传承的深入,它对本土音乐文化的影响也逐步体现出来。就清代临安地区传统艺术形式而言,释奠礼乐对本土音乐文化的影响集中体现在洞经音乐文化上。

如上所述,根据相关明代临安历史文化文献的梳理,笔者认为明代临安地区已经有洞经音乐传入的可能,清代释奠礼乐在临

①［清］赵节等纂,祝宏修:雍正《续修建水州志》,《中国地方志集成·云南府县志辑》第54册,上海书店、巴蜀书社、江苏古籍出版社2009年版,第523—524页。

安的大力传承促进了洞经音乐的发展。

在强势传入的清代释奠礼乐影响下,清代临安洞经会逐渐被临安儒生所把持,并使临安洞经音乐儒化趋势日益加深。与此同时,洞经音乐积极吸收释奠礼乐文化的多种因素,使自身在临安地区的影响得到扩大,获得比释奠礼乐更大的发展空间,最终取代释奠礼乐,成为祭孔仪式中新的儒学礼乐,在临安民间得到流传并传承至今。

清代临安地区洞经谈演活动,已经有零星的文献记载。临安地方文人陈嘉烈在其《临安土风五徘》中对临安地区民俗活动进行了生动的描述,其中就提到洞经音乐,他说:"临本江南籍,侨居五百年。人情依旧惯,风尚不新迁。嘉庆逢元旦,神迎如曙天。桃符光户面,香烛耀堂前。翠撒松坛毡,黄果蜜桶鲜。求财参土庙,汲井竟头泉。狮舞梨花火,蛟翻爆竹烟。车灯茄叶吹,经谈大洞编。"①

据《建水民国县志稿》载:"田军营,开化颇早,本邑有洞经由此发起。"②汪致敏先生考证"田军营是位于临安城附近的一个较大军屯所,营中的兵士大多来自江南,亦是当时文化活动较为活跃的地区之一"③。临安地区谈演洞经的活动,十分活跃,该地区洞经会,一直延续至上世纪40年代末。据张兴荣教授调查,临安地区1949年前存在的洞经会有:建水县城有:朝元学、崇文学、林文学、明圣学。乡村有同文学、老朝元学(田家营)、新文学(南

①转引自汪致敏:《民间旋律》,云南出版集团、云南人民出版社2008年版,第151页。
②《民国建水县志》卷四,云南建水县志办公室翻印1987年油印本,第22页。
③汪致敏:《民间旋律》,云南出版集团、云南人民出版社2008年版,第151页。

庄);蒙自城区有:宏化坛(清嘉庆年间成立)、崇善坛、普化坛等,新安所有义化坛、智化坛、老洞坛、义化智善坛(何家寨)等。石屏县有洞经会、皇经会、圣经会三会①。

以上临安地区所存洞经会,有些是清代沿袭到上世纪 40 年代末,有些则是民国时期新建立的,由于以上洞经会无明确的文献记载其成立的具体时间,所以,清代临安地区洞经会存在的完整情况,已经难以一一厘清。但各洞经会中流传的一些口碑及文献材料,仍然为了解清代临安洞经音乐文化的情况提供了一些线索。

洞经经籍是展现清代释奠礼乐在临安洞经音乐文化中融合的重要线索之一。

与云南各地洞经音乐文化的起源与发展状况相似,临安地区洞经音乐文化的起源与发展与洞经会所谈演的经籍密切相关。从学界的研究成果看,张兴荣是较早对云南遗存洞经音乐经籍进行系统收集、整理的学者,据张兴荣统计,云南"各洞经会收藏谈演的经籍,几经战乱浩劫的焚毁禁灭,数量骤减。现只余下大约 30 多部不同名的经典谈本"②。从张兴荣 1991 年 10 月至 1993 年 6 月间所收藏及摘抄整理到的经籍情况看,云南洞经会选编之经典谈本,主要源于《道藏》正、续本及《道藏精华录》,即云南各地现存洞经经籍大要仍归道教,但也有源于《佛藏》和儒家经籍或是"三教融合"而创编的经籍。其中源于儒家经典而创编的"谈本"

---

① 张兴荣:《云南洞经音乐文化——儒道释三教的复合性文化》,云南教育出版社 1998 年版,第 415—434 页。
② 张兴荣:《云南洞经音乐文化——儒道释三教的复合性文化》,云南教育出版社 1998 年版,第 67 页。

主要有《宏儒经》《孔子觉世经》《孔子谈经三卷》,"三教融合"而创编的谈本有《三教经》《三教华严经》《救劫黄经》《度厄真经》①。学界以上研究成果表明,云南洞经音乐文化中所谈演之经籍,除源于道教、佛教及三教合流之经籍外,源于儒学而创编的经籍《宏儒经》《孔子觉世经》《孔子谈经三卷》,也已经成为云南现存洞经经籍的重要组成部分。有学者认为"临安地区洞经音乐有'谈洞经'、'谈黄经'之分,前者使用经籍为道、释经典,后者则以儒家经籍为主,兼及其他"②。由此可知,临安地区洞经会对洞经的谈演已经有十分细致的分类,儒家经典已经作为单独一类经籍进行谈演,这种状况足以证明临安地区由儒家经典改编而成的经籍已经发展到一定数量,其谈演的方式、所用曲牌及谈演仪式,可能已经形成一套有别于道教洞经的方式。

　　从张兴荣上世纪调查的情况看,《宏儒经》全称《太上宏儒至道无极总真复圣阐微圣经》,曾经是临安地区洞经会谈演的经籍,由于时间的久远及其他综合原因,今天建水地区的洞经会已经不会谈演该经籍,笔者多次的田野工作也未能搜集到今天建水地区曾经谈演的《宏儒经》,这不能不说是一种遗憾。现根据张兴荣上世纪对建水地区洞经会演奏经籍情况的调查结果,将上世纪末建水地区洞经经籍的谈演及保存情况整理为以下表格:

---

① 张兴荣:《云南洞经音乐文化——儒道释三教的复合性文化》,云南教育出版社 1998 年版,第 80—81 页。
② 汪致敏:《民间旋律》,云南出版集团、云南人民出版社 2008 年版,第 157 页。

表 4－4：云南省建水地区（临安）现存经洞经经籍统计表①

地名	经籍	经籍分类	谈演时间	所藏地点	抄写时间
建水	《关帝圣迹》（明圣经）	道教改编谈本	未固定	建水县南林寺洞经会	抄于弘治三年（1490）
	《太上洞玄灵宝高上玉皇本行集经》	道教改编谈本	未固定	不详	清康熙丙午年（1666）颁行，1882 年重刊
	《太上洞渊请雨龙王经》	道教改编谈本	未固定	不详	不详
	《宏儒经》	儒学改编谈本	"孔子会"	不详	不详
	《孔教真理》	儒学改编谈本	"孔子会"	云南建水县陈怀本先生家藏	重抄于 1987 年
石屏	《关帝圣迹》（明圣经）	道教改编谈本	"孔子会"	石屏县图书馆	不详
	《大洞仙经》	道教改编谈本	未固定	石屏县图书馆	36 章，版本与泸西相同
	《太上洞玄灵宝高上本行集经》	道教改编谈本	未固定	石屏县图书馆	有康熙丙午（1666）正月九日龙虎山题字
蒙自	《太上玉清无极文昌总真阐微大洞仙经》（习称新经）	道教改编谈本	未固定	蒙自洞经会	不详

①此表根据张兴荣：《云南洞经文化——儒道释三教的复合性文化》（云南教育出版社 1998 年版）相关调查材料整理编制。详见该著作第 68—79 页。

续表

地名	经籍	经籍分类	谈演时间	所藏地点	抄写时间
蒙自	《关圣帝君觉世真经阐微》	道教改编谈本	未固定	蒙自洞经会	不详
	《太上洞玄紫薇金格高上玉皇本行集经阐微》(简称《皇经阐微》)	道教改编谈本	未固定	蒙自洞经会	清同治十二年(1873)重刊,嘉庆十年(1805)玉皇敕命
	《大洞观音度人圣经阐微》	佛教改编谈本	未固定	蒙自洞经会	不详
	《宏儒经》	儒学改编谈本	"孔子会"	蒙自洞经会	不详

从上表临安地区二十世纪八十年代洞经会、图书馆的文献资料,及口碑材料看,临安地区洞经会谈本囊括了道教、佛教、三教合流之经籍及由儒学经典改编的经籍。值得注意的是,该地区洞经会在"孔子会"时谈演的重要经籍《宏儒经》及《孔教真理》,就是以儒学经典改编的洞经经籍,岁月的流逝,今天临安地区各洞经会,已经不再谈演以上两部儒教经籍,甚至连经籍也难觅踪影。多次到云南进行田野调查过程中,笔者有幸从张兴荣教授处获得了楚雄禄丰县何家营的《宏儒经》,从已故陈怀本先生家人处,收集找到了《孔教真理》。

结合笔者收集到的《宏儒经》与《孔教真理》,可以判断,以上经籍是洞经音乐与释奠礼乐相联系的重要产物。

据张兴荣研究,《宏儒圣经》全称《太上宏儒至道无极总真复圣阐微圣经》。据说蒙自、通海、昆明、建水等地曾谈演过此经①。

　　就笔者收集到的《宏儒经》看,《太上宏儒至道无极总真复圣阐微圣经》其结构分礼请卷、上卷、中及下卷四卷,正文包括二十五章。其内容主要假借儒家先哲、道教神祇的口吻,以讲述儒家经典《大学》《中庸》的内容。其中上中两卷主要讲述《大学》,下卷讲述《中庸》。《宏儒经》语言相对通俗易懂,体现出儒释道三教合流的宗旨,为了配合经籍谈演过程中诵、唱、乐结合的艺术形式,其文体形式也十分丰富,包括四言、五言、七言及长短句。

　　由于笔者收集到的《宏儒经》并非传自临安地区,无法断定临安地区曾谈演的《宏儒经》与笔者收集到的《宏儒经》其内容及版本的一致性。但从云南其他洞经经籍的整体传播情况看,同样名称的经籍会有不同版本流传,但其大致内容则基本相似。由禄丰何家营所藏版本的《宏儒经》可知,临安地区曾谈演的版本内容有可能与之相近。参照云南其他洞经经籍谈演的规范,这应当是以唱奏形式来阐释儒家经典的,由于该经籍并未标注所用曲牌等其他音乐信息,云南各地也无洞经会能谈演该经籍,所以谈演该经籍所用的曲牌已不得而知,这不能不说是一种遗憾。

　　笔者在对当今云南建水县灶君寺洞经会的调查过程中,发现了另一部以儒学经典改编的经籍《孔教真理》上下两卷,这是已故云南建水县灶君寺原洞经会会长陈怀本先生珍藏的经籍,这部经籍抄于1987年,是由已故建水皂君庙洞经会王克庵先生帮陈怀本先生抄写的,经书编二封底有说明。这部经籍也是临安地区洞

————————

① 张兴荣:《云南洞经文化——儒道释三教的复合性文化》,云南教育出版社1998年版,第179页。

经会儒学经典改编经籍的典型代表。从这部经籍的内容可以清晰看到清代释奠礼乐对临安地区洞经音乐的影响。据陈怀本先生家人介绍,《孔教真理》也曾经是临安地区在“孔子会”及“春秋丁祭”时谈演的重要经籍,最为珍贵的是,这套《孔教真理》在相关的经籍部分,用红笔清楚地标注了演奏时所用曲牌及其他谈演时的相关音乐信息,这为深入了解清代临安地区儒学改编经籍的谈演形式提供了重要的参考价值。

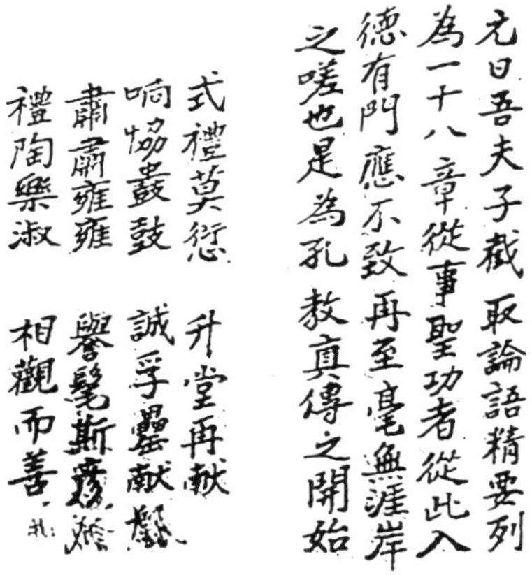
元日吾夫子截取論語精要列
為一十八章從事聖功者從此入
德有門應不致再至毫無涯岸
之嗟也是為孔教真傳之開始
式禮莫愆 升堂再獻
响協鼖鼓 誠孚罍獻
肅肅雍雍 譽髦斯彥
禮陶樂淑 相觀而善

图 4—9:云南省建水县洞经经籍《孔教真理》

(作者摄于 2014 年 1 月 12 日)

现将《孔教真理》(编一)所用曲牌及各段经籍的文体结构特点整理如下表:

表4—5:《孔教真理》(编一)文体结构及所用音乐曲牌、经腔相关内容统计表①

序号	组成部分	文体结构及内容	音乐曲牌	唱诵形式	备注
1	开经赞	长短句	开经赞	唱	
2	经籍名称	孔教真理		宣	
3	香赞	四言	香赞	唱	
4	序(一)	长短句	当子腔	唱	
5	序(二)	长短句	当子腔	唱	以"锣"字结束
6	凡例五条	长短句		念	以"扎"字结束
7	孔子全目(共19章)	目录	咒腔	唱	以"扎"字结束
8	(连接)	非礼无视,非礼无听,非礼无言,非礼无动	无曲牌	宣	
		万世之师,大哉孔子		宣	
10	迎神《昭平》之章	四言:大哉孔子,先觉先知……	倒拖船	唱	以"扎"字结束
11	圣学心法	长短句	当子腔	唱	以"扎"字结束
12	奠币、初献《宣平》之章	四言:予怀明德,玉振金声,生民未有,展也大成……	倒拖船	唱	奏乐、读文,摇麾起舞
13	孔教真传	长短句	当子腔	唱	

---

① 本表根据云南省建水县陈怀本先生收藏《孔教真理》(编一)相关内容整理编制而成。

序号	组成部分	文体结构及内容	音乐曲牌	唱诵形式	备注
14	亚献《秩平》之章	四言:式礼莫言……	倒拖船	唱	奏乐、读文,摇麾起舞
15	养心寡欲	长短句	当子腔	唱	
16		长短句	玄蕴咒	唱	
17	第一节寡念	长短句	当子腔	唱	
18	第二节寡思	长短句	当子腔	唱	
19	第三节寡想	长短句	当子腔	唱	
20	第四节寡象	长短句	当子腔	唱	
21	(连接)	兴儒宗师,大哉孔子		宣	
22	终献《叙平》之章	四言:自古在昔,先民有作……	倒拖船	唱	奏乐、读文,摇麾起舞,拈香
23	克己慎独	长短句	当子腔	唱	
24	(连接)	德配天地,大哉孔子		宣	
25		七言	甘州歌	唱	
26	洗心明性	长短句	当子腔	唱	
27	目录	七言:四句	甘州歌	唱	
28	内容	长短句	当子腔	唱	
29	具体内容	五言:四句	后拖船	唱	
30	四要解释	长短句	当子腔	唱	以"锣"字结束
31		道冠古今,大哉孔子		宣	

续表

序号	组成部分	文体结构及内容	音乐曲牌	唱诵形式	备注
32	彻馔《懿平》之章	四言:先师有言	倒拖船	唱	
33	曾子解释	长短句	当子腔	唱	
34	曾子解释	勿固勿我	当子腔	唱	
35	四条	七言四句	甘州歌	唱	
36	总结四条	长短句	当子腔	唱	
37	迎神《昭平》之章	四言:大哉孔子,先觉先知,与天地参,万世之师	倒拖船	唱	
38	防欺心	长短句		左宣	
39	防欺人	长短句		右宣	
40	质鬼神	长短句		左宣	
41	质天地	长短句		右宣	
42	志心敬礼	长短句	鱼子腔	唱	
43		七言:四句	天王赞	唱	

　　从以上《孔教真理》谈演的形式及内容看,这是一部完整的由儒学经典改编的洞经经籍,其谈演过程包括了唱、念、诵、奏、舞等多种形式。从具体内容看,《孔教真理》以《论语》及乾隆八年(1743)所颁布的释奠乐章相间插,其中以讲述儒家经典《论语》内容为主。

　　从音乐方面看,整部经典谈演所用曲牌共 14 个,包括:《开经赞》《香赞》《当子腔》《咒腔》《倒拖船》《玄蕴咒》《甘州歌》《后拖船》《五称圣号》《锁道龛》《神咒腔》《鱼子腔》《一江风》《天王诵》。从歌词形式与曲牌间的关系看,有一定规律可循:长短句常用《当子腔》或《鱼子腔》;四言常用《倒拖船》;五言常用《后拖船》或《琐道龛》;七言常用《天王赞》《甘州歌》。

《孔教真理》的谈演,除音乐外,还有乐舞。据《孔教真理》经籍的记载,乐舞共出现了四次,经籍中用红色字体标记为"摇麾起舞",分别处于乾隆八年(1743)所颁布的直省释奠乐章配有乐舞的位置。

笔者认为,从《孔教真理》的内容看,它以宣传儒家经典《论语》的思想为核心,在宣传《论语》过程中,适时穿插进歌颂孔子丰功伟绩的乾隆八年(1743)颁布的释奠乐章歌词。所不同的是,对于释奠乐章的唱奏,从音乐上不再局限于规整的一拍一音的方式,取代它的是更具活泼色彩的器乐曲牌《倒拖船》,并保持了"摇麾起舞"的乐舞形式。

如果说《孔教真理》是释奠礼乐在临安洞经音乐经籍中融合的例证,那么临安洞经会人员名称设置及戒律则体现了释奠礼乐在其他方面对洞经音乐文化的影响。

临安地区众多的洞经会中,至今仍保留着部分戒律。如建水(县)洞经会戒律又称为坛规:"身心不洁不得上座,衣冠不整不得上座。头捶锣鸣,更换净茶,贰捶锣鸣,洗手更衣,叁捶锣鸣,排班上座,排班不到,罚跪香一炷,横穿直闯,罚跪香一炷,坐立不端,罚跪香一炷,妄动音乐,宣经颠倒,罚跪香一炷,音调错乱,罚跪香一炷,礼节不周,罚跪香一炷,擅自离位,罚跪香一炷,灯烛不明,罚跪香一炷,高声喧哗,罚跪香一炷,交头接耳,罚跪香一炷,任意干涉,罚跪香一炷,随地吐痰,罚跪香一炷,罚跪香者,撤班后自觉履行,以昭诚教,讲情、收香由纠仪或会长履行。另外,还有一条即'妇女不得入堂上座'。"①

蒙自新安所镇洞经会的坛规："上座时礼宜严肃,须虔诚谈演,不得交头接耳,左顾右盼……锣鸣一响经生盥洗更衣,锣鸣二响阶下等候排班,锣鸣三响经生依次上座……未详洞经,内志不诚者,不必上坛;任事不诚,怠惰苟安者,不可上坛;酗酒茹荤,身体不洁者,勿许上坛;不守仪则,衣冠不整者,勿许上坛。"②

以上建水县洞经会及蒙自新安所镇洞经会之坛规,其内容涉及参与谈经人员的仪容仪表及谈经过程中各个细节的严格规范,虽经历漫长的历史演变,与清代释奠礼之要求有许多相似之处。如祭孔前一日,参与祭孔活动的官员、执事和乐舞生,要用净水沐浴,更换新衣;祭孔之日,鼓声三响后,引赞至文庙礼门,仪路坊旁,将在此等候的府州县官引进大成殿门下肃立。乐舞生即在司节者带领下,按序坐班和立于舞八佾位。建水地区洞经会成员谈演洞经及祭孔祀典两种仪式均要求参与人员身体洁净,衣冠整洁,在整个过程中,则要求参与人员严肃、虔诚,就以上坛规看,洞经会谈演之坛规与释奠礼仪要求有许多相似之处,洞经谈演之氛围与祭孔祀典所处氛围亦十分相似。

除洞经会坛规外,临安地区洞经会谈经仪式之人员设置,亦与庙学释奠礼乐之人员设置有许多相似之处。如"建水县各洞经会由一名声望卓著、精通经文的长者担任会长,管理内外全盘事务,还设有'引赞'、'陪赞'、'纠仪'等司职人员……引赞(也称通

① 张兴荣:《云南洞经文化——儒道释三教的复合性文化》,云南教育出版社1998年版,第31页。
② 张兴荣:《云南洞经文化——儒道释三教的复合性文化》,云南教育出版社1998年版,第423—424页。

赞），精通礼仪祀规，掌握经坛礼仪进程，发号施令；陪赞，协助引赞发号施令；纠仪（监经或监坛），纠查违规者，酌情奖罚，左右各一人。一般由老成公正的绅士轮流担任，或由有功名有威望且深通音律的老人担任"①。除此之外，洞经会中还设有经生。以上洞经会谈经成员的称谓，与祭孔祀典之"乐舞生""引赞""通赞""陪赞""纠仪"等称谓完全一致。

笔者认为这不仅仅是一种巧合，以上两种仪式中人员称谓的一致性，体现了建水洞经音乐文化在其发展过程中，深受释奠礼乐之影响。大量材料说明，洞经音乐文化极有可能在明代已经传入临安地区。清代上升为国家行为的释奠礼乐文化传承，使释奠礼乐对临安地区音乐文化的影响进一步深入，洞经音乐也受到它的影响并获得发展。与此同时，明代好诗书的传统在清代得到延续，科举制度仍受到临安地区人们的追捧，临安地区士阶层的出现及他们对儒学礼乐观的接受，使清代临安地区产生洞经会被儒生所把持的局面，并出现"建水明清时期的洞经会成员，多是进士、举人或翰林的后代。他们能诗善文，精通音律，演奏技巧纯熟……凡本人是道士或家庭成员以道士为职业者，均不能参加洞经会"②。道士作为洞经母体文化道教的传承者，在临安地区被强势的士阶层排除在洞经音乐之外，这本身就说明清代临安的洞经音乐儒化程度之深。汪致敏在其《建水明清祭孔乐舞考略》一文中还指出："笔者在八十年代初期搜集的有关洞经资料表明，其典礼仪节、乐队的排列坐次，司职人员的名称、禁忌用语，大都与

---

① 汪致敏：《民间旋律》，云南出版集团、云南人民出版社 2008 年版，第 156 页。
② 汪致敏：《民间旋律》，云南出版集团、云南人民出版社 2008 年版，第 156 页。

《大成乐》一样,如出一辙。"①笔者认为,清代释奠礼乐的强势传承及临安地区长期以来洞经会被儒生把持的局面,是造成该地区洞经音乐文化儒化的重要因素,与大理地区相似,临安地区可能是较早出现儒学改编洞经经籍的地区,也是较早使源于道教文化的洞经音乐实现儒化的地区。

遗存至今的建水地区的"圣诞谈大经"礼仪,也是认识释奠礼乐在洞经音乐文化中融合情况的重要线索。

从学界目前对建水地区(临安地区)洞经会的相关研究成果中可以看到,建水、蒙自、石屏等地的洞经音乐活动中,"八月二十七"日的"孔子会"是当今建水地区祭祀孔子的重要洞经会会期。据张兴荣上世纪末对蒙自侯奉琰先生的采访可知:"洞经会在圣诞谈大经时行三献礼仪程是:排班、起鼓、鸣金、排道迎神(持乐器绕行)、跪、奏大乐、起,敬馔(端斋饭绕半圆从左至右放下)。奏细乐《双生翅》行初献礼:诣盥洗所(濯水净巾),诣酒樽所,司樽者举眉酌酒,诣文昌帝君神前,跪、初献香、爵、帛、叩首、起,诣读祝位,皆跪,乐止,恭读祝文,六叩首复位;行亚献礼乐奏《三学士》,诣酒樽所……二献香、爵、叩首、起、复位、乐止;行三献礼:乐奏:《重镜光》,诣酒樽所……跪,三献香、爵、三叩首、起、复位、司樽者捧爵、祝者捧祝、执帛者捧帛,各诣燎所,恭焚祝、帛(三道白布)、奠爵、奏大乐《扮妆台》,焚祝帛讫、礼毕,行朝参礼(即对文昌行三拜九叩、左龛礼、右龛礼、正龛祖师礼),行大魁夫子礼,兴文土地礼,礼毕拆班(主、陪祭退下),经生开经。"②

---

①汪致敏:《建水明清祭孔乐舞考略》,《民族艺术研究》1996 年第 5 期。

②张兴荣:《云南洞经文化——儒道释三教的复合性文化》,云南教育出版社 1998 年版,第 32 页。

　　从以上蒙自洞经会之"圣诞谈大经"之全称仪式看,其程序虽然与祭孔仪式在细节上稍有区别,但其以三献为中心的初献礼—亚献礼—三献礼形式,与清代庙学释奠礼之仪式基本一致。从蒙自洞经会"圣诞谈大经"之行礼情况可知,蒙自洞经会现在"圣诞谈大经"的礼仪,深受清代释奠礼乐之礼仪规范的影响。从其"三拜九叩"之行礼方式亦可以判断,建水地区洞经会祭孔之礼所行的是清代释奠礼之礼。这种"三拜九叩"礼是清代开始才用于释奠礼仪中的。据《康熙起居注》载:"黎明,上御撵……诣圣庙,至奎女阁前下撵,由甬道旁行至大成殿,行三跪九叩礼。"①这是清代帝王实施释奠行三跪九叩礼的开始,到乾隆三年(1738)"分诣配位及两庑从位前上香,三跪九拜。奠帛、读祝,初献时行。凡三献,礼毕。自是为恒式"②。

　　除以上释奠礼乐在临安地区洞经音乐的各种融合之外,值得注意的是洞经音乐对释奠礼乐也产生了影响,这种影响体现在洞经音乐中谈演以儒学改编经籍曲牌的拓展,笔者认为这是对释奠礼乐所象征的儒学礼乐文化的丰富与拓展。

　　除临安地区曾经谈演《孔教真理》的十四个曲牌外,从今天遗存的临安地区各洞经会"孔圣会"时用乐情况可以看到,临安洞经会谈演以儒学经典改编的经籍时曲牌的拓展状况。

　　蒙自洞经会三献礼之祭孔乐章不再使用清代颁布的直省乐章,而是采用了洞经音乐中常用的曲牌,改变了庙学祭孔礼乐之

---

① 中国第一历史档案馆整理:《康熙起居注》卷二,中华书局1984年版,第1254页。
② [清]赵尔巽等:《清史稿》卷八十四《礼》,中华书局1977年标点本,第2535—2536页。

用乐内容：初献奏细乐《双生翅》，行亚献礼乐奏《三学士》，行三献礼乐奏《重镜光》，奠爵奏大乐《扮妆台》。以上蒙自洞经会经常用曲牌对清代释奠礼乐进行替代，既是对儒学礼乐内容的丰富，又是释奠礼乐在蒙自产生嬗变的表现。虽然这种替代已经无法详细考证其开始的时间，但面对如此丰富多变的曲牌运用，可以推测，这个过程不可能在短时期内完成，整个过程必定经历了漫长的历史洗礼。以上曲牌从音乐上丰富了儒学礼乐的内涵。

　　总言之，释奠礼乐在临安汉族音乐文化中的承续，集中体现在对洞经音乐的深层影响上，以儒学改编经籍的出现，以释奠礼仪为核心洞经祭孔仪式的存在，洞经会坛规与人员名称与释奠仪式的高度相似性，无一不是释奠礼乐在洞经音乐中得到承续的体现，其核心结果是临安洞经音乐的高度儒化。因此，洞经音乐中儒学经籍改编的洞经经籍谈演曲牌也成为儒学礼乐的组成部分，洞经音乐的高度儒化过程，亦可视为释奠礼乐所象征、代表的儒学礼乐得到丰富的过程。

小　结

　　通过以上论述，笔者将本章内容概括如下：

　　一、清代临安地区释奠礼乐的传承，释奠礼乐与本土文化的碰撞并未产生激烈的冲突，更多地表现出融合的情况，但这种融合是有限的。这种有限既体现出地域的限制也体现出族群的限制，与同时期大理地区释奠礼乐与本土音乐文化的多层次、全方位的融合状态有明显差异，显然这与该地区汉文化传播的历史状况密切相关。

　　二、临安地区元代以前的音乐文化是以彝族、哈尼族先民音乐文化为主体构成的,其多元性是建立在彝族、哈尼族及其他少数民族先民族群文化基础之上的,具有较为封闭并以各自族群传统文化为核心的音乐文化体系,汉文化对该传统文化的影响极为有限。元、明以来,临安地区社会文化均发生了较大变化。汉族移民的大量进入,使庙学教育及科举制度均出现繁荣的局面,释奠礼乐也随庙学发展而在该地区得到传承。

三、清代临安地区释奠礼乐传承范围仅限于红河以北,释奠礼乐传承是以临安府学为中心展开的,因此临安府学是该地区释奠礼乐传承中的核心区。清代临安释奠礼乐传承的内容与云南各地及直省释奠礼乐的内容表现出高度的一致性。

四、清代释奠礼乐对临安地区传统音乐文化的影响,既表现为对红河以北彝族传统文化的间接影响,又表现为对文人性质洞经音乐文化的深层影响。

第五章　清代丽江地区释奠礼乐

　　与大理与临安社会发展状况不同,清代丽江地区纳西族社会仍然长期保存着相对独立的族群文化。元、明以来汉文化在丽江得到传播,木氏土司对汉文化学习的垄断性措施,使汉文化的传播仅局限于木氏土司内部。清代包括释奠礼乐在内的以儒学为核心的汉文化的强势传入,使释奠礼乐所代表的儒学文化与纳西族传统文化更多地表现出文化间的冲突,进而使纳西族传统文化发生变迁。这种文化变迁源自释奠礼乐之"礼"层面与纳西族传统文化之伦理体系的激烈冲突及它对纳西族社会产生的负面影响,显然,清代释奠礼乐在丽江纳西族社会中出现的以上文化冲突,也影响到纳西族传统音乐文化的变迁。

　　学界对清代释奠礼乐对纳西族社会的影响关注较少,目前仅在和云峰《纳西族音乐史》第四章第四节《汉族文庙(儒学)礼乐的传入》及第五章第二节《"仕学之风"的盛行与"儒学(文庙)礼乐"的鼎盛》等章节中有所涉及,由于研究视角的不同,作者并未对释奠礼乐对传统纳西族社会文化带来的负面影响做深入、系统的论述,这为笔者的研究提供了一定空间。

　　本章中,笔者拟通过对"改土归流"前丽江纳西族社会及音乐文化的历史溯源,分析纳西族传统音乐文化与藏文化及汉文化间的关系,并以地方志为基础梳理出清代释奠礼乐在丽江纳西族中传承的历史概况。以纳西族传统丧葬文化及婚俗文化为主要切入点,分析清代释奠礼乐所代表的儒学礼乐之"礼"与纳西族传统文化间的冲突及对包括纳西族传统音乐文化在内的纳西族传统文化带来的影响。同时,关注纳西族传统音乐文化对儒学礼乐文化的影响,进而揭示出清代释奠礼乐在丽江纳西族社会传承过程中的特殊性。

"改土归流"开启了纳西族社会广泛接受汉文化的大门,庙学作为清政府实施民族教化的制度与工具,随"改土归流"进入了丽江。从此,包括释奠礼乐在内的以儒家文化为核心的汉文化在纳西族社会开始传播渗透。与清代释奠礼乐在滇南临安、滇西大理传承的情况不同,纳西族文化与汉文化的碰撞,出现更为激烈的文化冲突。这种冲突造成的影响,在纳西族社会政治、经济、文化中都有鲜明的体现,体现在纳西族音乐文化中更值得探究。

第一节　"改土归流"前纳
西族社会及音乐文化

民族文化的发展与变迁,总是与各民族的历史息息相关。本书认为,清代释奠礼乐在丽江纳西族社会传承过程中出现的种种情况,显然与纳西族及其先民创造的传统文化及民族历史有密切关系。对纳西族历史及文化的追溯,是了解清代释奠礼乐与丽江纳西族传统文化间激烈冲突的重要线索。

一、纳西族历史与文化

纳西族是我国具有悠久历史的西南少数民族之一,近代纳西族主要居住在中国西南金沙江(长江上段)上游地带,略以长江第一湾流至东经 100 度 4 分处,自北而南,分作东西两个区域。

　　据纳西族史学家方国瑜先生考证,"纳西族渊源于远古时期居住在我国西北河湟地带的古羌人,(他们)向南迁徙至岷江上游,又西南至雅砻江流域,又西迁至金沙江东西地带"①。研究成果表明,汉代越嶲郡的"牛种"或"越嶲羌"、汉嘉郡的"牦牛夷",以及晋代定莋县(盐源)的"摩沙夷",都与古代羌、髳部落有着极为密切的渊源关系,而唐代的"麽些"则是晋代的"摩沙"。由此可见,纳西族源远流长,是一个具有悠久历史的民族。

　　汉文献中,纳西族称谓先后被记载为"'末些'、'摩娑'、'麽些'、'摩'、'摩获'、'谟苏'、'摩梭'等"②,以上都是不同时期汉文献对纳西族及其先民的称谓。"'纳西'则是新中国建立后经本民族确定的共同族称③。"

　　公元三世纪末至十世纪初,相当于三国至唐末的那段时间是纳西族历史上一个重要的发展阶段。据史料记载,约在七世纪时,金沙江流域麽些地区畜牧业已经相当发达。唐樊绰《蛮书》卷四《名类》载:"磨蛮,亦乌蛮种类也。铁桥上下及大婆、小婆、三探览、昆池等川,皆其所居之地也。土多牛羊,一家即有羊群。"④以上文献说明,这时期麽些部落的经济生活中,畜牧业的地位可能高于农业的地位。麽些仍然是一个以畜牧业为主的民族。

① 方国瑜:《纳西族的渊源迁徙和分布》,方国瑜编撰,和志武参订:《纳西象形文字谱》,云南人民出版社 2005 年版,第 2—3 页。

② 方国瑜:《麽些民族考》,白庚胜、和自兴主编:《纳西族学论集》,民族出版社 2008 年版,第 7 页。

③ 《纳西族简史》编写组,《纳西族简史》修订本编写组:《纳西族简史》,民族出版社 2007 年版,第 2—3 页。

④ [唐]樊绰:《蛮书》卷四《名类》,向达校注,中华书局 1962 年版,第 96 页。

　　宋代,丽江地区的经济发展状况发生了极为显著的变化,从以畜牧业为主的生产转变为以农业为主的生产①。公元十三世纪中叶,丽江地区出现了"民田万顷",并利用四周畅流的泉溪进行水利灌溉②。据《丽江木氏宦谱》载:"牟西牟磋,当宋仁宗至和中,更立为摩挲大酋长,段氏虽盛,亦莫能有。"③元明时期的一些地方志书,也认为宋代大理段氏政权的统治权力没有达到麽些的这一聚居地区④。"摩挲大酋长"的设立,不但反映了丽江木氏与大理段氏的分庭抗礼,而且也反映了这一时期麽些地区已有日益集中的强大势力出现⑤。此时期木氏的分庭抗礼,当与纳西族先民此时期生产方式转变、生产力得到发展相适应。

　　元代至清朝前期,是丽江纳西族社会封建领主经济确立的重要时期,同时也是纳西族文化发展的重要时期。元代,第一次在云南设省,这对政治、经济、文化上加强大一统,加强文化多元一体的交流融合,意义深远。

　　元朝于至元十三年(1276)置丽江路,后罢府设置宣抚司,领

①《纳西族简史》编写组,《纳西族简史》修订本编写组:《纳西族简史》,民族出版社 2008 年版,第 41 页。

②《元一统志》卷七《丽江路军民宣抚司山川》载:"山碧外龙山(在通安州)……上产箭竹,山半数泉涌出,下注成溪,灌溉民田万顷……些苏溪(在通安州)、姑霓溪、个霓溪、块麦溪等四溪水源,悉出神外龙山。周流州境,灌溉民田,南流出鹤庆路境。"

③《丽江木氏宦谱》(甲),《纳西族社会历史调查》(一),民族出版社 2009 年版,第 82 页。

④《元一统志》卷七《丽江军民宣抚司风俗形势》载:"同安州据雪山丽水之奇胜,大理亦莫能有其地。"

⑤《纳西族简史》编写组,《纳西族简史》修订本编写组:《纳西族简史》,民族出版社 2008 年版,第 42 页。

一府七县。《元史》卷六十一《地理志》载："（至元）十三年立军民
总管府。二十一年，府罢，于同安、巨津之间立宣抚司。领府一、
州七。州领一县。"①丽江路隶属云南行省，为元王朝的一级地方
政权。丽江纳入元王朝统一行政系统，对丽江及纳西族的政治、
经济和文化有重要意义。元代也是纳西族自身发展的重要历史
时期，"不仅部落首领成为了王朝官员，而且在元王朝的土司制度
下纳西族各部落实现了相对统一，有力促进了纳西族社会经济文
化的发展"②。

　　明代近三百年间，丽江木氏土司与明王朝中央始终保持着密
切的联系。据《明史》载，"明洪武十五年置丽江府，十六年，蛮长
木德来朝贡马，以木德为知府"③，丽江木氏土司木德被授为世袭
丽江府知府。其后，丽江土司木氏为了不断巩固和发展其统治势
力，向明王朝输送财物，使丽江成为明王朝滇西北的屏障。卷三
百一十四《云南土司传》和《丽江木氏宦谱》有很多关于木氏土司
率兵随明朝将领出征的记载。从公元十五世纪末到十七世纪初，
在与明朝保持密切关系的同时，丽江木氏土司统治曾在滇西北和
滇川边境一带有所发展。其势力达到中甸、维西、德钦以及四川
的巴塘、里塘一带。清代倪蜕《滇云历年传》卷十一载："（丽江土
府）后日渐强盛，于金沙江外则中甸、里塘、巴塘等处，江内则喇
普、处旧、阿墩子等处，直至江、卡拉、三巴、东卡，皆其自用兵力所

①［明］宋濂等：《元史》卷六十一《地理志》，中华书局1976年版，第1464页。
　　包括：北胜府（永胜）、顺州（鹤庆京）、蒗蕖州（宁蒗经）、永宁州、通安州、宝
　　山州、兰州、巨津州、临西县。
②郭大烈、和志武：《纳西族史》，四川民族出版社1990年版，第244页。
③［清］张廷玉等：《明史》卷三百一十四《云南土司传》，中华书局1974年标
　　点本，第8098页。

劈,蒙番畏而尊之曰'萨当汗'。"①木氏土司在经营以上滇川交界区域时,大规模移民屯殖,开垦土地,发展滇藏贸易,促进了这一地区的经济文化发展。

　　明代的云南,大量内地军民迁徙屯垦,随着卫所制度的广泛建立,中原文化进一步深入,广泛传播,但木氏土司统治下的丽江纳西族地区汉文化的传播则呈现出一些特殊的历史现象。由于明代木氏土司掌握的军事力量相当强大,对丽江的政治、经济文化有着相当的控制权,木氏土司对中原汉文化采取了不同阶层不同政策的方法。一方面,在木氏土司内部和上层阶层积极学习和吸收汉文化,据《明史·云南土司传》载:"云南诸土官知诗书,好礼守义,以丽江木氏为首。"②可以说非常主动积极。因而从嘉靖至明末的丽江土司府治下,不乏以汉语诗文传世的文人涌现。另一方面,对丽江纳西族民族下层民众,则严格控制汉文化的传播。

　　据徐霞客《滇游日记》所载丽江见闻:"坵塘关(按:在丽江鹤庆交界)……丽江设关于岭脊,以严出入……有室三楹,东南向而踞之,中辟为门,前列二狮,守者数家居其内。出入者非奉木公命不得擅行。远方来者必止,阍者入白,命之入,乃得入。故通安诸州守,从天朝选至,皆驻省中,无有入此门者。即诏命至,亦俱出迎于此,无得竟达。巡方使与查盘之委,俱不及焉。余以其使奉迎,故得直入。"③又载:"府治动向,临溪而峙……闻其内楼阁极

①[清]倪蜕:《滇云历年传》卷十一,方国瑜主编,徐德文、木芹、郑志慧纂录校订,《云南史料丛刊》卷十一,云南大学出版社2001年版,第77页。

②[清]张廷玉等:《明史》卷三百一十四《云南土司传》,中华书局1974年标点本,第8100页。

③[明]徐弘祖:《徐霞客游记·游滇日记》,褚绍唐、吴应寿整理,上海古籍出版社1987年版,第870页。

盛，多僭制，故不在此见客云。"①

　　在丽江、鹤庆交界的山上，木氏土司设有"坵塘关"，目的是"严出入"，没有土司的允许，外来者到此必止，即使是朝廷派来的命官，也只能驻在省中，"命诏"来到，土司也只到此迎接。虽然明代的木氏土司已经充分意识到汉文化的重要性，在木氏土司内部是积极主动学习汉文化的，但同时也意识到汉文化在纳西族民众中的广泛传播对土司的世袭统治是不利的，所以，木氏在纳西族民众中是禁止汉文化传播的，显然，木氏土司对中原文化的影响持一种矛盾心态，这多少会影响丽江纳西文化与中原文化的交流融合的规模拓展与深化。直至清代，随着庙学在丽江的建立，汉文化在丽江纳西族中的传播进入了一个崭新的阶段。以儒学为核心的汉文化的传播，是引起纳西族社会及文化产生巨变的重要因素。

　　纵观纳西族文化发展史，除本土信仰崇拜的东巴文化外，对纳西族影响最为深远的是藏文化和汉文化。从时间上看，"迄至元代，在纳西族社会中传承的文化一直是东巴文化（包括纳西族东部方言区的达巴文化）和民间口传文化。到明代以后，以汉传佛教、道教和儒家文化为主要载体的汉文化和以藏传佛教为载体的藏文化在纳西族社会中日益发展起来"②。从以上各种文化对纳西族社会不同阶层的影响看，明代及明以前，纳西族本土宗教文化中，除东巴教以外，对纳西族影响较大的是藏传佛教，以汉传佛教、道教和儒家文化为主要载体的汉文化则主要在木氏土司及

①［明］徐弘祖:《徐霞客游记·游滇日记》，褚绍唐、吴应寿整理，上海古籍出版社 1987 年版，第 878 页。
②杨福泉:《纳西族文化史论》，云南大学出版社 2006 年版，第 8 页。

纳西族上层发展,这种情况一直延续到清代丽江实施"改土归流"之后才得到根本性的改变。

雍正元年(1723)"改土归流"前,纳西族及其先民在漫长的历史发展过程中,已经形成并拥有一套相对成熟、稳定的民族文化体系。这套传统民族文化体系的特点在于既保持纳西族文化鲜明个性,又总是开放地吸收他文化的长处并为我所用。因此,随着时间的推移,纳西文化呈现出融多民族为一体的多元性,多元性中又保持了鲜明个性的文化特性。这种形成于纳西族历史发展过程中的文化特征,同样体现在纳西族传统音乐文化之中。

二、"改土归流"前丽江汉文化传承情况

纳西族并非保守、封闭的民族,其传统文化是在漫长的族群迁徙及社会发展过程中逐步形成的,频繁的迁徙使得纳西族传统文化具备相当的包容性。迁徙过程中与周围民族文化的交流融合从未间断过。元、明以来,木氏逐步统一了丽江地区纳西族各部落,在其势力范围扩大的同时,木氏土司开始重视并大量吸收汉文化,在客观上促进了汉文化在丽江纳西族社会中的传播,但木氏土司对汉文化的态度,在本质上仍然具有两面性。

(一)木氏土司积极吸收汉文化

为了巩固木氏在丽江纳西族中的统治统治,丽江纳西族木氏土司对汉文化的态度显示出鲜明的两面性。

一方面,由于社会的发展和政治的需要,元、明以来,木氏土司就开始主动学习、接受汉文化。木氏土司学习汉文化的主要表现为送子弟到丽江以外的庙学接受汉文化教育、捐修丽江以外的庙学、与汉族名儒交好等几个主要方面。

明代始,木氏土司已经非常重视吸收汉文化,并成为云南土官知书好礼的典范。汉文献记载表明,木氏土司不仅派遣贵族子弟到鹤庆等地接受汉文化,还主动捐钱在丽江以外的地区建立庙学,显示出木氏土司主动接受汉文化的一面。据康熙《鹤庆府志》载:"(鹤庆府)庙学旧在府治东南二里,元时建,明洪武十五年毁于兵……崇祯辛未冬庙灾,明年,巡抚都御使蔡侃、督学邵名世、知府陈开泰、丽江上官木增重建。后渐圮,经籍、祭器、雅乐散失无存。"①

　　明代的一些著名汉族、白族文人如杨慎、张志淳、董其昌、徐霞客,也都先后和木氏土司交好。木公的诗集《雪山诗选》②就是由杨用修选录并为之作序的。据清代乾隆《丽江府志》艺文略载:"有明一代,世守十余辈,惟雪山(木公)振始音于前,生白(木增)绍家风于后,与张禺山、李中溪相唱和,杨用修太史亦为揄扬。"③明代徐霞客到丽江时,木增曾请他在汉学方面指教其子,声称:"此中无名师,未窥中原文脉,求为赐教一篇,使知所法程,以为终身佩服。"④徐霞客称赞木氏土司"世著风雅,交满天下,征文者,投诗者,购书者,以神交定盟者,嘤鸣相和,声气往来,共中原之旗鼓"⑤。

---

①[清]佟镇修:《鹤庆府志》卷十五《学校》,故宫博物院编:《故宫珍本丛刊》第230册《云南府州县志》第7册,海南出版社2001年版,第481页。

②[明]杨慎:《雪山诗选序》,木公:《雪山诗选》,云南省丽江图书馆藏本。

③[清]管学宣、万咸燕纂修:乾隆《丽江府志略》,《中国地方志集成·云南府县志辑》第41册,上海书店、巴蜀书社、江苏古籍出版社2009年版,第265页。

④[明]徐弘祖:《徐霞客游记·游滇日记》,褚绍唐、吴应寿整理,上海古籍出版社1987年版,第882页。

⑤[明]徐弘祖:《徐霞客游记·游滇日记》,褚绍唐、吴应寿整理,上海古籍出版社1987年版,第870页。

　　由于元、明以来历代木氏土司对汉文化的重视,自明代中期始,在上层纳西族土司中已经形成以"木氏六公",即木泰、木公、木增、木高、木青、木靖为代表的木氏作家群体。"不仅开启了纳西人用汉文创作汉族题材诗歌的先河,而且为后来民间汉文诗歌的创作起到了良好的垂范作用"①。"木氏六公"有大量的汉族诗文传世。其中木公的诗选入沈德潜《明诗别裁》中《新纂云南通志·艺文考》,木公、木增的诗集选入了《云南丛书集部》及《古今图书集成》,木增所著的《云薖淡墨》六卷被收入清代所编《四库全书》中。这些诗文成为汉族诗文中的优秀作品,对纳西族文学的发展起了积极作用。

　　丽江的部分庙宇及其文化遗存,也成为丽江木氏接受汉文化的重要证据。

　　木氏土司拥有壮丽辉煌的土府与庙宇,徐霞客称其"僭制""拟于王者"。"木氏土府庙宇的建筑年代主要为明洪武至万历年间,壁画艺术当创作于这时,而这时期正好是木氏土司势力发展的鼎盛时期"②。这些壁画的风格特点反映了丽江地区及木氏土司接受汉、藏文化的过程。"洪武末年建造的琉璃宫,其壁画的风格古朴,汉文款识;嘉靖二年(1523)建成的大宝积宫,其壁画为汉、藏绘画的融合;大觉宫(可能万历年间建),则全属汉画传统笔法,反映出此时期汉族文化在丽江的传播已经日益深入"③。

---

① 和云峰:《纳西族音乐史》,中央音乐学院出版社 2004 年版,第 123 页。

② 《纳西族简史》编写组、《纳西族简史》修订本编写组:《纳西族简史》,民族出版社 2008 年版,第 54 页注释 2。注起引李伟卿:《丽江木氏土府庙宇壁画初探》,载《文物》1960 年第 6 期。

③ 《纳西族简史》编写组、《纳西族简史》修订本编写组:《纳西族简史》,民族出版社 2008 年版,第 54 页。

木氏土司家族对汉文化的学习与吸收，为日后包括释奠礼乐在内，以儒学为核心的汉文化在丽江纳西族社会的传播、普及，起到了积极作用。显然，在很长一个时期内，木氏对汉文化的学习仍然局限于木氏土司统治集团内部。

（二）木氏土司控制汉文化在纳西族社会中的普及

与木氏土司在内部积极学习和吸收汉文化的情况相反，对于汉文化在纳西族社会中的传播，木氏土司一直采取强制禁止的政策。为了稳固木氏的统治，便于实施愚民的政策，木氏不希望纳西族百姓接受汉文化教育，并采取种种措施，控制汉文化在丽江纳西族地区的传播。

就古代纳西族社会看，文化传播的途径受军事政治影响是其重要的方面，而商旅往来、人口迁徙亦为重要的因素。清代丽江纳西族社会实施"改土归流"前，木氏土司拥有很强的军事实力，在强大军事实力支撑下，为了巩固其统治，木氏土司对商旅往来、人口迁徙等有可能使汉文化在丽江传播的途径，都予以严格控制。

早在南诏时期，吸收汉化较早的白蛮势力也已经到达丽江边界，纳西族民众间接受到汉文化的传播当非难事。与此同时，商旅往返与人口迁徙作为文化传播的重要途径，丽江作为茶马古道的重要转折点，来往商人的交流，也是重要的汉文化传播途径。但木氏土司对此，也以严格的措施进行控制。因此汉文化通过民间商旅往返与人口迁徙在丽江得到传播的途径，也未能在丽江纳西族中得到发展。

据徐霞客《游滇日记》卷七在"丽江记"言："其地土人皆为麽些。国初，汉人之戍此者，今皆从其俗矣。盖国初之军民府，而今不复知有军也。止分官民二姓：官姓木，民姓和，无他姓者。"①可知，"改土归流"前，由于商旅或其他原因迁徙至丽江的汉人，其姓氏被迫都改成和姓，相对于世代聚居于丽江的纳西族，迁徙来的汉人较少，数代之后，汉人已被夷化为纳西族。又乾隆《丽江府志略》上卷"种人"云："流寓入籍者，必改姓和，故今里民和姓居多；自设流后，渐复本姓。"②这种汉人被夷化的现状，直到"改土归流"后，才得到改善。对于"改土归流"前汉人在丽江被夷化的历史现象，方国瑜说："汉族移民之化于夷俗者，缘土司之'闭门天子'，行省政治势力所不及。而汉人之居其地者，亦非有严密组织；明初设军民府，非如卫所之军、民分治，受制于土司而已，故无能抗土司之愚民政策者。"③

以上历史状况，体现出木氏土司在"改土归流"前对丽江纳西族地区拥有的绝对军事、政治、经济及文化的控制权。

康熙《剑川州志》卷三载："（沐）天波檄丽江土官木懿救援，懿令中甸、喇普头目率彝兵赴援，号雄兵十万。"④从明末清初木氏土司能调动"雄兵十万"的记载来看，木氏土司所掌握的军事力量是相当大的。依靠强大的军事力量，木氏在丽江对平民接受汉文化采取了控制措施。

流官孔兴洵在《创建文庙碑记》康熙四十年（1701）载："其分

---

① [明]徐弘祖：《徐霞客游记·游滇日记》，褚绍唐、吴应寿整理，上海古籍出版社1987年版，第880页。

② [清]管学宣、万咸燕纂修：乾隆《丽江府志略》，《中国地方志集成·云南府县志辑》第41册，上海书店、巴蜀书社、江苏古籍出版社2009年版，第179页。

③ 方国瑜：《麽些民族考》，白庚胜、和自兴编：《纳西族论集》，民族出版社2008年版，第25页。

④ 康熙《剑川州志》卷三，云南省图书馆藏康熙刻本。

符而来者,无户口、钱粮、刑名之责,日用饮食,且仰给于世府。"①

　　土司宫室楼阁之华丽,"拟于王者","多僭制"。即是"流官"来到,也"无户口刑名之责",日用饮食还需靠土司给予。可以想见,木氏土司在"改土归流"前,气概之盛。由于木氏享有对丽江纳西族地区的经济、政治、文化绝对控制权,其对汉文化在纳西族社会中的传播一直持否定的态度,致使丽江纳西族的汉文化传播,仅仅局限于以木氏土司为核心的纳西族贵族阶层,阻碍了汉文化在丽江的广泛传播,造成与大理、临安及邻近的鹤庆、永北等地区相比,纳西族整体社会汉文化积累程度较低的结果。这种结果也是导致"改土归流"后丽江实行"以夏变夷"文化政策过程中纳西族文化产生变化的重要原因。

　　丽江木氏土司反对在丽江广泛传播汉文化的态度,一直持续至清代。康熙年间,丽江通判孔兴询在丽江初创庙学,木氏土司对在纳西族民众中进行汉文化教育一事项,仍然持否定的态度。乾隆《丽江府志略》中《迁建丽江府学记》载:"甫下车,首谒文庙,见其地势单隘,规模浅陋,所以妥先理合生徒者,均未有当焉,乃稽创造于诸生,对曰:'丽旧无学,土酋木氏,虞民用智而难治,因如秦人之愚黔首,一切聪颖子弟,俱抑之,奴隶中,不许事诗书。'康熙辛巳春,曲阜孔公兴询,来判府事,见丽民质甚美,力请建学以造士,木氏犹然挠之,事畿寝,会执政知孔公能,委刺剑川,乃得出囊俸,招剑工,伐丽木,购民地,布置经营,阅三载讫工,礼乐器毕具,而丽始有学。当是时,酋势方炽,建学为最拂意事,地势之

_____

① [清]孔兴询:《创建文庙碑记》,管学宣、万咸燕纂修:《丽江府志略》,《中国地方志集成·云南府县志辑》第 41 册,上海书店、巴蜀书社、江苏古籍出版社 2009 年版,第 299 页。

不暇择，规模之不及宏，所必然也。诸生之言如此，余因作而叹曰：'孔君此举，可谓知先务而无愧于圣人之裔矣。'"①

对于丽江通判孔兴询建学的"力请建学以造士"，木氏表现出"木氏犹然挠之"的坚决态度。显然，这种态度既体现了木氏对汉文化下移的反对，也体现了木氏对通判的轻视。直至雍正二年（1724），丽江知府杨馝云："丽旧无学，土酋木氏，虞民用智而难治，因如秦人之愚黔首，一切聪颖子弟，俱抑之奴隶中，不许事诗书。"②清代纳西族文人杨品硕也说："木氏有例，禁人民读书。"③可见明代及清代初期，由于木氏土司持续的反对，丽江纳西族中汉文化的传播，仅限于木氏土司家族内部。

木氏土司对统治阶层内部及普通纳西族民众所采取的迥异的学习汉文化的态度，导致汉文化的学习被木氏贵族所垄断。虽然木氏家族中，当时普遍具备较高的汉文化修养，在土司家族中产生了杰出的能用汉文写作的诗人及散文家，但就纳西族普通民众而言，"改土归流"前，丽江纳西族普通民众获得汉文化教育的途径和机会是十分有限的。因此，自元代云南设立行省以来，元、明中央政府在云南大力推广以儒学为核心的汉文化，但直至"改土归流"前，丽江纳西族地区汉文化积累，与滇南临安、滇西大理

---

① [清]杨馝：《迁建丽江府学记》，管学宣、万咸燕纂修：《丽江府志略》，《中国地方志集成·云南府县志辑》第41册，上海书店、巴蜀书社、江苏古籍出版社2009年版，第302—303页。

② [清]杨馝：《迁建丽江府学记》，管学宣、万咸燕纂修：《丽江府志略》，《中国地方志集成·云南府县志辑》第41册，上海书店、巴蜀书社、江苏古籍出版社2009年版，第303页。

③ [清]杨品硕：《雪山樵人吟》，转引自杨福泉：《纳西族文化史论》，云南大学出版社2006年版，第253页。

地区相比,仍然有较大差异。木氏土司对汉文化普及的消极态度,是造成"改土归流"前纳西族整体汉文化程度不高的主要原因之一。

明代在云南实行"顺俗施化,不改其旧"的政策,与清代"改土归流"相比较,是一种比较缓和的治理措施。由于木氏土司拥有强大的军事力量,明中央政府更多的是采取以木氏土司制约藏区力量的政策,对木氏土司为了巩固其统治而垄断汉文化学习的状况,明代采取的是"顺俗施化,不改其旧"的政策。因此,明代丽江纳西族社会整体汉文化程度仍处于较低阶段,丽江也不可能全面推行以儒家礼教为核心的汉族封建礼制,丽江纳西族社会仍处于以传统文化为核心的阶段,社会发展相对平稳。

随着清代庙学在丽江的建立,汉文化的传播不再局限于贵族内部,更多的纳西族民众获得接受汉文化教育的机会,纳西族社会整体的汉文化水平逐渐得到提高。包括释奠礼乐在内的儒学礼教,作为历代中原封建礼制的核心,在丽江纳西族社会中得到广泛传播。乾隆《丽江府志略》载:"雍正元年,夷民阿知立、阿仲苴和日嘉阿宝他等,赴省申诉,吁恳改流。总督高其倬、巡抚杨明时题请改设流官知府,降土府为土通判。"①降木氏土府为土通判后,木氏对丽江纳西族的统治被削弱。显然,这对于汉文化的传播,是有利的。

当然,任何文化的传播,都会经历曲折的过程,包括庙学释奠礼乐文化在内的以儒学为核心的汉文化在丽江纳西族中的传播,也并非一帆风顺。清政府对丽江地区纳西族的治理,在政治上实

①[清]管学宣、万咸燕纂修:《丽江府志略》,《中国地方志集成·云南府县志》第41册,上海书店、巴蜀书社、江苏古籍出版社2009年版,第89页。

施"改土归流",文化上则加强"以夏变夷"政策的实施,包括庙学释奠礼乐在内的以儒家礼教为核心的汉族封建礼制的强势推行,促使纳西族传统文化与之发生强烈的碰撞,造成激烈的文化冲突,最终导致纳西族文化的变迁,并对丽江纳西族音乐文化影响深远。

三、东巴文化及纳西族古代音乐文化

纳西族在获得延续与发展的同时,创造了具有鲜明特色的文化体系。虽然汉文献对纳西族的历史有零星的记载,却无法全面、深入认识纳西族历史、文化发展的全貌。纳西族用东巴象形文字撰写的东巴教古籍,直观记载下了该族群自远古洪荒以来的历史现实,为认识包括纳西族古代音乐文化在内的纳西族传统文化及其特征提供了可信的依据。

(一)东巴文化及其特点

古代社会,宗教信仰对于任何民族而言,都是其族群文化的核心部分,"改土归流"前,东巴教是纳西族社会中主要的宗教信仰。虽然东巴教作为原始宗教,还不曾成熟到能与藏传佛教、南传佛教等人为宗教相抗衡的程度,但作为纳西族传统的本土宗教,它与纳西族的社会生活有密不可分的关系,因此东巴教在传统纳西族社会中具有相当的地位,对纳西文化生活、精神生活以及艺术创造,均有重要影响。

纳西族东巴教作为仍具有原始本质的宗教,它与纳西族社会的关系,不仅是一般的宗教信仰关系,东巴教中所体现出的宗教信仰、精神观念、仪式活动也是纳西族的世俗文化,它不仅在宗教活动当时具有宗教的意义,同时也具有覆盖整个社会各层面的意识形态的意义,因此,东巴教也被称为东巴文化。

　　凡原始宗教,都具有兼宗教及世俗文化的双重功能及意义,同时也反映着现实的文化生活。东巴文化亦如此,在东巴文化中,很大一部分是纳西族民间文化真实的反映。东巴文化成为了解纳西族古代社会信仰文化及民俗文化的重要宝库。

　　东巴文化主要包括东巴经典、东巴仪式、东巴祭司。其中,东巴经是东巴文化最重要的载体之一。东巴经是东巴在举行仪式时唱诵的经典。这些经典用纳西族特有的象形文字和标音文字手抄而成,代代相传至今。东巴文和东巴经书的起始年代,在东巴经和汉文献中都没有明确记载,学者众说纷纭。据方国瑜考证,东巴经和东巴文"公元十一世纪中叶(为宋仁宗时),是时已有纳西文字写经书之说,可以近信"①。李霖灿认为"麼些形字之年代,最早当不过唐,最晚亦在明成化(1465 始)之前"②。李霖灿发现东巴经书所记录的最早书写年代是康熙七年(1668)。虽然目前学界对东巴文和东巴经出现的具体年代由于缺乏可信的证据,还暂无定论,但就东巴经对远古纳西族先民精神生活历程的描述看,它们都是人类思想文化史上写下的极具个性的一页。

　　据统计,现在全世界图书馆、博物馆所收藏的东巴经总数约两万多册,有两千多种,主要用于各种东巴仪式。东巴教大的仪式,需唱诵十几部乃至几十部经书,历时三五天。小的仪式也需要唱诵几部经书。学界对东巴经目前无统一分类,新近出版的《纳西东巴古籍译著全集》则将经书按其仪式功能分为五大类:祈

---

① 方国瑜:《纳西象形文字谱绪论》,方国瑜编撰,和志武参订:《纳西象形文字谱》,云南人民出版社 2005 年版,第 41 页。

② 李霖灿:《美国国会图书馆所藏的麼些经典》,《麼些研究论文集》,台湾故宫博物院 1984 年版,第 147 页。

福类仪式、禳鬼消灾类仪式、丧葬类仪式、占卜类仪式及其他类仪式。

东巴经的主要内容多为神话故事,汉族学者田松认为这些故事中"融合了纳西族的历史传说、原始思想和道德准则"①。东巴经对纳西族社会形成一套规范,这套规范涉及从人生礼仪等个人事务,到战争、祭祀等族群大事,并规范着传统纳西族社会个人与个人之间、个人与群体之间、群体与群体之间的行为,形成纳西族传统社会的伦理体系。这套纳西族传统社会的伦理体系在以儒家文化为核心的汉文化传入之后,受到了不同程度的挑战,这种挑战对纳西族音乐文化产生了深远影响,对此,笔者将在本章第三节中详细论述。

东巴经对纳西族所拥有的传统音乐文化也有详细记载。除东巴经之外,东巴文化中东巴祭司仍在使用的象形文字所记录的经书、绘画、音乐、舞蹈、传说等内容及仪式活动,也是迄今为止仍然存活在纳西族社会中的独特民族文化。其音乐、乐舞、乐器中也留下颇多古代印记,以上材料为探究纳西族文化艺术传统渊源提供了依据。

(二)东巴文化与纳西族传统音乐文化

东巴文化作为具有原始宗教性质的纳西族传统信仰文化,是认识包括纳西族古代传统音乐文化在内的本土文化的重要载体。

1.东巴祭司与纳西族音乐文化

东巴祭司简称东巴,他们的主要任务是主持各种祭祀活动,值得注意的是,东巴祭司并不能以主持为生,需要靠种地、打猎、

---

① 田松:《神灵世界的余韵——纳西族:一个古老民族的变迁》,上海交通大学出版社2008年版,第228页。

捕鱼来维持日常生活。作为纳西族传统文化的重要承载和传播者，这种既是东巴祭司又是普通劳动者的身份，在东巴祭司传承及创作东巴音乐文化的实践过程中，十分有利于实现信仰仪式音乐与民间传统音乐的密切结合。

东巴是纳西族公认的"智者"。他们需要学习东巴文，唱诵东巴经，画东巴画，跳东巴舞。各类东巴仪式中，东巴都要唱诵相应的东巴经，由于东巴经中所包含的丰富的纳西族文化内涵，举行东巴仪式的地方，也就成为纳西族传统文化传承的场所。东巴仪式中东巴集吹、唱、画、舞为一体的仪式形式，显然也是展示纳西族艺术文化的过程，东巴也就被赋予纳西族艺术家，兼民歌手、舞者及东巴音乐文化创作及传承者的多种角色。因此，东巴音乐与纳西族民间文化的关系十分密切，也就成为不难理解的现象。现存部分东巴经调与纳西族民歌难以区分，就是东巴音乐与纳西族民间音乐间密切关系的证明。同时，丽江东巴常说"那些经调就是老古辈子传下来的山歌"，纳西族民间素有"唱调子无人敌东巴"的说法，以上至今流传于丽江的口碑材料，也成为东巴音乐与纳西族民间音乐间密切关系的有力证据。

2. 东巴经中的纳西族音乐文化

东巴祭司在举行纳西族各类传统仪式时唱诵的腔调，所用乐器、舞姿，既涉及纳西族传统音乐中的器乐、声乐、乐舞等艺术形式层面，又涉及纳西族民俗音乐文化层面，对于东巴祭司常用的乐器、乐舞及歌唱等内容，东巴经中有相应的记载，以上东巴文文献是研究纳西族古代音乐文化的重要史料。

东巴经所记载的纳西族乐器，是认识纳西族传统音乐文化的重要线索之一。

东巴经在历代创作及抄录过程中，无记录创作或抄写时间的传统,这种传承及创作方式对东巴经书的准确断代造成极大的困难,所以目前学术界至今还未有全面、系统的相关研究成果。据说"美国学者洛克所发现的最早的一本标有日期的经书是明万历元年八月十四日(1573 年 9 月 17 日)所写。台湾学者李霖灿在美国国会图书馆所发现的最早的东巴经版本是清康熙七年(1668年)"①。对现存东巴经的断代研究,影响到对相关音乐文化的准确断代,但东巴经及象形文字中所记录的纳西族古代音乐相关的文献,仍是认识纳西族古代音乐文化的可信史料。

东巴经中相关乐器及音乐活动的象形文字,是用文字表现乐器的较古老的图像资料。东巴文对纳西族传统乐器记载具有的图像化特征,对纳西族古代音乐文化的研究无疑更具特殊意义。

对东巴经象形文字中纳西族古代乐器的研究,杨德鋆及和云峰已有涉足,其中和云峰教授对纳西族东巴形象文字中所反映的民俗乐器有较为全面、详细的整理,并制成《有关乐器之东巴象形文字一览表》(下文简称为《和表》)②。他根据萨克斯乐器分类法,将东巴经及象形文字中相关乐器进行了分类。宏观上看,纳西族传统社会中乐器的使用,其气鸣乐器、体鸣乐器占了较大比重,而膜鸣类乐器及弦鸣类乐器则相对较少。

显然,在祭祀活动中,善于表现抒情以及具有一定"言说"能力,同时旋律性较强的弦乐器大多未被采用,这一现象或可理解为祭祀本身所需东巴祭司的唱腔内容十分丰富,过多采用弦鸣等旋律性乐器,有可能喧宾夺主,影响到东巴祭司的演唱。

---

① 杨福泉:《纳西族文化史论》,云南大学出版社 2006 年版,第 74 页。
② 桑德诺瓦:《东巴音乐——唱诵象形文字典籍及其法事仪式的音声》,中央民族大学出版社 2010 年版,第 312 页。

　　东巴文化中乐器的使用情况还可以看到,各类乐器的配置并非短时间可以形成,它是东巴祭司在较长的艺术实践过程中逐步积累而成的。微观上看,《和表》所列 19 种乐器中某些乐器与汉族、藏族或其他民族乐器形制相同或相似,可以推测,纳西族东巴文化中的器乐文化可能受到过周围民族文化的影响。但它们都各自拥有纳西语称谓,这种现象说明,以上乐器无论是本土乐器还是外传乐器,它们在纳西族传统音乐生活中已经有一定的历史,并得到纳西族群体的认可。同时,可以看到,东巴象形文字中的纳西族乐器,从形制到乐器所属族群文化,都体现出一定的多元文化特征。《和表》东巴象形文字谱所列 4 类 19 种乐器,长时间在纳西族宗教及民俗音乐生活中并在,体现出纳西族传统器乐文化的丰富性及多元性。值得注意的是,从东巴经的记载中,纳西族传统乐器中并未出现最能反映云南地方文化的乐器铜鼓。作为铜鼓的发源地,早在春秋战国时期,云南已经能制造出精美的铜鼓,其在云南各少数民族中的地位与作用众所周知,丽江市博物馆内至今仍保存着不少出土于丽江的春秋时期的铜鼓证明,远古时期丽江纳西族先民有可能使用过铜鼓。但从东巴经所载纳西族传统民俗及祭祀活动中,都没有看到铜鼓的身影,可见一种乐器的运用有其兴衰的影响。目前学界对东巴文产生的时间较为认可的是宋代说,由此可以推测,铜鼓对于宋代以后纳西族的音乐生活的影响是有限的。

　　其余牛角、海螺、玲等乐化法器,不仅有东巴文字的书写形式,同时还拥有各自的纳西语称谓的情况说明,在纳西族社会中,以上乐器当有一定的历史。结合纳西族的历史文化研究,可以推测,以上乐器在纳西族音乐生活中大量存在,与藏文化对纳西族文化的持续影响,特别是元明以来喇嘛教对纳西族音乐文化的影响密切相关。

东巴教作为纳西族的本土宗教，"是以纳西族传统文化为主干，又吸收了多种文化因素而形成的一种独特宗教，它与藏族的本土宗教本教有着特别密切的关系"①。藏族本土宗教与东巴教间密切的关系，也体现在两者音乐文化的密切关系之中。

杨福泉认为"藏族先民与纳西等诸羌部落在远古时就有地缘、血缘上的密切关系，纳西族创世纪中称藏族与纳西族是同父异母的兄弟，反映了两个民族历史上密切的关系，因此两个民族历史上在宗教文化上相互渗透和影响必定在很早的时候就已存在"②。藏族本土宗教，在本教时期及元代喇嘛教时期，对纳西族东巴教都产生过重要影响亦是不争的事实。

《新唐书》卷二百一十六《吐蕃》载："（吐蕃）其乐吹螺，击鼓。"③可知海螺与鼓是唐代吐蕃乐器。据和云峰研究"芒筒、唢呐、喇叭、海螺、牛角、碰玲、板玲等均源于藏传佛教"④，东巴经所列 19 种乐器中，7 种均源自藏传佛教，足以证明藏传佛教及其音乐文化对纳西族传统音乐文化影响程度之深。东巴绘画中东巴吹奏的芒筒（大号）、喇叭、唢呐等乐器，在唐宋时的西藏寺院壁画上已有表现。纳西族东巴使用的板鼓类似西藏扎达古格王国遗址红庙壁画上有柄的手鼓⑤；"本教祭司所用的手鼓也与东巴的

①杨福泉：《纳西族文化史论》，云南大学出版社 2006 年版，第 61 页。
②杨福泉：《纳西族文化史论》，云南大学出版社 2006 年版，第 141 页。
③［宋］欧阳修、宋祁：《新唐书》卷二百一十六《吐蕃》，中华书局 1975 年版，第 6073 页。
④和云峰：《纳西族音乐史》，中央音乐学院出版社 2004 年版，第 130 页。
⑤西藏自治区文物管理委员会：《大理地区古格王国调查记》，《文物》1981 年第 11 期。

手鼓十分相似,而且两教都有教祖和神明祭司可以骑着手鼓飞行空中的传说"①。民族音乐学家田联韬也曾指出:"东巴教使用的乐器(法器)小柄鼓、盘铃等,亦与本教相同。"②以上东巴教乐器与本教乐器间种种联系,也是证明本教对纳西族东巴教影响的有力证据。

藏传佛教约于元末开始,由西藏经川西传入纳西族地区,随着藏传佛教的传入,其法器、仪式及音乐可能也随之传入丽江纳西族地区,但从元人李京《云南志略》"诸夷风俗"中纳西人"不事神佛,惟正月十五日登山祭天,极严洁。男女动辄百数,各执其手,团旋歌舞以为乐"③的描述可知,元代丽江纳西族主要信仰本土宗教东巴教,祭天等仪式作为东巴教仪式中最重要的仪式,自然在元代纳西人中盛行。此时期藏传佛教可能主要在木氏土司家族中盛行,之后才逐步在纳西族社会中得到推广。

从康熙到道光年间的一百八十多年中,丽江先后建立了具有宗教势力及经济势力的噶玛噶举派(白教)十三大寺,这是藏传佛教在丽江得到发展的典型例证。清乾隆年间余庆元《维西见闻录》载:"(麽些)……其人悉性惰……敬佛信鬼。"④清人吴大勋在

①杨福泉:《纳西族文化史论》,云南大学出版社 2006 年版,第 340 页。

②田联韬:《藏族音乐文化与周边民族、周边国家之交流、影响》,《走向边疆——田联韬民族音乐文论集》,中央音乐学院出版社 2010 年版,第 277 页。

③[元]李京:《云南志略》,云南省民族研究所编:《大理行记校注·云南志略辑校》,王叔武校注,云南民族出版社 1986 年版,第 93 页。

④[清]余庆元:《维西见闻录》,方国瑜主编:《云南史料丛刊》卷十二,云南大学出版社 2001 年版,第 62 页。

《滇南闻见录》中亦载："头目有二三子,必以一子为喇嘛。"①由此可见,明以来藏传佛教在丽江传播之广泛,对纳西族人影响之深远。

自明代木氏土司在丽江自上而下对藏传佛教进行推广,随藏传佛教的传入法器、仪式及音乐随之在纳西族中传播,并对纳西族音乐文化产生了重要影响。虽然现已无法全面了解那些音乐在当时的流传情况及具体形态特征了,但从物态的遗存中,依然可以寻找到其历史的背影。

文峰寺作为丽江喇嘛教噶玛噶举派三大禅院之一,其宗教活动一直十分频繁,这种活动一直持续至中华人民共和国成立前。据郭净研究:

> 念护法经(勾苏)五、七、九天,一般为七天。护法节以跳神(宝存)结束。跳神根据该年十二月大小固定在二十七、二十八或二十八、二十九两天。第一天穿一般喇嘛衣服跳,第二天戴面具跳。
>
> 喇嘛跳神由寺院司跳神喇嘛"仇奔"具体组织。跳神以跳神经《抽布》为根据。领导跳神喇嘛,要派往西藏或德格同一宗派的寺院学习,学习毕业回寺指导本寺喇嘛跳神。为了跳神,每年入冬年轻喇嘛禁止外出,集中学习跳神,每年十二月初十开始集中,全寺喇嘛学习跳神三天。
>
> 文峰寺在大殿前跳,有的寺院还专有跳神场(宝存达)。跳神由活佛或克姆先跳,老喇嘛格枯领导,拜东南西北中五方。跳神分坛,人坛为护法神大黑天神(拱崩)。跳神以送护

---

① [清]余庆元:《维西见闻录》,方国瑜主编:《云南史料丛刊》卷十二,云南大学出版社 2001 年版,第 62 页。

法佛(东玛),用面塑,送到寺门外以石头垒成的火化处火化
而告终。

跳神时新戴面具分马鹿(二个),猴子(六个),牦牛(二
个),乌鸦(一个),狗、猪(各一个),虎(一个),各个喇嘛所担
任的角色,要由仇奔选择,在跳神三天前,由仇奔指定,并正
式公布。

跳神时由寺院的乐队伴奏,主要乐器为大号(东玛)、小
号(刚利)、唢呐(将利)、大鼓、行鼓、铙、钹等。①

明以来丽江文峰寺内教噶玛噶举派的法事活动极为频繁,活
动以乐舞为中心,吸引了许多受众。笔者至今能回忆起已故纳西
族外婆对文峰寺神灵的笃信,她只要有时间就会到文峰寺去祭拜
神灵,向神灵诉说她内心的诉求。噶玛噶举派的法事乐舞,在丰
富丽江纳西族文化生活的同时,对纳西族的音乐文化产生了一定
影响。

《神路图》作为纳西族古代东巴画中最具代表性的艺术遗产,
其中部在送丁巴什罗的歌舞队列中,也出现了芒筒、长号、唢呐、
喇叭、牛角、号、螺、板玲、板鼓等乐器,至今,纳西族东巴使用板
鼓、板玲的方法略似藏族勒巴舞中手鼓、板玲的用法。《神路图》
中所展示的乐队的配置也体现出古代纳西族东巴音乐文化与周
边民族音乐文化融合的信息,其中与藏传佛教文化密切的关系显
得极为突出。

---

① 郭净:《心灵的面具——藏密仪式表演的实地考察》,三联书店 1998 年版,
第 86—87 页。

图5-1：东巴《神路图》中乐器图①

　　东巴教的有些乐器,保留了古羌人乐器。如东巴象形文字之
"笛",就多以三孔的形式出现,这种三孔笛子的形制,是上古时期
羌笛的特征。有学者认为近代东巴举行仪式所用的乐器,仅有板
玲、手鼓、大鼓、锣、海螺、牛角号等旋律性不强的乐器,与东巴经
和东巴画体现出的名目繁多的乐器类别相比,可能乐器的简单化
是东巴教逐渐衰落的结果②。
　　以上对东巴象形文字中所载乐器及其文化属性的分析可知,

---

① 李锡主编:《近神之路:纳西族东巴神路图》,云南美术出版社2001年版,
　图46。
② 杨德鋆:《东巴音乐述略》,郭大烈、杨世光编:《东巴文化论集》,云南人民
　出版社1985年版,第437—438页。

纳西族东巴文化中，其乐器构成及乐器的文化属性均体现出东巴教器乐文化的多元性因素；纳西族东巴教法器及乐器与藏传佛教法器及乐器具有高度相似性，这种器物层面的相似性，究其深层内涵体现了纳西族东巴教与藏族本土宗教间相互交流、渗透的历史渊源。由此证明纳西族东巴教中所用乐器及相关乐器文化内涵，与藏族本土宗教对纳西族东巴教的影响息息相关。这说明纳西族东巴教本身也是一种多元文化交流借鉴的结果，是纳西文化自身经历多元一体发展开放吸收的生动体现。

纳西族作为古羌人后裔，好歌舞的传统在东巴经及象形文字中也有所体现。东巴经及象形文字中反映的民俗歌舞，是认识纳西族传统音乐文化的另一个重要方面。关于东巴象形文字中所体现的民俗歌舞，和云峰教授已经进行过系统总结、整理①。

从东巴象形文字对纳西族传统歌舞的种类及乐器演奏的形式看，纳西族传统音乐文化有着丰富的艺术形式。

首先唱、跳、舞的象形文字的出现表明，纳西族及其先民在长期的历史发展过程中，已经有歌、舞、乐、乐舞的明确分类概念；其次，在唱、跳、乐舞等不同艺术形式之中，还出现了更为细致的分类。如在演唱当中，不仅出现了唱的音乐术语，还出现了古凄、库咥等至今还流传在纳西族中的演唱形式；跳当中则出现了咥蹉、和蹉、桑尼蹉、什罗蹉等不同的舞蹈形式；唱跳也已经出现专有术语称“咥蹉”；对于各类乐器的演奏，纳西族先民也已经创造出专门的术语来称呼它们，筚篥木、品木、姑古侃，吹奏的乐器基本用木来称呼，弹奏的乐器则用侃，以上纳西族传统音乐文化中歌、

①桑德诺瓦：《东巴音乐——唱诵象形文字典籍及其法事仪式的音声》，中央民族大学出版社2010年版，第311页。

乐、舞及乐舞相关系列术语的出现表明,纳西族传统音乐文化已经具备很高的艺术水准,并且已经在族群内部形成完整的音乐文化体系,这个体系已经是一个成熟的体系。

东巴乐舞作为东巴文化的重要组成部分,它也是认识纳西族音乐文化的重要载体。

纳西语称东巴乐舞为"东巴蹉",它属于东巴教中的祭祀性舞蹈,通常用于跳神、作法和道场仪式中。据东巴象形文字书写的《东巴舞谱》的记载可知,东巴祭司常用的舞蹈有 50 余种,杨德鋆将其分为五类,即"神舞、鸟兽虫舞、器物舞、战争舞、踢脚舞"①,东巴仪式舞蹈在涉及鬼事时一般不安排鬼怪角色或直接表演鬼怪的动作,祭鬼驱鬼之舞常以间接方式将鬼的形象、恶行等潜存、贯穿于神舞、动物舞、战争舞和法器舞之内,让人从祭送与驱杀动作中去感觉鬼在眼前,在法掌之下。鸟兽虫舞原始模拟痕迹保留较多,鸟舞主要有大鹏景翅鸟舞、孔雀舞、白鹤舞,兽舞主要有白马舞、白羊舞、牦牛舞、青龙舞、飞龙舞、大象舞、鹿舞等,虫舞则主要有金色蛙舞等,不同的动物有不同的作用。直接模拟或抽象表现动物,既乐神也娱人,杨德鋆认为"这是原始巫教同民间舞本来没有分界的明显痕迹"②。器物舞中包括了法杖舞、鹰翅羽舞、鹰爪舞、降魔金刚杵舞、筒灯舞、荷花枝舞、火把舞等;战争舞蹈纳西族称"嘎蹉",亦明胜利舞蹈,又分刀舞与叉舞,剑舞与弩弓舞,尤麻舞等。其中踢脚舞是"东巴跳神舞中同民间跳脚(又称打跳)最

① 杨德鋆、和发源:《纳西族古代舞蹈与东巴跳神经书》,郭大烈、杨世光主编:《东巴文化论集》,云南人民出版社 1985 年版,第 387—411 页。
② 杨德鋆、和发源:《纳西族古代舞蹈与东巴跳神经书》,郭大烈、杨世光主编:《东巴文化论集》,云南人民出版社 1985 年版,第 400—401 页。

接近的一种舞,可能是原始巫舞的遗意,因为早期巫舞同原始人日常舞蹈是一致的"①。

从以上对《东巴舞谱》中五种东巴舞蹈的论述可知,东巴乐舞中的内容,体现出东巴文化作为原始宗教文化所具有的宗教乐舞与民间乐舞密切的关系。值得注意的是,与普通巫术型祭祀活动中民间性及随意性较强的情况不同,东巴乐舞的发展步入规范化的阶段,舞谱的出现就是其最重要的规范化的标志。杨德鋆认为"规范化可能因由社会进步(如用象形文字记录原始舞蹈,使之得以传播和免于佚亡),或处于兴盛上升的东巴教自身需要及受喇嘛教影响所致"②。显然,杨德鋆以上观点是客观的,丽江纳西族及其先民在历史上先后受到藏传佛教本教及喇嘛教的影响,东巴乐舞由此也可能受到影响。与此同时,本书认为东巴乐舞的发展是一个不断自我完善的过程,东巴乐舞的模式化,元、明时期有可能受藏传佛教影响,清以来则可能受释奠礼乐乐舞的影响,这是东巴音乐文化在不同时期受到周围民族文化交流影响的例证,就清以来受释奠礼乐乐舞影响问题,笔者将在本章第二节专门论述。

以上对东巴文化中所承载的纳西族传统乐器、民俗歌舞、东巴乐舞的梳理,及结合东巴文化中所融合的多元文化因素的分析,可以看到纳西族传统音乐文化所具有的鲜明特点:其一,在长期的历史发展过程中,纳西族传统音乐文化已经发展成为系统、

①杨德鋆、和发源:《纳西族古代舞蹈与东巴跳神经书》,郭大烈、杨世光主编:《东巴文化论集》,云南人民出版社1985年版,第406—408页。
②杨德鋆、和发源:《纳西族古代舞蹈与东巴跳神经书》,郭大烈、杨世光主编:《东巴文化论集》,云南人民出版社1985年版,第409页。

成熟的纳西族音乐文化体系;其二,在这个成熟文化体系中,信仰音乐文化与民间音乐文化有着密切的关系;其三,纳西族传统音乐文化体系在其形成过程中,曾受到过周围不同民族音乐文化的影响。直至清代前期,纳西族传统音乐文化与藏文化体现出比其他民族更深的渊源关系。

(三)汉文典籍中有关纳西族古代音乐文化的记载

除东巴经及其他东巴文化中所记录或承载的纳西族古代音乐文化历史信息外,散落在历代汉文献及其他考古实物中有关纳西族及其先民音乐生活的材料,也是研究纳西族古代音乐文化的重要史料。"歌舞为乐"作为纳西族传统的风俗之一,历代汉文献有零星记载。

早在汉代,纳西族先民聚居的越巂郡就是歌舞之乡。卷八十六《西南夷列传》载,越巂郡"元鼎六年,汉兵自越巂郡……以为越巂郡。其土地平原,有稻田……俗多游荡,而喜讴歌,略与牂柯相类"①。《后汉书》所载汉代《笮都夷歌》亦称《白狼王歌》,是东汉明帝永平年间(58—75)生活在今四川南部"笮"国进献汉朝的诗歌:

远夷乐德歌

大汉是治,与天意合。吏译平端,不从我来。闻风向化,所见奇异。多赐缯布,甘美酒食。昌乐肉飞,屈伸悉备。蛮夷贫薄,无所报嗣。愿主长寿,子孙昌炽。

---

① [南朝宋]范晔:《后汉书》卷八十六《西南夷列传》,中华书局1974年版,第2852页。

远夷慕德歌

蛮夷所处，日入之部。慕义向化，归日出主。圣德深恩，与人富厚。冬多霜雪，夏多和雨，寒温时适，部人多有。涉危历险，不远万里。去俗归德，心归慈母。

远夷怀德歌

荒服之外，土地硗埆。食肉衣皮，不见盐谷。吏译传风，大汉安乐。携负归仁，能冒险狭。高山岐峻，缘崖磻石。木薄发家，百宿到洛。父子同赐，怀抱匹帛。传告种人，长愿臣仆。①

据纳西族史学家方国瑜考证，《白狼王歌》176 个字中，除去借用的汉字和难解的形容词大约 80 个字外，有 90 个字与纳西族古语较为接近，并认为"白狼歌与今麽些语大都相同或相近，可见，白狼语即为麽些古语，或与白狼语与麽些古语最相近。《古今图书集成·职方典》卷一五〇五'丽江府'部，载白狼王歌三章，亦认为麽些古语也"②。据汉代即出现的《白狼王歌》形式可以推测，早在汉代，纳西族先民白狼族群就是一个善于歌唱、乐于歌唱的民族。

《蛮书》卷四《名类》载："摩蛮，亦乌蛮种类。铁桥上下及大婆、小婆、三探览、昆池等川，皆其所居之地也。土多牛羊，一家即

---

① ［南朝宋］范晔：《后汉书》卷八十六《西南夷列传》，中华书局 1974 年版，第 2856—2857 页。
② 方国瑜：《麽些民族考》，白庚胜、和自兴编：《纳西学论集》，民族出版社 2008 年版，第 25 页。

有羊群。终身不洗手面,男女皆披羊皮,俗好饮酒歌舞。"①李京《云南志略》亦载:"麽些蛮不事神佛……男女动数百,各执其手,团旋歌舞以为乐。"②

据以上汉文献记载可知,纳西族自汉代以来就是一个歌舞为乐的民族。

除汉文献以外,明代何景文《麽些图卷》中,对元、明时期纳西族先民麽些的音乐生活也有所体现。《麽些图卷》中,"有纳西族传统的'锅庄舞',在村寨广场上,人们聚集在一棵树下跳舞,舞者共九人,在葫芦笙的伴奏下,舞者围成一个圈,翩翩起舞。其中有男有女、有老有少,都佩戴双圈大耳环。在附近放置一坛酒,从坛口插入一竹管,竹管另一端则插在地上的酒瓶中。有一位男子正手持酒瓶,向一位老年人敬酒。"③宋兆麟对《麽些图卷》中歌舞场景的研究认为,图中"在葫芦笙的伴奏下,舞者围成一个圈,翩翩起舞"的圆圈舞,与李京《云南志略》所载:"男女动数百,各执其手,团旋歌舞以为乐"的场景相符,这证明,元、明以来,纳西族的民间歌舞文化未出现大的变化,纳西族先民所喜爱的圆圈舞,直到今天仍受到纳西族的喜爱。今天纳西族的各种打跳如"阿里里""窝热热",仍以手拉手的圆圈舞为最常见的舞蹈形式,这当是纳西族先民对圆圈舞乐舞喜好传统的延续。

值得注意的是,何景文《麽些图卷》中为乐舞伴奏的乐器是葫

① [唐]樊绰:《蛮书》卷四《名类》,向达校注,中华书局1962年版,第96页。
② [明]陈文等:《云南通志》卷五《丽江军民府》,《续修四库全书·史部·地理类》,上海古籍出版社2002年版,第107页。
③ 宋兆麟:《明代纳西族的风俗画卷——麽些图卷考》,《玉龙山》1989年第4期,转引自杨福泉:《纳西族文化史论》,云南大学出版社2006年版,第315页。

芦笙,葫芦笙作为纳西族传统乐器,早已出现在东巴象形文字之中,并拥有纳西族语称谓,纳西族史诗《鲁班鲁饶》中,对纳西族先民吹奏葫芦笙的场景有所描述。"砍来金黄竹,做成葫芦笙。葫芦笙悠悠,一吹百个声,一吹千个音"①。纳西语称其为"呢木",虽然当今纳西族东巴教音乐中已经不再使用葫芦笙,但纳西族歌舞中,葫芦笙仍是常用乐器之一。由此可以推测,葫芦笙作为纳西族传统乐器,元、明之前曾广泛运用于东巴教仪式活动中,元、明以来,则逐渐脱离纳西族东巴教,大量运用于纳西族民间乐舞之中,明代纳西族土司木公在其《饮春会》中就有"官家春会与民同,土酿鹅竿节节通。一砸葫芦吹未断,踏歌起舞月明中"的描述,明代何景文《麼些图卷》所描绘的,极有可能是明代纳西族社会的民间乐舞图。

　　明代何景文《麼些图卷》所绘,即为以葫芦笙伴奏的圆圈舞,葫芦笙舞。据和云峰研究"葫芦笙及其乐舞这种历史久远的祭祀乐器和仪式乐舞,大致都与该民族(部族)的祭祀、社祭、图腾崇拜等仪式内容密切相关"②。芦笙舞是南方少数民族乐舞中历史最悠久的舞种之一。在晋宁石寨山出土的铜鼓文物中已有生动的反映。明代何景文《麼些图卷》所绘纳西族葫芦笙舞场景,从侧面印证了纳西族传统音乐文化中的多元文化特征。

　　通过对东巴文化、汉文献及其他实物史料中纳西族器乐、乐舞及相关音乐史料的梳理可知,纳西族及其先民在历史发展过程中创造并积累了丰富的音乐文化,这些音乐文化有其鲜明的特征:首先,纳西族东巴文化中与信仰崇拜有关的音乐文化与民间

---

① 和云峰:《纳西族音乐史》,中央音乐学院出版社 2004 年版,第 13 页。
② 和云峰:《纳西族音乐史》,中央音乐学院出版社 2004 年版,第 12 页。

音乐文化关系密切；其次，由于纳西族迁徙、定居在多种民族交错分布的地区，对周围民族文化的吸收与借鉴使纳西族传统音乐文化出现多元化特征；最后，清代以前，纳西族传统音乐文化与藏文化间体现出密切的联系。

由于纳西族定居在多民族交错分布的地区，周围民族文化的相互吸收与借鉴，是促进各族文化发展的必要因素。各民族文化艺术个性的发端、演变和形成，往往受到周围族群文化的影响。就纳西族传统文化而言，在清代"改土归流"前，由于政治、族源、地缘等综合性原因，纳西族文化与藏文化间的关系，显然比与汉文化的关系更为密切。纳西族传统文化与以上两种文化间的亲疏关系也必然体现在艺术形式上。这种历史文化现象的形成，与古代纳西族的迁徙发展历史及元、明以来纳西族上层对汉、藏文化的不同态度直接相关。

第二节　清代丽江释奠礼乐传承述略

清政府控制云南后，为了加强其在西南地区的政治、经济、文化统治，加大了对西南地区的改革措施。"以夏变夷"作为其在西南少数民族地区实施的文化政策，对西南少数民族的文化产生了重要影响。

随着康熙四十五年（1706）丽江庙学的建立，木氏土司管辖下的丽江纳西族社会，开始广泛接受汉文化。庙学的逐渐普及，汉文化的大力推行，促进了纳西族文化的发展变迁。雍正元年（1723）开始实施的"改土归流"政策，废除了丽江土司制度，木氏被降为通判，其对纳西族社会的影响减弱，以上这些措施，极大地促进了丽江纳西族社会儒学教育的发展。与云南其他地区汉文化的传播历史情况相似,庙学仍是清政府在丽江纳西族地区实施以儒学为核心的汉文化教育的主要载体。伴随着庙学在丽江纳西族聚居地区的建立,汉文化的传播在丽江纳西族社会中开始下移,释奠礼乐也开始在纳西族社会中得到广泛传承。

一、庙学的建立与释奠礼乐的传入

礼乐文化作为中国传统文化的核心,其内涵几乎涵盖了中国传统文化的所有方面。"'礼'是主导社会、平衡社会、稳定社会、维护社会、发展社会的标尺和法度;'乐'是人类和谐、环境和谐、自然和谐、人神和谐、社会和谐的纪律和准绳"①。礼乐制度自古作为一种社会制度存在于汉族传统社会,其对中国传统文化的影响可想而知。释奠礼乐是礼乐制度中的重要方面。

清代释奠礼乐在长期历史发展过程中,已经形成一套完整制定、传播体系,庙学则是这个体系中包括释奠礼乐在内的以儒学为核心的汉文化传播的重要载体,丽江庙学的建立的历史,也成为对丽江纳西族地区进行释奠礼乐溯源的重要线索。

据《明史》卷三百一十四《云南土司传》载:"永乐十六年,检校庞文郁言,'本府(按:丽江府)及宝山、巨津、通安、兰州四州归化日久,请建学校',从之。"②以上文献,是相关丽江建学的较早记载。据文献可知,丽江的庙学至迟在明代永乐年间已经设立,但事实并非如此。关于丽江府庙学的建置,《古今图书集成》有明确记载:"(丽江)前未设学,康熙三十九年通判孔兴询详请捐俸草

---

① 孔德平、彭庆涛、孟继新:《祭孔礼乐研究》,文物出版社 2009 年版,第 2 页。
② [清]张廷玉等:《明史》卷三百一十四《云南土司传》,中华书局 1974 年标点本,第 8099 页。

创,至四十五年设学。"①《光绪丽江府志·庙学》又载:"丽自国朝而上,无所谓学也。改流后,孔公创始于前,杨守创始于后。泮水、学宫焕然与中土相埒,凡士之释奠与先师先圣者,俾得望门墙而入其宫,惶惶乎悉瞻美富焉,志庙学。"②

以上文献,均明确记载了丽江府学建立的具体时间。丽江最早的庙学由通判孔兴询于康熙四十五年(1706)开创。虽然明代在丽江土司行政区设学的建议曾早在明永乐年间就得到过批准,但明廷在丽江土司政区设立儒学的愿望并未真正及时得以实现。庙学作为汉文化传播的重要载体,直到清朝康熙四十五年(1706)才由圣门后裔、丽江通判孔兴询创立。

孔兴询创学之初,丽江的社会情况如《创建文庙碑记》所载:"圣主崇儒重道,遍及寰宇,独至丽江而阙如也。丽接壤西域,汉语不通,教化难施。其分符而来者,无户口、钱粮、刑名之责,日用饮食且仰给予世府。"③

从孔兴询撰写的《创建文庙碑记》看,直到康熙四十五年(1706)丽江设学时期,丽江纳西族社会的汉文化积累程度与同时期建水、大理相比,是落后的。丽江由于地理上接壤西域,语言上汉语不通,在庙学建立之初,即便是圣门后裔孔兴询,也发出教化难施的感慨。《创建文庙碑记》又载:"(通判孔兴询)因思变异之道,必赖礼乐,礼乐之兴,在建文庙,故不觉情结于衷,遂通详上

①《古今图书集成·方舆汇编职方典》卷一千五百零五《丽江府学校考》,中华书局民国二十三年(1934)年版。
②光绪《丽江县志》,云南省图书馆藏本。
③[清]孔兴询:《创建文庙碑记》,管学宣、万咸燕纂修:《丽江府志略》,《中国地方志集成·云南府县志辑》第41册,上海书店、巴蜀书社、江苏古籍出版社2009年版,第299页。

宪,以为己任。提学赵君,有十可建之议,各宪欣允。于是有惊其事者,有危其事者,谓古今来未构之业,一旦自我而辟,既拂夷情,复鲜经费,脱事或成,异日秩满量移,继起乏人,保无风雨飘摇,同于梓泽坵墟,诚所难量,询则毅然不顾也。为圣祖六十六世裔,又叨朝廷三命之荣,匪是,则何以对圣明,妥先灵耶?乃相地度宜,卜吉兴作,其堂庑之规模,一如家庙式,不三年而庙功成。学院王公,准设赞礼、乐舞,给帖以供祀典。而世府木君,乃共乐盛事,捐资以助其美,如祭器、乐器,悉备无遗。自兹设学开科,将见庠序于宫墙相为表里,焕然大观。时而谈经课艺,讲道明伦,春秋之际,肃肃济济,士子左右赴趋跄,金声玉振,共沐圣天子之休风,礼乐兴而教化行,或曰:询之功也,询何敢当。"①

丽江通判孔兴询作为六十六代圣门后裔,认为"因思变异之道必赖礼乐,礼乐之兴在建文庙",虽初至丽江,孔兴询在建立庙学的同时,大兴礼乐。在孔兴询的大力倡导下,丽江的庙学"兴作其堂庑之规模,一如家庙式。不三年而庙功成。学院王公准设赞礼、乐舞,给帖以供祀典。而世府木君乃共乐盛事,捐资以助其美,如祭器、乐器悉备无遗"。显然,丽江纳西族社会中释奠礼乐的传承与庙学的建立当是同时起步的。据乾隆《丽江府志》载,孔兴询自康熙三十六年(1697)任丽江通判,康熙四十五年(1706)在丽江初创庙学,在创学之初已是"祭器、乐器悉备无遗",这不仅与孔兴询圣门后裔的特殊身份有关,而且与康熙时期云南释奠礼乐传承的整体情况有关。

---

① [清]孔兴询:《创建文庙碑记》,管学宣、万咸燕纂修:《丽江府志略》,《中国地方志集成·云南府县志辑》第41册,上海书店、巴蜀书社、江苏古籍出版社2009年版,第300页。

　　从清代云南释奠礼乐传承的整体情况看,自康熙三十九年(1700)总督范承勋命大姚知县圣门后裔孔贞瑄为演习,开启了清代云南释奠礼乐传承的历程。康熙三十九年(1700)云南府庙学释奠礼乐以"乐舞及歌奏导引生一百三十三人"的宏大规模,为清代云南释奠礼乐的传承树立了典范。在云南大兴释奠礼乐的背景之下,圣门后裔的身份使孔兴询对释奠礼乐的重视程度及熟悉程度可想而知,显然孔兴询以上的特殊身份对他在丽江庙学中主张实施礼乐教化的实施是十分有利的。虽然由于丽江最早的地方志书直到乾隆八年(1743)才纂修完毕,此时离孔兴询在丽江创立庙学已经过去了近 40 年,《丽江府志略》中已不见孔兴询具体组织与排演释奠礼乐的相关记载,但就孔兴询对释奠礼乐的重视程度及他对释奠礼乐的熟悉程度看,在丽江庙学中亲自组织并排演释奠礼乐并非没有可能,可以想象孔兴询在丽江庙学初创时期组织排演释奠礼乐的盛况。

　　显然,康熙时期以圣门后裔孔兴询为代表的汉族流官对丽江释奠礼乐的重视,开启了释奠礼乐在丽江地区纳西族中传承的历史,在此之后释奠礼乐传承得到不断延续,并对丽江纳西族社会文化产生了深远影响。

　　二、释奠礼乐内容传承

　　清代丽江释奠礼乐传承的内容在乾隆《丽江府志略》与光绪《丽江县志》中均得到详细记载,通过以上史料的整理,可以梳理出释奠礼乐在丽江传承的主要内容和历史脉络。

　　(一)释奠乐章传承

　　清代作为历史上最为重视礼乐的朝代之一,释奠礼乐作为国家意志层面的上层建筑,自然受到清统治阶级的重视。经历顺治、康熙、雍正、乾隆等朝代的建设,祭孔礼乐文化已经形成国子监、曲阜家庙及直省三个系统,构成了一个庞大的释奠礼乐文化体系。就清代直省的释奠乐章的制定及传承情况来看,清朝颁布的直省释奠乐章主要有两套,即顺治年间及乾隆八年(1743)颁布的直省释奠乐章。从文献记载看,两套清代直省释奠乐章均在丽江得到过传播。

最早对清代释奠礼乐相关内容进行记载的是乾隆八年(1743)纂修的《丽江府志略》,这是现存最早的丽江地方志,当中对清代释奠乐章版本进行了详细记录,清代颁布的两套直省乐章均在《丽江府志略》①中得以记载,现将其所载释奠乐章内容整理摘录如下:

迎神乐奏《咸平》之曲

大哉至圣,道德尊崇。维持王化,师(按:斯)民是宗。典祀有常,精纯益隆。神其来格,於昭圣容。

奠帛初献乐奏《宁平》之曲

自生民来,谁底其盛。惟斯神明,度越前圣。粢帛具成,礼容斯称。黍稷维馨,维神之听。

亚献乐奏《安平》之曲

大哉圣师,实天生德。作乐以崇,时祀无斁。清酤维馨,

---

① [清]管学宣、万咸燕纂修:乾隆《丽江府志略》,《中国地方志集成·云南府县志》第 41 册,上海书店、巴蜀书社、江苏古籍出版社 2009 年版,第 193—195 页。

嘉牲孔硕。荐羞神明，庶几昭格。

终献乐奏《景平》之曲

百王宗师，生民物轨。瞻之洋洋，神其宁止。酌彼金罍，惟清且旨。登献惟三，於嘻成礼。

彻馔乐奏《咸平》之曲

牲象在前，笾豆在列。以享以荐，既芬既洁。礼成乐备，人和神悦。祭则受福，率遵无越。

送神乐奏《咸平》之曲

有严学官，四方来宗。恪恭祀事，威仪雍雍。歆兹惟馨，神驭还复。明禋斯毕，咸膺百福。①

其中第一套直省释奠乐章版本虽然未载律吕谱和工尺谱，但据其所载乐章的乐章名及歌词判断，这套乐章与清代顺治十三年（1656）颁布的直省释奠乐章内容基本一致，不同之处在于乐章名中的"和"字改为"平"字，第一乐章第一句由"大哉宣圣"改为了"大哉至圣"，由此可知，传入丽江的此套释奠乐章是康熙四十五年（1706）以后进行过修改的释奠乐章版本。

由于乐章未能按照康熙《云南通志》及《大理府志》等云南其他地方志的记载方式标注律吕谱和工尺谱，只能推测其在丽江传播时乐谱使用的是钦定乐谱。笔者推测，此乐章当为孔兴询在丽

---

① ［清］管学宣、万咸燕纂修：乾隆《丽江府志略》，《中国地方志集成·云南府县志辑》第 41 册，上海书店、巴蜀书社、江苏古籍出版社 2009 年版，第 193—195 页。

江创立庙学之初组织丽江儒生学习、排演之释奠乐章,亦是丽江最早传播的清代释奠乐章。

清朝建立之初,政权尚未稳固,清代顺治元年(1644)以来孔庙祭祀,基本沿袭了明代的礼制及乐制,仅"以'平'字取代了前朝曲名中的'和'字,体现了继承而又变化的规律"①。从乾隆《丽江府志略》所载第一套释奠礼乐乐章名称看,已将"平"字取代了前朝的"和"字,由此证明,此释奠乐章为清初直省及阙里通用的释奠礼乐乐章,也极有可能为孔兴询康熙年间在丽江庙学中排演的乐章。

乾隆《丽江府志略》还载有另一套钦定释奠乐章,此乐章为乾隆八年(1743)颁布的直省释奠乐章,此套乐章也是清代颁布的最后一套直省释奠礼乐乐章②。

据文献记载,乾隆七年(1742),朝廷对顺治时期释奠乐章名称进行了更改,更改为迎神《昭平》之章、(奠币、初献)《宁平》之章、亚献《秩平》之章、终献《叙平》之章、彻馔《懿平》之章、送神《德平》之章。乾隆八年(1743),颁布了直省释奠乐章。其乐章名,与乾隆七年(1742)颁布的国学释奠乐章名称完全一致,但其歌词与乐谱都是另外撰写的,其乐谱也出现了两套分别用于春秋释奠,这种做法为释奠礼乐乐章的发展注入了新的特色。

从乾隆《丽江府志》所载的释奠乐章内容看,虽然乾隆时期直

---

① 江帆、艾春华:《中国历代孔庙雅乐》,中国国际广播出版社2001年版,第44页。

② [清]管学宣、万咸燕纂修:《丽江府志略》,《中国地方志集成·云南府县志辑》第41册,上海书店、巴蜀书社、江苏古籍出版社2009年版,第195—199页。

省释奠其乐章名称未能按照清政府的要求及时进行修改,仍然沿用了顺治时期各直省所用乐章之名,但就其歌词、乐谱看,已经采用了当年由清政府新颁布的释奠乐章的新歌词与新乐谱,与此同时春秋丁祭所用不同乐章都能完整记载于乾隆《丽江府志略》。作为边远的云南少数民族地区,能将乾隆八年(1743)颁布的直省释奠乐章及时记录在当年纂修完毕的地方志中,这本身已说明经历康熙、雍正时期汉文化的广泛传播,到乾隆时期,清政府的一体化进程进一步得到加强,当年新颁布的直省释奠乐章,当年就能顺利下达到丽江这样边疆少数地区,文化教育政令能更及时到达丽江这样的边远地区。

　　当然,乾隆《丽江府志略》所载直省释奠乐章的名称仍然沿用顺治时期的乐章名而未能及时使用新的释奠乐章名,说明由于历史、交通等综合原因,清代丽江释奠礼乐的传承与大理地区、临安地区相比,仍存在一定的差距。

　　光绪《丽江县志》是另一部清代纂修的丽江地方志书。从这部成书于光绪二十一年(1895)的相关文献记载看,该书对释奠礼乐的记载与乾隆《丽江府志》的记载相比相对简单,并且无乐谱,仅限于记录歌词。从歌词及乐章名称看,光绪时期,丽江庙学仍然沿用了乾隆《丽江府志》中释奠礼乐的版本,这与清朝后期由于国力的衰弱,无力再对释奠礼乐作实质性调整不无关系,书中简略的记载本身也说明,光绪九年(1883)虽然将祭孔祀典提升为大祀规格,但从中央到地方,对释奠礼乐的重视程度已远不及康熙、雍正和乾隆时期。

　　从丽江清代两部地方志的记载来看,清代颁布的两套直省释奠乐章,均在丽江庙学中得到过传承。第一套释奠礼乐的传承主要在孔兴询创建庙学初期康熙四十五年(1706)至乾隆八年

(1743),孔兴询作为圣门后裔,谙熟释奠礼乐当是不争的事实,鉴于对礼乐的极力推崇,他在丽江创学之初所用的释奠礼乐版本不可能僭越使用国学释奠乐章,因此孔兴询在丽江最早传承的释奠礼乐版本仅可能使用顺治时期沿用明朝之释奠礼乐的版本,由于直至乾隆八年(1743)清政府才新颁直省释奠乐章,这个版本可能一直沿用至乾隆八年(1743)。这与乾隆《丽江府志略》所载第一套释奠乐章亦基本吻合。第二套曾在丽江传承过的释奠乐章版本,即为乾隆八年(1743)颁布的直省释奠乐章版本。此套版本分春秋两个乐章,文献中亦有明确的工尺谱记录,乾隆八年(1743)《丽江府志略》之《经费》中亦有"二八月春秋大祭,每祭支银二十量,年共支银四十两"①的明确开支,且乾隆《丽江府志略》所载乐章春秋丁祭乐谱俱全,由此可知,乾隆八年(1743)开始,新颁布的直省释奠乐章已经开始在丽江庙学中得到传承。

乾隆以后,虽然其间祭孔的规模不断得到提升,到光绪九年(1883)已经上升为大祀规格,但由于清政府国力的日渐衰败,无力再对释奠礼乐进行有效建设,乾隆直省释奠乐章在丽江的传承亦随之延续至清末。

以上清代两套直省释奠乐章均在丽江得到过传播,乐章版本与云南省大理地区、临安地区及内地直省均体现出的高度一致性,到乾隆时期新颁直省释奠乐章已能及时传达到丽江地区的史实,标志着清代的丽江纳西族社会,随着"改土归流"及"以夏变夷"政策的实施,清政府在云南政治、经济、文化方面控制力得到加强,丽江纳西族社会中各种"一体化"进程亦得到加强。

---

① 〔清〕管学宣、万咸燕纂修:《丽江府志略》,《中国地方志集成·云南府县志辑》第 41 册,上海书店、巴蜀书社、江苏古籍出版社 2009 年版,第 159 页。

（二）释奠礼乐之乐器传承

释奠礼乐的器乐文化,在长期的社会发展历程中被赋予了丰富的文化内涵,其传承也已经形成一套严格的规范,这种传统在清代得到延续,并体现在清代云南释奠礼乐传承之中。

自周代始,中国古代社会已经按乐器材质,将乐器划分为金、石、丝、竹、革、木、匏、土八类,称为"八音"。就体现国家意志的释奠礼乐来说,其乐器的配置堪称八音齐备。就多数中原直省而言,以上乐器本身就是与其传统音乐文化密切相关的乐器,释奠礼乐作为历朝历代相传的钦定仪式音乐,内地直省庙学已习以为常,因此清代释奠礼乐乐器文化的传播对中原直省汉族地区的影响不大,与此相反,随释奠礼乐而传入云南的汉族乐器文化,成为汉族乐器及相关器乐文化在少数民族中传播的重要途径,对云南各少数民族音乐文化产生了重要影响。丽江作为直到清代才开始设立庙学并通过庙学传播汉文化的少数民族地区,释奠礼乐乐器文化在该地区的传播,更具重要意义。

乾隆《丽江府志略》载,清代在丽江传播的释奠礼乐乐器主要有:

> 编钟十六枚,编磬十六枚,鼓二面。以上俱系通判孔兴询捐造。黄伞一柄,大麾幡一首,小麾幡一对,大钟一架,玉磬连特磬共十七枚,启柷一,止敔一,悬鼓二,搏拊二,琴二,瑟一,排箫二,笙二,笛二,埙二,篪二。①

乾隆《丽江府志》成书的时间为乾隆八年（1743）,孔兴询作为

---

① [清]管学宣、万咸燕纂修:《丽江府志略》,《中国地方志集成·云南府县志辑》第 41 册,上海书店、巴蜀书社、江苏古籍出版社 2009 年版,第 186—188 页。

末代丽江通判,在丽江正式设学的时间为康熙四十五年(1706),经过37年的建设,可见丽江释奠礼乐乐器的配置已经从孔兴询捐造"编钟十六枚、编磬十六枚、鼓二面"的简单礼乐乐器的配置,发展成"黄伞一柄,大麾旗一首,小麾旗一对,大钟一架,玉磬连特磬共十七枚,启柷一,止敔一,悬鼓二,搏拊二,琴二,瑟一,排箫二,笙二,笛二,埙二,篪二"初具规模的释奠礼乐乐器配置。

从孔兴询初建丽江学宫时捐造的释奠礼乐乐器种类及数量看,其乐器配置虽然还未达到"八音齐备"的要求,各种乐器的数量也均未达到钦定直省释奠乐器配置数量标准,但已具备最基本的"编钟十六枚、编磬十六枚",基本具备排演"钟磬"之乐的乐器雏形。就清代丽江纳西族整体社会而言,除木氏土司家族部分成员,由于曾在丽江以外的鹤庆等地接受过系统的汉文化教育,在接受汉文化过程中,有可能参加鹤庆等地春秋祭孔仪式,并学习过或参与过释奠礼乐的唱、奏,清代释奠礼乐乐器的传入,对普通的纳西族民众而言,仍然是一种新生事物,这是一种迥异于纳西族本土民俗及宗教音乐文化的汉文化音乐,这种仪式音乐中的器乐文化通过释奠礼乐在纳西族中得到传播,这对丽江纳西族普通民众而言,具有重要意义。

与纳西族东巴文化中常用的乐器相比较,可知除部分打击乐器之外,许多乐器是纳西族传统音乐文化中从未出现过的,如琴、瑟、编钟、编磬等乐器的出现,丰富了纳西族音乐文化。丽江释奠礼乐排演过程中,纳西族儒生在接受儒学教育的同时,可能学习到汉族琴、瑟、编钟、编磬等释奠礼乐乐器的演奏技巧,通过长期对释奠礼乐乐器的学习,释奠礼乐所宣扬提倡的儒学礼乐观念有可能被纳西族儒生逐渐接受。以上释奠礼乐器乐文化在丽江纳西族儒生中的传播,客观上促进了纳西族音乐文化的器乐音乐多样化发展,并为纳西族本土音乐文化的发展及日后以洞经音乐为代表的汉族音乐文化在丽江的广泛传播,在乐器演奏技术、乐谱知识及音乐观念等诸多方面奠定了坚实的基础。

（三）释奠礼乐之工尺谱传承

据乾隆《丽江府志略》所载释奠礼乐的乐谱看,清代释奠礼乐传承过程中,乾隆时期新颁的释奠乐章是以汉族传统的文字谱、工尺谱来记录乐谱的,由于康熙时期孔兴询使用的释奠乐章在乾隆《丽江府志略》中未标注所使用的乐谱,笔者只能推测,他是按照康熙《云南通志》所载规范的钦定乐谱进行传承的。这意味着,自康熙四十五年(1706)年始,汉族传统乐谱律吕谱与工尺谱可能同时从官方渠道进入丽江庙学,并通过释奠礼乐的传承在丽江纳西族社会中得到广泛传承。

随着释奠礼乐的传播,工尺谱势必逐渐被纳西族子弟所掌握,工尺谱的传承,既有利于纳西族深入接受汉族音乐文化,又丰富了纳西族音乐文化的记录方式,因此促进了纳西族音乐的发展。虽然,工尺谱并非首次传入丽江纳西族中,以木氏土司为代表的丽江上层社会,有可能在之前已经有人掌握了工尺谱等文字谱,但就纳西族整体社会而言,特别是普通民众而言,工尺谱及律吕谱的出现,是丽江纳西族社会逐渐接受汉文化的一种标志,同时也是纳西族社会汉文化积累程度逐步得到提高的体现。

清代释奠礼乐传承过程中汉族律吕谱及工尺谱的传入,为新兴的纳西族文人阶层通过接受释奠礼乐逐渐接受儒学礼乐观念,进而广泛接受洞经音乐、组建洞经会,并逐渐使洞经音乐"纳西化",奠定了良好的基础。

（四）释奠礼乐中的歌唱传承

庙学释奠礼乐,除乐器部分外,歌唱是其中重要的组成部分。

清代,丽江创学初期,在丽江末代判官孔兴询眼里,"丽接壤西域,汉语不通,教化难施",进入庙学学习的纳西族子弟,用汉语进行歌唱,就是一个困难。由于语言与歌唱习惯不同,可以想象孔兴询及其他丽江流官在当时排演释奠礼乐的过程中当是十分困难的。

从东巴经的记载中可知,纳西族的歌唱其最主要的特点是以纳西族语为载体进行歌唱的,无论是"谷泣""窝热热"还是"白沙细乐"等传统的纳西族民歌,其歌唱无一不使用纳西语歌唱,同时,纳西族的歌唱过程中有许多喉颤音。据杨德鋆研究,纳西族原始色彩极浓的古老图画象形文字,东巴文的"唱""歌唱""男女歌唱"等字,就已经记录下了以上纳西族的歌唱特色:

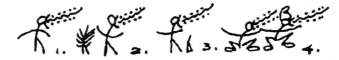

图5-2:纳西族歌唱中的颤音图①

1.唱。男人唱。2.唱歌。正在唱歌。在树旁唱歌。3.唱山歌。4.男女手拉手边舞边唱。(女的在右,长发,梳着高髻)。上述字每字均画人形,张着嘴,吐着气(点状表示气),发出高低不同的声音(以曲线代表,同时代表着从喉间和后舌发出的颤音)。②

纳西族有好歌舞的传统,歌唱对纳西族并非陌生的事物,但从东巴文中对纳西族传统歌唱形式及歌唱方法的记载可知,它

①杨德鋆:《金沙江大湾的旋律——纳西音乐的颤音色彩》,《民族艺术研究》1998年第1期。

②杨德鋆:《金沙江大湾的旋律——纳西音乐的颤音色彩》,《民族艺术研究》1998年第1期。

与释奠礼乐中的歌唱形式及歌唱方法相比较,仍然具有很大差异。

从释奠乐章的歌唱看,用汉语演唱的歌唱形式,对清代纳西族人而言,有一定难度。语言是首先要面对的问题,对进入庙学学习的纳西族儒生而言,通过歌唱学习汉语是极好的方式。由于释奠礼乐作为钦颁乐章,对歌唱有非常严格的要求,丽江建学之初,释奠礼乐传承很可能由圣门后裔孔兴询亲自排演,可见,孔兴询对丽江纳西族儒生的演唱教学当是严格按照释奠礼乐的特殊要求进行的。对于孔兴询对释奠礼乐歌唱的要求,虽然丽江无史料记载,但从清代云南释奠礼乐演唱的要求中,可以看到这种歌唱方式与纳西族传统歌唱方式的明显区别。康熙《云南通志》云:

〔歌〕歌乃一乐之主,凡八音皆以和歌,古之雅颂,其法不传。今止一字一韵,审其为喉舌唇齿以定其音律。凡字俱有声有音,声即字也,音则其落韵也。字有不能合音律者,而以落韵合之,如大成乐所用合、四、上、尺、工、六等字,〔合〕字属宫,出于喉而落于喉内。〔四〕字属商,出于齿而落于舌之上根。〔上〕字属徵,出于舌上而落于上腭之近外。〔尺〕字属徵,出于舌头而落于上腭之近内。〔工〕字属羽,出于唇而落于上腭之鼻孔。〔六〕字属少宫,出于喉而落于喉外。总之,歌在口中,以律吕之九宫往来轮转,如琴之弦,如箫之孔,如钟磬之在悬,自合至六,声渐高而清,自六至合,声渐低而浊,得此九宫之声音,凡歌入口皆协律吕矣,列谱于下:

歌:自上而下渐低渐浊渐巨

口:〔五〕〔六〕〔凡〕〔工〕〔尺〕〔上〕〔一〕〔四〕〔合〕

　　谱：自下而上渐高渐清渐细①

　　虽然清代丽江仅存的两本地方志书中，并未对释奠礼乐歌唱的要求作详细记录，但孔兴询身为圣门后裔，其对丽江庙学释奠礼乐的传授，无论是歌唱还是乐器的演奏，都要求认识工尺谱并以工尺谱为蓝本，教儒生学习释奠礼乐演唱和演奏是释奠礼乐排演最为基础的工作。随着庙学弟子走出庙学，又回归为纳西族社会的一份子，这些受过汉文化教育的纳西族儒生，对周围人的影响，对纳西族音乐文化的影响亦是不可低估的。同时，这些纳西族子弟在庙学中对歌唱的学习，也为丰富纳西族歌唱艺术，使纳西族歌曲演唱形式多样化，提供了可能性。

　　（五）释奠礼乐之乐舞传承

　　释奠乐舞是清代释奠礼乐的重要组成部分。孔兴询作为圣门后裔，在丽江创学之初对丽江释奠礼乐的排演，不可能不涉及释奠乐舞的排演。这从乾隆《丽江府志略》的记载中，仍能找到零星散落其间有关释奠礼乐乐舞的史料：

　　　　学院王公，准设赞礼、乐舞，给帖以供祀典。而世府木君，乃共乐盛事，捐资以助其美，如祭器、乐器悉备无遗。②

　　　　又载：舞器：节一对、羽戚十二副、干戚十二副，以上乐舞二十项，并乐舞生帽、靴、衣、带，乾隆七年知府管学宣奉文全

---

① ［清］吴自肃、丁炜纂，范承勋等修：康熙《云南通志》，《中国地方志集成·省志辑·云南》第 1 册，上海书店、巴蜀书社、江苏古籍出版社 2009 年版，第 360 页。

② ［清］孔兴询：《创建文庙碑记》，管学宣、万咸燕纂修：《丽江府志略》，《中国地方志集成·云南府县志辑》第 41 册，上海书店、巴蜀书社、江苏古籍出版社 2009 年版，第 301 页。

备,教授胡养正监制。①

以上文献表明,清代丽江释奠礼乐的传承,创学之初乐舞的排演,"学院王公准设赞礼、乐舞"就得到了允许。孔兴询作为大力推行礼乐教化的丽江通判,在得到准设乐舞的文令情况下,很有可能对释奠乐舞进行了排演,至乾隆七年(1742)已经出现"并乐舞生帽、鞋衣、带,乾隆七年(1742)知府管学宣奉命全备"的局面。清代释奠乐舞在丽江纳西族中的传播,经历36年之后,从器物及其他设备看,都已完备。可以推测,释奠乐舞也曾经随释奠礼乐一起,由于得到孔兴询、管学宣为代表的儒生的大力推崇,乐舞曾在纳西族儒生中得到广泛传播。

对于多数纳西族人而言,这是一种迥异于纳西族传统舞蹈的乐舞。释奠乐舞的舞容有严格的要求,据孔德平先生对祭孔释奠乐舞中授、受、辞、让、谦、揖、顿首等舞姿以及举、衡、落、拱、呈、开、合等舞具动作进行了剖析,认为其"是以体现儒家伦理道德观念与礼乐治道思想为立意;以中、和、祗、庸、孝、友等六德为舞蹈语言基础,按照歌词字形字义,赋于其象征性舞蹈语汇。所以,祭孔礼乐舞蹈从思想内容上集中体现一个'德'字;从其表现形式则突出地体现一个'礼'字,而舞蹈的构思则承袭了'中和之乐'的观念"②。

虽然乾隆《丽江府志略》未对释奠礼乐乐舞舞容有记载,但康

---

①[清]孔兴询:《创建文庙碑记》,管学宣、万咸燕纂修:《丽江府志略》,《中国地方志集成·云南府县志辑》第41册,上海书店、巴蜀书社、江苏古籍出版社2009年版,第188页。

②孔德平、彭庆涛、孟继新:《祭孔礼乐研究》,文物出版社2009年版,第183页。

熙《云南通志》中有详细记载,康熙《云南通志》中对舞容的详细记载,极有可能为孔兴询在丽江庙学排演释奠乐舞提供了范本。

就清代丽江释奠乐舞传承的历史情况看,孔兴询在康熙四十五年(1706)在丽江初创庙学时期,由于清初中原及内地释奠礼乐基本沿用明代的释奠舞容,孔兴询排演的释奠礼乐乐舞应仅可能采用明代舞容的版本。

文献记载表明,舞蹈对于纳西族及其先民而言是重要的生活与娱乐方式。东巴祭司的仪式舞蹈和民间传统的"窝热热"等圆圈舞,都体现出纳西族好歌舞并善于学习和创造歌舞的传统。从文献记载看,释奠乐舞的传承有可能通过纳西族儒生在社会中产生过一定影响,但从现存纳西族民间舞蹈的情况看,经历三百余年的洗礼,释奠礼乐乐舞对纳西族民间舞蹈的影响已荡然无存。

与遗存至今的纳西族民间乐舞的情况不太一致,东巴乐舞作为纳西族传统乐舞的重要组成部分,与释奠乐舞间隐约存在某些联系。通过仔细比较,似乎可以看到这些联系。

据和云峰对东巴乐舞的研究,"东巴仪式乐舞'郎久战神舞'在舞谱中记作'向前进三步,原地转三圈,向后退三步,原地转三圈,向左跨三步,原地转三圈,向右跨三步,原地转三圈。'东巴祭司其中过渡动作均是弱拍踮起脚尖,强拍落下足跟,有时还以双膝有节奏地上下颤动等动作为舞蹈的韵律特征"[1]。以上动作与释奠乐舞不能说无相似之处。

从《东巴舞谱》对纳西族传统东巴舞蹈的种类及动作的详细记载中可以发现,东巴祭司对东巴乐舞的跳法有严格的规程,排斥即兴自发随心所欲等违反舞蹈规程的任何做法。杨德鋆认为

---

[1] 和云峰:《纳西族音乐史》,中央音乐学院出版社 2004 年版,第 65 页。

纳西族东巴舞蹈"其种类之多、内容之广、含义之深、表现力之强、形式之多样完整，以及经过抽象艺术化了的原始风味之浓烈，远远超过了氐羌系统各族（彝、白、哈尼、拉祜等）的同类巫舞（跳神），可谓出类拔萃"，而东巴舞蹈"一方面原始气息浓郁，一方面又十分讲究规范，构成了东巴舞的一大特色，这也是云南其他民族同类舞蹈中未见二例的"①。

　　本书认为，纳西族东巴祭司的舞蹈与释奠礼乐乐舞有类似动作，东巴舞蹈有部分内容可能受到过释奠礼乐乐舞的影响。理由如下：1. 东巴祭司的仪式舞蹈是纳西族人在生活中常见、熟知的舞蹈，由于东巴祭司的舞蹈与释奠礼乐乐舞都是以肢体语言表达内心感受的艺术形式，与释奠礼乐用汉语歌唱而纳西族传统歌唱用纳西语歌唱间存在的本质差异不同，两种乐舞间并无本质差异，因此，清代释奠乐舞在丽江儒生中的传播，当比释奠乐章歌唱及乐器演奏的传播更加容易。显然，这对释奠乐舞通过纳西族儒生进而影响到纳西族东巴祭司的乐舞创造是十分有利的。2. 东巴祭司作为纳西族的智者，虽然其被剥夺进入庙学学习的权利，但随着释奠乐舞在纳西族儒生中的传播，智慧的东巴要学习释奠乐舞，并非没有可能。释奠礼乐乐舞作为祭孔祀典中重要的艺术形式，在长期的艺术实践中形成了一套严谨的结构形式和丰富的组合动作。在"以夏变夷"政策下，东巴文化被日益边缘化的状况，促使智慧的东巴祭司通过吸收有利于东巴乐舞规范的一切乐舞形式来促进东巴乐舞的生存与发展，这也显然是东巴祭司吸收释奠乐舞相关因素的目的。因此，清代释奠礼乐乐舞，极有可能

①杨德鋆、和发源：《纳西族古代舞蹈与东巴跳神经书》，郭大烈、杨世光主编：《东巴文化论集》，云南人民出版 1985 年版，第 409—410 页。

曾经对纳西族东巴仪式舞蹈的发展产生过积极的影响。

从以上对清代丽江释奠礼乐文化传承内容的梳理可知,清代释奠礼乐在丽江传承的内容是丰富完整的,作为儒学礼乐文化的象征,它囊括了儒家礼乐文化的相关内涵,并包括两个既相互联系又各具特点的层面,即"乐"层面及"礼"层面。就"乐"层面而言,主要内容包括乐章、释奠乐舞、歌唱、乐器等综合的艺术及文化形式。显然,从"乐"层面看,清代释奠礼乐在丽江纳西族社会中的传承,对纳西族传统音乐文化的影响是积极的。清代释奠礼乐是集歌、舞、乐一体的综合艺术形式,作为一种具有丰富文化内涵与艺术内涵的文化形式,在丽江地区纳西族社会中的广泛传承,必然在丰富纳西族器乐、声乐及乐舞形式的同时,对纳西族整体的音乐文化产生积极影响,促进纳西族音乐文化的发展。清代释奠礼乐中歌、舞、乐在纳西族中的传播,是宫廷音乐与少数民族音乐文化实现交流、融合的文化过程。

第三节　释奠礼乐对纳西族音乐文化的影响

释奠礼乐作为儒学礼乐的象征,"礼"是历代释奠礼乐不变的本质,其所有的艺术形式几乎都是围绕着"礼"文化展开的。也就是说,释奠礼乐的中心是"礼"文化层面,显然释奠礼乐的"礼"文化内涵,已经超越了释奠礼仪这种单纯的仪式礼仪,这种"礼"是儒学提倡的"三纲五常""忠、孝、仁、义、礼、智、信"等。清政府在丽江纳西族中大力推行释奠礼乐,其目的是在丽江纳西族社会中推行儒学之"礼",使纳西族社会实现整体的汉化。纳西族作为一个拥有悠久历史的民族,在其历史发展过程中已经形成了自己的文化体系,这套文化体系与儒学所倡导的"礼"有较大差异。"改土归流"背景下,以儒学为核心的汉文化的强势传入,从礼层面看,几乎未给纳西族传统伦理保留对话的空间。因此,在乐舞等艺术形式出现相互融合的同时,产生了深层次"礼"文化的冲突,即释奠礼乐之"礼"与纳西族社会传统之伦理间激烈的冲突,丧葬文化与婚恋文化的冲突则成为上述冲突的两个焦点,以上一系列冲突对纳西族音乐文化产生了深远的影响。

由此可知,清代释奠礼乐在丽江地区纳西族社会传承的过程,其特点既体现为清代释奠礼乐与纳西族传统文化间"乐"层面的相互影响,又体现为"礼"层面的相互冲突。这种特点无疑对纳西族包括音乐文化在内的传统文化产生了深远的影响。

一、传统丧葬文化与释奠礼乐"礼"的冲突

随着庙学在丽江地区的设立,儒学教育得到广泛推行。以上文化教育措施,在促进纳西族文化发展的同时,也促进了传统纳西文化的发展变迁。"由于历任流官在儒家文化长期熏陶影响下,普遍视少数民族文化'鄙陋',并以极端手段大力进行'以夏变夷',强行移风易俗,进行禁止火葬等以儒家礼教衡量一切的大文化沙文主义,从而导致改土归流后的纳西族文化出现了剧烈的动荡和变迁"①。从火葬到土葬的变革,一直被学界公认为纳西族汉化的标志,由"以夏变夷"导致的纳西族传统文化剧烈动荡,首先体现在丧葬文化中,丧葬文化的强制性变迁,对纳西族传统音乐文化产生了深远影响。

----

① 杨福泉:《"改土归流"中的"以夏变夷"对纳西族社会的影响》,《人类学与西南民族》,云南大学出版社1998年版。转引自《纳西族简史》,民族出版社2008年版,第67页注释2。

（一）纳西族传统丧葬文化

纳西族作为渊源于河湟地带南迁的古羌人，在长期的生产生活过程中，形成了自身的丧葬文化，丧葬文化中主要体现出其沿袭古羌人文化底色的重要特征。与白族、彝族、哈尼族等源自古羌人的民族相似，火葬是纳西族及其先民的丧葬传统，与此同时，纳西族形成了系统的丧葬文化。

《后汉书》卷八十六有古羌部落（冉駹夷）丧葬风俗的记载："贵妇人，党母族。死则烧其尸。"①景泰《云南图经志书》载："麽些蛮死者无棺椁。以竹簣舁至山下，贵贱一所焚之，不收其骨。候冬择日走马到焚所，用毡覆地呼死者名……非命死者，别焚之。"②

乾隆《丽江府志略》亦有纳西族古丧葬风俗的明确记载："土人亲死，既入棺，夜用土巫名刀巴者，杀牛羊致祭，亲戚男女毕集，以醉为哀。次日送郊外火化，不拾骸骨。至每年十一月初旬，凡死人之家，始诣焚所，拾灰烬余物，裹以松枝瘗之，复请刀巴念夷语彻夜，再祭以牛羊，名曰骨葬。"③

清人孙杰《禁丽民火葬歌》云："召彼刀巴，跳舞盘旋，刲羊杀牛，聚集亲姻，鸣钲击鼓，呼号嚣喧……亲戚邻里，未燔相先，积柴

---

①［宋］范晔：《后汉书》卷八十六《南蛮西南夷列传》，中华书局1974年版，第2858页。

②［明］陈文等：景泰《云南图经志书》卷五，《续修四库全书》，第681册，上海古籍出版社2009年版，109页。

③［清］管学宣、万咸燕纂修：《丽江府志略·风俗》，《中国地方志集成·云南府县志辑》第41册，上海书店、巴蜀书社、江苏古籍出版社2009年版，第251页。

如山,尸委其间,须臾灰烬,抛掷荒阡。"①

　　从以上文献记载可知,纳西族作为古羌人后裔,在清代"改土归流"之前,一致延续着源自古羌人的"贵贱皆焚一所,不收其骨"的传统无棺椁、火葬的丧葬习俗,在丧葬仪式中"刀巴念夷语"是其重要的文化内容。

　　人死无丧服,亦是其丧葬文化的特点。《维西见闻录》载:"(麽些)人死无丧服,棺以竹席为底,尽悬死者衣于柩侧,而陈设所有琵琶猪。头目家丧,则屠羊、豕,所属麽些吊,皆饭之。"②

　　通过以上文献材料可知,南迁羌人的丧葬仪式以火葬为主。纳西族及其先民在其历史发展过程中,形成了以火葬为中心的纳西族丧葬文化,这种丧葬文化以火葬、无丧服、娱死为重要的特点。以上丧葬文化特点,显然有违儒家"三纲五常"的伦理。以五礼为中心的汉族伦理,对丧葬文化有着严格的规定。"改土归流"之后,由于"三纲五常"伦理的传播,这种葬俗被清政府视为违反"伦常、礼教"的夷俗,强行禁止。经过长时间的高压政策,迫使纳西族放弃了这一传统葬俗,接受了符合儒家"人伦"的土葬习俗及整套汉族丧葬文化。纳西族在接受以"土葬"为标志的丧葬文化之前,其丧葬文化习俗伴随着一整套东巴仪式。其中东巴音乐、乐舞等本土宗教艺术形式,是纳西族丧葬仪式中最为重要的组成部分,据和云峰的相关研究成果,可知纳西族传统丧葬仪式与新葬俗之间的巨大差异。

---

① [清]阮元:道光《云南通志》卷二百《艺文》,国家图书馆地方志数字版,第15页。

② [清]余庆元:《维西见闻录》,方国瑜主编:《云南史料丛刊》卷十二,云南大学出版社2001年版,第62页。

表 5－1：纳西族传统丧葬仪式表一①

第一部分　　开丧			
阶段	程序	大致内容	东巴经书与相应唱腔
落气	给衔口物	接气等四项仪式	《阿黎主》
	卖水洗尸	洗尸等五项仪式	
	穿着寿衣	穿寿衣等二项仪式	
	请看卜书	夜逃等三项仪式	
	祭供实物	祭供米蛋果等三项仪式	
	祭献生品	请东巴祭灶神等三项仪式	《献生品》《猛厄绪》
	祭献熟品	东巴念经等四项仪式	《燃神灯》
	入棺	封棺等三项仪式	《关死门》《脱罪》
吊丧	解除口舌是非	东巴诵经驱鬼等三项仪式	《鸡鸣的来历》《关夺鬼门》
	宰牺牲羊	东巴念除秽经等四项仪式	《献牲经》
	跳"窝热热"	奔丧者集体跳圆舞仪式	"哦热热"
	唤醒亡灵	孝女哭祭等三项仪式	《阿妈喂》
	解除病痛	灵柩前诵经等三项仪式	《长寿药的来历》
	孝女祭奠	绕棺木献饭菜仪式	《坎蹉》《跺蹉》
	宰牺牲牛	东巴诵牺牲经等三项仪式	《献生品》《牺牲品》
	亲族祭祀	东巴做法事等三项仪式	
	燃灯	东巴诵经等三项仪式	《燃灯经》
	二项仪式	替逝者祈求福泽的降临	《求福泽》

---

① 和云峰：《纳西族音乐史》，中央音乐学院出版社 2004 年版，第 153 页。

续表

第一部分　　开丧			
阶段	程序	大致内容	东巴经书与相应唱腔
吊丧	召回亡灵	给亡灵出魂等三项仪式	《窝仔》《高勒招魂》
	供应晚餐	除秽等三项仪式	
	供晚点心	献糖果等三项仪式	《猛仔窝汝》
	跳"窝热热"	唱答死者生辰八字仪式	"哦热热"
	唤醒亡灵	鸡鸣祭等三项仪式	《挽歌》
出殡	解脱罪恶	展示《神路图》等四项仪式	《勒奏支》《赐福泽》
	生死诀别	孝男绕灵柩等三项仪式	《安辅余仔命》
	发灵	东巴诵祭词等三项仪式	《送魂调》《哭腔调》
	下葬	葬前准备等三项仪式	《超荐死者》
	夜逃	举家外出过夜	

表 5－2:纳西族传统丧葬仪式表二①

第二部分　　超度			
阶段	程序	大致内容	东巴经书与相应唱腔
七月封日	超亡灵回家	孝子到外招亡灵回家等二项仪式	
	请主祭东巴	东巴卜吉日等三项仪式	
火化	火化遗骨前	准备火化柴	《超荐死者》
	火化遗骨后	弃火化遗骨回家	

① 和云峰:《纳西族音乐史》,中央音乐学院出版社 2004 年版,第 154 页。

续表

	第二部分　超度		
阶段	程序	大致内容	东巴经书与相应唱腔
超度	编超度犁铧	在家中安置犁铧等仪式	
	做"骂"树	插黑色三角旗等三项仪式	
	做亡灵披毡	请东巴做法事等二项仪式	《燃天香》《斯排吉共》
	做替身毡团	以毡团代替死者亡灵	《拖须的来历》《找回生药》
	献牺牲猪	献猪腰汤等三种仪式	《剖牺牲猪的规矩》
	孝女祭奠	请东巴做法事等二项仪式	《祭文调》
	寻找亡灵	东巴跳兽等二项仪式	《燃灯经》
	拆固皮房	除秽等二项仪式	《拆固皮房》
	砍伐替身树木	砍伐替身树木等二项仪式	
	东巴群舞	东巴做法事等三项仪式	《燃天香》《什罗古统》
	摆设祭坛	挂优麻神话幛等二项仪式	
	迎接主祭东巴	主祭东巴做道场等四项仪式	《丹意经》《丹布则》
	做替身木	东巴诵经等三项仪式	《药水的来历》《送夺鬼》
	取回骨灰超度	迎接亡灵等三项仪式	《古窝古左埂》《空必》等
尾声	与亡灵诀别	再铺《神路图》等四项仪式	《优麻来历经》《燃天香》
	送走亡灵	做替身木继祖位仪式	《送魂经》《巫中巫夺》
	寄存替身木	东巴为亡灵指路等三项仪式	《关死门》《祭祖调》

注：本表第一部分"开丧"、第二部分"超度"均参考并依据和即贵讲述、耕勤翻译整理的《纳西丧葬古俗》(载《丽江文史资料》第 8 辑,第 83—133 页；第 9 辑,第 82—114 页)一文制表。

作为丽江纳西族传统丧葬文化的核心,纳西族传统丧葬仪式是一种系统而又复杂的综合文化仪式,纳西族传统丧葬仪式的复杂程度及其丰富的文化内涵,标志着这是一套系统的丧葬文化并有以下几个重要的特点:1.仪式程序众多。开丧及超度都是纳西族传统丧葬仪式中重要的内容,其中各个环节又囊括了不同的仪式,仪式较为复杂,说明纳西族传统丧葬仪式已经形成成熟、系统的丧葬文化,这种文化与纳西族的历史和社会发展相匹配。2.整个丧葬仪式贯穿东巴祭司念诵经文。无论是第一部分开丧还是第二部分超度,整个丧葬仪式都贯穿了东巴祭司的念诵经文活动,念诵经文的种类接近50种。东巴是丧葬仪式的主导者,仪式中的歌、舞、念诵等形式,是丧葬文化的重要组成部分,也是纳西族传统文化的重要文化形式。3.“娱死”的丧葬文化特点。除孝女的哭祭外,“窝热热”等歌舞热烈的气氛,烘托出纳西族古代“娱死”的丧葬文化特点。

显然,纳西族传统丧葬文化的特点,与儒学所提倡的“三纲五常”是相悖的。在清代“改土归流”背景下,其结果是强行对传统进行改革。改革后的纳西族丧葬仪式,出现了很多变化。从和云峰对纳西族丧葬文化改革的研究可以发现改革后的丽江纳西族新葬俗所具有的新特点:

首先,东巴祭司和其主持的东巴仪式几乎退出了纳西族的丧葬仪式。其次,随着东巴祭司的离去,东巴祭司的唱诵经书、乐舞及“窝热热”等民间歌舞亦消失在新的丧葬仪式中,“汉化”后的《白沙细乐》成为纳西族新葬俗中的丧葬音乐。最后,儒学提倡的中原汉族丧葬文化中“做七”“年斋”等概念和仪式进入纳西族丧葬文化,整个丧葬仪式体现出以儒家所提倡的以“礼”为核心的特点。

通过纳西族新旧葬俗的比较可知,通过对纳西族传统葬俗的改革,纳西族丧葬文化的汉化程度得到提高,与此同时,纳西族传统丧葬文化中的传统文化包括东巴音乐文化及民间音乐文化基本消失。

清代纳西族丧葬仪式的变革,从形式看变革本身只是以汉族土葬形式替代了纳西族的火葬。就其本质,是纳西族汉化程度得到提高,而其代价是纳西族传统文化受到巨大冲击。随着丧葬文化的高度汉化,丽江纳西族音乐文化赖以存在的东巴文化及民间文化,均受到了冲击。

(二)丧葬文化变革对纳西族音乐文化的影响

首先,新丧葬文化的实施,导致东巴祭司在丽江纳西族社会中的地位下降,同时使东巴音乐文化逐渐走向衰落。

从文献记载看,纳西族东巴作为纳西族的智者,他们有足够的智慧,也善于学习汉文化。但历代治理丽江的儒生流官视东巴文化为鄙陋,导致他们对东巴祭司也采取鄙视的态度,并剥夺东巴祭司考取功名的权利,如"塔城和文裕在清末曾考取'秀才',后被攻击为见识'牛头马面'字的巫师,终被革除功名。他愤而离乡北行,探索经典上祭祖的真实路线,最后落脚南山,传授经书,还用音字写了两本经书:《占卜起源经》和杨氏《祭祖经》,为音字的发展作出了重要贡献"①。和文裕就是有才华的纳西族东巴考取功名后被剥夺功名的典型例证。

在纳西族传统社会中,东巴具有纳西族音乐、舞蹈、绘画及东巴文的全面修养,是纳西族文化的重要传承者。东巴祭司正是通

①郭大烈:《关于东巴文化及其研究》,郭大烈、杨世光主编:《东巴文化论集》,云南人民出版社1985年版,第3页。

过传统纳西族社会中婚丧等人生礼仪及祭天等集体礼仪的执仪过程,将纳西族传统文化延续、传播开来,丧葬仪式等纳西族重要的人生礼仪,是东巴展示其"智者"才能的重要载体。

被强制改革后的纳西族丧葬仪式,从形式上看,传统以东巴祭司主持丧葬仪式为核心的火葬,被随汉文化传入而出现的汉族缁流、道士主持活动为主的土葬替代,这样,缁流、道士的地位逐步得到提高,东巴祭司的地位逐渐被边缘化。纳西族传统丧葬文化被强制性改革,其影响远不止形式上由火葬变为土葬。

本质上看,从火葬到土葬风俗的变革,使东巴丧失了进行艺术实践最为重要的场所,进而使东巴逐渐丧失了纳西族传统文化传承的机会。如上所述,东巴祭司常由集民歌手、舞者、画家等纳西族艺术家充当,在祭祀活动及丧葬等人生礼仪中执仪是他们艺术实践的重要载体,东巴祭司失去艺术实践的机会,使东巴文化的创作受到严重影响。以上综合原因,最终严重影响了纳西族文化载体东巴教文化的发展,使东巴文化逐渐走向衰落。

其次,新丧葬文化的实施,导致以《白沙细乐》为代表的纳西族传统音乐文化逐渐走向衰落。

《白沙细乐》是"改土归流"之前早已存在于纳西族社会的民间器乐曲,民间有许多演奏《白沙细乐》的乐队存在。乾隆《丽江府志略》云:"夷人各种皆有歌曲、跳跃、歌舞,乐工称'细乐'。筝、笛、琵琶诸器与汉制相同。其调亦有《叨叨令》、《一封书》、《寄生草》等名。相传为元人遗音。"①《丽江府志略》纂修于清乾隆八年

---

① [清]管学宣、万咸燕纂修:《丽江府志略》,《中国地方志集成·云南府县志辑》第 41 册,上海书店、巴蜀书社、江苏古籍出版社 2009 年版,第 252—253 页。

(1743)，这是至今发现直接提及《白沙细乐》的最早文献，由此可知，至迟在乾隆八年(1743)前，《白沙细乐》已经广泛流行于纳西族社会之中。

　　光绪二十一年(1895)成书的《丽江县志》载："小殓后，每逢七日或请缁流、道士诵经典，亲属各具酒食相奠馈，至葬乃止。及奠期，主人请乐工奏曲灵侧，名曰'细乐'，缠绵悱恻，哀伤动人。其发引也，亦以送亡。"[①]

　　从光绪二十一年(1895)间成书的《丽江县志》可以看到，《白沙细乐》已经成为汉化后纳西族丧葬仪式中的丧葬仪式音乐。当然，《白沙细乐》等纳西族传统礼乐之所以成为丧葬仪式音乐，同庙学释奠礼乐文化的传入也息息相关。

　　据杨福泉先生统计，"从改土归流到清末的180多年间，通过府学选考生员，推荐到京师的优贡3人，拔贡20余人，副榜10多人，考中举人60多名，进士7人；进士中因优于文学，被朝廷最高学术机构翰林院选为庶吉士的2人"[②]。"改土归流"后，在丽江出现的清代科举中获得功名的纳西族文人，逐步形成一个新兴纳西族文人阶层。由于科举制度的实施，文昌帝君在丽江纳西族社会中的地位得到广泛认可，纳西族各乡镇先后建立文昌宫，并普遍组建洞经会，谈演洞经音乐。清代的洞经音乐会有规定，有生员资格的人才能加入洞经会。近代的丽江洞经会，成员多为官绅、文人等，会长一般由当地最高行政长官或军事长官兼任。显然，洞经会俨然被以儒生为核心的纳西族社会新兴文人阶层所把持，

---

①光绪《丽江县志》，云南省图书馆藏本。
②杨福泉：《玉龙情殇——纳西族的殉情研究》，云南出版集团、云南人民出版社2008年版，第64页。

洞经音乐为代表的礼乐获得了较高的社会地位。与此同时，以《白沙细乐》为代表的纳西族传统音乐文化，与洞经会之间出现了冲突，不可避免，《白沙细乐》受到排挤，最终被迫走上汉化道路，成为丧葬音乐，并逐渐走向衰落。

　　"窝热热"是纳西族传统丧葬中重要的唱跳形式。它广泛流行于纳西族民间，并被记录于各类东巴经之中。丽江有些地方的纳西族也把这种歌舞称为"热美蹉"，据东巴经《热美蹉的来历经》记载，"窝热热"只能用于长辈过世后的丧葬仪式中。一般在非正常死亡的丧者仪式中是允许唱跳这种歌舞的。

　　"窝热热"有着热烈的歌舞艺术形式。"'窝热热'的唱跳少则数人，多则百众，通常无年龄性别的限制，男女老少均可参加。唱跳'窝热热'的整个队形，一般均以顺时针的方向始终。普遍情况是，开始时需由一位能出口成章的男子领诵，并且掌握整个歌舞速度的快慢"[1]。由于丧葬仪式的改革，"窝热热"这种传统的纳西族歌舞形式已经被改革出丧葬仪式，特别是远离了丽江经济文化中心大研镇，而主要存活于相对边远的大东、中甸三坝等地。丧葬仪式的改革使"窝热热"失去其存在的文化母体，逐渐走向衰落。

　　显然，释奠礼乐所代表之"礼"对纳西族丧葬文化的变革，是导致纳西族传统信仰东巴教音乐文化及民间音乐文化走向衰落的重要因素之一。

　　如果说丧葬文化的改革，仅仅体现出"改土归流"后"以夏变夷"政策对纳西族音乐文化的创伤的话，那么婚恋观冲突所体现

---

① 桑德诺瓦：《东巴音乐——唱诵象形文字典籍及其法事仪式的音声》，中央民族大学出版社 2010 年版，第 253 页。

的,则是释奠礼乐之"礼"文化对纳西族人和文化造成的双重
悲剧。

二、传统婚恋文化与释奠礼乐"礼"的冲突

清代以儒学为核心的汉文化在纳西族社会中的传播,其在
"礼"层面对纳西族社会汉化的要求,并未停留在丧葬文化领域,
更激烈的冲突体现在纳西族婚恋文化之中。

由于汉族文化与纳西族传统文化是基于不同历史和社会环
境而发展起来的,如纳西族学者杨福泉所言"纳西族的传统文化
是在更为接近自然的社会环境中发展起来的,自然朴野的色彩十
分浓厚,没有儒家礼教那种极度违反人性的强权束缚和制约"①。
两种性质迥异的文化碰撞,必然发生冲突。传承着一整套自然朴
野传统文化和道德伦理体系的纳西族,在面临强大的文化突变之
时,由于婚恋文化的巨大差异,产生了普遍的殉情悲剧,与此同
时,与纳西族婚恋风俗相联系的音乐及其他艺术文化也产生了
变迁。

(一)殉情悲剧的产生

释奠礼乐之"礼",其实质是儒学提倡之伦理。在中原政权更
迭的过程中,已经形成一整套完整、成熟的伦理体系。在历史长
河中形成的五礼,"嘉、吉、宾、军、凶"是历代中原政权在长期发展
中形成的、规范汉族社会的最重要的方面。儒家文化的传承,包
括释奠礼乐的传承,无一不是围绕着礼的范畴进行的。其目的在
于规范个人及社会的各个领域,形成伦理,便于统治者治理。婚

---

①杨福泉:《玉龙情殇——纳西族的殉情研究》,云南出版集团、云南人民出
　版社2008年版,第73页。

丧等人生礼仪作为治理个人及家庭的重要事项,在五礼中属于家礼的范畴,如婚礼就有一整套规范。"媒妁之言、父母之命"是其重要的特征。"指腹为婚""孩童订婚"等习俗也在"改土归流"后,随着"以夏变夷"传入丽江。

以儒学为核心的汉族婚恋观念在丽江的推行,以儒家"三纲五常"为核心对纳西族婚恋行为的强制性规范,导致纳西族中殉情悲剧的大量产生。

据光绪《云南通志稿》载:"滚崖之俗多出丽江府属的夷民,原因:未婚男女,野合有素,情浓胶漆,伉俪无缘,分袂难已,即私盟合葬,各新冠服,登悬岩之巅,尽日唱酬,饱餐酒肉,则雍容就死,携手结襟,同滚岩下,至粉骨碎身,肝脑涂地,固所愿也。"①

从文献记载可知,清代的丽江纳西族中,殉情悲剧多有发生。虽然从纳西族东巴经的记载看,纳西族及其先民较早就有殉情相关的记载,但大量殉情的产生,显然与清代以儒学为核心的汉族婚恋观念在丽江的推行相关。顾彼得是较早关注到纳西族殉情现象的西方学者之一。其上世纪二三十年代在丽江的见闻中,有许多关于纳西族殉情悲剧的记载。在其著作《被遗忘的王国》里有这样的论述:"依我看,在丽江,青年男女盟约殉情至少占自杀数的 80%,其次是婚后生活不幸的妇女,其余的属于其他原因。青年人中这样不寻常且惊人地盛行殉情,完全由于纳西族的婚姻制度所致。"②

---

① [清]王文邵修:《云南通志稿》,转引自和钟华、杨世光主编:《纳西族文学史》,四川民族出版社 1992 年版,第 357 页。
② [俄]顾彼得:《被遗忘的王国》,李茂春译,云南人民出版社 1992 年版,第 229 页。

艺术形式作为民族文化的载体,它的产生、发展、变迁,总是和一定人群的生活现实相联系,相匹配的。与纳西族传统自由婚恋习俗相适应,纳西族传统的民歌中,有大量反映自由婚恋的诗歌及其他艺术形式。而丽江纳西族中大量以殉情为主题歌唱形式的存在,显然与清代以来丽江大量出现的殉情现象有密切的关系。

(二)婚恋文化变革对纳西族音乐文化的影响

清代雍正时期丽江纳西族地区"改土归流"后,"以夏变夷"过程中纳西族婚恋变迁中殉情现象的产生,直接导致了以殉情为主题歌唱形式的产生,它们是纳西族从自由婚恋状态到被迫接受释奠礼乐之"礼"即儒教婚恋观的产物。

1. 殉情悲剧对纳西族民间音乐的影响

本书认为,纳西族民间以殉情为主要内容的歌唱形式的出现,是以儒学为核心的汉文化与传统纳西族婚恋观念冲突而产生的新的艺术形式。丽江纳西人称为"游奔"或"游务"。

有学者将这种艺术形式称为"殉情调",目前学界对殉情调的概念没有统一的界定。和云峰认为"'游奔'或'游务',汉语意为'殉情之典故'或'殉情调',东巴经书将此类民歌称作'瓷布尤布',汉语意思是'荐送鬼神'……在殉情调类别民歌中,最为重要的代表作有《殉情调》、《殉情》、《雾路游翠阁》"①。杨福泉则认为:"民间流行的'游悲'均为长诗形式……用'骨泣'调吟唱。'骨泣'有悲痛吟唱、吟诉悲苦、长歌当哭之意,这种吟唱调式与'游

---

① 和云峰:《纳西族音乐史》,中央音乐学院出版社2004年版,第158页。

悲'的悲苦内容十分吻合。"①

本书认为,殉情调是以纳西族传统民歌曲调,用纳西语演唱的与殉情内容有关的歌唱形式。从音乐上看,"谷凄"调是殉情调常采用的曲调类型之一。由于纳西族的"谷凄"②调因地域不同而音乐风格各异,所以殉情调的音乐风格也是多种多样的,殉情调的音乐特征也难以用统一的音乐风格将它们归纳成某种类型。

从东巴经的相关记载来看,纳西族表达悲伤情绪的传统吟唱形式"谷凄"很早就存在于纳西族社会之中。但由于东巴经对纳西族传统音乐的记载并无乐谱,所以现已很难追溯"谷凄"调的早期音乐形态。从上世纪八十年代末学者对"谷凄"调的研究看,音乐结构上"属带引子的二句结构。歌词属五言句,多以四句为段。衬词多采用嗯、喂、哎等,随感情需要选择"③。除此之外,"谷凄"在纳西族社会中的长期流传,出现了一些变异,如在《纳西族民间歌曲集成》中仅搜集到的"谷凄"调就包括"冷得儿谷凄""拉伯谷凄""咪拉搏谷凄""子谷凄"等多种类型。很显然,由于"谷凄"形式流传时间的久远,在纳西族西部地区流传过程中出现了多种变体。但就整体而言,"谷凄"调节奏徐缓自由,类似散板,音域在五度之间,曲调随语言声调而起伏变化,深沉含蓄、凄婉哀怨,从今天遗存"谷凄"调的音乐形态看,它显然适合表达悲伤的情绪,这

---

① 杨福泉:《玉龙情殇——纳西族的殉情研究》,云南出版集团、云南人民出版社 2008 年版,第 237 页。

② "谷凄"是纳西族对一种古歌形式的纳西语称谓,由于多数研究者采用汉字标注纳西语音的方式,又被记为"骨泣""谷泣""谷器",特此说明。

③ 寇邦平:《纳西族民间歌曲概述》,《纳西族民间歌曲集成》,云南民族出版社 1995 年版,第 15—16 页。

与殉情调的悲伤情绪显然相符。

由于时代的久远，殉情悲剧的消失，殉情调已经难以听到，学者收集的部分殉情调，在历史发展过程中可能有所变异，但通过这些殉情调，仍能够感受其悲凉的氛围。

谱例 5—1：《殉情调》①

由于殉情调采用的纳西族传统"谷凄"调在长期发展过程中出现了丰富的变体，各种变体音乐风格又体现了各自的地域风格及演唱特点，已经很难用统一的音乐风格描述出殉情调的音乐特点。本书认为，殉情调的特征主要体现在歌词内容上。

民国时期《中甸县志稿》是笔者目前见到的较早有关殉情调的明确文献记载，据民国二十八年（1939）《中甸县志稿》之《歌谣》载：

　　殉情曲，摩些男女最重恋爱，每因婚姻不称己意，辄于婚嫁之前，男女相偕入山，缢休自经或吞金仰药而自杀。之初，必相对唱曲，以自诉其痛苦，此曲摩挲语译文也：

　　（男）想起婚姻事，令人十二分抱怨，一心去访有情人，同

____

① 引自和云峰：《纳西族音乐史》，中央音乐学院出版社 2004 年版，第 158 页谱例 4。

了此生愿,悠悠望青天,何时能相会,不期忽见意中回,试问贤妹有何意?

（女）回溯妹境遇,比哥更苦十三倍,但愿同歌归乐土,不知乐土何处觅?

（男）未必真,也许真。一诺重千金,愿结深山伴,松桧作比邻,女生多外向,厌故而喜新。

（女）有泪无处挥,有情无处诉,听说吾家制妆奁,将我□□路与其。偷生不如死,免得生恐怖,哥若不见谅,当天先将心香柱。

（男）有情人既不休,携手向前去,快上雪山头,无蚊无蝇处,便是安乐窝,山腰开雪路,迳上莫停留,同了此生怨,乐土是崇阿。①

---

① 段绥兹纂修:《中甸县志稿·歌谣》,《中国地方志集成·云南府县志辑》第 83 册,上海书店、巴蜀书社、江苏古籍出版社 2009 年版,第 64 页。

谱例 5－2:《谷凄调》①

（竖笛独奏）

丽　江

（下略）

（记谱：寇邦平）

　　以上相关殉情调的文献记载说明,殉情调的产生是"每因婚姻不称己意,辄于婚嫁之前,男女相偕入山,猥休自经或吞金仰药,而自杀之初,必相对唱曲,以自诉其痛苦",殉情调是纳西族人殉情悲剧的伴生艺术形式,是一种为了爱情而宁愿放弃生命的悲歌。

　　除此之外,《纳西族文学史》中,也收录了许多以殉情为主题

---

①转引自和云峰:《纳西族音乐史》,中央音乐学院出版社 2004 年版,第 306 页谱例 37。

的歌唱形式的歌词：

殉情调 1.

女：小妹刚生下，美人走进门。镯子遮妈眼，白酒迷爹心。一笑三点头，为我定下亲。冷水不值钱，妹身贱如水。日日想苦情，眼泪湿衣襟。

男：我才两三岁，父母请了人，到家来算命，属龙乃小子，应配属狗的。爹妈细盘算，为我定下亲。谁家属狗女，从来不认识，怎么成一家，怎么过一生！

殉情调 2.

女：心爱的哥哥，妹是无能人，只有一张嘴，没有两颗心。生时和睦过，死时也不分。

男：有情的妹妹，丢石头给哥，哥会当白银。丢黄土给哥，哥会当黄金。歌心挂着妹，永远不变心。①

游悲 3.

　　到了第九天，人随明星起。左手拿铜瓢，右手提木桶。走到家门口，河中汲清水。想想从此后，再也不复归。清水反手舀，门前顿三顿。

　　回家舀白米，清水来淘洗。煮好白米饭，悲声喊双亲："阿妈请起床，阿爹也请起。"碗盛的米饭，双手向妈递：母女将长别，阿妈哪里知！转身又盛饭，双手敬阿爹：阿爹接过碗，哪知女儿事。满眼泪别离，差点落下来。②

---

① 和钟华、杨世光主编：《纳西族文学史》，四川民族出版社 1992 年版，第 353—359 页。

② 和钟华、杨世光主编：《纳西族文学史》，四川民族出版社 1992 年版，第 356—357 页。

除此之外，还有和时杰翻译的殉情内容的《游悲》歌诗：

　　妹去掷海贝，海贝掷三次，一次一对黑，妹要卖他方。掷
的第二次，一白又一黑，哥和妹相爱，成家有阻隔。小妹多伤
心，从头许心愿。三次掷黑白，掷出一对白："云散太阳出，云
散月亮出，两人要成对，要到游翠阁。"白地出东巴，替人求福
气。怀着虔诚心，还要到白地。哥和妹两个，不怕山阻隔，不
怕路遥远，一道去白地。爬山又过江，来到东巴家，献上大公
鸡，献上虔诚心。东巴杀了鸡，杀鸡请神降；东巴得神旨，讲
起竹片卜："金色的太阳，被饶①吃掉了，能干的哥哥，就被狼
追着了。雪山梅花鹿，被猎神圈掉了，好心的妹妹，受婆家折
磨。哥哥和妹妹，若要免灾祸，想要求福泽，要去游翠阁。"②

　　从大量以口头形式遗存的"游悲"歌诗的文学形式看，其以长
短句为主，男女互诉是其主要的形式，歌诗的存在形式决定了殉
情调的演唱形式，以二人对唱为主，是用纳西语进行演唱的。严
格意义上，纳西族"谷凄"调不仅意味着一种歌种，而且意味着一
种特殊的歌唱方法。笔者虽未曾听到过殉情调的演唱，但幼时曾
听过民间歌手演唱"谷凄"，即时唱数小时乃至通宵达旦，听者也
不会感到厌倦。殉情调在音调上借鉴了"谷凄"形式的同时，自然
也将其歌唱方法融于殉情调中。

　　总之，殉情调在歌词内容上，以各种主题的殉情歌诗为主，音
乐上则借鉴纳西族传统歌种"骨凄"为基本曲调，演唱方式则以二

---

① 饶：纳西语，凶星之名。
② 和时杰译：《游悲》节选，《山茶》1985 年第 1 期。转引自杨福泉：《玉龙情
　殇——纳西族的殉情研究》，云南出版集团、云南人民出版社 2008 年版，
　第 240 页。

人对唱为主,以上殉情调曲调和歌词上所具有的多样性特征,使殉情调的演唱具有强烈的艺术感染力。笔者认为殉情调实质上是一类以纳西族语演唱,以各种殉情为主要内容,音乐以西部纳西族传统"谷凄"调及其变体为主的一种特殊歌唱方式。

2.殉情对东巴教音乐文化的影响

殉情作为纳西族因文化变化而广泛产生的悲剧,在对纳西族民间音乐文化产生影响的同时,对纳西族本土宗教及其音乐文化也产生了重要影响。

由殉情导致的纳西族东巴祭祀仪式功能的转型是其对东巴教文化产生的影响之一。

祭风仪式是东巴教中重要的仪式。纳西语音译为"核拉类寇",其仪式功能本为祭祀自然之神风的仪式,随着殉情悲剧的大量产生,"大祭风"的仪式功能出现了转型。"核拉类寇"即"大祭风"成为专门祭祀殉情者的东巴仪式,与此同时,东巴祭司创造了数以百计的用于该仪式的东巴经。

东巴教中,有着丰富的仪式及相关的仪式文化。"大祭风"仪式是其中几个大型祭祀仪式之一。最初,大祭风仪式主要用来超度非正常死亡的灵魂。随着儒学的传入,儒学观念的深入,殉情之风在丽江纳西族中蔓延开来,随着丽江纳西族中殉情悲剧的不断发生,"大祭风"仪式的功能出现了转变。这个用来超度非正常死亡的灵魂的仪式,逐渐演化成主要为殉情者举行的超度仪式,仪式的内容与殉情现象联系得更加紧密。如由于殉情悲剧的产生,东巴教的鬼魂崇拜多了一项重要内容,情死鬼和风鬼大量进入东巴祭坛。与此同时,东巴教的神坛也产生了专门"镇压殉情鬼"的神,由此,"核拉类寇"仪式功能出现了转变,"核拉类寇"即"大祭风"成为专门祭祀殉情者的大型仪式。

　　东巴是大祭风仪式的祭司,"大祭风"也成为东巴显示其综合艺术才能的重要仪式。据学者研究,大祭风仪式需要充足的物质准备,"需要咏诵 120 多本东巴经,制作 90 多张木牌画,所用的牺牲是 2 头肥猪、2 头绵羊、2 头山羊、6 只鸡,要用 300 多斤粮食"。而"一些家境贫寒的家庭也举行小祭风仪式,小祭风仪式所用的牺牲和经书等比大祭风仪式要少得多"①。

　　与此同时,殉情导致了纳西族东巴祭祀仪式中相关经书、唱腔等的大量产生。

　　由于大祭风所需要吟诵的经书达到一百多本,这个仪式可以看作是以东巴祭司吟诵经书、以吟诵经书活动贯穿其中的音乐仪式活动。虽然诵经内容很多,但该仪式中比较具有代表性的吟诵唱腔有《鲁班鲁饶》《雾路游翠阁》《达拉乌莎米》等。虽然由于各地东巴在唱诵时所吟唱的曲调与内容会有所不同,但其主要的曲调及内容基本是一致的。

　　纳西族殉情悲剧《鲁班鲁饶》作为祭风仪式中重要的唱诵内容,以其丰富、复杂的内涵和强烈的艺术感染力,最后甚至成为导致殉情的因素之一。过去,在丽江各地都发生过这样的事情,往往一次大的吟唱《鲁班鲁饶》和《游悲》后,便会有恋人去殉情。以至于"民国元年,(丽江)地方政府明令禁止东巴举行'哈拉里肯'仪式和咏诵《鲁班鲁饶》等描述殉情悲剧的东巴经"②。甚至西方学者洛克和顾彼得也把东巴祭司传扬《鲁班鲁饶》视为纳西族殉

①杨福泉:《玉龙情殇——纳西族的殉情研究》,云南出版集团、云南人民出版社 2008 年版,第 154 页。
②杨福泉:《玉龙情殇——纳西族的殉情研究》,云南出版集团、云南人民出版社 2008 年版,第 170 页。

情悲剧出现的原因。

由于殉情悲剧的广泛出现，东巴教之大祭风仪式的功能也出现了转变。与此同时，产生了以殉情为核心主题的一系列经书、唱腔及相关艺术形式。殉情者用其生命创造并丰富了东巴文化，殉情相关的艺术是纳西族人用生命谱写的艺术。

综述之，"改土归流"后，随着包括释奠礼乐在内的以儒学为核心的汉文化在丽江纳西族社会中的传承，释奠礼乐代表的儒学之"礼"层面与纳西族传统婚恋文化的矛盾，导致了丽江受汉文化影响较深的地域纳西族殉情悲剧广泛出现。艺术形式作为民族文化的载体，其发生、演变与各种社会现象密切相关。殉情悲剧对纳西族的民俗音乐及本土宗教音乐文化均产生了重要影响。民间以殉情为主要内容的演唱形式的出现是其对民间音乐产生影响的典型例证。与此同时，东巴教传统大祭风仪式的仪式功能出现转变，并产生了以殉情为核心主题的一系列经书及东巴艺术形式。殉情者用其生命创造并丰富了纳西族民间音乐文化及东巴文化，殉情相关的艺术是纳西族人用生命谱写的艺术，也是纳西人对抗释奠礼乐提倡之"礼"层面而产生的新的艺术形式。

谱例 5－3:《鲁班鲁饶》①

唱授：和开祥
记谱、译词、配歌：和云峰

---

①转引自和云峰:《纳西族音乐史》,中央音乐学院出版社 2004 年版,第 364 页。

第四节　释奠礼乐对丽江洞
经音乐文化的影响

清代释奠礼乐与纳西族传统丧葬文化及传统婚恋文化间激烈的冲突,导致纳西族传统乐文化出现文化变迁,这种文化变迁也影响到了丽江洞经音乐文化。本书认为,与清代释奠礼乐在大理地区及临安地区对洞经音乐儒化的影响不同,释奠礼乐对洞经音乐产生的影响主要是使儒学礼乐观在丽江纳西族儒生中得到传承,由此,儒生在接受释奠礼乐的同时接受了自云南儒学核心区儒化后传入的洞经音乐。

一、丽江洞经音乐历史述考

洞经音乐是明清时期随道教传入丽江纳西族社会的汉族音乐文化之一。由于缺乏有力的文献记载或实物的证据,学界对丽江洞经音乐传入的年代并无定论。丽江民间则有多种洞经音乐文化源流的传说。

据和云峰研究,丽江民间关于洞经音乐传入时间的传说主要有:"三国时期孔明携入说、南诏传入说、元代乐工落籍说、明代移民植入说、明代宫廷真传说,及改土归流说。"[1]以上相关丽江洞经音乐文化流源的多种传说,虽然当中不乏附会或夸大的成分,但多种传说的存在,已经说明洞经音乐文化在丽江纳西族中流传之久远、影响之深厚。和云峰则认为"洞经音乐传入纳西族中的

---

[1] 和云峰:《纳西族音乐史》,中央音乐学院出版社 2004 年版,第 145—147 页。

年限当在清顺治 7 年(1650 年)前后"①。

本书认为赵银棠"改土归流说"更为可信。

如本书在上文所述,"改土归流"是丽江纳西族社会汉文化传承的一个分水岭。丽江的"改土归流"自雍正元年(1723)实施。从云南洞经音乐文化发展的整体情况看,此时期大理、临安地区的洞经会由于文人的把持,已经使本地区源自道教的洞经音乐文化逐步儒化。"改土归流"的实施,消除了木氏土司一直以来设置的丽江纳西族地区与云南其他地区文化交流的障碍,为在云南其他儒学发达地区已经逐步实现儒化的洞经音乐传入丽江铺平了道路。

本书认为,虽然文献记载及历史遗迹证明,道教最迟在明代中叶已经传入丽江,道教音乐也有可能随之传入,但"改土归流"前传入丽江的道教音乐,其实现儒化进而演变为脱离道教母体文化并发展成为具有儒学礼乐性质的洞经音乐的可能性较小。

从文献记载看,道教最迟在明代中叶传到丽江。据乾隆《丽江府志略》载:"蓟羽士,不传其名,明正德间至丽,爱玉龙山,遂栖焉。日写《黄庭经》数章,浑忘身世事,所居室,常见紫气缭绕,野鹤成群,驯服阶前不去。木公赠诗,有'山阴雨雪归来夜,玉杖霞群引凤凰'之句。问其年,不言几甲子,寻复飘然他往。周月泉,明嘉靖间,携一鹤入芝山,称来自终南,丰肌美冉,黄冠羽衣,料事多奇中,纵口谈丹术,笔墨间喜谈幻渺之说,杨慎每寓言规之。居数载,辞去。"②从以上文献可知,明代已经有道士居于丽江,蓟羽

---

① 和云峰:《纳西族音乐史》,中央音乐学院出版社 2004 年版,第 151 页。
② [清]管学宣、万咸燕纂修:《丽江府志略》,《中国地方志集成·云南府县志辑》第 41 册,上海书店、巴蜀书社、江苏古籍出版社 2009 年版,第 220 页。

士、周月泉就是明代曾旅居于丽江的内地道士。

又有文献云"丽府木公讳增，字生白，道号雪山道人。恭揽玄微，藏儒书，甚为敬重。延请杨园庭训，饬侄重丽赍持香资，前赴武当山太和宫，迎请真武圣像，至丽安放于崖脚大院。时杨园、生白二人亦在院内礼颂皇经，恭传道妙，日夜不敢懈怠，（杨）自号光道真人"①。

以上文献证明，明代的丽江纳西族社会，道教文化在木氏统治集团内部及民间都有所传播。其中明正德年间蓟羽士已经"日写《黄庭经》数章"，道教经籍《黄庭经》显然在正德年间已经传入丽江。而"时杨园、生白二人亦在院内礼颂皇经，恭传道妙，日夜不敢懈怠"的记载说明，道教音乐文化也有可能随道教一起传入丽江。与元明以来儒学已经在丽江得到传播，但并未深入纳西族民间的情况相似，明代丽江道教文化就其传播的范围看，仍然局限于木氏统治阶级上层。

由于木氏土司对汉文化的垄断，明代丽江的道教音乐文化以及儒学仅限于在土司阶层传播，这种状况导致清代"改土归流"之前传入丽江的道教音乐文化通过木氏土司内部实现儒化，并发展成为丽江洞经音乐文化的可能性极小。所以赵银棠之《玉龙旧话》载："丽江有黄经、洞经两会，均以音乐配合经文唱奏。音乐高雅，情调谐适。两会历史，始自改土归流之际。而牛琴、马笛、习筝称为三绝。"②当是符合丽江洞经音乐文化发展的史实的。"改

---

① 年建生：《再访崖脚村》，《丽江报》2000 年 10 月 17 日。转引自杨福泉：《纳西族文化史论》，云南大学出版社 2006 年版，第 226 页。

② 赵银棠：《玉龙旧话》，转引自和云峰：《纳西族音乐史》，中央音乐学院出版社 2004 年版，第 147 页。

土归流"之后的丽江纳西族社会,庙学建立,儒学广泛传播,丽江纳西族地区儒生阶层逐步出现,才有可能出现洞经会组织。

二、洞经音乐的"纳西化"

如果说清代临安地区和大理地区释奠礼乐的传承对云南本土文化的影响主要体现在对源自道教文化母体的洞经音乐文化的儒化上的话,丽江释奠礼乐对洞经音乐文化的影响则主要体现为纳西族儒生对儒化洞经音乐的接受,并完成对儒化洞经音乐的"纳西化"即少数民族化。

（1）儒学传播与释奠礼乐传承

清朝康熙三十六年（1697）,孔子第 66 代孙孔兴询到丽江任流官通判。他看到丽江仍然没有庙学,于是请求土司在丽江建立庙学,开展儒学教育。

康熙三十九年（1700）丽江府设儒学署,置教授、训导各一名,掌管丽江府学务及学署教学,开创了平民子弟入学之先河。康熙四十九年（1710）,玉河书院建成。清康熙时期,庙学的建立、玉河书院的落成,为儒学在丽江纳西族社会中广泛传播奠定了基础。

康熙时期,孔兴询作为孔圣后裔,在丽江大兴儒学。丽江庙学建成之初,释奠礼乐的传播盛况可想而知。

清雍正年开始,清政府在西南少数民族地区进行大规模的"改土归流",实行与内地相同的政权体制。丽江于雍正元年（1743）实施"改土归流",木氏土司被降为通判,其在丽江纳西族社会中的影响受到削弱,与此同时,纳西族地区以儒学为核心的汉文化传播进入了快速发展时期。

乾隆年间,是丽江纳西族儒学发展较快的时期。乾隆年间提学蔡嵩言:"余视学至叶榆,丽人士争来就试,阅其文,清恬醇谨,与滇西诸邑不相上下。"①乾隆时期丽江知府杨馝在《雪山书院记》中载:"适岁试,列优等者五人,补弟子员者六人,学使中峰蔡公称:'其文深醇典丽,与滇西诸郡邑埒。'"②以上文献记载表明,丽江自康熙三十六年(1697)创立庙学至乾隆初年,经历半个世纪的建设,儒学教育已经取得一定的成效。

乾隆时期,就全国的情况看,是清政府大兴礼乐的时期。乾隆八年(1743),清政府颁布了直省专用的春秋丁祭乐章,并在全国范围内大力推广。丽江此时期亦是释奠礼乐得到进一步传播的重要时期。在释奠礼乐传入的同时,乾隆时期也是其他云南本土及外省汉族音乐文化传入的重要时期。从乾隆八年(1743)撰《丽江府志略》的文献记载看:"夷人各种,皆有歌曲、跳跃、歌舞、乐工、称细乐,筝、笛、琵琶诸器与汉制同,其调有《叨叨令》、《一封书》、《寄生草》等名。相传为元人遗音。"③从文献对"筝、笛、琵琶诸器与汉制同"的记载看,乾隆时期,除释奠礼乐所配置的乐器之外,汉族的其他乐器已经传入丽江。其时演奏的曲调《叨叨令》、《一封书》、《寄生草》等名。相传为元人遗音"的记载,可知《叨叨令》《一封书》《寄生草》的传入,已经有一定的时间了。筝、笛、琵琶等乐器在丽江当时传播的《叨叨令》《一封书》《寄生草》等曲牌

①[清]蔡嵩:《雪山书院记并铭》,管学宣、万咸燕纂修:《丽江府志略》,《中国地方志集成·云南府县志辑》第41册,上海书店、巴蜀书社、江苏古籍出版社2009年版,第323页。
②[清]杨馝:《雪山书院记》,管学宣、万咸燕纂修:《丽江府志略》,《中国地方志集成·云南府县志辑》第41册,上海书店、巴蜀书社、江苏古籍出版社2009年版,第321页。
③管学宣、万咸燕纂修:《丽江府志略》,《中国地方志集成·云南府县志辑》第41册,上海书店、巴蜀书社、江苏古籍出版社2009年版,第252—253页。

中进行演奏。

随着释奠礼乐在丽江的广泛传承,汉族传统器乐文化中演奏方法、工尺谱等通过庙学教育,在纳西族社会中得到普及,其歌唱方式也通过对汉语的掌握逐步被认可,随着对释奠礼乐的熟悉、认可,儒学礼乐观念也逐渐得到纳西族儒生的认可。释奠礼乐在清代丽江纳西族社会的传承,无疑为其他汉族音乐品种在丽江的传播奠定了基础。释奠礼乐与民间汉族音乐在此时期大量传入丽江纳西族社会,并对纳西族音乐文化的发展变迁产生了重要影响。

(2)洞经音乐的"纳西化"

洞经音乐文化自明清时期已经在云南广泛流传。从对遗存的丽江洞经音乐与大理地区、临安地区的洞经音乐相比较可知,丽江洞经音乐文化最突出的特征就是纳西化。

由于释奠礼乐的强势传入及科举在云南的广泛实施,云南各地新兴的儒生阶层逐渐把持了各地洞经会,并使洞经会谈演之洞经音乐逐步从其仪式、经籍等方面出现儒化倾向,最终出现禁止道士参与等洞经会规。从云南洞经经籍中典型儒化经籍的分布情况看,其传播的范围主要集中于大理、临安、昆明、楚雄等儒学更为发达的地区。就笔者所见《宏儒经》《孔子真经》的遗存地看,《宏儒经》源自楚雄禄丰何家营,《孔教真理》则源自今建水县,结合张兴荣上世纪对云南省洞经会的调查,本书认为,这与明代、清代以来以上地区滇人儒学著述的大量涌现是息息相关的,洞经音乐在清代的进一步儒化很有可能在儒学核心区即大理地区、临安地区完成,这从大理地区遗存的部分文献中也可得知,大理洞经文化的儒化,自明代已经开始,临安地区释奠礼乐在明代就已经有郡人徐澜对之进行厘正,大理地区及临安地区明代儒学的高度发展，使以上地区的洞经会更具使洞经音乐儒化的条件。

随着庙学在丽江的建立，汉文化逐渐在丽江得到传播，丽江纳西族中逐步产生的儒生在释奠礼乐传承过程中逐步接受了儒学礼乐观念，也逐步接受了儒化后的洞经音乐。

康熙及乾隆时期释奠礼乐在丽江庙学的广泛传播，使儒学礼乐观在快速增长的纳西族儒生中逐步得到认可。释奠礼乐对汉族乐器、乐谱的学习，使纳西族儒生对清代先后传入丽江的已经出现儒化的洞经音乐、未实现儒化的道教音乐及其他汉族音乐文化的认可、传播起到了积极的作用。

如果说清代释奠礼乐在大理及临安地区的影响，集中体现在对以上地区洞经音乐文化的儒化的话，释奠礼乐在丽江的传承，其影响则在于使纳西族新兴文人阶层通过释奠礼乐接受儒学礼乐观念，进而接受儒化的洞经音乐文化，并对儒化洞经音乐文化实施"纳西化"。因而今天遗存的丽江洞经音乐文化，与其他地区洞经音乐相比，更多地体现出浓郁的纳西化特点。

从音乐特点看，丽江地区洞经音乐旋律的纳西化风格，是其鲜明的民族特点之一。其中洞经音乐旋律中纳西族独特"颤音"的使用，又是其民族特色中最为明显的特征之一。这种源于纳西族之民歌"谷凄"的颤音，正是"纳西族音乐的灵魂，它充分纳入了纳西族人的情感和气质"[1]。

纳西族特色乐器的使用，是当今遗存的纳西族洞经音乐文化的另一个特点。苏古笃在丽江洞经音乐中的使用，及其采用"每音必滑[2]"的特殊演奏技巧，波波等纳西族民间乐器的使用，使丽

---

① 和云峰:《纳西族音乐史》,中央音乐学院出版社 2004 年版,第 194 页。
② 和云峰:《纳西族音乐史》,中央音乐学院出版社 2004 年版,第 194 页。

江洞经音乐从音响效果上整体体现出明显的"纳西化"风格。

丽江洞经音乐文化的纳西族化的音乐风格,就其与多源性的经腔、大乐、细乐曲牌的巧妙、成熟的结合方式看,不可能是短时间内文化结合的产物,相反,当是在长期的历史发展过程中逐步形成的。

由于清代及民国时期丽江相关洞经音乐文献记载的缺乏,后人对洞经音乐在清代及民国时期的音乐特征已不得而知。上世纪六十年代对丽江洞经音乐的调查结果,为认识丽江洞经音乐之音乐特征提供了部分史料。从调查结果看,上世纪六十年代丽江遗存之洞经音乐纳西化特征是十分明显的,"如同样的一调水龙吟,丽江、大理两地,在速度的快慢之间,就有很大区别。丽江地区常常把纳西族民歌中特有的润腔方法使用到演奏中去,便形成了特殊的风格色彩"①。虽然六十年代的调查,丽江洞经音乐与清代的洞经音乐可能发生了许多变化,但纳西族中润腔作为其音乐中的重要因素,从纳西族传统东巴经之东巴文字中歌唱等字样的形态来看,其波音式颤音是其民歌中稳定的民族音乐之特征,这种音乐特征在洞经音乐中当是纳西人在洞经音乐谈演过程中,主动加入的。

丽江洞经音乐中纳西族音乐特点的形成,必然经历了较长的历史发展历程。根据相关史料并结合丽江纳西族社会变迁之历史状况,笔者推测,丽江洞经音乐文化之民族化过程,极有可能始于清代。

在遗存的丽江洞经音乐文化中,有一篇谈演赞颂纳西族保护

---

① 云南省宋词乐调调查组:《洞经音乐调查记》附录一《洞经经腔唱词举例》,《民族音乐》1983年第2期。

神三朵的诰文《北岳诰文》,这篇诰文出现在丽江信士李绍源抄写的洞经经籍中,这套经书抄写于清光绪二十八年(1902),现将诰文摘录于后:

> 志心皈命礼。玉峰得道,雪岭成神。镇朔方之上镜,居石龙之宝座。昭武威于木室,荫德惠于丽阳。八月初十以诞降,九月九日以飞升。神明不测,灵应难言,气冲霄汉,力搏龙虎。现白袍而助阵,秉火剑以斩妖。韦陀化身,皈依佛法。北偶安位,泽荫九泉,生初具先天之气,殁后镇雪岭之神。功显而晦,名昭乃隐。一丽用赖乎扶持,万姓咸沾夫惠泽。有感即应,无愿不通。安邦御患,保境除灾。神行风起雨至,灵降电闪雷鸣。心同冰雪,明德惟馨。性似风火,妖孽斩除。至灵至应,至刚至勇。佛赐金号,果难菩萨。三圣保奏,金阙锡衔。
>
> 敕封丽阳镇守山河,伏魔降精,大圣雪石北岳安邦景帝。①

清末丽江洞经音乐文化发展过程中,《北岳诰文》的出现,也是洞经音乐文化纳西化的体现。从传统洞经音乐文化所信奉的神祇看,包括了道教、佛教及儒教的神祇,丽江洞经音乐文化中,纳西族保护神"三朵"的加入,体现了纳西族儒生在接受儒化洞经音乐文化过程中,对本民族文化的反思。纳西族作为极具创造力与想象力的民族,在接受儒学礼乐的同时,创造性地将本民族的保护神纳入洞经音乐谈演的范畴,以纳西风格浓郁的洞经音乐,歌颂着本民族的保护神,实现了儒学文化与纳西族传统文化的融

---

① 详见清光绪二十八年(1902)丽江信士李绍源洞经抄录本(五卷),现藏丽江图书馆。

合的同时,也丰富了云南洞经音乐文化的内涵。

丽江洞经音乐文化中旋律特征、乐器音响等音乐层面的纳西化,及纳西族保护神"三朵"的加入使洞经音乐"礼"层面的纳西族化倾向,构成了丽江洞经音乐文化的整体纳西化特征。

(3)洞经音乐文化纳西化成因

晚清,随着清代社会的变迁、科举制度的废除,庙学教育逐渐被西学代替,清代释奠礼乐存在的坚实社会基础已经摇摇欲坠,丽江纳西族社会中释奠礼乐也逐渐走向衰落。晚清时期丽江纳西族社会的历史现状,奠定了丽江洞经音乐文化民族化的社会基础。

康熙时期庙学建立、雍正时期释奠礼乐的广泛传播,使纳西族文人阶层的数量迅速增加。在云南儒学传播核心区经过儒化后的洞经音乐也逐步传入丽江纳西族社会,儒化后的洞经音乐既有儒学礼乐的雅致,又不失民间音乐的活泼,在丽江也得到清代纳西族文人的热爱。据丽江大研古乐会名录《永保平安序》载:"永保平安,希帝君之佑也,溯其集会所始无可悉。惟清嘉庆丙寅先辈重加整理,虔办四季会,道咸间遭回乱,会中礼器多散失,及同治乱平,全杖先达诸公维持复兴,仍完成之。"①在丽江纳西族社会中,清嘉庆年间已经出现洞经会组织四季会,清嘉庆丙寅年(1806),丽江洞经会曾整理相关的洞经会资料。这印证了笔者洞经音乐文化在异地完成儒化的设想。

丽江清代嘉庆年间四季会洞经会的建立,体现出洞经音乐在丽江文人中的流行程度。

---

① 和庚吉:《永保平安序》,丽江地区档案馆资料《永保平安》,转引自和云峰:《纳西族音乐史》,中央音乐学院出版社 2004 年版,第 221 页。

　　本书认为,洞经音乐在丽江的纳西化现象,是释奠礼乐在丽江传统音乐文化中融合的产物,显然这种融合有别于大理地区及临安地区。

　　首先,释奠礼乐在丽江的传承,是洞经音乐在丽江获得广泛传承并建立洞经会的基础。

　　文献记载表明,明代已经有道教音乐传入丽江,但由于其传承范围局限于木氏土司内部,显然,洞经音乐在木氏土司内部获得儒化的可能性较小。清代庙学的建立,才使包括释奠礼乐在内的以儒学为核心的汉文化在丽江得到广泛传播,纳西文人在逐步接受释奠礼乐的同时,也接受了儒学礼乐观,随着释奠礼乐中汉族歌唱形式的出现,各种汉族传统器乐及工尺谱的学习,使逐渐成长的丽江纳西族儒生阶层,从观念上及器乐技能及歌唱能力等方面均具备了接受已经逐步儒化的洞经音乐的条件。

　　其次,释奠礼乐之"礼"与纳西族传统音乐文化的冲突是洞经音乐在丽江纳西化的直接动力。

　　由释奠礼乐之"礼"与传统丧葬文化间及婚恋文化间的剧烈冲突而导致的纳西族传统音乐的衰落及殉情悲剧的广泛发生,使纳西族传统的民族文化意识在新兴的纳西族文人中得到反思,并对洞经音乐文化进行了"纳西化"的改造,使源于汉文化的洞经音乐在音乐风格上,体现出浓郁的纳西族音乐风格,这种改造在满足了新兴的纳西族文人崇尚儒学礼乐的需求的同时,也使纳西族文人的母体文化及审美意识得到了充分的表达,这种改革显然是释奠礼乐与纳西族传统音乐文化融合的结果,亦是纳西族音乐文化对儒化洞经音乐的纳西族化结果,其本质是纳西族音乐文化对儒学礼乐的少数民族化。

　　总之,释奠礼乐在丽江纳西族传统文化中的冲突与融合,在对纳西族音乐文化产生深远的影响的同时,也导致了洞经音乐的纳西化,其实质为纳西族音乐文化对儒学礼乐的少数民族化。

小　结

本章中,笔者对影响清代释奠礼乐传承的两个重要因素——清代之前丽江纳西族汉文化传播情况及纳西族传统音乐文化及特征进行了梳理,在此基础上以丧葬文化及婚恋传统为焦点分析了清代释奠礼乐在丽江传承过程中与本土文化的冲突及对纳西族传统音乐文化的影响,并得出以下几点认识:

一、至雍正元年(1723)"改土归流"前丽江纳西族地区汉文化积累十分有限,与同时期滇南临安、滇西大理地区相比,仍然有较大差异。木氏土司对汉文化普及的消极态度,是造成"改土归流"前纳西族整体汉文化程度不高的主要原因之一。

二、在长期的历史发展过程中,纳西族传统音乐文化已经发展成为系统、成熟的纳西族音乐文化体系,这个文化体系的特点是信仰音乐文化与民间音乐文化有着密切的关系,直至清代前期,纳西族传统音乐文化与藏文化体现出比其他民族更深的渊源关系。

三、清代丽江纳西族社会中包括音乐文化在内的传统文化体系所具有的民族性特征及纳西族社会整体汉文化程度不高的情况,导致清代释奠礼乐与本土文化出现部分融合的同时,更多地表现为激烈的文化冲突,这种冲突集中表现在释奠礼乐之"礼"与丧葬文化及婚恋文化之间,导致了纳西族本土东巴音乐文化的逐渐衰落,并对纳西族传统音乐文化产生深远的影响。

四、清代新兴的纳西族文人阶层,通过释奠礼乐接受了儒学礼乐观,并接受已逐步儒化的洞经音乐,进而对洞经音乐文化进行了"纳西化"的改造,丽江洞经音乐出现的"纳西化"倾向,其实质为儒学礼乐在丽江纳西族社会中的少数民族化。释奠礼乐在丽江的传承,是洞经音乐在丽江获得广泛传承并建立洞经会的基础,释奠礼乐之"礼"与纳西族传统音乐文化的冲突是洞经音乐在丽江纳西化的直接动力。

第六章　释奠礼乐在云南的变迁

随着清政府对云南社会文化控制力的加强，清代释奠礼乐在云南的传承宏观上得到了庙学制度及科举制度的大力配合，微观上得到了经济、人员及场地等方面的保障，由此进入释奠礼乐传承的崭新时期。整体而言，云南释奠礼乐的传承与两个主要因素密切相关：一为各地区包括音乐文化在内的传统文化体系，二为各地区汉文化的积累程度。直至清代，云南各地历史上形成的以上两种因素，仍然存在较大差异，造成释奠礼乐对不同地域、不同族群传统音乐文化产生多样化的影响，释奠礼乐所代表的儒学礼乐文化自身也出现了多样性的文化变迁。学界目前对清代释奠礼乐所代表的儒学礼乐文化在云南社会中的多样性发展鲜有涉足，对笔者研究而言其困难同样不言而喻，但也为笔者研究提供了空间。

本章中，笔者拟对释奠礼乐影响下清代大理、临安及丽江地区洞经音乐发展的不同状况作梳理总结，探究清代释奠礼乐影响下洞经音乐多样性发展的本质及成因，得出清代释奠礼乐影响下大理、临安及丽江地区洞经音乐的儒化及少数民族化发展实质为儒学礼乐在云南的多样化变迁的结论，并探析清代释奠礼乐影响下洞经音乐多样性及独立化发展对儒学礼乐及云南音乐文化发展的影响及意义。

第一节　清代释奠礼乐影响下洞经音乐的多样性发展

清代释奠礼乐在大理、临安及丽江地区的融合及变迁情况表明，虽然清代释奠礼乐在以上地区与本土文化间出现了或融合或冲突的现象，但释奠礼乐传承过程中对各地洞经音乐均产生了深入的影响是清代释奠礼乐传承中共同的特征。

具体而言，清代释奠礼乐影响下，大理地区及临安地区洞经音乐产生了"儒化"，而丽江洞经音乐则产生了"纳西化"。以上释奠礼乐影响下洞经音乐的变迁是多样性的，这种多样性特征既与以上三地汉文化积累的程度密切相关，又与各地包括传统音乐文化在内的地方文化体系的丰富多样性密切相关。

一、大理洞经音乐的"儒化"

清代释奠礼乐在大理地区的传承，无论从"礼"层面还是从"乐"层面更多体现出两者间的深度融合，这种深度融合在大理洞经音乐中则集中表现为"儒化"。

总体状况看，释奠礼乐与洞经音乐间的相似性，是大理洞经音乐出现"儒化"的特征之一。

从音乐层面看，首先，释奠礼乐之《三通鼓》与大理洞经音乐曲牌《三通鼓》的存在，是清代释奠礼乐与洞经音乐间密切关系的证明。虽然有学者认为"各地洞经会谈经开始时击奏的《三通鼓》与同行全国的吹打乐曲前奏有联系"[1]，但本书认为云南洞经音

---

[1] 张兴荣：《云南洞经文化——儒道释三教的复合性文化》，云南教育出版社1998年版，第229—230页。

乐中普遍存在的《三通鼓》,受到清代释奠礼乐《三通鼓》影响的可能性更大,对此笔者在第二章第四节有详细论述,在此不赘述。

如本书第三章第三节《清代释奠礼乐对大理音乐文化的影响》所述,现存大理南诏古乐学会的祭孔仪式,是以三献礼为中心展开的,其六个乐章的形式与清代大理释奠礼乐六个乐章的形式相似,虽然今天南诏古乐学会的祭孔仪式更多的是一种重建的祭孔仪式,但其重建的基础仍然是清代释奠礼乐,可见大理洞经音乐文化中清代释奠礼乐对其儒化影响程度之深。再看今天大理地区遗存的祭孔仪式音乐,从滕祯对近年大理南诏古乐学会举办的祭孔典礼的调查可知《迎圣乐》《孔子歌》《祭孔新腔》《南洋州》《孔圣诞》《大晟乐》《清河老人》《天女散花》《南清宫》《祈年》《元始腔》《奉圣乐》《食供养》《送圣乐》①等更为丰富的内容。以上乐曲显然不是当代大理南诏古乐学会重建祭孔仪式才新创的音乐,而是大理地区长久以来祭孔音乐文化积累的成果在重建中的运用。

以上现象说明,在清代释奠礼乐影响下,作为云南汉文化传播历史最悠久、积累最深厚的地区,大理地区洞经音乐在吸收清代释奠礼乐众多因素的同时,体现出了明显的儒学礼乐特征。本书认为儒化后的大理洞经音乐,在功能及内涵上已经具备儒学礼乐所承载的内涵及外延,是具有明显儒学礼乐性质特征的音乐。

遗存至今的大理洞经会祭孔仪式中有《迎圣乐》《孔子歌》《祭孔新腔》《南洋州》《孔圣诞》《大晟乐》《清河老人》《天女散花》《南清宫》《祈年》《元始腔》《奉圣乐》《食供养》《送圣乐》等曲牌及歌曲,"大理地区能见到的祭孔音乐曲目及其乐谱约存 20 首,其中

①滕祯:《商乐同荣　修身齐家——当代大理洞经音乐的深层结构研究》,博士学位论文,中央音乐学院,2012 年。

包括唐制 2 曲,明大成乐 6 曲,清大成乐 6 曲,孔子歌 1 首,洞经曲
牌 4 首,大乐曲牌 1 首"①。可见当今大理仍保存有丰富的儒学礼
乐,传统作为一条不断的河流,这些相关曲目的存在有许多就与
清代释奠礼乐的影响密不可分,洞经音乐是承载以上儒学礼乐的
重要载体。而以上洞经会遗存的祭孔所用曲牌,则是儒化后的大
理洞经音乐在"乐"层面体现出的多样化发展现象,这种发展的总
体趋势是"俗化"。

二、临安洞经音乐的"儒化"

延续明以来儒学传播核心区的传统,清代临安仍是云南儒学
发达、科举繁荣的区域。与大理不同,临安汉文化的繁荣是建立
在明代大量汉族移民基础上的,因此,临安汉文化的繁荣有明显
的地域局限性,即汉文化对临安的影响并未跨越红河,仅局限于
红河北岸,清代临安汉文化传播的情况仍然如此。汉文化传播的
地域局限也体现在释奠礼乐的传承方面。清代临安地区释奠礼
乐影响下洞经音乐文化的发展,集中表现为对释奠礼乐"乐"层面
的发展及"礼"层面的继承。

从释奠礼乐之"礼"层面看,临安洞经音乐中《宏儒经》《孔教
真理》等经籍,从内容上看与释奠礼乐提倡的儒学一脉相承。如
果说清代两套直省乐章歌词都以歌颂孔子的丰功伟绩为内容,以
提倡孔子所提倡的"仁""义""礼""智""信"为宗旨,那么《宏儒经》
内容对儒家经典《大学》《中庸》通俗易懂的讲解、《孔教真理》中将
儒家经典《论语》与乾隆直省释奠乐章内容的巧妙穿插,无不体现

---

① 李洋:《祭孔音乐在大理地区的传播与衍变》,《民族艺术研究》1999 年第
　6 期。

出以上经籍对释奠礼乐"礼"层面的继承,与此同时,洞经经籍与儒学经典原著相比较,出现明显的俗化趋势。

从释奠礼乐之"乐"层面看,《孔教真理》等儒学改编经籍的用乐已不再拘泥于释奠礼乐之一拍一音对一字的传统形式,以丰富的民间曲牌替代了释奠礼乐较呆板的形式,出现多样化发展趋势。

以笔者从云南建水县收集到的《孔教真理》为例,其内容主要讲述儒家经典《论语》,间插有乾隆直省释奠乐章,显然,创作者对以上儒家经典与音乐的结合作了整体、细致的规划,将整部经籍内容与不同曲牌巧妙结合,实现了儒学经籍与各种曲牌的完美结合。

从音乐方面看,整部经典谈演所用曲牌共 14 个,包括:《开经赞》《香赞》《当子腔》《咒腔》《倒拖船》《玄蕴咒》《甘州歌》《后拖船》《五称圣号》《锁道龛》《神咒腔》《鱼子腔》《一江风》《天王诵》。从歌词与曲牌的结合情况看,有一定规律可循:其长短句部分常用《当子腔》或《鱼子腔》;四言常用《倒拖船》;五言常用《后拖船》或《琐道龛》;七言常用《天王赞》《甘州歌》。与释奠礼乐一拍一音对一字的用乐特点相比较,《孔教真理》中曲牌与文体间的多样性搭配方式,使音乐呈现出丰富多样性,且这些曲牌多源于中原汉族民间音乐曲牌。由此可见,洞经音乐对儒学改编经籍的谈演,在音乐上出现明显俗化特征,但就其总体而言,并未脱离汉文化范畴,所以其"乐"层面的变迁,仍体现对"礼"承续基础上的"乐"的俗化。

《孔教真理》的谈演,除音乐外,还有乐舞。据《孔教真理》经籍记载,乐舞共出现四次,经籍中用红色字体标记为"摇麾起舞",分别处于乾隆八年(1743)颁布的直省释奠乐章歌词并配有乐舞位置。这体现出《孔教真理》对乾隆释奠乐章乐、舞、歌艺术形式的完整承续。由于经籍未对乐舞舞容进行记载,相关《孔教真理》所载"摇麾起舞"的具体形式已不得而知,但可以肯定的是,《孔教真理》在谈演内容上增加了儒家《论语》内容,形式上对释奠礼乐进行了完整继承,保持了释奠礼乐歌、舞、乐一体的综合艺术形式。《孔教真理》中与乾隆直省乐章配乐舞歌词处"摇麾起舞"的标注表明,释奠礼乐之歌词、乐舞均在《孔教真理》中得以传承,从一个侧面体现出临安洞经音乐全面继承了释奠礼乐歌、舞、乐一体的形式。

清代释奠礼乐影响下临安洞经音乐的发展,主要表现为对释奠礼乐之"礼"继承基础上的"乐"的俗化倾向,就其本质,临安洞经音乐的以上发展情况,从功能及内涵看,也都体现出儒学礼乐的形制特征,不同之处在于临安洞经音乐的拓展出现了明显的"俗化"倾向。

三、丽江洞经音乐的"纳西化"

与大理及临安的社会发展状况不同,由于清代以前丽江地区纳西族社会仍然长期保持相对独立的族群文化,汉文化对它的影响仅限于木氏土司阶层。清代包括释奠礼乐在内的以儒学为核心的汉文化的强势传入,对丽江纳西族社会产生了重大影响,释奠礼乐所代表的儒学文化与纳西族传统文化更多表现出文化间的冲突,进而使纳西族传统文化发生变迁。这种情况显然有别于清代大理、临安以融合与承续为主的融合。释奠礼乐象征之"礼"层面与纳西族传统文化之伦理体系的激烈冲突,以及它对纳西族社会产生的负面影响,是清代释奠礼乐在丽江传承中的主要特征。清代释奠礼乐之"礼"层面与纳西族传统文化之伦理体系的激烈冲突,也影响到丽江洞经音乐的发展。

丧葬文化及婚恋传统是释奠礼乐之"礼"与传统纳西族文化体系冲突的两个主要方面,集中于以上文化间的冲突对纳西族传统音乐文化产生了深远影响。丧葬文化与释奠礼乐间的文化冲突,直接导致纳西族本土宗教音乐文化——东巴音乐文化的衰落,东巴祭司相关唱腔失去其传承载体,纳西族传统歌舞"窝热热"等逐步从丽江文化中心散落至边远村落,逐渐走向衰落。

纳西族传统婚恋文化与释奠礼乐之"礼"间的文化冲突,导致纳西族中殉情悲剧大量产生,其对纳西族音乐文化的影响,首先表现为以殉情内容为主的歌唱形式的产生,与此同时,导致东巴祭祀仪式功能出现转型。主要用来超度非正常死亡的灵魂的大祭风仪式,成为专门祭祀殉情者的大型仪式,产生了以殉情为核心主题的一系列经书、唱腔及相关艺术形式。以上以殉情内容为主的歌唱形式的产生及以殉情为核心的一系列经书、唱腔,是纳西人对抗释奠礼乐提倡之"礼"层面而产生的新的艺术形式。

如果说以上纳西族传统音乐文化的变迁是释奠礼乐"礼"层面在丽江音乐文化中的冲突所导致,那么这种文化冲突也体现并影响到释奠礼乐与丽江洞经音乐文化间的融合。

与释奠礼乐在大理及临安对洞经音乐产生的影响不同,释奠礼乐在丽江的传承,其影响在于使纳西族新兴文人阶层通过释奠礼乐接受儒学礼乐观念,进而接受儒化的洞经音乐文化,并对儒化洞经音乐文化实施"纳西化"。

从遗存至今的丽江洞经音乐看,如果说其音乐旋律的纳西化风格、纳西族特色乐器的使用,是洞经音乐"纳西化"的典型特征,那么赞颂纳西族保护神"三朵"诰文《北岳诰文》的出现则进一步体现出纳西族儒生将儒学礼乐从"礼"层面使之"纳西化"的意图。

以上丽江洞经音乐出现的"纳西化"现象可视为清代释奠礼乐所代表的儒学礼乐在丽江纳西族传统文化背景中出现的文化变迁。这种文化变迁来自释奠礼乐之"礼"与纳西族传统文化间的冲突。

释奠礼乐之"礼"与传统丧葬文化及婚恋文化间的剧烈冲突，导致纳西族传统音乐的衰落及殉情悲剧的产生，使纳西族民族文化意识在新兴纳西族文人中得到反思，由此对洞经音乐文化进行了"纳西化"改造，使源于汉文化的洞经音乐在音乐风格上体现出浓郁的纳西族音乐风格，在"礼"层面上则出现以"三朵"为代表的纳西族保护神的加入，实现了洞经音乐在丽江的"纳西化"。这种改造显然是纳西族儒生价值观、审美观选择过程中对母体文化重视的结果。因此，丽江洞经音乐的"纳西化"在满足新兴纳西族文人崇尚儒学礼乐需求的同时，也使纳西族文人的母体文化及审美意识得到充分表达，并使释奠礼乐代表的儒学礼乐与纳西族传统音乐文化实现完美结合。洞经音乐在丽江的发展，实际也是纳西族儒生对母体文化创造、审美价值的充分肯定过程。

儒化后的洞经音乐在丽江的"纳西化"现象，显然是释奠礼乐影响下儒化洞经音乐在丽江纳西族音乐文化传统中"纳西化"的过程，也可视为释奠礼乐象征的儒学礼乐在丽江"纳西化"的发展过程。清代释奠礼乐在丽江音乐文化中的文化冲突与融合，是导致丽江洞经音乐"纳西化"的直接动力，儒化洞经音乐在丽江的变迁比大理及临安出现更大跨越。

综上所述，清代释奠礼乐影响下的大理、临安及丽江地区的洞经音乐所出现的文化变迁是多样性的，它既体现为大理地区及临安地区洞经音乐礼层面的"儒化"，又体现为丽江洞经音乐乐层面的"纳西化"。以上地区洞经音乐的多样性发展是清代释奠礼乐在云南音乐文化中融合与冲突的结果,也是清代释奠礼乐代表的儒学礼乐在云南出现多样化发展的结果。

第二节　洞经音乐的多样性发展与儒学礼乐的变迁

清代释奠礼乐影响下洞经音乐的多样化发展,对释奠礼乐所代表的儒学礼乐文化自身发展具有重要意义。

一、洞经音乐多样性发展的实质

释奠礼乐作为历代儒学礼乐的代表,礼乐教化的工具是其不变的本质。释奠礼乐中"礼"与"乐"的关系极为明显,"礼"永远是第一位,"乐"永远为"礼"服务,释奠礼乐中"礼"与"乐"间的关系由历代统治者通过钦定释奠乐章得到绝对维护。释奠礼乐的传承,清代以前基本局限于内地直省,边疆少数民族地区则基本未被纳入国家行为。随着清政府边疆治理理念的变化,释奠礼乐开始作为国家行为在云南各地广泛传承。由于云南少数民族汉文化积累程度的差异及各自族群文化传统的个性特征,释奠礼乐所代表的儒学礼乐出现了多样化变迁。

从清代释奠礼乐影响下大理、临安及丽江地区洞经音乐的历史发展情况看,大理地区及临安地区洞经音乐的儒化,特别是两地洞经会祭孔仪式所用的音乐及祭孔仪式中谈演的由儒学经典改编的洞经经籍存在,使洞经音乐从功能及内涵都出现了明显的儒学礼乐性质。因此,大理地区及临安地区两地洞经音乐的发展可视为释奠礼乐代表的儒学礼乐的俗化。

无论是大理地区洞经会对《宏儒经》《孔子经》的谈演及洞经

会祭孔仪式所用的大量曲牌的存在,还是临安《宏儒经》《孔教真理》等一系列新的祭孔音乐形式的出现,无不以儒学内容的俗化、音乐风格的俗化为特点,因此,洞经音乐在以上地区的变迁可视为以俗化为主要特征。洞经音乐在丽江地区的发展比较特殊,从受释奠礼乐影响而儒化洞经音乐在丽江的变迁看,其特征主要是洞经音乐旋律、乐器配置的"纳西化"及将"三朵"为代表的纳西族保护神加入洞经音乐所象征的"礼"层面而实现洞经音乐的"纳西化",因此,其在丽江的发展可视为以少数民族化为其主要特征。

从大理地区及临安地区儒化后的洞经音乐看,无论是大理地区今天遗存的洞经会所进行的祭孔仪式所用曲牌还是临安洞经音乐中遗存的《孔教真理》,其内容与儒学礼乐倡导的一致性及谈演礼仪与释奠礼乐的相似性,均体现出洞经音乐在释奠礼乐影响下的儒化性质,儒化的洞经音乐其性质可视为儒学礼乐,这也是云南民间至今认为洞经会是"儒教音乐"的原因。由此,在清代释奠礼乐影响下,大理、临安及丽江地区洞经音乐多样性发展,其实质为洞经音乐影响下,释奠礼乐出现了"俗化"发展趋势。

二、洞经音乐多样性发展原因探析

如上所述,清代释奠礼乐影响下云南洞经音乐的多样性发展,其实质是儒学礼乐在云南的多样性发展。究其原因,与清代释奠礼乐在云南传承的方式、云南本土文化的丰富多样性及清末社会的变迁密切相关。

(一)释奠礼乐在云南的传承方式与云南多元文化背景

清代释奠礼乐在云南的传承方式,是云南释奠礼乐所代表的儒学礼乐获得多样性发展的重要因素之一。

文献记载表明,云南清代释奠礼乐的传承方式主要有书面传承与口头传承两种。从文献记载看，显然清代云南释奠礼乐传承方式是以书面传承为主、口头传承为辅的。

据康熙《云南通志》载："兵燹以来，文庙春秋二祭仪文缺略，已无足观。康熙三十九年，总督侍郎范承勋，巡抚都御使王继文乃使募置乐舞生六八四十八人，及歌奏导引生八十五人，命大姚县知县孔贞瑄为演习。贞瑄圣裔嫡派，得庙乐正传教导，数阅月，诸生始娴雅奏。督学吴自肃复临肄之，自是春秋上丁焉，于圣庙音容节奏之，盛彬彬追阙里矣。"①

又据道光《大姚县志》载："按大姚学宫丁祭仪节于康熙三十八年，经前县孔贞瑄演习，相沿至今，其节文俱遵照阙里。《通志》云：康熙三十九年总督范公承勋，巡抚王公继文，招募乐舞及歌奏导引生一百三十三人，命大姚县令孔贞瑄为演习。贞瑄，圣裔嫡派，得庙乐正传，教导数阅月，诸生始娴雅奏。自是春秋上丁焉，于圣庙音容节奏彬彬追阙里焉。先是孔君于学宫铸造祭器，模范轻重悉仿阙里图式。又教演礼乐，诸生进退趋跄之节，和声协律之方及其教演成也。率往省城辗转传授，故大姚礼乐生稍知仪节音律。相传孔君所传曲谱说云。大成乐共六曲，入奏内叠二曲……"②

以上是较早记录清代云南释奠礼乐直接传承的重要史料，亦是证明从清代起云南释奠礼乐已经出现直接传承历史文献的重

---

① [清]吴自肃、丁炜纂，范承勋等修：康熙《云南通志》卷十六《中国地方志集成·省志辑·云南》第1册，上海书店、巴蜀书社、江苏古籍出版社2009年版，第388页。

② [清]刘荣黼：《大姚县志》卷八《学校》，《中国地方志集成·云南府县志辑》第64册，上海书店、巴蜀书社、江苏古籍出版社2009年版，第151页。

要证据。通过以上文献可知,康熙三十九年(1700)由圣门后裔时任大姚知县的孔贞瑄担任教师,先"教导数月,诸生始娴雅奏",又"教演礼乐,诸生进退之节,和声协律之方","再率往省城辗转传授",孔贞瑄作为圣门后裔,对释奠礼乐自然十分熟悉。他对康熙时期云南庙学释奠礼乐的排演,开启了清代云南庙学释奠礼乐文化传播的先河,为清代云南礼乐文化的传承奠定了良好基础。孔贞瑄在云南亲自组织儒生排练庙学释奠礼乐,对云南庙学释奠礼乐传播具有重要意义。但同时,相对于清代云南庙学释奠礼乐文化传播的广阔范围,孔贞瑄个人力量仍显有限,他对清代云南庙学释奠礼乐的传承,只可能限于云南府、大姚县等地方。由于综合条件的限制,除云南府庙学等地方高级庙学的释奠礼乐传承外,其余各地府、州、县庙学仍然以书面间接传播为主。

由于条件限制,云南释奠礼乐传承仅能以书面间接传承为主、以口头直接传承为辅。虽然释奠礼乐文化从礼仪层面看,只是一套较为复杂的仪式音乐,但其所涵盖的文化内涵极为丰富,从乐器、乐舞到舞器无不被赋予丰富文化内涵。云南清代释奠礼乐以书面间接传承为主、以口头直接传承为辅的方式,使歌、舞、乐一体的综合艺术形式在传承过程中,许多环节无法得到恰当、细致的指导,以上综合原因导致其艺术感染力被削弱。与此同时,释奠礼乐是成长于丰富的以儒学文化为核心的汉文化基础上的"乐"文化及"礼"文化,释奠礼乐在云南传承面临的是云南传统多元性文化背景,从云南各少数民族文化传统看,各族群均有丰富多彩的乐教方式,无论是彝族先民的《阿诗玛》《梅葛》还是纳西族先民的《创世纪》,其乐教形式远比释奠礼乐的乐教形式更丰富、活泼,由此可见,少数民族族群文化中活泼的乐教方式也是成为洞经音乐儒化过程中同时俗化倾向的原因之一,由此,使云南儒学礼乐洞经音乐出现多样化发展趋势。

（二）清代云南儒学的发展

释奠礼乐作为儒学的重要的因素，它的发展与儒学的发展密切相关，清代云南儒学的发展具体表现为滇人儒学著作的增多及少数民族地区儒生的增多，清代云南儒学中"以儒为宗，儒释道融合"的发展趋势，为清代释奠礼乐影响下的云南洞经音乐中大量谈演改编儒学经典的经籍出现，进而使洞经音乐进一步儒化奠定了思想基础。从大理地区及临安地区洞经音乐中传承的《宏儒经》《孔子经》及《孔教真理》看，以上经书都是以儒学经典改编的经籍，同时以上洞经经籍儒、释、道合流的趋势亦十分明显。

《宏儒经》上中两卷主要讲述《大学》，下卷讲述《中庸》，《孔教真理》则是以《论语》的讲解为主，从以上经籍讲解的内容看，如果不具备相当的儒学知识是无法对以上儒家经籍作出合理的解释及讲解的。所以，以上《宏儒经》《孔教真理》的出现，从一个侧面呈现出清代云南儒学传播的历史概况。

从现存《宏儒经》的内容看，上中两卷主要讲述《大学》，下卷讲述《中庸》，但内容的讲解除假借儒家先哲外，道教神祇也是其假借的对象，语言相对通俗易懂，并体现出儒释道三教合流的宗旨，如经籍中有明确的记载"自古以来性命之理三教并重"[1]。《孔教真理·开经赞》言："先师孔子，至圣大成，三千弟子继世传，五常和三纲，圣域学门，诲人终不倦。有教无类大圣人。"又载："人之生灵，是人之性也。此性一点，具之心地。孔教曰理，佛教曰灵，道教曰丹。总言之，实一天赋之真耳。此真为善、为仁、为

---

[1]《太上宏儒至道无极总真复圣阐微圣经》卷下《开经偈》，咸丰九年（1859）刊，光绪二十八年（1902）何家宾抄本。

教……三教理同,旨宗保性。"①从《宏儒经》及《孔教真理》内容看,《宏儒经》所讲内容以儒学经典《大学》《中庸》为主,《孔教真理》则是以《论语》内容为主,但显然,两部洞经经籍中三教合流的倾向是十分明显的。

由此可知,清代洞经音乐中儒学改编经籍的大量出现及洞经音乐在清代的儒化倾向,与清代云南儒学的发展及"以儒为宗,儒释道融合"的发展趋势密切相关。

(三)清代社会的变迁

自清末废除科举制,儒家经典已不再是学校教育的中心内容,孔子的师尊地位日渐削弱。庙学教育及科举制度作为清代释奠礼乐传承中的两个强有力的支持,两者的式微也影响到了释奠礼乐的地位。特别是在遭受西方文化的冲击以及"五四"知识分子的批判后,儒学在近代完全陷入衰微的困境。受儒学发展兴衰的影响,释奠礼乐文化逐步在内地衰落。作为边陲省份,云南释奠礼乐则由于各少数民族文人阶层的兴起、文人对儒学礼乐观念的接受等综合原因,使其与本土音乐文化发生融合与嬗变,使云南各地洞经音乐出现多样化的发展趋势。因此,洞经音乐在清代释奠礼乐影响下的多样化发展,其实质是儒学礼乐在云南实现地方化过程中,逐步走上个性化发展道路,即逐步脱离儒学束缚并遵循艺术发展自身规律,成为独立的艺术门类,获得独立发展空间。用多元价值观重新审视清代释奠礼乐在云南的发展不难发现,清代云南洞经音乐文化的发展,正是关照到不同地域、不同族群的文化价值观,在不断变迁过程中获得发展的。

---

① 云南省建水县陈怀本先生收藏《孔教真理》编一。

第三节　洞经音乐多样性发展对清代及后世音乐文化的影响及意义

从以上论述可知，清代释奠礼乐对云南音乐文化的影响，集中表现为对洞经音乐的影响。大理地区、临安地区及丽江地区清代洞经音乐的儒化及少数民族化，体现了清代释奠礼乐所代表的儒学礼乐在云南的多样化发展情况。就清代释奠礼乐影响下洞经音乐的多样性发展本质看，这既是释奠礼乐代表的儒学礼乐文化在云南获得多样性发展的过程，也是儒学礼乐获得独立发展的过程。

一、对儒学礼乐发展的意义

清代释奠礼乐影响下的云南各地洞经音乐的儒化及少数民族化等多样化发展，对释奠礼乐所代表的儒学礼乐发展具有重要意义。

（一）释奠礼乐"礼"影响范围的扩大及内涵的拓展

从清代释奠礼乐传承的角度看，作为儒学礼乐教化的工具，其传承的目的是在云南少数民族中提倡儒学"礼"文化。从清代大理、临安及丽江地区三地释奠礼乐影响下洞经音乐所发展的情况可知，儒家提倡的"礼"文化在云南文人及民间被不同程度的接受，扩大了释奠礼乐"礼"层面对云南各族群的影响，至今云南仍保存有丰富的祭孔文化就是重要证据之一。

（二）释奠礼乐"乐"内涵的丰富

清代释奠礼乐影响下云南各地洞经音乐的多样性发展，使儒学礼乐中"乐"的内涵得到丰富。

无论是大理地区洞经会现存祭孔仪式中《迎圣乐》《孔子歌》《祭孔新腔》《南洋州》《孔圣诞》《大晟乐》《清河老人》《天女散花》《南清宫》《祈年》《元始腔》《奉圣乐》《食供养》《送圣乐》等多种曲牌的运用,还是建水谈演儒学经籍改编《孔教真理》中《开经赞》《香赞》《当子腔》《咒腔》《倒拖船》《玄蕴咒》《甘州歌》《后拖船》《五称圣号》《锁道宪》《神咒腔》《鱼子腔》《一江风》《天王诵》等曲牌的使用,和丽江洞经音乐中鲜明的纳西族音乐风格,无不体现出清代释奠礼乐影响下云南各地洞经音乐文化的丰富多样性,无疑,儒化后的洞经音乐特别是与儒学及祭孔相关的音乐已经承载了释奠礼乐的内涵及功能,从这个意义上说,大理及临安相关儒学经籍及祭孔活动中丰富曲牌的存在,显然是证明释奠礼乐所代表的儒学礼乐"乐"层面内涵在云南得到丰富的重要证据。

正是清代释奠礼乐在云南传承过程中与不同地区及族群文化间产生的融合及变迁,使释奠礼乐所代表的儒学礼乐得到了新的发展,这种发展既表现为释奠礼乐"礼"影响范围的扩大及内涵的拓展,又表现为释奠礼乐"乐"内涵的丰富,这也再次证明即便是在体现"道统"的儒学礼乐雅文化领域,各个历史时期地域性文化及少数民族族群文化对其的影响及促进也从未间断过,这也从一个侧面证明,中华文明是各族群在漫长历史过程中共同创造的文明。

二、对云南音乐文化发展的影响及意义

清代释奠礼乐影响下的云南各地洞经音乐的儒化及少数民族化等多样化发展情况,对云南区域性音乐文化的发展同样具有重要意义。

首先,清代释奠礼乐影响下洞经音乐在云南出现的多样化变迁,丰富了清代云南的音乐文化。

清代释奠礼乐在不同地区的融合及冲突,使儒学礼乐观念从影响清代儒生阶层开始,进而影响到云南各阶层各族群,至今大理地区及临安地区平民百姓对儒家思想持敬仰和推崇的态度,即说明祭孔活动不仅兴盛于官府,也兴盛于民间。在此基础上,民间产生的包括洞经音乐祭孔仪式曲牌及谈演儒学改编经籍所使用的曲牌都可视为儒学礼乐。除此之外,民间信仰"莲池会"及"辅国坛"等对洞经中相关儒学经籍及音乐的借鉴,使儒学礼乐传承范围得到拓展,也使云南民间承载儒学礼乐的范围得到扩大。清代洞经音乐的多样性发展客观上促进了云南清代音乐文化的多样性发展,也使云南成为至今保存祭孔音乐及文化最丰富的地区之一。

其次,清代释奠礼乐影响下云南各地洞经音乐的儒化及少数民族化,使洞经音乐发展成为既具有儒学礼乐性质又有浓郁地方色彩的云南地方性乐种,开辟了儒学礼乐在云南独立发展的道路。

清代释奠礼乐影响下云南洞经音乐的儒化及少数民族化,使洞经音乐在吸收释奠礼乐众多因素的同时,更多取法民间音乐,逐步抛弃儒学礼乐对洞经音乐的束缚,走上独立的发展道路。民国以后,云南各地洞经音乐会除在各种仪式中演奏外,更多的是出现了雅集型的独立演奏形式,这种雅集型洞经音乐演奏形式至今在大理、建水及丽江民间得到延续,显然,雅集型的洞经音乐的大量出现,是洞经音乐摆脱各类仪式束缚、走上独立化发展的标志,这种发展与清代以来洞经音乐的多样性发展密切相关。

最后,清代释奠礼乐影响下云南洞经音乐的儒化及少数民族化,从云南本土文化视角看,既是少数民族文化受到汉文化之上层雅文化影响的过程,也是清代儒学礼乐文化在云南实现地方化的过程,还是云南地域文化实现多元一体化格局的过程。

清代释奠礼乐影响下洞经音乐在云南的多样化变迁,既是释奠礼乐所代表的儒学礼乐在云南获得多样化发展的过程,又是其在云南的本土化过程。这个过程中,释奠礼乐"乐"层面及"礼"层面与不同地域不同族群文化间产生的冲突及融合,对其后云南音乐文化发展产生了深远影响。

小　结

通过以上分析,对本章小结如下:

一、清代释奠礼乐影响下大理、临安及丽江地区洞经音乐出现的多样性变迁,可以概括为"儒化"与"少数民族化"。

二、从清代释奠礼乐自身发展来看,释奠礼乐影响下洞经音乐出现的"儒化"及"少数民族化",是释奠礼乐代表的儒学礼乐内涵及外延不断丰富的过程,也是儒学礼乐在云南获得独立发展空间并走向独立发展的重要前奏。

三、清代释奠礼乐影响下云南洞经音乐的多样性发展,与释奠礼乐在云南的传承方式密切相关,与清代云南儒学发展历史状况及云南清代社会变迁密切相关,也与云南特殊的历史文化背景密切相关。

四、清代释奠礼乐影响下洞经音乐的多样化变迁,使云南民间出现多种祭孔音乐形式,丰富了清代云南的音乐文化,使洞经音乐发展为既具儒学礼乐性质又具浓郁地方色彩的云南地方性乐种。

结　论

现将本书的主要观点概述如下：

一、笔者结合学界对汉文化及庙学在云南传播历史的研究成果，以释奠礼乐传承为新的切入点，首次对清代以前云南释奠礼乐相关的史料作系统梳理，在勾勒出清代以前云南释奠礼乐传承历史脉络的基础上，得出以下几点认识：1.元代云南庙学的广泛建立，儒学的初步传播，为释奠礼乐的传承奠定了物质与文化基础，元代云南已经出现释奠礼乐；2.自明代始，云南庙学已经开始有包括释奠乐章、乐舞等内容相对完整的释奠礼乐传入，但能代表国家意志并在云南得到广泛传承的释奠礼乐则始于清代。

二、对清代释奠礼乐体系的形成及发展过程及直省释奠礼乐内涵及特点进行梳理，并通过云南地方志等文献的整理，首次勾勒出清代云南释奠礼乐传承的基本概貌，在厘清云南释奠礼乐传承的内容的同时，探析云南庙学建设及儒学传播与释奠礼乐间的关系，本书认为：1.清代释奠礼乐体系经过顺治到乾隆时期的发展，形成了国子监、直省（曲阜同）两个大的释奠礼乐体系，它们的区别不仅体现在乐章、乐舞、乐器配置的数量方面，更主要地体现在清政府对其传承、建设的投入等众多方面；2.清代直省释奠礼乐已经作为完整文化传入云南，这种完整性不仅体现在释奠乐章、乐舞内容与清廷颁布的直省释奠礼乐内容高度一致，还体现在能及时根据清廷对直省释奠礼乐内容的调整而调整;3.云南清代释奠礼乐传承的范围及对云南音乐文化产生影响的范围与清代云南庙学恢复及拓展的范围密切相关,清代儒学的发展为清代释奠礼乐影响下云南洞经音乐中大量谈演改编儒学经典的经籍出现,进而使洞经音乐进一步儒化奠定了思想基础。

三、作为云南汉文化传承历史最悠久的地区,清代大理地区释奠礼乐与传统音乐文化间呈现出多层次的融合局面。本书通过对影响清代大理地区释奠礼乐传承的主要因素大理释奠礼乐传承历史溯源及对清代释奠礼乐对大理洞经音乐及民间信仰文化影响的分析,提出以下观点:

1.南诏时期随着晟罗皮立孔子庙的建立,唐代释奠礼乐很有可能在大理地区已经得到传播,元、明时期大理地区虽然开始出现释奠礼乐及相关祭孔活动的部分记载,但直到清代康熙时期,大理地区释奠礼乐才得以完整以国家行为方式强势传入。

2.以国家行为方式传入大理的清代释奠礼乐,在内容上与云南其他地区及清代其他直省释奠礼乐呈现出高度一致性,清代释奠礼乐中器乐、声乐、乐舞文化通过庙学载体获得下移,并与本土文化产生深层次、多方面的融合,对清代及后世大理地区音乐文化的发展产生重要作用。

3.清代释奠礼乐在大理地区的传承,更多体现出文化间融合的趋势,这种文化的融合是多层次的,它既体现于释奠礼乐对文人性质洞经音乐文化的儒化影响,又体现于释奠礼乐影响下民间信仰"莲池会"及"辅国坛"对祭孔文化的吸收及俗化。

4.清代大理地区是洞经音乐最早出现儒化的地区。

四、临安地区作为明清时期云南儒学传播的核心区,清代释奠礼乐在该地区的传承与本土文化间呈现出融合的局面,但这种融合是有限的,这种有限既体现出地域的限制也体现出族群的限制。本书通过对清代以前临安地区历史、音乐文化及清代释奠礼乐在临安地区传承情况的梳理,探讨清代释奠礼乐对临安传统音乐文化的影响,并提出以下观点:

1. 临安地区元代以前音乐文化是以彝族、哈尼族先民音乐文化为主体构成的,其多元性是建立在彝族、哈尼族及其他少数民族先民族群文化基础之上,是较为封闭并以各自族群传统文化为核心的音乐文化体系,汉文化对该传统文化的影响极为有限。元、明以来,临安地区社会文化均发生了较大变化。汉族移民的大量进入,使庙学教育及科举制度均出现了繁荣的局面,释奠礼乐也随庙学发展而在该地区得到传承。

2. 清代临安地区释奠礼乐传承范围仅限于红河以北,释奠礼乐传承是以临安府学为中心展开的,因此临安府学是该地区释奠礼乐传承中的核心区。清代临安释奠礼乐传承的内容同云南各地及直省释奠礼乐内容呈现出高度的一致性。

3. 清代释奠礼乐对临安地区传统音乐文化的影响,既体现为对红河以北彝族传统文化的间接影响,又体现出对文人性质洞经音乐文化的深层影响。

五、清代丽江地区纳西族社会仍然长期保持着相对独立的族群文化,包括释奠礼乐在内的以儒学为核心的汉文化的强势传入,使释奠礼乐所代表的儒学文化与纳西族传统文化产生冲突。笔者对清代释奠礼乐在丽江纳西族社会传承中的历史情况总结出以下几点认识:

1. "改土归流"前丽江纳西族地区汉文化积累十分有限,木氏土司对汉文化普及的消极态度,是造成"改土归流"前纳西族整体汉文化程度不高的主要原因之一。在长期的历史发展过程中,纳西族传统音乐文化已经发展成为系统、成熟的体系,直至清代前期纳西族传统音乐文化与藏文化间表现出更密切的关系。

2.清代丽江纳西族社会中包括音乐文化在内的传统文化体系所具有的民族性特征及汉文化程度不高,导致清代释奠礼乐的强势进入与本土文化进行部分融合的同时,更多地表现为激烈的文化冲突,这种冲突集中表现在释奠礼乐之“礼”与丧葬文化及婚恋文化之间,导致纳西族本土宗教音乐文化——东巴音乐文化的逐渐衰落,并对纳西族传统音乐文化产生深远的影响。

3.清代新兴的纳西族文人阶层,通过释奠礼乐接受了儒学礼乐观,并接受已逐步儒化的洞经音乐,进而对洞经音乐文化进行了“纳西化”的改造,丽江洞经音乐出现的“纳西化”倾向,其实质为儒学礼乐在丽江纳西族社会中的少数民族化。释奠礼乐在丽江的传承,是洞经音乐在丽江获得广泛传承并建立洞经会的基础,释奠礼乐之“礼”与纳西族传统音乐文化的冲突是洞经音乐在丽江纳西化的直接动力。

六、本部分,笔者通过对清代释奠礼乐影响下大理、临安及丽江地区洞经音乐的不同发展情况作系统总结,探究清代释奠礼乐影响下洞经音乐多样性发展的本质、成因及意义,并提出以下观点:

1.清代释奠礼乐影响下大理、临安及丽江地区洞经音乐出现的多样性变迁,可以概况为“儒化”与“少数民族化”。

2.从清代释奠礼乐自身发展看,释奠礼乐影响下洞经音乐出现的“儒化”及“少数民族化”,是释奠礼乐代表的儒学礼乐内涵及外延不断丰富的过程,也是儒学礼乐在云南获得独立发展空间并走向独立发展的重要前奏。

3.清代释奠礼乐影响下云南洞经音乐的多样性发展,与释奠礼乐在云南的传承方式密切相关,与清代云南儒学发展情况及云南清代社会变迁密切相关,也与云南特殊的历史文化背景密切相关。

4.正是清代释奠礼乐在云南传承过程中与不同地区及族群文化间产生的融合及变迁,使释奠礼乐所代表的儒学礼乐得到了新的发展,这种发展既表现为释奠礼乐"礼"影响范围的扩大及内涵的拓展,又表现为释奠礼乐"乐"内涵的丰富,这也再次证明,即便是在体现"道统"的儒学礼乐雅文化领域,各个历史时期地域性文化及少数民族族群文化对其的影响及促进也从未间断过,这也从一个侧面证明中华文明是各族群在漫长历史过程中共同创造的文明。

5.清代释奠礼乐影响下云南洞经音乐的多样性发展,丰富了清代云南的音乐文化,使洞经音乐发展成为既具有儒学礼乐性质又有浓郁地方色彩的云南地方性乐种,开辟了儒学礼乐在云南独立发展的道路;这个过程既是少数民族文化受到汉文化之上层雅文化影响的过程,也是清代儒学礼乐文化在云南实现地方化的过程,还是云南地域文化实现多元一体化格局的过程。

清代云南包括释奠礼乐在内的以儒学为核心的汉文化的传承,是影响云南近代音乐文化多样性发展的重要原因之一。清代大理地区、临安地区及丽江地区地域上是并存的三个独立的空间,从汉文化传承的历史情况看,以上三地中大理地区自南诏时期已经开始吸收汉文化,临安地区是在明代卫所制度下开始出现社会汉化的,丽江地区则是自清代"改土归流"才开始普遍接受汉文化,因此清代释奠礼乐在以上三地传承的历史情况,代表了云南不同时期接受汉文化的地域文化与清代释奠礼乐间的融合与冲突,因此清代大理、临安及丽江地区从汉文化传播的历史看又有时间的概念,对揭示清代释奠礼乐在云南传承的历史情况具有典型意义,所以本书选择以上三地作为个案研究。

附录一 天启《滇志》载部分明代《释奠乐章》①

乐奏咸和之曲大吕

大(太四)	哉(南工)	宣(林尺)	圣(仲上)	典(黄合)	祀(太四)	有(仲上)	常(林尺)
道(太四)	德(仲上)	尊(林尺)	崇(仲上)	精(南工)	纯(林尺)	并(太四)	隆(仲上)
维(南工)	持(林尺)	王(仲上)	化(太四)	神(黄六)	其(南工)	来(林尺)	格(仲上)
斯(林尺)	民(仲上)	是(黄合)	宗(太四)	于(林尺)	昭(仲上)	圣(黄合)	容(太四)

彻 馔							
乐 奏 咸 和 之 曲							
牺(仲上)	像(太四)	在(仲上)	前(林尺)	礼(黄合)	成(太四)	乐(仲上)	备(太四)
豆(太四)	笾(仲上)	在(黄合)	列(太四)	人(南工)	和(林尺)	神(仲上)	悦(太四)
以(太四)	享(南工)	以(林尺)	荐(仲上)	祭(黄合)	则(太四)	受(仲上)	福(林尺)
既(仲上)	芬(林尺)	既(太四)	洁(仲上)	率(黄六)	遵(南工)	无(林尺)	越(仲上)

---

①［明］刘文征:《滇志》卷八《学校》,古永继校点,王云、尤中审定,云南教育出版社1991年版,第279—280页。

送神望瘞同							
乐奏咸和之曲大吕							
有（太四）	严（南工）	学（林尺）	宫（仲上）	歆（仲上）	兹（林尺）	惟（南工）	馨（林尺）
四（黄合）	方（太四）	来（仲上）	崇（太四）	神（仲上）	驭（太四）	还（林尺）	复（仲上）
恪（黄六）	恭（南工）	祀（林尺）	事（仲上）	明（黄六）	裡（南工）	斯（林尺）	毕（仲上）
威（南工）	仪（林尺）	雍（仲上）	雍（太四）	咸（南工）	膺（林尺）	百（仲上）	福（太四）

天启《滇志》卷八《学校》载部分明代《释奠乐章》，详情如下：

乐奏《咸和》之曲大吕

律　　名：太南林仲太仲林仲南林仲太林仲黄太
　　　　　簇吕钟吕簇吕钟吕吕钟吕簇钟吕钟簇
工尺唱名：四工尺上四上尺上工尺上四尺上合四
歌　　词：大哉宣圣，道德尊崇，维持王化，斯民是宗。

律　　名：黄太仲林南林太仲黄南林仲林仲黄太
　　　　　钟簇吕钟吕钟簇吕钟吕钟吕钟吕钟簇
工尺唱名：合四上尺工尺四上六宫尺上尺上合四
歌　　词：典祀有常，精纯并隆。神其来格，於昭圣容。

彻馔乐奏《咸和》之曲

律　　名：仲太仲林太仲黄太太南林仲仲林太仲
　　　　　吕簇吕钟簇吕钟簇簇吕钟吕吕钟簇吕
工尺唱名：上四上尺四上合四四工尺上上尺四上

歌　　词：牺 象 在 前，豆 笾 在 列。以 享 以 荐，既 芬 既 洁。

律　　名：黄 太 仲 太 南 林 仲 太 黄 太 仲 林 黄 南 林 仲
　　　　　钟 簇 吕 簇 吕 钟 吕 簇 钟 簇 吕 钟 钟 吕 钟 吕
工尺唱名：合 四 上 四 工 尺 上 四 合 四 上 尺 六 工 尺 上
歌　　词：礼 成 乐 备，人 和 神 悦，祭 则 受 福，率 遵 无 越。

送神望瘗乐同乐奏《咸和》之曲大吕

律　　名：太 南 林 仲 黄 太 仲 太 黄 南 林 仲 南 林 仲 太
　　　　　簇 吕 钟 吕 钟 簇 吕 簇 钟 吕 钟 吕 吕 钟 吕 簇
工尺唱名：四 工 尺 上 合 四 上 四 六 工 尺 上 工 尺 上 四
歌　　词：有 严 学 官，四 方 来 崇。恪 恭 祀 事，威 仪 雍 雍。

律　　名：仲 林 南 林 仲 太 林 仲 黄 南 林 仲 南 林 仲 太
　　　　　吕 钟 吕 钟 吕 簇 钟 吕 钟 吕 钟 吕 吕 钟 吕 簇
工尺唱名：上 尺 工 尺 上 四 尺 上 六 工 尺 上 工 尺 上 四
歌　　词：歆 兹 惟 馨，神 驭 还 复。明 禋 斯 毕，咸 膺 百 福。①

──────────
①［明］刘文征：《滇志》卷八《学校》，古永继校点，王云、尤中审定，云南教育
　出版社 1991 年版，第 279—280 页。

附录二　天启《滇志》载《文庙乐舞之图》①

奠帛行初献礼大吕 乐奏宁和之曲起舞							
开左手齐耳，右手垂腰，出右脚尖如丁字。	太目四	转身面西，正拱，出左脚尖如丁字。	太谁四	开左手齐耳，右手垂腰，出右脚尖如丁字。	南维工	辨左脚过右，踏实。	黄庆合
右手齐耳，左手垂腰，出左脚尖如丁字。	仲生上	转身面东，正拱，出右脚尖如丁字。	黄底合	右手齐耳，左手垂腰，出脚尖如丁字。	林王尺	复辨右脚过左，踏实。	太越四
叉手，辨左脚过右，踏实	林民尺	转身面上如揖，躬身平立。	仲其上	叉手，挑左脚，转身，面西平立。	仲神上	出左脚平立，如揖下。	仲前上
如揖，出右脚，转身面西，左手齐耳，右手按右膝。	仲来上	鞠躬，转身面西，揖起，出左脚尖如丁字。	太盛四	两手开，目视左手平肩，右手齐耳，左脚尖点地。	太明四	如揖起，鞠躬。	太圣四

①[明]刘文征:《滇志》,古永继校点,王云、尤中审定,云南教育出版社1991年版,第280—284页。

开左手齐耳，右手垂腰，出右脚尖如丁字。	仲絜上	挑左脚、转身面西。	贵礼合	辨左脚过右，踏实。	太黍四	如揖下，两手摆西，左脚往后拖。	南维工
右手齐耳，左手垂腰，出左脚尖如丁字。	太白四	左脚踏实，挑右脚过上，平立。	太容四	复辨右脚过左，踏实。	南稷工	后摆东，右脚往后拖。	林神尺
叉手过左肋下，脚平立。	仲具上	如揖下，平立。	林斯尺	右脚往后挑起，就踏下。	黄非六	从西回首顾下，斜拱，出右脚尖如丁字。	仲之上
复过右肋下，低头，拱手齐胃。	林成尺	如揖起，转身面上，低头拱手，正身平立。	仲称上	如揖下，开左手齐耳，右手按右膝。	林馨尺	西上低头，正拱，出右脚尖如丁字。	太听四

连奏

开右手齐耳，左手垂腰，出左脚尖如丁字。	太大四	如揖，两手摆东，目视左脚尖如丁字。	南实工	转身面东，正拱齐眉，出脚尖如丁字。	仲作上	开右手齐耳，左手垂腰，出左脚尖如丁字。	仲时上
左手齐耳，右手垂腰，出右脚尖如丁字。	仲哉上	复摆西，目视右脚尖如丁字。	林天尺	转身面西，正拱齐眉，出脚尖如丁字。	太乐四	左手齐耳，右手垂腰，出右脚尖如丁字。	太祀四
叉手，辨右脚过左。	黄圣合	又摆东，目视左脚尖如丁字。	仲生上	辨左脚过右，换出右脚，平立。	仲以上	叉手，挑左脚，转身面西。	林无尺
如揖，出左脚立，开左手齐耳，右手按右膝。	太王四	如揖起，开左手齐耳，右手按右膝。	太德四	如揖起，两手往上斜拱，左脚点地。	林崇尺	低头，拱手齐眉，平立。	仲敬上

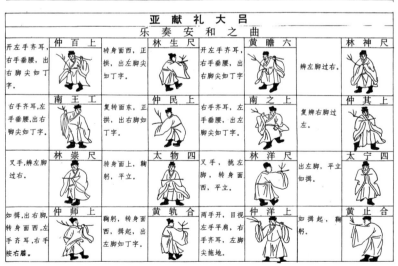

	黄清六	转身面西，正拱，出右脚尖如丁字	林嘉尺	如揖下，两手摆东，脚平立。	太荐四	鞠躬，开左手平颔，右手随右脚往下拖。	南庶工
如揖下，两手开尺许，摆东，目视左脚尖如丁字。							
复摆西，目视右脚尖如丁字。	南酤工	复转面东，正拱，出右脚尖如丁字。	仲牲上	复摆东。	南馐工	复右手平颔，左手随左脚往后拖。	林几尺
叉手，如揖，开两手平立。	林维尺	如揖下，开左手按右膝，右手按右膝。	黄孔合	又摆东。	黄神六	又左手平颔，右手随右脚往后拖。	仲昭上
转身面西，左手齐耳，右手按右膝。	仲馨上	复转面西，右手齐膝，左手按膝。	太顿四	如揖起，鞠躬，两手平颔。	林明尺	俯伏于地如拜起，面上低头，平立。	太格四

亚献礼大吕
乐奏安和之曲

	仲百上	转身面西，正拱，出左脚尖如丁字	林生尺	开左手齐耳，右手垂腰，出右脚尖如丁字	黄瞻六	辨左脚过右。	林神尺
开左手齐耳，右手垂腰，出右脚尖如丁字。							
右手齐耳，左手垂腰，出右脚尖如丁字。	南王工	复转面东，正拱，出右脚如丁字。	仲民上	右手齐耳，左手垂腰，出右脚尖如丁字。	南之上	复辨右脚过左。	仲其上
叉手，辨左脚过右。	林崇尺	转身面上，鞠躬，平立。	太物四	叉手，挑左脚，转身面西，平立。	林洋尺	出左脚，平立如揖。	太宁四
如揖，出右脚，转身面西，左手齐耳，右手按右膝。	仲师上	鞠躬，转身面西，揖起，出左脚如丁字。	黄轨合	两手开，目视左手平肩，右手齐耳，左脚尖拖地。	仲洋上	如揖起，鞠躬。	黄止合

	黄酌合		南惟工		黄登合		黄于六
开左手齐耳,右手垂腰,出右脚尖如丁字。		挑左脚,转身面西。		辬左脚过右。		如揖下,两手摆西,左脚往后拖。	
	太彼四		林清尺		太献四		南禧工
右手齐耳,左手垂腰,出左脚尖如丁字。		挑右脚,过上,平立。		复辬右脚过左。		复摆东,右脚往后拖。	
	仲金上		仲且上		仲惟上		林成尺
叉手过右肋下,脚平立。		如揖下,平立。		左脚往后挑起,踏下。		从西回首顾下,斜拱,出左脚尖如丁字。	
	太全四		太旨四		林三尺		仲礼上
复过右肋下,低头,拱手齐眉。		如揖起,转面上,低头拱手,平立。		如揖下,开左手齐手,右手按右膝。		面上,低头正拱出右脚尖如丁字。	

终献礼大吕
乐奏景和之曲

	仲百上		林生尺		黄瞻六		林神尺
开右手齐耳,左手垂腰,出左脚尖如丁字。		如揖,两手摆东,目视左脚尖如丁字。		转身面东,正拱齐眉,出右脚尖如丁字。		开右手齐耳,左手垂腰,出左脚尖如丁字。	
	南王工		仲民上		南之工		仲其上
左手齐耳,右手垂腰,出右脚尖如丁字。		复摆西,目视左脚尖。		转身面西,正拱齐眉,出左脚尖如丁字。		右手齐耳,左手垂腰,出右脚尖如丁字。	
	林宗尺		太物四		林洋尺		太宁四
叉手,辬左脚过左。		又摆东,目视左脚尖。		辬左脚过右,换出右脚,平立。		叉手,挑左脚,转身面西。	
	仲师上		黄轨合		仲洋上		黄止合
如揖,出左脚立,开手齐耳,右手按右膝。		如揖起,开左手齐手,右手按右膝。		如揖起,两手往上斜拱,左脚尖点地。		低头,拱开眉,正立。	

如揖下,两手开尺许,摆东,目视左脚尖。	黄酌合	转身面西,正拱,出右脚尖如丁字。	南惟工	如揖下,两手摆东。脚平立。	黄登合	鞠躬,开左手平额,右手随右脚往后拖	黄于六
复摆西,目视右脚尖。	太彼四	复转面东,正拱,出右脚尖如丁字。	林清尺	复摆西。	太献四	复右手平额,左手随左脚往后拖	南禧工
叉手,如楫开两手,平立。	仲金上	如揖下,开左手齐耳,右手按右膝。	仲且上	又摆东。	仲惟上	叉左手平额,右手随右脚往后拖	林成尺
转身面西,左手齐耳,右手按右膝。	太坌四	复转面西,左手齐耳,左手按右膝。	太旨四	如揖起,鞠躬,两手平额。	林三尺	俯伏于地拜起,面上,低头平立。	仲礼上

天启《滇志》卷八《学校》载《文庙乐舞之图》,详情如下:

奠帛行初献礼,大吕,乐奏《宁和》之曲,起舞:

自:开左手齐耳,右手垂腰,出右脚尖如丁字。

生:右手齐耳,左手垂腰,出左脚尖如丁字。

民:叉手,辨左脚过右,踏实。

来:如揖,出右脚,转身面西,左手齐耳,右手按右膝。

谁:转身面西,正拱,出左脚尖如丁字。

底:转身面东,正拱,出右脚尖如丁字。

其:转身面上如揖,躬身平立。

盛:鞠躬,转身面西,揖起,出左脚尖如丁字。

惟:开左手齐耳,右手垂腰,出右脚尖如丁字。

王:右手齐耳,左手垂腰,出左脚尖如丁字。

神:叉手,挑左脚,转身,面西平立。

明：两手开，目视左手平肩，右手齐耳，左脚尖点地。

度：辨左脚过右，踏实。

越：复辨右脚过左，踏实。

前：出左脚平立，如揖下。

圣：如揖起，鞠躬。

粢：开左手齐耳，右手垂腰，出右脚尖如丁字。

帛：右手齐耳，左手垂腰，出左脚尖如丁字。

具：叉手过左肋下，脚平立。

成：复过右肋下，低头，拱手齐眉。

礼：挑左脚，转身面西。

容：左脚踏实，挑右脚过上，平立。

斯：如揖下，平立。

称：如揖起，转身面上，低头拱手，正身平立。

黍：辨左脚过右，踏实。

稷：复辨右脚过左，踏实。

维：右脚往后挑起，就踏下。

馨：如揖下，开左手齐耳，右手按右膝。

惟：如揖下，两手摆西，左脚往后拖。

神：后摆东，右脚往后拖。

之：从西回首顾下，斜拱，出右脚尖如丁字。

听：西上低头，正拱，出右脚尖如丁字。

连奏：

大：开右手齐耳，左手垂腰，出左脚尖如丁字。

哉：左手齐耳，右手垂腰，出右脚尖如丁字。

圣：叉手，辨右脚过左。

王：如揖，出左脚立，开左手齐耳，右手按右膝。

实：如揖，两手摆东，目视左脚尖如丁字。

天：复摆西，目视右脚尖如丁字。

生：又摆东，目视左脚尖如丁字。

德：如揖起，开左手齐耳，右手按右膝。

作：转身面东，正拱齐眉，出右脚尖如丁字。

乐：转身面西，正拱齐眉，出左脚尖如丁字。

以：辨左脚过右，换出右脚，平立。

崇：如揖起，两手往上斜拱，左脚点地。

时：开右手齐耳，左手垂腰，出左脚尖如丁字。

祀：左手齐耳，右手垂腰，出右脚尖如丁字。

无：叉手，挑左脚，转身面西。

致：低头，拱手齐眉，平立。

清：如揖下，两手开许尺，摆东，目视左脚尖如丁字。

酤：复摆西，目视右脚尖如丁字。

惟：叉手，如揖，开两手平立。

馨：转身面西，开左手齐耳，右手按右膝。

嘉：转身面西，正拱，出右脚尖如丁字。

牲：复转面东，正拱，出右脚尖如丁字。

孔：如揖下，开左手齐耳，右手按右膝。

硕：复转面西，右手齐耳，左手按左膝。

荐：如揖下，两手摆东，脚平立。

馑：复摆东。

神：又摆东。

明：如揖起，鞠躬，两手平额。

庶：鞠躬，开左手平额，右手随右脚往后拖。

几：复右手平额，左手随左脚往后拖。

昭：叉左手平额，右手随右脚往后拖。

格：俯伏于地如拜起，面上低头，平立。

亚献礼，大吕，乐奏《安和》之曲：

百：开左手齐耳，右手垂腰，出右脚尖如丁字。

王：右手齐耳，左手垂腰，出右脚尖如丁字。

崇：叉手，辨左脚过右。

师：如揖，出右脚，转身面西，左手齐耳，右手按右膝。

生：转身面西，正拱，出左脚尖如丁字。

民：复转面东，正拱，出右脚尖如丁字。

物：转身平上，鞠躬，平立。

轨：鞠躬，转身面西，揖起，出左脚尖如丁字。

瞻：开左手齐耳，右手垂腰，出右脚尖如丁字。

之：右手齐耳，左手垂腰，出左脚尖如丁字。

洋：叉手，挑左脚，转身面西，平立。

洋：双手开，目视左手平肩，右手齐耳，左脚尖拖地。

神：辨左脚过右。

其：复辨右脚过左。

宁：出左脚，平立如揖。

止：如揖起，鞠躬。

酌：开左手齐耳，右手垂腰，出右脚尖如丁字。

彼：右手齐耳，左手垂腰，出左脚尖如丁字。

金：叉手过左肋下，脚平立。

罍：复过右肋下，低头，拱手齐眉。

惟：挑左脚，转身面西。

清：挑右脚，过上，平立。

且：如揖下，平立。

旨：如揖起，转身面上，低头拱手，平立。

登：辨左脚过右。

献：复辨右脚过左。

惟：左脚往后挑起，踏下。

三：如揖下，开左手齐耳，右手按右膝。

于：如揖下，两手摆西，左脚往后拖。

禧：复摆东，右脚往后拖。

成：从西回首顾下，斜拱，出左脚尖如丁字。

礼：面上，低头正拱，出右脚尖如丁字。

终献礼，大吕，乐奏《景和》之曲：

百：开右手齐耳，左手垂腰，出左脚尖如丁字。

王：开左手齐耳，右手垂腰，出右脚尖如丁字。

宗：叉手，辨右脚过左。

师：如揖，出左脚立，开左手齐耳，右手按右膝。

生：如揖，两手摆东，目视左脚尖如丁字。

民：复摆西，目视左脚尖。

物：又摆东，目视左脚尖。

轨：如揖起，开左手齐耳，右手按右膝。

瞻：转身面东，正拱齐眉，出右脚尖如丁字。

之：转身面西，正拱齐眉，出左脚尖如丁字。

洋：辨左脚过右，换出右脚，平立。

洋：如揖起，两手往上斜拱，左脚尖点地。

神：开右手齐耳，左手垂腰，出左脚尖如丁字。

其：左手齐耳，右手垂腰，出右脚尖如丁字。

宁：叉手，挑左脚，转身面西。

止：低头，拱手齐眉，正立。

酌：如揖下，两手开尺许，摆东，目视左脚尖。

彼：复摆西，目视右脚尖。

金：叉手如揖，开两手，平立。

罍：转身面西，左手齐耳，右手按右膝。

惟：转身面西，正拱，出右脚尖如丁字。

清：复转面东，正拱，出右脚尖如丁字。

且：如揖下，开左手齐耳，右手按右膝。

旨：复转面西，右手齐耳，左手按左膝。

登：如揖下，两手摆东，脚平立。

献：复摆西。

惟：又摆东。

三：如揖起，鞠躬，两手平额。

于：鞠躬，开左手平额，右手随右脚往后拖。

禧：复右手平额，左手随左脚往后拖。

成：又左手平额，右手随右脚往后拖。

礼：府伏于地如拜起，面上，低头平立。①

---

① 以上文字根据天启《滇志》载《文庙乐舞之图》梳理而成，该书由［明］刘文
征纂修，详见古永继校点，王云、尤中审定，云南教育出版社 1991 年版，第
280—284 页。

附录三 《文庙丁祭谱》载《释奠仪注》

通唱　行释典礼　执事各司其事　鸣钟　声鼓

鼓初严　鼓再严　鼓三严

典唱　麾生进　陪

典唱　旌生进　典唱　乐生序立　陪典唱　舞生序立

通唱　主祭官就位　分引唱　主祭官盥洗　就位

通唱　分献官就位　分引唱　分献官盥洗　就位

通唱　陪祭官就位　启户　瘗毛血　迎神

典唱　举迎神乐　陪典唱　奏昭平之章　通唱　上香　正

引唱　主祭官诣

先师香案前　跪　三上香　叩首　兴次诣

复圣香案前　跪　三上香　叩首　兴次诣

述圣香案前　跪　三上香　叩首　兴次诣

亚圣香案前　跪　三上香　叩首　兴次分献官

侯主祭官诣　复圣位时唱　分献官诣

东西哲位前　跪　三上香　叩首　以次降阶分诣

东西庑位前　跪　三上香　叩首　叩首　兴毕　皆复位

陪通唱　　跪　叩首　叩首　叩首　兴跪　叩首　叩首

叩首　兴跪　叩首　叩首　叩首　兴

通唱　奠帛爵行初献礼　典唱　举初献乐　陪典唱　奏宜

平之章　起宜平之舞　俟乐作正引唱

　　主祭官行初献礼　诣酒尊所　司尊者举幂酌酒　诣

　　先师位前　跪　奠帛　初献爵　叩首　兴　诣祝位前　跪

　　通唱　皆跪　典俟歌二句则以玉振金声句唱止　歌四句则
以展业大成句唱止

　　乐止　陪典唱　舞止　正引唱　读祝毕　唱　叩首　叩
首　叩首　兴　典唱　乐起　陪典唱舞起　通唱　行分献礼
正引唱　诣

　　复圣香案前　跪　奠帛　初献爵　叩首　兴　次诣

　　宗圣香案前　跪　奠帛　初献爵　叩首　兴　次诣

　　述圣香案前　跪　奠帛　初献爵　叩首　兴　次诣

　　亚圣香案前　跪　奠帛　初献爵　叩首　兴　次诣

　　分引俟诣　复圣位时唱　分献官诣

　　东西哲位前　跪　奠帛　初献爵　叩首　兴次诣

　　东西庑位前　跪　奠帛　初献爵　叩首　兴皆复位

　　通唱　行亚献礼

　　典唱　举亚献乐　陪典唱　奏秩平之章　起秩平之舞　俟
乐作正引唱

　　主祭官行亚献礼　诣酒尊所　司尊者举幂酌酒　诣

　　先师位前　跪　亚献爵　叩首　兴　通唱　行分献礼

　　正引唱　诣

　　复圣香案前　跪　亚献爵　叩首　兴次诣

　　宗圣香案前　跪　亚献爵　叩首　兴次诣

　　述圣香案前　跪　亚献爵　叩首　兴次诣

　　亚圣香案前　跪　亚献爵　叩首　兴复位

　　分引俟诣　复圣位时唱　分献官诣

东西哲位前　跪　亚献爵　叩首　兴次诣

东西庑位前　跪　亚献爵　叩首　兴皆复位

通唱　行终献礼　典唱　举终献乐

陪典唱　奏叙平之章　起叙平之舞　俟乐作　正引唱　主祭官行终献礼　诣酒尊所司尊者举幂酌酒　诣

先师位前　跪　终献爵　叩首　兴　通唱　行分献礼

正引唱　诣

复圣香案前　跪　终献爵　叩首　兴次诣

宗圣香案前　跪　终献爵　叩首　兴次诣

述圣香案前　跪　终献爵　叩首　兴次诣

亚圣香案前　跪　终献爵　叩首　兴复位

分引俟诣　复圣位时唱　分献官诣

东西哲位前　跪　终献爵　叩首　兴次诣

东西庑位前　跪　终献爵　叩首　兴皆复位

俟乐止典唱　文德之舞退　通唱　饮福受胙

正引唱　主祭官受诣　饮福受胙　跪　饮福酒　受福胙　叩首　叩首　叩首　兴复位

陪通唱　跪　叩首　叩首　叩首　兴　跪　叩首　叩首　叩首　兴　跪　叩首　叩首　叩首　兴通唱　彻馔　典唱　举彻馔乐　陪典唱　奏懿平之章　毕

通唱　送神

典唱　举送神乐　陪典唱　奏德平之章　陪通唱　跪　叩首　叩首　叩首　兴　跪　叩首　叩首　叩首　兴　跪　叩首　叩首　叩首　兴　典俟歌第六句　祀事孔明句唱　乐止

通唱　司祝者奉祝　司帛者奉帛　司香者奉香　司馔者奉馔　恭送燎所　望燎

　　正引分引各官　诣燎所望燎　典唱　乐起　毕

　　通唱　礼成　闭户　卷班

　　谨案　崇圣祠正献官诣　五圣王各位前行礼其四配两庑均系分献官行礼惟无饮福受胙所有迎神上香初献奠帛亚献终献彻馔送神望燎仪节俱如正殿①

①［清］蓝钟瑞等：《文庙丁祭谱》，刁忠民校点，刘琳审稿，《儒藏·史部孔孟史志》第 11 册，四川大学出版社 2005 年版，第 172—174 页。

附录四　康熙《云南通志》
载释奠礼乐舞容《图像》

康熙《云南通志》卷八《学校》载释奠礼乐舞容《图像》,详见如下:

1. 第一成乐舞:奠帛,乐奏《宁和》之曲

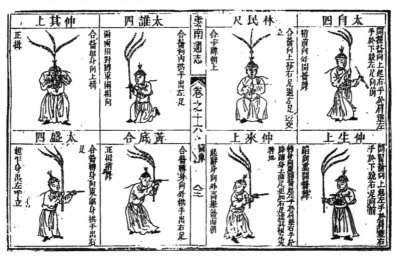

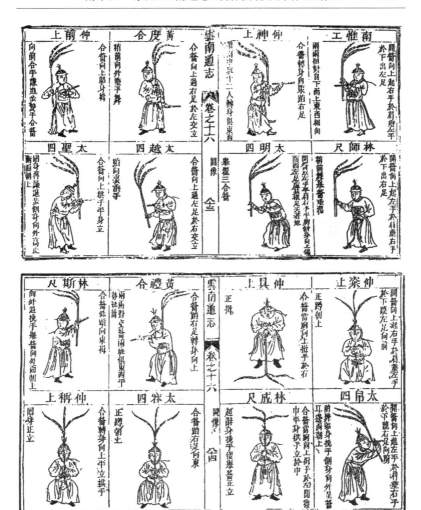

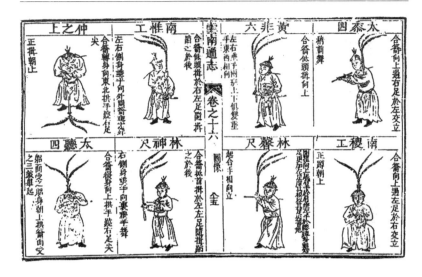

2. 第二成乐舞:初献,乐奏《安和》之曲

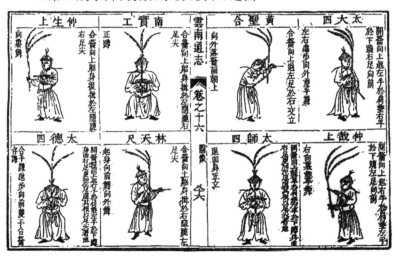

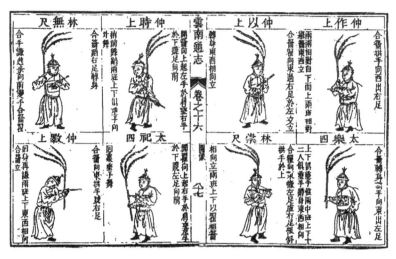

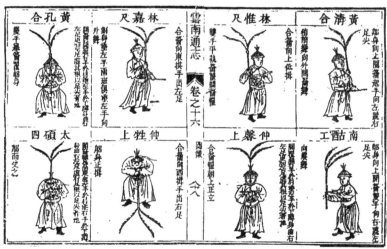

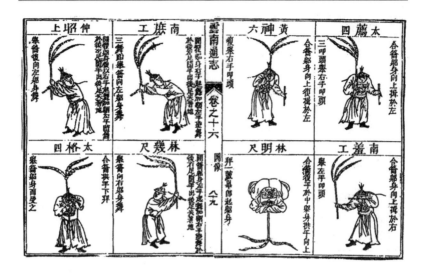

3.第三成乐舞:亚献,乐奏《景和》之曲

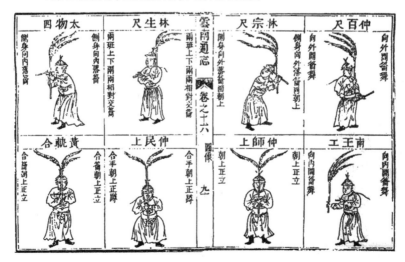

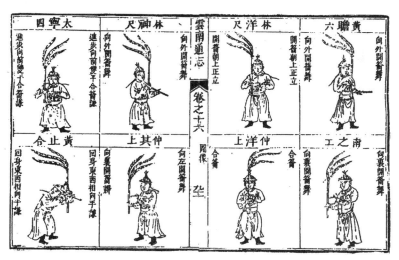

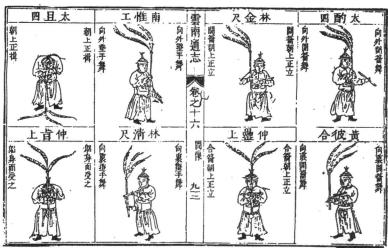

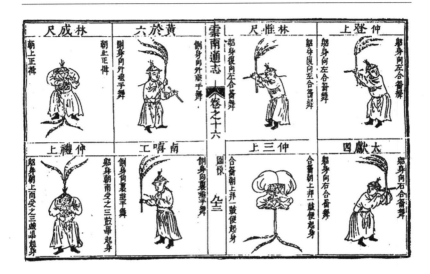

现据康熙《云南通志》卷十六《学校》相关内容，将以上释奠乐舞的舞容文字整理如下：

第一成乐舞：奠帛，乐奏《宁和》之曲

自：开翟籥向上，起右手于肩，垂左手于下，跷左足向前。（稍前向外开籥舞）

生：开翟籥向上，起左手于肩，垂右手于下，跷右足向前。（蹈向里开籥舞）

民：合籥籥向上，移右足过左足边交立。（合手蹲朝上）

来：转身向东开籥，起左手于肩，垂右手于膝，蹲身上曲，足更加，右足虚其根，足尖着地。（起辞身向外，高举籥而朝）

谁：合籥向内，拱手出左足。（两两相对，蹲东两相向）

底：合籥转身向外，拱手出右足。（正揖稍舞）

其：合籥躬身向上揖。（正揖）

盛：合籥转身向东，躬身拱手出右足。（起平身出左手立）

惟：开籥向上，起右手于肩，垂左手于下，出左足。（两两相对，自下而上，东西相向）

师：开籥向上，起左手于肩，垂右手于下，出右足。（稍前舞，举翟垂翟）

神：合籥转身向东，蹈右足。（中班十二人转身俱东西）

明：开籥以左手平肩，右手平胸，斜身向上偏面西，左足虚其根，足尖着地。（举翟三合籥）

度：合籥向上，过右足于左，交立。（稍前向外，垂手舞）

越：合籥向上，过左足于右，交立。（蹈向里，垂手）

前：合籥向上，躬身揖。（向前合手，谦进步，双手合籥）

圣：合籥向上，拱手平身立。（回身再谦退步，侧身向外，高止衡面朝上）

浗：开籥向上，起右手于肩，垂左手于下，跷左足向前。（正蹲朝上）

帛：开籥向上，起左手于肩，垂右手于下，跷右足向前。

具：合籥当胸，向上揖手于右。（正揖）

成：合籥当胸，向上揖手于左，随复中平身拱手立于中。（起辞身，挽手复举籥正立）

礼：合籥蹈右足，转身向上。（两两对交籥，两班俱东西平势执籥）

容：合籥蹈右足，向东。（正蹲朝上）

斯：合籥低头向东揖。（向外退，挽手举籥向外，面朝上）

称：合籥转身向上，平立拱手。（回身正立）

黍：合籥向上，过右足于左，交立。（稍前舞）

稷：合籥向上，过左足于右，交立。（正蹲朝上）

维：合籥低头，揖向上。（左右垂手，两班上下俱双垂手，东西相向）

馨：开籥向上，起右手于肩，垂左手于膝，蹲身曲左右足，更加左足虚其根，以左尖着地。（起合手，相向立）

惟：合籥低头揖于右左足，随揖蹈之于后。（左右侧身，垂手向外，开籥垂手向外）

神：合籥低首揖于左右足，随揖蹈之于后。（右侧身，垂手向里，举手舞）

之：合籥转身向东北拱手，跷右足尖。（正揖朝上）

听：合籥后身向上拱手，跷右足尖。（躬而受之，躬身朝上，拱籥而受之，三鼓毕，起）

第二成乐舞：初献，乐奏《安和》之曲

大：开籥向上，起左手于肩，垂右手于下，跷右足向前。（左右进步向外，垂手舞）

哉：开籥向上，起右手于肩，垂左手于下，跷左足向前。（右向里□舞）

圣：合籥向上，过左足于右，交立。（向外落籥，面朝上）

师：开籥向上，起右手于肩，垂左手于下，蹲身曲右足，更加左足，虚其根，以足尖着地。（退回身正立）

实：合籥向上，躬身揖于左，随跷右足尖。（正蹲）

天：合籥向上，躬身揖于右，随跷左足尖。（起身向前舞，向外舞）

生：合籥向上，躬身复揖于左，随跷右足尖。（向里舞）

德：开籥翟向上，起右手于肩，垂左手于下，蹲身曲右足，更加左足，虚其根，以足尖着地。（合手谦进步向前，双手合

籥,序谦)

作:合籥拱手向西,出右足。(两两相对,自上而下,两班相对,举籥东西立)

乐:合籥转身拱手向东,出左足。(上下俱垂手,惟两中班上下十二人,俱垂手蹲身,东西相向)

以:合籥翟向东,过右足于左,交立。(转身东西相向立)

崇:合翟向东,彻左足,虚右足根,斜拱手于上。(相向立,两班上下,以翟相籥)

时:开籥翟向上,起左手于肩,垂右手于下,跷足向前。(稍前舞蹈,两班上下,俱垂手向外舞)

祀:开籥翟向上,起右手于肩,垂左手于下,跷左足向前。(回里垂手舞)

无:合籥蹈右足转身。(合手谦进步向前,双手合籥翟)

斁:合籥向东,拱手跷右足。(回身再谦,两班上下东西相向,合籥立)

清:躬身向上,开籥起手向左,跷右足尖。(稍前舞,向外开籥舞)

酤:躬身向上开籥,双手向右跷左足尖。(向里舞)

惟:合籥向上,低揖。(双手平执籥翟,开籥翟)

馨:开翟起右手于肩,垂左手于下,蹲身曲右左足,更加左足,虚其根,以足尖着地。(合籥翟朝上正立)

嘉:合籥向东,拱手出左足。(侧身垂左手,两班俱垂左手,向外舞)

牲:合籥向西,揖手出右足。(躬身正揖)

孔:开籥向西,起右手于肩,垂左手于下,蹲身曲右左足,更加左足,虚其根,以足尖着地。(双手拱籥翟躬身)

硕:开籥转身向东,起左手于肩,垂右手于下,蹲身曲右左足,虚其根,以足尖着地。(躬而受之)

焉:合籥躬身向上,揖于左。(三叩头,举右手叩头)

羞:合籥躬身向上,揖于右。(举左手叩头)

神:合籥躬身向上,复揖于左。(复举右手叩头)

明:合籥复手于中,躬身拱手向上。(拜一鼓毕,即起躬身)

庶:开翟躬身,右手起舞,加额左手垂舞于后,左足随手出后,足尖着地。(三舞蹈举籥向左,躬身舞)

几:开翟躬身,左手起舞,加额右手垂舞于后,右足随手出后,足尖着地。(举籥向右,躬身舞)

昭:开翟躬身,复以右手起舞,加额左手随舞于后,左足随手出,后足尖着地。(举籥复向左,躬身舞)

格:合籥拱手下拜。(举籥躬身而受之)

第三成乐舞:亚献,乐奏《景和》之曲

百:向外开籥舞。

王:向内开籥舞。

宗:侧身向外落籥,面朝上。

师:朝上正立。

生:两班上下,两两相对交籥。

民:合手朝上正蹲。

物:侧身向内落籥。

轨:合籥朝上正立。

瞻:向外开籥舞。

之:向里开籥舞。

洋:开籥朝上正立。

洋：合籥。

神：向外开籥舞。

其：向里开籥舞。

宁：进步向前，双手合籥谦。

止：回身东西相向手谦。

酌：向外开籥舞。

彼：向里开籥舞。

金：开籥朝上正立。

罍：合籥朝上正立。

惟：向外垂手舞。

清：向里垂手舞。

且：朝上正揖。

旨：躬身而受之。

登：躬身向左合籥舞。

献：躬身向右合籥舞。

惟：躬身复向左合籥舞。

三：合籥朝上拜，一鼓便起身。

於：侧身向外垂手舞。

嘻：侧身向里垂手舞。

成：朝上正揖。

礼：躬身朝南受之，三鼓毕，起身。①

---

① ［清］吴自肃、丁炜纂，范承勋等修：康熙《云南通志》卷十六《学校》，《中国地方志集成·省志辑·云南》第 1 册，上海书店、巴蜀书社、江苏古籍出版社 2009 年版，第 381—387 页。

附录五 康熙《云南通志》载《谱法》

康熙《云南通志》卷十六《学校》载《谱法》,详情如下:

(鼍鼓)在殿陛之下,先击三百六十数,以警戒。后击三通,以节其进。其击法:首以两椎连,双击鼗者二,而鼓一击,又两,再作如前。凡三作,但末作鼓两击,以别之。三次共四击,此起鼓之例。此后不必击鼗,但以椎于鼓上,先后二击者三,三次,共六击,此为第一通。又先后三击者三,为第二通,三次共九击。又急,五击者三;而末,紧加二击以结之,此为第三通。三次,带末二击,共十七击,通前共三十六击,以当一岁之运。初起,乐生卷班。第一通毕,俱升堂;第二通毕,俱入室;第三通毕,俱就位,谓之著往。全乐奏。终,其击法又如前:初起,卷班,第一通毕,离位;第二通毕,致事;第三通毕,拜辞而散。此全乐之收宫,谓之饬归,所以谨其退也,击鼍鼓于始终,皆取警戒之义焉。

鼓字用左手击,冬字用右手击。

初　起:扎扎冬　　　扎扎冬　　　扎扎冬冬

第一通:鼓冬　　　　鼓冬　　　　鼓冬

第二通:鼓冬冬　　　鼓冬冬　　　鼓冬冬

第三通:鼓冬鼓冬冬　鼓冬鼓冬冬　鼓冬鼓冬冬

结　尾:冬冬

左手欲轻,右手欲重。

大鼓大钟　在大成门之左右,初行祭礼则击鼓,祭事俱毕则击钟。鼓三百六十,击钟一百八响,凡迎神送神,钟鼓齐鸣。

麾:麾生执麾,升龙向外,降龙向内,如迎神作乐,举之则升龙现,高唱曰:乐奏咸和之曲,迎神二字一读欲勃如而起,末稍加腔韵,咸和之曲四字分排欲匀,尾声悠长,但要春容和雅,不可急促暴戾,每起一曲即举麾依歌章唱一声,凡入曲奏终,听柷敔毕,偃麾则降龙现,高唱曰:乐止,欲风然而去。

起止乐谱:

〔乐奏〕〔咸〕〔和〕〔之〕〔曲〕,长韵渐大。

〔乐止〕长韵渐细。

〔柷〕每奏一曲之始,听举麾唱毕,两手举止,先撞底一声,次击左旁一声,次击右旁一声,共三声以举乐。堂上堂下之乐俱统命于柷焉。

〔敔〕每奏一曲之终,听悬鼓响毕,即两手举籈,先击其首者三,次逆柝龃龉者三,共六响以止乐。堂上堂下之乐皆制命于敔焉。

〔镈钟〕宫悬左右各三架,每奏一曲之始,听击柷毕,即击一声以开众音。每架主一曲,先左之中,次右之中,次左之北,又右之北,次左之南,次右之南,又次左之中,又次右之中,全乐八曲八响,乃一曲之始条理也。

〔特磬〕宫悬南北各三架,每奏一曲之终,即击一声以收众音。每架主一曲,先南之中,次北之中,次南之左,次北之左,次南之右,次北之右,又次南之中,又次北之中,全乐八曲八响,乃一曲之终条理也。

〔悬鼓〕宫悬四隅各一架,每奏一曲之终,听特磬响毕,即击悬鼓,先乾响巽应,次坤音艮应,凡四声盖一曲之收宫也。

〔编钟〕宫悬四面各一架,每奏一句之始,即击一声以开众音。自东而南、而西、而北,轮更击搏,每曲八句八响,乃一句之始条理也。

〔编磬〕宫悬四面各一架,每奏一句之终,即击一声以收众音。自西而南、而东、而北,轮更敲夏,每曲八句八响,乃一句之终条理也。

〔楹鼓、足鼓、鞉鼓〕堂上左右共四架,每奏一曲之终,听编磬响毕,先击楹鼓一响,足鼓应之,鞉鼓尾之,凡三响三应三尾,摇鞉法持柄,左转两耳击三点,盖一句之收宫也。

〔登歌钟〕堂左一架,每奏一字之始,听歌声既发即击一声以开众音。每句四字四响,乃一字之始条理也。

〔登歌磬〕右堂一架,每奏一字之终,即击一声以收众音。凡钟磬在悬,以乐生所向之方下层,自右数第一〔合〕字,第三〔四〕字,第五〔一〕字,第六〔上〕字,第八〔尺〕字。上层自左数,第二〔工〕字,第四〔凡〕字,第五〔六〕字,第七〔五〕字,击磬俱按律吕,每句四字四音,乃一字之终条理也。钟同法列谱于下:编歌钟磬谱(略)。

〔搏拊、田鼓〕搏在门内,田在门外,共四架。每奏一字之终,听歌声响毕,即拍搏拊一声,速敲四鼓应之,拍搏拊法:初字以左手,再字以右手,三字又以左手,四字则两手齐拍;鼓田敲法:初字以右杖,再字以左杖,三字又以右杖,四字则二杖齐敲,盖一字之收宫也。

〔歌〕歌乃一乐之主,凡八音皆以和歌,古之雅颂,其法不传。今止一字一韵,审其为喉舌唇齿以定其音律。凡字俱有声有音,声即字也,音则其落韵也。字有不能合音律者,而以落韵合之,如大成乐所用合、四、上、尺、工、六等字,〔合〕字属宫,出于喉而落于喉内。〔四〕字属商,出于齿而落于舌之上根。〔上〕字属徵,出于舌上而落于上腭之近外。〔尺〕字属徵,出于舌头而落于上腭之近内。〔工〕字属羽,出于唇而落于上腭之鼻孔。〔六〕字属少宫,出于喉而落于喉外。总之,歌在口中,以律吕之九宫往来轮转,如琴之弦,如箫之孔,如钟磬之在悬,自合至六,声渐高而清,自六至合,声渐低而浊,此九宫之声音,凡歌入口皆协律吕矣,列谱于下:

歌:自上而下渐低渐浊渐巨

口:〔五〕〔六〕〔凡〕〔工〕〔尺〕〔上〕〔一〕〔四〕〔合〕

谱:自下而上渐高渐清渐细

〔琴〕:八音以丝为君,丝以琴为君,而琴以中徽为君,而中徽者,第七徽也。其位黄钟,中声寄焉,若求其中,则寓于弦之紧慢。紧慢适中,其声自出是声,乃声之元,天地之中声,万世作乐之大根大本也,世人莫知焉。朱子曰:律,历家最重元声,元声一定,向下都定,元声一差,向下都差。求之之法,取竹之窍生,厚薄均者,祖蔡氏截竹探讨之法以为黄钟之管,以定中声,遂法此声制而为箫。先吹合字,即黄钟也。谨察其声,以右手勾第一弦而以左手中指揣摩七徽上下之间,如弦过乎太紧,则声溢出于徽外或在八九之间,必却轸以慢之,过于太慢,则声又为不及或腾在五六之上,必进轸以紧之,务求紧慢适中,使中声正对七徽,而后,以中声既定,然后如寻常和弦法,用得道仙翁以调之,弦既和平,则十二律各得其位矣。旧《大成乐》谱俱按弹,皆以七徽为主。其第一弦为黄钟律,左手中指按七徽,右手中指勾一弦则(合)字应。第二弦为太簇律,左手指按七徽,右手中指勾二弦则(四)字应。第三弦为姑洗兼仲吕律,用左手大指按七徽半,右手食指抹三弦则(一)字应。用右手大指按七徽,左手食指挑三弦则(上)字应。第四弦为林钟律,用左手名指按七徽,右手中指勾四弦则(尺)字应。第五弦为南吕律,用左手大指按七徽,右手食指挑五弦则(工)字应。第六弦为应钟兼清黄律,用左手大指按七徽半,右手食指挑六弦则(凡)字应。用左手食指按七徽,右手食指抹六弦则应(六)

字应。第七弦为清太律,用左手名指按七徽,右手中指剔七弦则(五)字应。此谱之按弹者也。

张鹗曰:按徽则声短而杀,不比于瑟,莫若散弹则声洪而长,方与众音相和。明朝释奠仪注载:琴瑟谱俱散弹,用一弦至六弦,曰:合、四、上、尺、工、六,然去一则留七,去七则留一,旋相为宫。俱可用散勾一弦为(合)字,勾二弦为(四)字,勾三弦为(上)字,挑四弦为(尺)字,挑五弦为(工)字,挑六弦为(六)字,此谱之散弹者也。又冯应京曰:古弹琴与瑟,同安马柱支弦对徽,乃以右手鼓于临岳之下,则达越之声见矣。若以左手按弦附木,则其声暗陂短促如鸡啄木,略无音韵,听之令人恐悲,今太常大成乐皆如之,则琴达越之法减矣。其何以和人声而歌于堂哉,盖按弦附木之法再用于杂调而不可用于雅乐。杂调或按或散,一浮一沉乃能相济而成调。若雅乐,惟取合律吕单按附木则韵短,止用散声则声涣,或散或按则杂乱不齐,惟以柱马对徽鼓之,则地天交泰而中声出焉,宜乎其达越也。自雅乐亡而琴马之制亦废,今宜细审中声,律吕既定,亦照鼓瑟之法两弦并奏,一散一按。散者,其正弦也,而按者,其助弦也。如散勾一弦(为)合字,则按九徽挑三弦以助之,散勾二弦为(四)字,则按九徽挑四弦以助之,散勾三弦为(上)字,则按十徽挑五弦以助之,散挑四弦为(尺)字,则按十徽勾二弦以助之,散挑五弦为(工)字,则按十徽勾三弦以助之,散挑六弦为(六)字,则按十徽勾四弦以助之。二、三、四、五弦,叠为正助,惟一弦六弦属宫在君位,不敢以之作助,此谱之散按兼弹者也。其声达越,与瑟相和,歌声不能掩之,弹法最妙,乃今之所用者也。旧弹琴家用勾、剔、抹、打、吟、猱、绰、注等,其指法最多皆悦耳、戏弄之具,非歌功颂德之正声也。

〔瑟〕:二十五弦各设一柱,第十三弦居中,为内外清中之界,谓之君弦,居所不动,其余柱马游移不定。前其柱则清,后其柱则浊,上下以笙和其音,外十二弦具十二中律,内十二弦具十二清律,或一手掐作,或两手合作俱可。一手掐作则止用外一至十二,内一至四。若两手合作,则内外二十四弦俱用。外第一弦为黄钟律,用右手食指勾则(合)字应,内第一弦为清黄律,用左手食指勾则(六)字应,外第二弦、第三弦为太簇律,用右手中指食指撮则(四)字应,内第二弦、第三弦为清太律,用左手中指食指撮则(五)字应,外第四弦、第五弦为姑洗律,用右手中指食指撮则(一)字应,内弦左手同法。外第六弦为仲吕律,用右手食指勾则(上)字应,内弦左手同法。外第七弦、第八弦为林钟律,用右手中指食指撮则(尺)字应,内弦左手同法。外第九弦、第十弦为南吕律,用右手中指食指撮则(工)字应,内弦左手同法。外第十一弦、第十二弦为应钟律,用右手中指食指撮则(凡)字应,内弦左手同法。内外二十四弦,不可参差先后,欲清中相应急徐如一,其两弦兼弹者,盖取阴阳相配也。自仲吕而上,以律配吕,自仲吕而下,以吕配律,琴之两弦兼弹者,盖取老少相配也。一、二、三弦用少配老,四、五、六弦用老配少,若欲稍作指法,少配老或可吟而不注,老配少或可猱而上绰。总欲琴瑟协和,则他音不能掩下矣。

〔笙〕:凡吹竹音,按其孔则无声,放其孔则有声,惟笙匏属放其孔则无声,按其孔则有声,故谓之鼓笙。鼓者动也。按其孔则气从山口出,以鼓动其簧而声发矣。笙后面居中一最长管位第十四乃黄钟中声,谱以〔合〕字应,其第十二管乃黄钟清声,谱以〔六〕字应。凡吹合字必吹六字,亦取清中相和。以左手食指及中指按其孔,余孔皆开。如吹十二管六字,又兼按十三管小六吹之,第四管、第八管、第十一管为太簇律,用右手食指及左手大指、食指按其孔,则〔四〕字应。第一管、第三管、第十管为姑洗律,用右手食指、大指,左手大指按其孔,则〔一〕字应。第二管、第十三管为仲吕律,用左右手大指按其孔则(上)字应。第十二管、第十五管为林钟律,用左手食指中指按其孔则〔尺〕字应。第三管、第七管、第十管为南吕律,用左手大指,右手大指、食指按其孔,则〔工〕字应。第五管、第六管、第十管为应钟律,用右手大指、左手大指、食指按其孔,则〔凡〕字应。又第一管为勾,凡第九管为助,凡清一,第六管为亚乙,十七管为背凡,审其调之清浊,皆可取为助音,而雅乐不用也。第四管、第八管、第十一管为清太律,用右手大指,左手大指、食指按其孔则(五)字应,欲知各管之配合,当看后篇点笙歌诀,其内外孔字音歌诀曰:一、三、十管(一)字真,二管、十三(上)字闻,四、八、十一为(四)字,十二、十四(六)(合)音,三、七、十一应(五)字,十二、十五(尺)字轮。又全簧孔字音歌诀曰:五、六(凡)、(勾),九(清)一,(亚乙),(背凡)十六、七,又加十三为(上)字,徐徐用字呼与吸。此总括管孔以清中数声兼言之,若大成乐止,用(合)、(四)、(上)、(尺)、(工)、(六),六字当依后列图,管取应用字目按孔单吹,勿以兼音乱雅为美。

(埙):吹时先以两手明指屈蟠埙底作环抱状,而两手大中食五指并闭五窍,两大指按后二孔,两食指按前上二孔,右中按前下一孔,平气俯唇轻而吹之则为黄钟律,谱以(合)字应,略府唇微仰而吹则为太簇律,谱以(四)字应,微仰更加气则为姑洗律,谱以(一)字应,仰极重吹则为仲吕律,谱以(上)字应,放前上右孔一孔则为林钟律,谱以(尺)字应,凡放尺字,余孔俱闭,放前下一孔则为南吕律,以(工)字应,凡放工字止,闭凡、六、五字,放前上左一孔则为应钟律,谱以(凡)字应,若放凡字止,闭五、六字,放后左一孔则为清黄律,谱以(六)字应,凡放六字止,闭五字,放后右一孔则为清太律,以(五)字应,凡放五字诸孔,尽开此器极难取音。急不鸣，缓不洪，仰口蹙唇，徐嘘有力，方得正声，是在审音者气制耳。

（篪）：如吹笛法，用左手名指挽其绳，横而左偏。其吹口在右头管而上，较他孔稍大。左尾上有穿绳二小眼为黄钟律，又为清太律。六孔俱闭，弱气轻吹则（合）字应，重吹则（五）字应。当尾有一底孔，为太簇律，以（四）字应。凡吹四字，只开此孔，余皆闭。左头第一孔为姑洗律，以（一）字应。凡吹一字，此孔与底孔俱开，余俱闭。第二孔为仲吕律，以（上）字应。吹上字，此孔与下一孔底一孔俱开，余俱闭。第三孔为林钟律，以（尺）字应。凡吹尺字，此孔与下二孔底一孔俱开，余俱闭。第四孔为南吕律，以（工）字应。凡吹（工）字，此孔与下三孔底一孔俱开，余俱闭。后一孔为应钟律，轻吹则（凡）字应。又为清黄律，重吹则（六）字应。凡吹凡、六字，止开此孔，余俱闭。八器之中，惟篪筒大而内阔，吹之甚难，止宜微气轻取，与埙相合，以和众乐。旧谱呼底孔开为阳，尾闭为阴，尾谱多不同，当以此为法也。

（凤箫）：用两手捧持，自右管吹起，每管一声。第一管为黄钟律，以（合）字应。第三管为太簇律，以（四）字应。第五管为姑洗律，以（一）字应。第六管为仲吕律，以（上）字应。第八管为林钟律，以（尺）字应。第十管为南吕律，以（工）字应。第十二管为应钟律，以凡字应。第十三管为清黄律，以（六）字应。第十五管为清太律，以（五）字应。每管头俱有缺窍为吹口，次第轻吹则声得矣。

（双管）：临时按荻头，人口含吹，以吞吐深浅为字之抑扬。两管同一音，六孔尽闭，箫内为黄钟律，以（合）字应。自下而上放第一孔为太簇律，以（四）字应，放第二孔为姑洗律，以（一）字应，放第三孔为仲吕律，以（上）字应，放第四孔为林钟律，以（尺）字应，放第五孔为南吕律，以（工）字应，放第六孔为清太律，以（五）字应。此器声调过高,当府而抑之,斯与众音谐和。凡放一孔,此孔以下尽开,以上尽闭,余箫笛等俱仿此。

(洞箫):箫,众乐之祖也,本黄钟之管而为之。吹箫以唇安山口上,全在口唇之俯仰,吹气之缓急。唇(仰)急吹则清,唇俯缓吹则浊,筒底孔及穿绳眼,黄钟也。若吹黄钟律,六孔皆闭,俯唇轻吹则(合)字应,仰而急吹则为清黄律(六)字应,自尾起放第一孔为太簇律,俯唇轻吹则(四)字应,仰而急吹则为清太律,(五)字应,放第二孔为姑洗律,以(一)字应,放第三孔为仲吕律,以(上)字应,放第四孔为林钟律,以(尺)字应,放第五孔为南吕律,以(工)字应,放后一孔为应钟律,以(凡)字应,自下而上以渐而清,象一阳之气自黄钟而升也。凡和琴瑟,点笙簧,全赖此器定黄钟之声,如教坊俗乐所用,不合尺寸,是郑卫淫声未可以谐雅乐也,其严辨之。

(龙笛):横而右偏,其吹口在左头管面上,较他孔稍大。右头底孔及穿绳眼,黄钟也。若吹黄钟律,六孔尽闭,微气轻嘘则(合)字应。自右头起,放第一孔为太簇律,俯唇轻吹则(四)字应,重吹则清太律,以(五)字应,放第二孔为姑洗律,以(一)字应,放第三孔为钟吕律,以(上)字应,放第四孔为林钟律,以(尺)字应,放第五孔为南吕律,以(工)字应,放第六孔为应钟律,以(凡)字应,重吹则清黄律,以(六)字应,断不可用俗乐所制者,彼止取悦耳导淫,与律吕相去远矣。

旌节:舞将陈,执节前导。既列缀兆则分立东西舞生之首,如奠帛麾生唱乐奏宁平之曲,东阶节生亦扬节唱曰:奏宁平之舞,三献皆同。舞毕,西阶节生抑节唱曰:舞止,各随节架上,舞生俱归班。

(相鼓木铎):节武舞,以金铎,节文舞,以木铎,一声应一步。傍侍者执摇,听堂下乐既发声,即摇一声,随舞人所向之方辰,俯则先俯,仰则先仰,以为舞容之节相鼓。用手执于胸前,所以辅铎者每铎一响,则击鼓一声以应之。

(籥、翟):籥,用左手横执之,有窍而不吹,或云缀兆转折入位之时齐吹,以节走趋。翟,用右手纵执之,翟纵籥横,齐肩执之为(执),起之齐目为(举),平心执之为(衡),尽手向下执之为(落),向前正举为(拱),向耳偏举为(呈),籥、翟纵横两分为(开),籥、翟纵横相加为(合),籥、翟纵合如一为(相),各分顺手向下为(垂),两执相接为(交),凡执籥乘翟,俱右手在外,左手在内,其手指俱大指在内,四指在外。纵则如绳,横则如衡,执秉者不可忽也。

舞鼓声既严,旌节前导,鱼贯而进,列行于陛上,左右相同,听节生唱奏宁和之舞,则散而为佾,听唱乐止,则聚而成列,忽散忽聚,部位不乱,如兵家之阵法。然凡舞东阶者面东,则西阶者面西。东阶者面西,则西阶者面东。又东阶者用左手左足舞蹈,则西阶者用右手右足舞蹈。其向背、低昂、周旋、俯仰各各成偶。凡立之容五,两阶相对为(向内立),两阶相背为(向外立),俱向正北为(朝上立),两面相对为(相对立),两两相背为(相背立)。舞之容二,两阶相顾作势为(向内舞),面阶相负作势为(向外舞)。首之容三,举面朝上为(仰首),俯面向下为(低首),左右顾为(侧首)。身之容五,起身正立为(平身),曲其背为(躬身),正立左右转为(侧身),转过为(回身),开左右膝直身下坐为(蹲身)。手之容五,一手高举为(起手),顺下为(垂手),前伸为(出手),两手合举为(拱手),相持为(挽手)。步之容二,前迈为(进步),后缩为(退步)。足之容七,起足前尖以足跟着地为(跷足),起足后跟以足尖着地为(点足),进足稍前为(出足),膝前足后为(曲足),履位迁换为(移足),右足加左,左足加右为(交足),反履底向上为(蹈足)。礼之容九,屈身出手下赐为(授),更屈身出手上承为(受),

拱手后退为（辞），拱手向左右为（让），低首屈身拱手为（谦），平出两肘拱手齐心为（揖）。低首屈身至地为（拜），屈膝至地为（跪），点首为（叩头），跷一足屈一足，拱手左右让为（舞蹈）。舞生按谱作势。

凡合字、四字欲迟，工字、六字欲疾，上字、尺字欲适中，听铎鼓既响，两阶羽籥齐作，进退、俯仰象六德之容，合声歌之妙而舞之能事毕矣。后列图谱，其形像解说俱出，太学志金载所载者，与此不同，故并存之。而阙里之舞，师世世亲传，又别有妙用。总之，得古人文舞之神动，合法矩，岂拘拘如泥偶哉。歌一阙则舞一成，奠帛三献共四成，始终共六变。起于中而散于中。初变在缀之中，东西立象，尼山毓圣，五老降庭。再变而为佾数稍前进，象笾仕于鲁，而鲁治。三变而东西分象，历聘列国而四方化四变。稍后退，象删述六经，告备于天。五变而左右向，象讲论授受传道于贤。六变而复归于缀中，东西立象庙堂，尊享弟子列配考，帝王乐舞武舞退，文舞进，由一成至于十二成，一变至于九变，其钹兆皆起南而散于南，与北不同也。①

---

①［清］吴自肃、丁炜纂，范承勋等修：康熙《云南通志》卷十六《学校》，《中国地方志集成·省志辑·云南》第 1 册，上海书店、巴蜀书社、江苏古籍出版社 2009 年版，第 358—365 页。

附录六　康熙《云南通志》载
释奠礼乐《乐器》图

康熙《云南通志》载有释奠礼乐《乐器》①，详见如下：

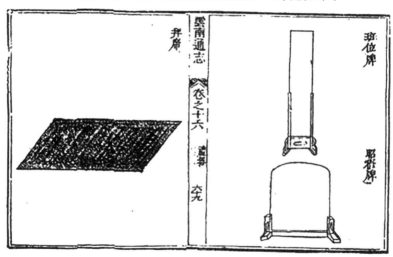

①〔清〕吴自肃、丁炜纂，范承勋等修：康熙《云南通志》卷十六《学校》，《中国地方志集成·省志辑·云南》第1册，上海书店、巴蜀书社、江苏古籍出版社2009年版，第375—380页。

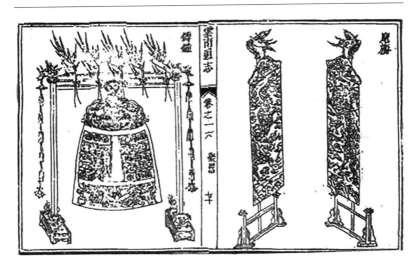

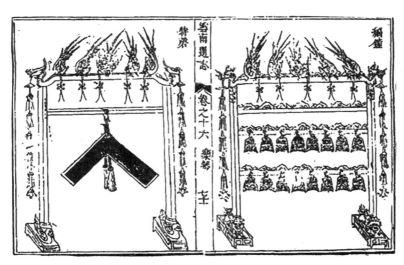

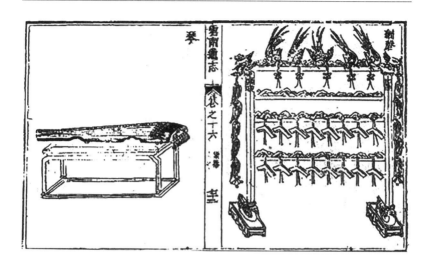

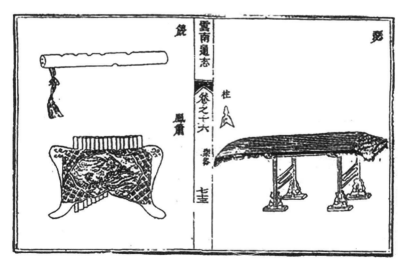

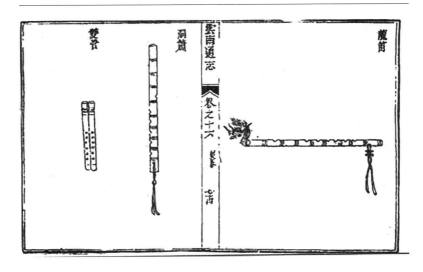

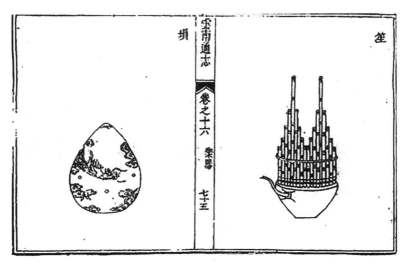

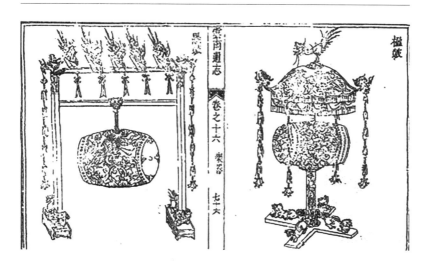

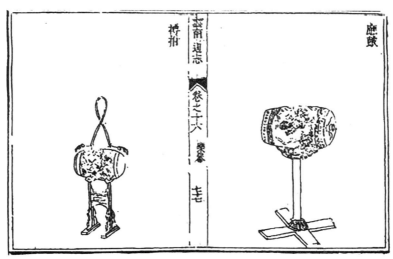

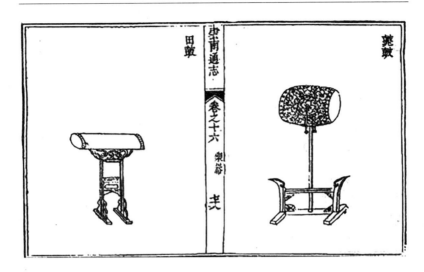

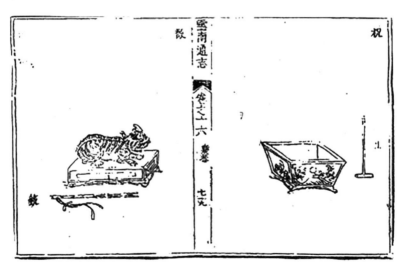

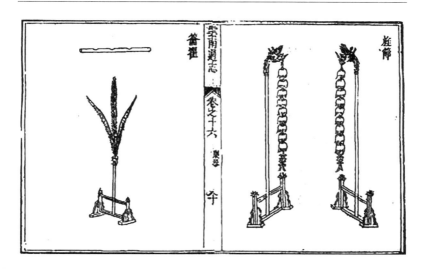

附录七 《文庙丁祭谱》载乾隆直省
《钦定中和韶舞舞容谱》^①

第一成（初献《宣平》之舞）

予：（左、右）正立，羽籥植。

怀：（左、右）身作向内势，内足勾后，面转向外，籥指内，羽植如十字。

明：（左、右）正立，两手微拱，羽籥如十字。

德：（左、右）正立，籥植近肩，羽平衡如十字。

玉：（左、右）向西，首微侧，右足进前，籥平指西，羽斜举。

振：（左、右）身俯向东，面转向西，两手伸出，羽籥斜交。

金：（左、右）正面，身微蹲，籥斜举，羽植。

声：（左、右）向内身俯，两足并，羽籥植地。

生：（左、右）外向，两足并，籥植，羽倒指内，少垂。

民：（左、右）内向，籥斜指，羽植。

未：（左、右）正立，面向外，两手相并推向内，羽籥植。

有：（左、右）正立，籥平举过肩，羽植。

展：（左、右）内向，两足并，籥内指，羽植。

---

① 乾隆七年(1742)《钦定中和韶舞舞容谱》，载《文庙丁祭谱》，建水县图书馆藏本。

也：（左、右）外向，面仰，两手推出，羽籥斜举。

大：（左、右）身微向外，两手推向外，羽籥并植。

成：（左、右）正面，身微蹲，羽籥如十字。

俎：（左、右）向内，身俯，内足进前，籥斜指下，羽植。

豆：（左、右）外向，籥下垂，右手伸出，羽植。

千：（左、右）正立，籥斜举，羽植。

古：（左、右）身微向外，羽籥偏外，如十字。

春：（左、右）正面，身微蹲，籥植过肩，羽平额，交如十字。

秋：（左、右）内向，两手伸出，羽籥植。

上：（左、右）正立，籥平衡，羽植籥上。

丁：（左、右）正立，籥植居中，羽横籥上。

清：（左、右）内向，两足并，籥内指，羽植如十字。

酒：（左、右）身俯向外，外足进前，趾向上，羽籥斜交。

既：（左、右）正立，籥平衡，羽斜指东。

载：（左、右）正立，身俯，籥平衡，羽居中植籥上。

其：（左、右）正立，左手伸出，籥斜举，羽植近左肩。

香：（左、右）正面，左足虚立，籥衡膝上，羽植。

始：（左、右）正立，俯首，羽籥如十字。

升：（左、右）正立，两手高拱过额，羽籥如十字。

第二成（亚献《秩平》之舞）

式：（左、右）正面，身微蹲，两手并，羽籥植。

礼：（左、右）内向，内足虚立，籥斜倚膝，羽植。

莫：（左、右）外向，身微俯，面微仰，籥高举斜植外，羽植。

愆：（左、右）内向，起内足，两手相并推向外，羽籥植。

升：（左、右）正立，羽籥如十字。

堂：（左、右）正面，右足勾后，两手高举，羽籥斜交。

再：（左、右）身微蹲，面向东，籥植近肩，羽横膝上。

献：（左、右）身微蹲，面向西，羽植近肩，籥横膝上。

响：（左、右）正立，羽籥向下斜交。

协：（左、右）正面，身向内，外足进前，内趾虚立，羽籥并植。

蕠：（左、右）正面，身向外，内足进前，外趾虚立，羽籥并植。

镛：（左、右）正立，籥植，羽倒指东。

诚：（左、右）身俯向西，面侧向东，籥平指，羽植如十字。

孚：（左、右）正立，首微俯，羽籥植。

曩：（左、右）正面，起左足，籥高举，羽植。

獻：（左、右）正立，籥植过肩，羽平额，交如十字。

肃：（左、右）内向，首微俯，两足并，羽籥如十字。

肃：（左、右）俯身偏外，起外足，羽籥如十字。

雍：（左、右）正立，两手伸出，羽籥并植。

雍：（左、右）内向，籥斜指内，羽植籥上。

誉：（左、右）正立，籥平举，右手微伸出，羽植。

髦：（左、右）正立，左手伸出，籥平举，羽植近左肩。

斯：（左、右）正面，起右足，羽高举，籥植。

彦：（左、右）正立，籥植居中，羽衡籥下。

礼：（左、右）身微向东，右足进前，羽倚肩，籥平指东。

陶：（左、右）正面，身作向东势，两手高举羽籥推向东，并植。

乐：（左、右）身微向西，左足进前，籥倚肩，羽平指西。

淑：（左、右）正面，身作向西势，两手高举羽籥推向西，并植。

相：（左、右）正立，羽籥斜交。

观：（左、右）仰面向内，两足并，羽籥如十字。

而：（左、右）正面，身微向东，籥下垂，羽倚肩。

善：（左、右）身府，面微仰，向内抱内膝，羽籥斜交如十字。

第三成（终献《叙平》之舞）

自：（左、右）正立，籥下垂，羽植。

古：（左、右）向外，身俯，两足并，羽籥斜交。

在：（左、右）正面，身微蹲，两手推向内，羽籥植。

昔：（左、右）外向，起外足，羽籥植。

先：（左、右）正面，右足交于左，羽籥如十字。

民：（左、右）向西，身俯，左足进前，籥下垂，羽植地。

有：（左、右）向东，身俯，右足进前，籥下垂，羽植地。

作：（左、右）正立，籥平衡，羽植居右，如十字。

皮：（左、右）正面，左足勾后，籥斜举过肩，羽植。

弁：（左、右）正面，屈右足，左足伸出，趾向上，籥平举，羽植居中。

祭：（左、右）正面，屈右足，羽籥偏左，如十字。

菜：（左、右）正立，身俯，羽籥植地。

于：（左、右）内向，两手相并，羽籥斜指内。

论：（左、右）正面，身作向外势，两手高举，羽籥斜交偏外。

思：（左、右）向内，身俯，起内足，籥衡斜，羽植。

乐：（左、右）正立，籥下垂衡斜，羽植籥上。

惟：（左、右）正面，屈左足，羽籥偏右，如十字。

天：（左、右）正面，屈左足，右足伸出，趾向上，籥下垂衡斜，羽斜举过肩。

牖：（左、右）正立，羽籥向右，斜倚肩。

民：（左、右）正立，羽籥向左，斜倚肩。

惟：（左、右）正立，籥平衡，羽高举。

圣:(左、右)仰面向内,籥平指,羽植如十字。

时:(左、右)外向,籥平指外,羽植如十字。

若:(左、右)正立,身俯,羽籥如十字。

彝:(左、右)外向,籥平指外,羽植。

伦:(左、右)正立,羽籥偏内如十字。

攸:(左、右)正立,身俯,籥斜植地,羽植。

叙:(左、右)正立,两手相交,羽籥并植。

至:(左、右)正面,屈左足,羽籥如十字。

今:(左、右)正面,屈双足,籥平衡,羽植居右。

木:(左、右)正面,屈双足,羽籥植。

铎:(左、右)俯首至地,羽籥如十字。

参考文献

一、古籍

［晋］常璩：《华阳国志》，中华书局 1985 年标点本。

［南朝宋］范晔：《后汉书》，中华书局 1974 年标点本。

［唐］樊绰：《蛮书》，向达校注，中华书局 1962 年版。

［唐］郑回：《南诏德化碑》，引自《云南各族古代史略》，云南人民出版社 1977 年版。

［后晋］刘昫等：《旧唐书》，中华书局 1975 年标点本。

［宋］陈旸：《乐书》，文渊阁《四库全书》，第 211 册。

［宋］欧阳修、宋祁：《新唐书》，中华书局 1975 年标点本。

［宋］欧阳修：《欧阳修全集》，李逸安点校，中华书局 2001 年标点本。

［元］邓麟：《王升墓志铭》，方国瑜主编：《云南地方史讲义》（中），云南广播电视大学 1983 年版。

［元］郭松年：《中庆路大成庙记》，［明］周季凤纂编：正德《云南通志》，方国瑜主编，徐德文、木芹、郑志惠纂录校订，《云南史料丛刊》卷六，云南大学出版社 2000 年版。

［元］何弘佐：《中庆路学礼乐记》，［明］周季凤纂编：正德《云南通志》卷二十九，方国瑜主编，徐德文、木芹、郑志惠纂录校订，

《云南史料丛刊》卷六,云南大学出版社 2000 年版。

〔元〕李京:《云南志略》,云南省民族研究所编:《大理行校注·云南志略辑校》,王叔武校注,云南民族出版社 1986 年版。

〔元〕王思廉:《河东廉访使程公神道碑》,《元文类》卷六十七,文渊阁《四库全书》,第 306 册。

〔元〕赵傅弼:《创大理文庙碑》,〔明〕周季凤纂编:正德《云南通志》卷二十六,方国瑜主编,徐德文、木芹、郑志惠纂录校订,《云南史料丛刊》卷六,云南大学出版社 2000 年版。

〔元〕赵子元:《赛平章德政碑》,〔明〕周季凤纂编:正德《云南通志》卷二十六,方国瑜主编,徐德文、木芹、郑志惠纂录校订,《云南史料丛刊》卷六,云南大学出版社 2000 年版。

〔明〕陈镐纂修:《阙里志》,山东友谊书社 1989 年版。

〔明〕陈文等:景泰《云南图经志书》卷五,《续修四库全书》第 681 册,上海古籍出版社 2009 年版。

〔明〕陈玄亮:《三洞谈经九天玄玑玉谱》,何显耀:《古乐遗韵——云南大理洞经音乐文化揭秘》,云南民族出版社 2002 年版。

〔明〕李浩:《大理祭孔考源》,大理州文联编:《大理古佚书钞》,云南人民出版社 2002 年版。

〔明〕李浩:《三迤随笔》,大理州文联编:《大理古佚书钞》,云南人民出版社 2002 年版。

〔明〕李浩:《三迤随笔·慈爽张洪纲》,何显耀:《古乐遗韵——云南大理洞经音乐文化揭秘》,云南民族出版社 2002 年版。

〔明〕李之藻:《泮宫礼乐疏》(下),台湾"中央"图书馆印行,1970 年版。

〔明〕李中溪纂修:《云南通志》,《中国西南文献丛书》第 1 辑《西南稀见方志文献》卷二十一,兰州大学出版社 2004 年版。

〔明〕申时行等修:《明会典》,中华书局 1988 年版。

〔明〕宋濂等:《元史》,中华书局 1976 年校点本。

〔明〕王奎:《自铭并韩宜可铭》,田丕鸿、高建安:《临安科举史话》,云南出版集团、云南美术出版社 2011 年版。

〔明〕王世贞:《弇山堂别集》卷八十七《诏令杂考》,文渊阁《四库全书》,第 410 册。

〔明〕谢肇淛:《滇略》,方国瑜主编,徐德文、木芹、郑志惠纂录校订,《云南史料丛刊》卷六,云南大学出版社 2000 年版。

〔明〕徐弘祖:《徐霞客游记·游滇日记》,褚绍唐、吴应寿整理,上海世纪出版股份有限公司、上海古籍出版社 2011 年版。

〔明〕杨慎:《天王庙神道谈演三洞碑记》,何显耀:《古乐遗韵——云南大理洞经音乐文化揭秘》,云南民族出版社 2002 年版。

〔明〕杨慎:《雪山诗选序》,木公:《雪山诗选》,云南省丽江图书馆藏本。

〔明〕玉笛山人:《淮城夜语》,何显耀:《古乐遗韵——云南大理洞经音乐文化揭秘》,云南民族出版社 2002 年版。

〔明〕张纮:《云南机务钞黄》,洪武十七年正月二十一日,《中国西南文献丛书》之《西南史地文献》卷十一,兰州大学出版社 2004 年版。

〔明〕朱载堉:《乐律全书》卷十九《舞器》,文渊阁《四库全书》,第 213 册。

〔清〕蔡嵩:《雪山书院记并铭》,管学宣、万咸燕纂修:乾隆《丽江府志略》,《中国地方志集成·云南府县志辑》第 41 册,上海书店、巴蜀书社、江苏古籍出版社 2009 年版。

　　[清]陈宏谋：《学宫丁祭檄》，[清]李焜纂修：乾隆《蒙自县志》，《中国地方志集成·云南府县志辑》第 48 册，上海书店、巴蜀书社、江苏古籍出版社 2009 年版。

　　[清]冯甦：《滇考》，云南人民政府参事室、云南省文史研究馆编：《滇考校注》，云南民族出版社 2002 年版。

　　[清]管学宣、万咸燕纂修：乾隆《丽江府志略》，《中国地方志集成·云南府县志辑》第 41 册，上海书店、巴蜀书社、江苏古籍出版社 2009 年版。

　　[清]管学宣纂修：《乾隆石屏州志》，《中国方志丛书》第 142 号，成文出版社 1969 年影印本。

　　[清]和庚吉：《永保平安序》，丽江地区档案馆资料《永保平安》。

　　[清]贺宗章：《幻影谈》，方国瑜主编：《云南史料丛刊》卷十二，云南大学出版社 2001 年版。

　　[清]胡瀛：《忆异龙湖并序》，袁嘉谷纂修：《石屏县志》，《中国地方志集成·云南府县志辑》第 53 册，上海书店、巴蜀书社、江苏古籍出版社 2009 年版。

　　[清]江睿源修，罗惠恩纂：嘉庆《临安府志》，《中国地方志集成·云南府县志辑》第 47 册，上海书店、巴蜀书社、江苏古籍出版社 2009 年版。

　　[清]孔继汾：《阙里文献考》，山东友谊书社 1989 年版。

　　[清]孔兴询：《创建文庙碑记》，管学宣、万咸燕纂修：乾隆《丽江府志略》，《中国地方志集成·云南府县志辑》第 41 册，上海书店、巴蜀书社、江苏古籍出版社 2009 年版。

　　[清]苦竹道人：《太上玉极总真文昌大洞谈经全谈谱》序，何

显耀:《古乐遗韵——云南大理洞经音乐文化揭秘》,云南民族出版社 2002 年版。

〔清〕蓝钟瑞等:《文庙丁祭谱》,云南省建水县图书馆藏本。

〔清〕李焜纂修:《蒙自县志》,故宫博物院编:《故宫珍本丛刊》第 230 册《云南府州县志》第 5 册,海南出版社 2001 年版。

〔清〕李绍源:洞经抄录本(五卷),光绪二十八年(1902),现藏丽江图书馆。

〔清〕李斯佺、黄元治纂修:康熙《大理府志》,《北京图书馆古籍珍本丛刊》第 45 册"史部地理类",书目文献出版社 1998 年版。

〔清〕刘荣黼:《大姚县志》,《中国地方志集成·云南府县志辑》第 64 册,上海书店、巴蜀书社、江苏古籍出版社 2009 年版。

〔清〕罗纶、李文渊纂修:康熙《永昌府志》卷十二《学校志》,《北京图书馆珍本丛刊》第 45 册"史部地理类",书目文献出版社 1998 年版。

〔清〕倪蜕:《滇小记·芦笙》,方国瑜主编,徐德文、木芹、郑志慧纂录校订,《云南史料丛刊》卷十一,云南大学出版社 2001 年版。

〔清〕倪蜕:《滇云历年传》,方国瑜主编,徐德文、木芹、郑志慧纂录校订,《云南史料丛刊》卷十一,云南大学出版社 2001 年版。

〔清〕阮元:道光《云南通志》,国家图书馆地方志数字版。

〔清〕阮元校刻:《十三经注疏》卷二十《礼记正义》,中华书局1980 年版。

〔清〕佟镇修:《鹤庆府志》卷十五《学校》,故宫博物院编:《故宫珍本丛刊》第 230 册《云南府州县志》第 7 册,海南出版社 2001年版。

〔清〕文庆、李宗昉等纂修:《钦定国子监志》,商务印书馆 2008

年影印本。

　　[清]吴振械:《养吉斋丛录》,北京古籍出版社1983年版。

　　[清]吴自肃、丁炜纂,范承勋等修:康熙《云南通志》,《中国地方志集成·省志辑·云南》第1册,上海书店、巴蜀书社、江苏古籍出版社2009年版。

　　[清]徐元诰:《国语集解》,王树民、沈长云点校,中华书局2002年版。

　　[清]杨馝:《迁建丽江府学记》,管学宣、万咸燕纂修:《丽江府志略》,《中国地方志集成·云南府县志辑》第41册,上海书店、巴蜀书社、江苏古籍出版社2009年版。

　　[清]杨馝:《雪山书院记》,管学宣、万咸燕纂修:《丽江府志略》,《中国地方志集成·云南府县志辑》第41册,上海书店、巴蜀书社、江苏古籍出版社2009年版。

　　[清]余庆远:《维西见闻纪》,方国瑜主编:《云南史料丛刊》卷十二,云南大学出版社2001年版。

　　[清]张舜笙:《异龙湖歌》,袁嘉谷:《石屏县志》卷三十八,《中国地方志集成·云南府县志辑》第53册,上海书店、巴蜀书社、江苏古籍出版社2009年版。

　　[清]张廷玉等:《明史》,中华书局1974年标点本。

　　[清]赵尔巽等:《清史稿》,中华书局1977年标点本。

　　[清]赵节等纂,祝宏修:雍正《续修建水州志》卷六《祀典》,《中国地方志集成·云南府县志辑》第54册,上海书店、巴蜀书社、江苏古籍出版社2009年版。

　　《古今图书集成·方舆汇编职方典》卷一千五百〇五《丽江府学校考》,中华书局民国二十三年(1934)版。

《钦定大清会典则例》卷八十二,文渊阁《四库全书》,第622册。

《清世祖实录》第三册卷六十八,顺治九年九月辛卯条,中华书局2008年版。

《诗经》,刘毓庆、李蹊译注,中华书局2011年版。

刘慥、陈奇典纂修:《永北府志》,《中国地方志集成·云南府县志辑》第42册,上海书店、巴蜀书社、江苏古籍出版社2009年版。

段绶滋纂修:《中甸县志稿》,《中国地方志集成·云南府县志辑》第83册,上海书店、巴蜀书社、江苏古籍出版社2009年版。

光绪《清会典事例》,中华书局1991年版。

康熙《剑川州志》,云南省图书馆藏康熙刻本。

李炳臣修,李翰湘纂:《维西县志》之《大事记》,《中国地方志集成·云南府县志辑》第83册,上海书店、巴蜀书社、江苏古籍出版社2009年版。

龙云修,周钟岳等纂:《新纂云南通志》卷一百三十三《学制考》第6册,李春龙、王钰点校,李春龙审订,云南人民出版社2007年版。

任乃强:《西康图经志·民俗篇》,《任乃强藏学文集》,中国藏学出版社2009年版。

张文峇:《建水州志》卷三《建置》,国家图书馆地方志数字版。

赵藩:《重刊中溪汇稿序》,《李中溪先生全集》卷一。

中国第一历史档案馆整理:《康熙起居注》,中华书局1984年版。

二、著作

《洞经音乐》"释文",大理市文化丛书编辑委员会:《大理市民间器乐曲集》,云南民族出版社 1996 年版。

蔡寿福主编:《云南教育史》,云南教育出版社 2001 年版。

方国瑜:《云南史料目录概说》,中华书局 1984 年版。

龚友德:《白族哲学思想史》,云南人民出版社 1992 年版。

郭大烈、和志武:《纳西族史》,四川民族出版社 1994 年版。

郭净:《心灵的面具——藏密仪式表演的实地考察》,上海三联书店 1998 年版。

哈尼族简史编写组:《哈尼族简史》,云南人民出版社 1985 年版。

何显耀:《古乐遗韵——云南大理洞经音乐文化揭秘》,云南民族出版社 2002 年版。

和云峰:《纳西族音乐史》,中央音乐学院出版社 2004 年版。

和钟华、杨世光主编:《纳西族文学史》,四川民族出版社 1992 年版。

江帆、艾春华:《中国历代孔庙雅乐》,中国国际广播出版社 2001 年版。

孔德平、彭庆涛、孟继新:《祭孔礼乐研究》,文物出版社 2009 年版。

李例芬:《东巴文化中的哲学理念》,《李例芬纳西学论集》,白庚胜、和自兴、和良辉主编:《纳西学丛书》,民族出版社 2013 年版。

李映德:《大理古佚书钞》序,大理州文联编:《大理古佚书钞》,云南人民出版社 2002 年版。

林存光:《历史上的孔子形象——政治与文化语境下的孔子和儒学》,齐鲁书社 2004 年版。

刘光智:《云南教育简史》,贵州人民出版社 1993 年版。

马曜:《云南民族舞蹈的传统及其发展》,《云南民族舞蹈论集》,云南人民出版社 1990 年版。

孟森:《清史讲义》,广西师范大学出版社 2005 年版。

木芹、木霁:《儒学与云南政治经济的发展及文化转型》,云南大学出版社 1999 年版。

桑德诺瓦:《东巴音乐——唱诵象形文字典籍及其法事仪式的音声》,中央民族大学出版社 2010 年版。

田丕鸿、高建安:《临安科举史话》,云南出版集团、云南美术出版社 2011 年版。

田松:《神灵世界的余韵——纳西族:一个古老民族的变迁》,上海交通大学出版社 2008 年版。

汪致敏:《民间旋律》,云南出版集团、云南人民出版社 2008 年版。

王玲:《音乐图像学与云南民族音乐图像研究》,人民出版社 2009 年版。

吴志刚:《彝族烟盒舞与海菜腔》,远方出版社 2000 年版。

徐家瑞:《大理古代文化史稿》,中华书局 1978 年版。

杨福泉:《纳西族文化史论》,云南大学出版社 2006 年版。

杨世光:《东巴文化研究的新收获》,郭大烈、杨世光主编:《东巴文化论》,云南人民出版社 1991 年版。

杨荫浏:《中国古代音乐史稿》,人民音乐出版社 2004 年版。

杨勇:《战国秦汉时期云贵高原考古学文化研究》,科学出版社 2011 年版。

云南历史研究所编:《清实录有关云南史料汇编》卷四,云南人民出版社 1986 年版。

　张保华:《历史与文化散论》,人民出版社 2006 年版。

　张兴荣:《云南洞经文化——儒道释三教的复合性文化》,云南教育出版社 1998 年版。

　章华英:《古琴》,浙江人民出版社 2005 年版。

　赵橹:《白文〈山花碑〉译释》,云南民族出版社 1988 年版。

　[俄]顾彼得:《被遗忘的王国》,李茂春译,云南人民出版社 1992 年版。

　[日]林谦三:《东亚乐器考》,音乐出版社 1962 年版。

三、论文

常想贵:《清代前期祭祀研究》,硕士学位论文,山东师范大学,2009 年。

陈彤:《天津文庙祭孔乐舞刍议》,《天津音乐学院学报》2002 年第 1 期。

迟凤芝:《朝鲜半岛对中国雅乐的接受、传承与变衍》,硕士学位论文,上海音乐学院,2004 年。

董喜宁:《孔庙祭祀研究》,博士学位论文,湖南大学,2011 年。

方国瑜:《麽些民族考》,白庚胜、和自兴主编:《纳西学论集》,民族出版社 2008 年版。

古永继:《明代滇、黔、桂的文化教育及其影响》,《史学论丛》第 8 辑,云南大学出版社 2000 年版。

古永继:《清代云南官学教育的发展及其特点》,《云南社会科学》2003 年第 2 期。

郭大烈:《关于东巴文化及其研究》,郭大烈、杨世光主编:《东巴文化论集》,云南人民出版社 1985 年版。

胡家勋:《彝族音乐史》,冯光钰、袁炳昌主编:《中国少数民族音乐史》,京华出版社 2007 年版。

建文:《鄂尔泰与建水》,《建水文史资料选辑》第 7 辑,2002年版。

金东朝:《中国云南大理白族的传统宗教研究》,博士学位论文,中央民族大学,2003 年。

康健:《明代云南区域文化地理》,周振鹤:《中国历史文化区域研究》,复旦大学出版社 1997 年版。

寇邦平:《纳西族民间歌曲概述》,《纳西族民间歌曲集成》,云南民族出版社 1995 年版。

李霖灿:《美国国会图书馆所藏的麼些经典》,《麼些研究论文集》,台湾故宫博物院 1984 年版。

李洋:《祭孔音乐在大理地区的传播与衍变》,《民族艺术研究》1999 年第 6 期。

李云:《南诏奉圣乐考略》,硕士学位论文,云南艺术学院,2012 年。

龙倮贵:《红河彝族尼苏人丧葬音乐浅析》,《民族艺术研究》1996 年第 4 期。

秦树才:《清代云南绿营兵研究——以汛塘为中心》,博士学位论文,云南大学,2002 年。

仁增多吉、张文生:《阿里地区古格王国遗址调查记》,《文物》1981 年第 11 期。

宋兆麟:《明代纳西族的风俗画卷——麼些图卷考》,《玉龙山》1989 年第 4 期。

滕祯:《商乐同荣,修身齐家——当代大理洞经音乐的深层结构研究》,博士学位论文,中央音乐学院,2012年。

田怀清:《云南弥渡县苴力公社出土两具早期铜鼓》,《考古》1981年第4期。

田联韬:《藏族音乐文化与周边民族、周边国家之交流、影响》,《走向边疆——田联韬民族音乐文论集》,中央音乐学院出版社2010年版。

汪致敏:《哈尼族音乐史》,冯光钰、袁炳昌主编:《中国少数民族音乐史》第2卷,京华出版社2007年版。

汪致敏:《建水明清祭孔乐舞考略》,《民族艺术研究》1996年第5期。

汪致敏:《试论哈尼族传统音乐文化的历史断代》,《红河民间音乐舞蹈研究》,远方出版社2002年版。

王瑞平:《明清时期云南的人口迁移与儒学在云南的传播》,博士学位论文,中央民族大学,2004年。

王诗莹:《石屏海菜腔研究》,硕士学位论文,云南大学,2010年。

伍国栋:《白族音乐史》,冯光钰、袁炳昌主编:《中国少数民族音乐史》第2卷,京华出版社2007年版。

伍易:《从〈山花碑〉看白族哲学思想的发展演变》,杨政业、施立卓主编:《杨黼论丛》,《苍洱文苑丛书》第2辑,云南民族出版社2007年版。

熊瑛、孙太初:《云南祥云大波那木椁铜棺墓清理报告》,《考古》1964年第12期。

许象坤:《石屏彝族与海菜腔》,《民族艺术研究》编辑部、红河州艺术创作研究室编:《湖畔争鸣——石屏彝族海菜腔研讨会论文集》,1989年版。

严萍:《建水县彝族海菜腔研究》,硕士学位论文,云南艺术学院,2009年。

杨德鋆、和发源:《纳西族古代舞蹈与东巴跳神经书》,郭大烈、杨世光主编:《东巴文化论集》,云南人民出版社1985年版。

杨德鋆:《金沙江大湾的旋律——纳西音乐的颤音色彩》,《民族艺术研究》1998年第1期。

杨曦帆:《"藏彝走廊"乐舞文化选点研究》,博士学位论文,南京艺术学院,2007年。

杨增烈:《丽江洞经音乐调查》(下),丽江县政协文史资料委员会:《丽江文史资料》第10辑。

杨章文:《建水彝族花灯的缘起及其流变》,《民族音乐》2010年第2期。

尹君:《中国古代祭孔雅乐的发展概况及对近现代音乐的影响》,硕士学位论文,青岛大学,2007年。

喻意志、章瑜:《浏阳祭孔音乐初探》,《天津音乐学院学报》2008年第2期。

云南省编辑组:《永宁纳西族社会及母系制调查——宁蒗县纳西族家庭婚姻调查之三》,云南人民出版社1986年版。

云南省宋词乐调调查组:《洞经音乐调查记》,《民族音乐》1983年第2期。

张群辉、王寅生、杜玉亭调查整理:《石屏县龙武水官冲寨彝族社会历史调查》,《云南彝族社会历史调查》,云南人民出版社1986年版。

周庆萱:《大理市民间器乐曲集·综述》,大理市文化丛书编辑委员会编:《大理市民间器乐曲集》,云南民族出版社1996年版。

周庆萱:《民间宗教"辅国坛"音乐》,大理市文化丛书编辑委员会编:《大理市民间器乐曲集》,云南民族出版社1996年版。

周庆萱:《民间宗教"莲池会"音乐》,大理市文化丛书编辑委员会编:《大理市民间器乐曲集》,云南民族出版社1996年版。

致　谢

本书由我的博士论文修改完善而成。本书得以顺利完成,首先要感谢我的导师秦序研究员的悉心指导。论文从选题、写作、修改到最后成文,秦师都给予了及时指导,没有这些,本书不可能完成。回想三年来秦师对我的支持、关心和指导,内心充满了感激。秦师学术上严谨的态度和对"独立之精神、自由之思想"的追求,更是深深影响着我,激励着我。

博士论文开题期间,中国艺术研究院王子初研究员、中央音乐学院吕钰秀教授、陈荃友教授、蒲芳教授、李淑琴教授、杨民康教授、和云峰教授、章华英副研究员对我的选题及写作提出了许多中肯的建议。写作过程中,杨民康教授、吕钰秀教授也给予了很多关心和指导。和云峰教授为本书写作提供了资料。老师们的关心和帮助,使我深受感动。

特别要感谢章华英副研究员,在本书写作过程中,章老师在诸多关键点上给予了我无私的帮助。在论文写作初期指导我查阅相关文献,建议我对该选题作选点研究,本书写作后期章老师对各章节思路调整提出了宝贵意见,对章老师给予的帮助,再次表示衷心的感谢。

为收集资料,我多次到丽江、大理及建水地区考察。丽江图书馆的邱正杰老师、建水县文庙古乐会的诸位老师及灶君寺洞经会的各位老师也给了我许多热情的帮助。特别要感谢陈怀本先生的儿子陈荣庆先生、儿媳缪凤清女士，他们整理了陈怀本先生生前收藏的洞经经籍等珍贵资料，无偿提供给我使用。建水文庙古乐会宗秉成先生等洞经会会员亦提供了部分洞经经籍及乐谱。正是他们的无私帮助，才使本书有了许多珍贵的第一手资料。云南建水县政协汪致敏先生、北京大学哲学系李少军教授、丽江东巴研究所李例芬研究员亦给了我许多帮助。此外，云南艺术学院张兴荣教授不仅提供了许多洞经音乐方面的史料，还多次解答我关于云南洞经音乐方面的问题。在此，谨向以上诸位老师表示诚挚的谢意！

同时，我也要向关心和帮助我的同学表达谢意。在写作过程中，李宏锋师兄多次提出宝贵意见。于韵飞博士后在古谱翻译中提供了很多帮助。侯燕、谭智、代宏、石磊、朱国伟、黄宗权等同学在生活及学习上也给予我很多的关心。

如果没有家人的鼓励和支持，我不可能坚持到今天。在此，也衷心感谢他们为我所做的一切！

本书为国家民委后期资助项目成果，并得到云南师范大学音乐舞蹈学院校级一流学科建设学术著作基金及云南师范大学历史与行政学院校级一流学科项目的资助。本书的出版，得到云南师范大学副校长安学斌教授、云南师范大学音乐舞蹈学院院长李立教授及包少红书记的大力支持，同时亦得到中华书局的大力支持与帮助！在此，对以上单位的各位师长、领导表示真诚的感谢。本书还存在一些疏忽遗漏之处，敬请各位专家和读者批评指正。

洪　江

2019 年 12 月 26 日